国防科技图书出版基金

喷水推进技术及工程设计

Water-jet Propulsion Technology and Engineering Design

王立祥 著

国防工业出版社

·北京·

图书在版编目(CIP)数据

喷水推进技术及工程设计/王立祥著. —北京:
国防工业出版社,2021.1
ISBN 978-7-118-12145-2

Ⅰ.①喷… Ⅱ.①王… Ⅲ.①喷水推进器–设计
Ⅳ.①U664.34

中国版本图书馆 CIP 数据核字(2020)第 271645 号

※

*国防工业出版社*出版发行

(北京市海淀区紫竹院南路23号 邮政编码100048)
三河市腾飞印务有限公司印刷
新华书店经售

*

开本 710×1000 1/16 插页 4 印张 27¾ 字数 492 千字
2021 年 1 月第 1 版第 1 次印刷 印数 1—2000 册 定价 98.00 元

(本书如有印装错误,我社负责调换)

国防书店:(010)88540777   书店传真:(010)88540776
发行业务:(010)88540717   发行传真:(010)88540762

致 读 者

本书由中央军委装备发展部**国防科技图书出版基金**资助出版。

为了促进国防科技和武器装备发展，加强社会主义物质文明和精神文明建设，培养优秀科技人才，确保国防科技优秀图书的出版，原国防科工委于1988年初决定每年拨出专款，设立国防科技图书出版基金，成立评审委员会，扶持、审定出版国防科技优秀图书。这是一项具有深远意义的创举。

国防科技图书出版基金资助的对象是：

1. 在国防科学技术领域中，学术水平高，内容有创见，在学科上居领先地位的基础科学理论图书；在工程技术理论方面有突破的应用科学专著。

2. 学术思想新颖，内容具体、实用，对国防科技和武器装备发展具有较大推动作用的专著；密切结合国防现代化和武器装备现代化需要的高新技术内容的专著。

3. 有重要发展前景和有重大开拓使用价值，密切结合国防现代化和武器装备现代化需要的新工艺、新材料内容的专著。

4. 填补目前我国科技领域空白并具有军事应用前景的薄弱学科和边缘学科的科技图书。

国防科技图书出版基金评审委员会在中央军委装备发展部的领导下开展工作，负责掌握出版基金的使用方向，评审受理的图书选题，决定资助的图书选题和资助金额，以及决定中断或取消资助等。经评审给予资助的图书，由中央军委装备发展部国防工业出版社出版发行。

国防科技和武器装备发展已经取得了举世瞩目的成就。国防科技图书承担着记载和弘扬这些成就，积累和传播科技知识的使命。开展好评审工作，使有限的基金发挥出巨大的效能，需要不断摸索、认真总结和及时改进，更需要国防科技和武器装备建设战线广大科技工作者、专家、教授、以及社会各界朋友的热情支持。

让我们携起手来，为祖国昌盛、科技腾飞、出版繁荣而共同奋斗！

国防科技图书出版基金

评审委员会

国防科技图书出版基金
第七届评审委员会组成人员

序 一

喷水推进技术是40余年来快速发展成熟起来的一种特殊推进方式,装有喷水推进装置的舰船及载体具有推进效率高、抗空泡性能好、水下辐射噪声低、操纵性能好等优点,在国内外军用舰船和两栖战车以及高性能船舶中得到了广泛应用。

中国船舶及海洋工程设计研究院(MARIC)作为国内最早从事喷水推进技术研究的单位,40余年来在喷水推进技术理论研究的基础上,构建了完整的喷水推进技术体系,形成了喷水推进主要参数优化、喷水推进轴流泵变环量变轴面速度设计、喷水推进混流泵三元可控速度矩设计、前置导叶喷水推进泵设计理论和方法以及喷水推进矢量操控、计算机流体力学仿真计算、外悬浸没式新型喷水推进装置等创新技术;建立了功能齐全的喷水推进技术试验设施体系,组建了喷水推进技术重点实验室;建立了我国唯一的喷水推进泵水力模型库和数据库。形成了喷水推进水动力性能计算方法、喷水推进装置各系统成熟的工程设计方法,为国防装备建设做出了突出贡献。

随着研究内容和工程应用的深入,船舶设计大师王立祥领衔的喷水推进科研设计团队,先后出版了《船舶喷水推进》专著,编写印刷6册喷水推进技术论文集和喷水推进技术译文集,以及和喷水推进相关的设计方法、规范、标准和规程。此外,还建立了我国第一个具有自主知识产权的喷水推进装置系列化型谱。

在积累了大量理论和实践应用经验的基础上,王立祥牵头,花了3年多时间撰写了《喷水推进技术及工程设计》和《喷水推进及推进泵的设计研究理论和技术》专著,集成了MARIC 40余年的理论研究成果和工程设计方法,在理论研究上有创新,在工程设计上有突破,专著原创性强,学术水平高,国防特色明显,是理论和实践紧密结合的优秀学术专著。本书的出版将有助于推动我国喷水推进技术的快速发展,对促进喷水推进技术在我国军用和民用领域的工程应用具有十分重要的作用。

2019 年 12 月 1 日

V

序　二

喷水推进技术是一种舰船推进方式,利用喷水推进装置进出口水流动量差产生的推力推动载体前进,并通过矢量喷口改变喷射流方向来操纵船舶,具有推进与操纵双重功能。喷水推进具有高航速时推进效率高、水动力噪声低、抗空泡能力好、适应变工况能力强、操纵性能优异等显著优点,契合现代舰船对快速性、安静性及动力定位等日益提高的性能要求,被广泛应用于新型高速舰船与两栖车辆,发展前景广阔。

中国船舶及海洋工程设计研究院是我国成立最早的舰船总体设计研究机构,于20世纪70年代初开始舰船喷水推进研究,持之以恒地将喷水推进理论与工程应用相结合,形成了系统的喷水推进装置工程设计方法,并已提供了多型性能优良、具有国际先进水平的喷水推进船舶和喷水推进装置,在喷水推进技术领域完成了由小到大、由单一到系统、由弱到强的跨越式发展。

本书从喷水推进的基本概念与发展历程开篇,循序渐进论述喷水推进理论、喷水推进泵水动力理论与设计方法、喷水推进管道系统、喷水推进主参数优化与舰船航行特性预报方法、矢量喷射系统设计与操纵力计算方法、控制系统设计方法、喷水推进噪声机理及控制方法、水动力与空泡性能仿真预报方法以及喷水推进试验技术,从理论到应用全方位阐述喷水推进技术的方方面面,思想新颖、层次分明、内容翔实,涵盖水动力学、声学、叶轮机械理论、机构运动学、控制学、数值模拟仿真以及试验等学科。作者不仅总结了我国喷水推进技术数十年来积累的精华,而且前瞻性地发展了前置导叶轴流泵这一喷水推进新泵型,开创性地提出了喷水推进收缩流泵的新概念,填补了国内空白。

本书特点鲜明,理论与实践相结合,具有较高的学术水平,能有效指导喷水推进装置的工程设计,是船舶推进领域不可多得的佳作,可作为相关专业工程技术人员和院校师生的工具书与参考书。

2019 年 12 月 1 日

前　　言

喷水推进技术是一种集推进和操纵为一体,有时代特征的先进推进方式,装有喷水推进装置的舰船及载体具有推进效率高、水动力噪声低、抗空泡性能好、适应变工况能力强、操纵性能佳等优点,契合了当今舰船对快速性、安静性和机动性等指标日益提高的要求。近40年来在新型高速舰船、潜艇、两栖车辆和高性能船上得到广泛应用。

20世纪60年代末,边防部队急需浅水航道高速喷水推进巡逻艇。为此,中国船舶及海洋工程设计研究院于70年代初设立专门机构对喷水推进技术进行系统研究,我从此开始涉足这一新的推进领域,一干就是40多年。

喷水推进装置通常由进水流道、喷水推进泵、操舵倒航机构、液压系统和自动控制系统五大部分组成,喷水推进泵是该装置的主体。喷水推进技术涉及船舶、水泵、机械、噪声、液压、控制和材料等多种学科,比常规螺旋桨推进要复杂得多。

喷水推进技术和喷水推进载体推进系统及喷水推进装置的研究设计,涉及两个重要的层面,是本书进行研究探讨的重点。

首先,在喷水推进载体推进系统的总体设计中,喷水推进主要参数的优化选择是第一个重要层面。具体而言,在给定载体航行阻力、艉部线型、吃水状态、航速要求、布置约束条件和主机主要参数或外特性等设计输入条件下,我们遇到如下问题:确定配置什么样的喷水推进装置相对最优?喷水推进系统的基本参数是什么?选择什么样的泵型作为喷水推进泵?喷水推进泵的性能指标要求依据是什么?在此基础上可达到的船舶喷水推进性能指标是什么?要解决这些问题,必须首先要对喷水推进技术有基本的了解。此外,还必须掌握喷水推进的基本理论、载体艉部流场与喷水推进泵进口流场的相互影响情况、载体与主机和喷水推进泵的匹配优化等关键技术。本书第1章至第6章主要论述的就是这方面的内容。

其次,在喷水推进主要参数优化选择完成后,怎样得到主参数优化选定的喷水推进装置系统是第二个重要层面,即通过什么方法设计出所需要的性能优良的喷水推进泵、进水流道、方向舵倒航斗、操控机构和自动控制系统。本书的第

4、5、7、8章介绍的就是这方面的内容。至于液压系统，由于是十分成熟的技术，国内外主要的喷水推进公司或供应商，基本采用选配方式外购，只对供应商提出设计输入条件和功能要求，由供应商完成组配调试后交货。所以在本书中没有对液压系统做专门的讨论。

本书的第1章对喷水推进技术做了论述；第2章对喷水推进的应用情况做了介绍；第3章重点对喷水推进技术的理论进行研究讨论，这是全书的基础；第4章至第8章将分系统的理论研究和工程设计结合起来讨论；第9章至第11章对新技术在喷水推进技术领域的开发和应用进行探讨，具有一定的前瞻性。

全书大部分是作者40余年来对喷水推进技术研究、设计、试验和应用的成果及经验总结。撰写本书的目的是向读者介绍喷水推进的基本理论和工程设计方法，可供科研、设计人员和用船部门参考，期望通过本书能进一步加快我国喷水推进技术在武器装备上应用的步伐。

需要说明的是，本书第4章喷水推进泵系统、第9章喷水推进的噪声及其控制、第10章喷水推进器性能的数值预报技术、第11章喷水推进试验技术，为保证本书的完整性这4章必不可少，但受本书篇幅的限制，其内容深度不够。因为喷水推进中喷水的推进泵、流噪声、流体数值计算(CFD)以及试验技术本身就可各自成一个主题出专著。其中有关喷水推进泵的设计理论和方法，已有专著正在排版即将发行(详情已在4.7节中做了交代)。第9章至第11章也将先后出专著做深入的研究讨论。

本书由王立祥整体构思，第1、2、3章由王立祥执笔，第4章由蔡佑林、王立祥、董新国执笔，第5章由周加建、王立祥执笔，第6章由刘建国、王立祥执笔，第7章由张岩、王立祥执笔，第8章由龚征华、李刚强、李长海执笔，第9章由王宗龙、袁国清、董新国执笔，第10章由李宁执笔，第11章由陈建平、王立祥执笔。全书由王立祥统一修改和统稿。

本书在撰写过程中，得到卢霖、陈刚、奚立康、俞瑜等各级领导的支持与关心，在统稿编辑中得到周仁吉、梁珺的支持与配合，在此一一致谢。

由于作者水平有限，书中不足之处在所难免，恳请广大读者批评指正。

王立祥

2019年12月5日

目　录

第 1 章　概　　论

第2章 喷水推进的适用范围及应用情况

第3章 喷水推进的理论

第4章　喷水推进泵系统

第 5 章　喷水推进管道系统

第 6 章　喷水推进主要参数的优化与航行特性计算

第7章 喷水推进方向舵与倒航斗系统

第8章 喷水推进控制系统

第9章 喷水推进的噪声及其控制

第 10 章　喷水推进器性能的数值预报技术

第 11 章　喷水推进试验技术

CONTENTS

第1章　概　　论

1.1　喷水推进的基本概念

1.1.1　概述

喷水推进与螺旋桨推进都有数百年的发展历史,近40余年来喷水推进才得到急速发展并成熟起来[1-3]。作为一种特殊的推进方式,是利用喷水推进装置中推进泵喷出高速水流的反作用力推动船舶或其他载体前进,并通过操舵倒航机构分配和改变喷流方向实现船舶或载体的转向和倒航。所以喷水推进装置具有推进和操纵双重功能[4]。

喷水推进装置通常由进口流道[5-9]、喷水推进泵、操舵倒航机构、液压系统和自动控制系统五大部分组成,喷水推进泵是该装置的主体(图1.1)。

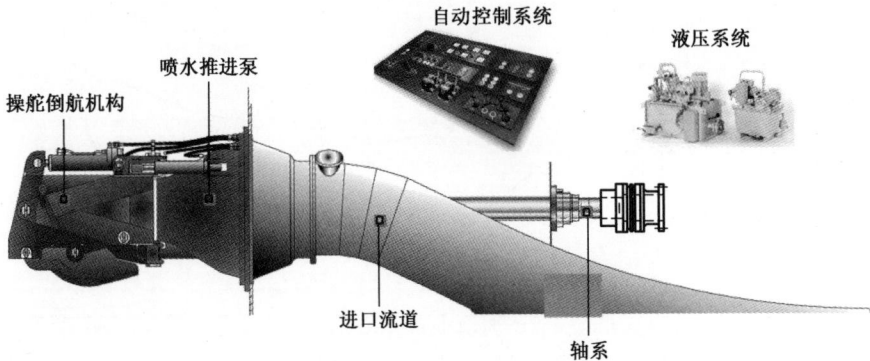

图1.1　喷水推进装置

1.1.2　喷水推进的优缺点

1) 喷水推进的优点

(1) 喷水推进泵叶轮在泵壳内受约束的水流中工作,进流较均整,因而运行相对较平稳,水下噪声小(图1.2)。

(2) 在高航速范围内喷水推进较螺旋桨推进有更好的抗空泡性能,从而能

1

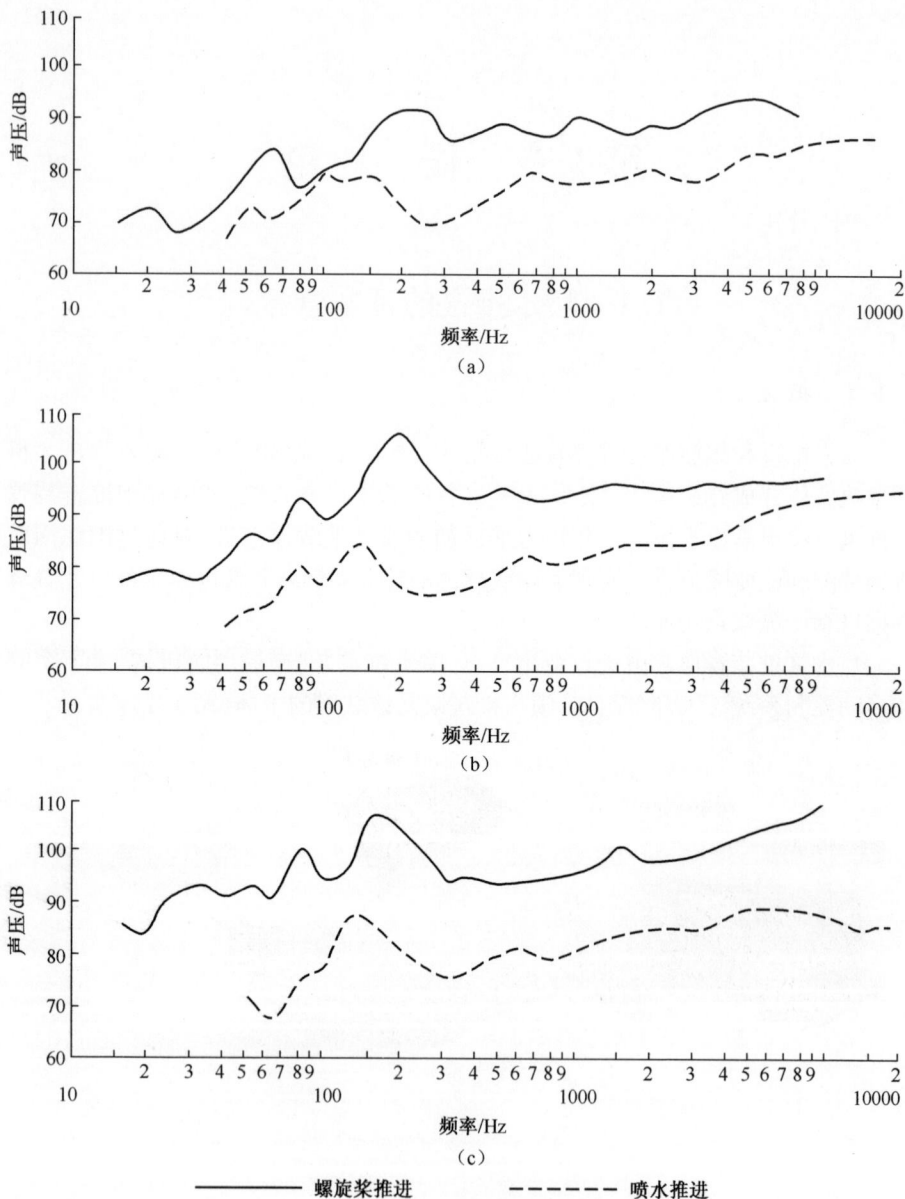

图 1.2　喷水推进与螺旋桨推进的噪声比较

（舷外 30m、28m 水深位置测量）

（a）主机 1200r/min 时；（b）主机 1500r/min 时；（c）主机 1750r/min 时。

有更高的推进效率(图 1.3)。

　　（3）喷水推进较螺旋桨推进更适用于重载荷以及限制直径的场合。

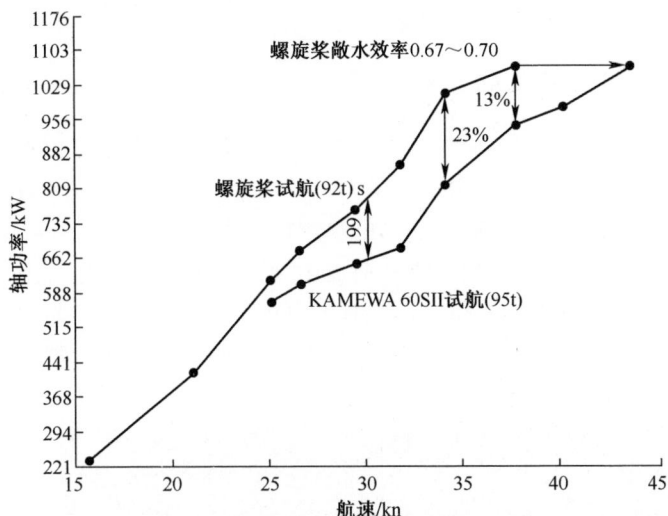

图 1.3　喷水推进与螺旋桨推进对比

（SES 船 NORCAT 由螺旋桨推进改为喷水推进）

（4）喷水推进对变工况适应的能力强，在工况多变的船舶上能充分利用主机功率，延长动力系统使用寿命。

（5）采用喷水推进装置的舰船，具有优异的操纵性和动力定位性能（图1.4）。

（6）推进泵叶轮在管道中运转不易损坏，经过专门设计可以坐滩不会损伤。

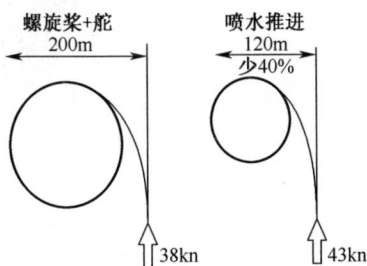

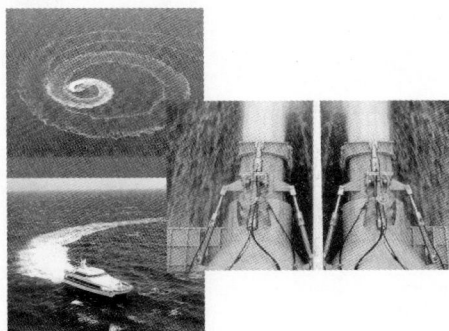

图 1.4　喷水推进优异的操纵性能

2）喷水推进的缺点

（1）在航速低于25kn 或推进器叶轮直径不受限制时，喷水推进的推进效率一般较螺旋桨推进的低。

（2）由于增加了管道中水的质量，加大了船舶的排水量。

（3）在水草或杂物较多的水域，进水口容易出现堵塞现象而影响航速。

（4）喷水推进泵叶轮拆换较螺旋桨复杂。

1.1.3 喷水推进装置的结构类型

喷水推进装置主要有两种类型：外置式和内藏式（图1.5）。外置式喷水推进装置是20世纪80年代由中国船舶及海洋工程设计研究院（MARIC）研制出的一种新颖的、集推进和操纵为一体的喷水推进组合体。它置于船艇艉底外部，是浸没式喷水推进装置，适用于重载荷大中型运输船和工作船，也适用于安静型潜艇和大型登陆舰等军用舰艇。该装置荣获1989年"第38届布鲁塞尔尤里卡世界创造发明博览会"银奖（图1.6）。内藏式喷水推进装置主要适用于高性能船、高速军用舰艇、浅吃水内河船。

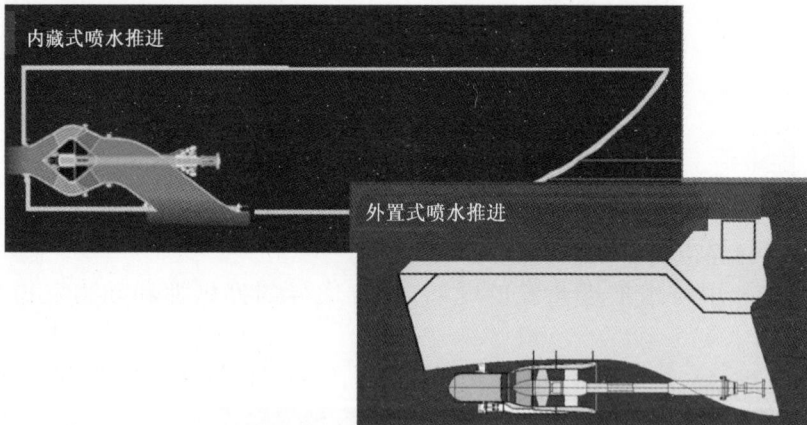

图1.5　喷水推进装置结构类型

图1.6　尤里卡奖牌

1.2 喷水推进装置和喷水推进泵

1.2.1 喷水推进装置和喷水推进泵泵型

如前所述,喷水推进装置是喷水推进泵、进口流道、操舵倒航机构、液压系统和自动控制系统的统称。喷水推进泵是喷水推进装置的主体。世界各大喷水推进公司提供的是整套喷水推进装置。

由于喷水推进泵要求喷出的水流连续,以便得到连续的推力,所以间歇式泵很难用作喷水推进泵,而叶片泵出流连续、效率高、抗汽蚀性能好,因而可作为喷水推进泵的首选。

用于喷水推进泵的泵型主要是轴流泵[10-12](图 1.7)和导叶式混流泵[13-21](图 1.8)。离心泵用得很少。这主要有以下两个原因:

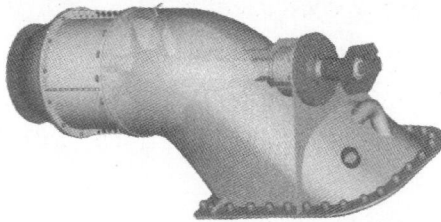

图 1.7 喷水推进轴流泵

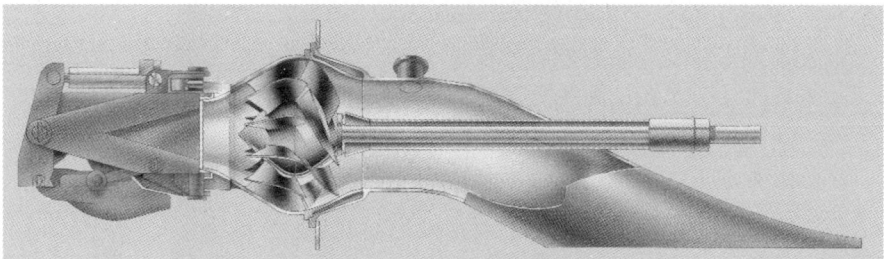

图 1.8 喷水推进混流泵

1) 大推力的要求[22]

由推力方程 $T = \rho Q(V_j - \alpha V_0)$（详见第 3 章）可知,推力 T 与泵的流量 Q 成正比,大推力要求有大的流量[32]。

上述三种泵是按比转速 n_s 来分类的,比转速为

$$n_s = \frac{3.65n\sqrt{Q}}{H^{\frac{3}{4}}}$$

式中:Q——流量($\mathrm{m^3/s}$);

H——扬程 m(水柱);

n——转速(r/min)。

轴流泵比转速高,即流量大、扬程低;离心泵比转速小,即流量小、扬程高;而混流泵介于轴流泵和离心泵之间,流量和扬程适中。由此不难看出,从推力的角度考虑喷水推进泵采用轴流泵较为理想。但是由于轴流泵扬程低,高速船喷速高,喷射损失大,要求喷水推进泵的扬程也较高,这样轴流泵只能靠多级串联才能满足要求,这就带来布置、质量等一系列问题。因而喷水推进轴流泵大多用在航速相对较低的船上,而喷水推进混流泵大多用在航速相对较高的船艇上,因为它流量和扬程都适中,采用单级就可满足要求。离心泵流量小,产生的推力相对较小,且推进效率相对较低,只在特殊场合应用。不过近 10 年来一种流量和扬程适中的低比转速轴流泵已经问世,目前高速船也开始采用喷水推进轴流泵。

2) 布置要求

轴流泵和导叶式混流泵基本是沿轴线方向进流与出流,因而喷水推进泵轴可与动力系统艉轴、传动机构轴成直线布置,这在船舶推进系统上是十分合理的布局。离心泵和蜗壳式混流泵进流和出流成 90°布局,因而在船舶上传动机构及轴系很难成直线布置,往往出流管道要布置成 90°转向,而这种布局不太合理。

1.2.2 典型的喷水推进装置介绍

1.2.2.1 内藏式喷水推进装置

喷水推进泵装在船艇艉部舱室里面,大多从底部吸水,向艉部方向喷流。内藏式喷水推进装置采用的喷水推进泵主要有以下几种:

(1) 喷水推进单级轴流泵。

(2) 喷水推进双级或多级轴流泵(图 1.9)。

(3) 串接式或带前置诱导轮的喷水推进轴流泵(图 1.10)。

(4) 喷水推进导叶式混流泵(彩图 1.11)。

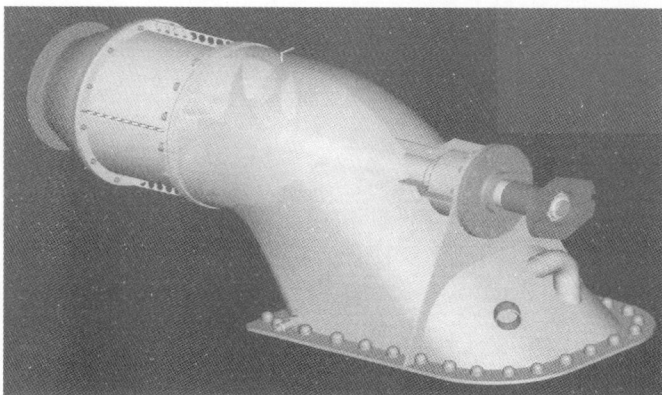

图 1.9　喷水推进双级轴流泵

图 1.10　带诱导轮的喷水推进轴流泵

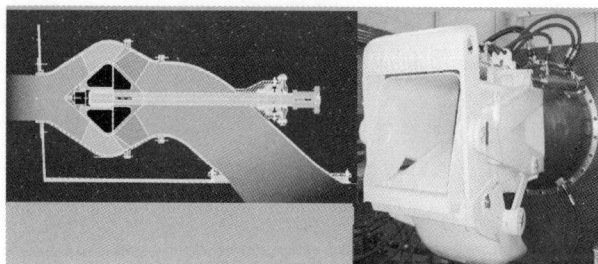

图 1.11　喷水推进导叶式混流泵

1.2.2.2　外置式喷水推进装置[23]

外置式喷水推进装置布置在船体外的艉段底部,主要有下面两种形式:

(1) 喷水推进组合体——外置式喷水推进装置(图 1.12);

外置式(喷水推进组合体)

图 1.12　喷水推进组合体

（2）全回转喷水推进器（图 1.13）。

图 1.13　全回转喷水推进器

1.2.3　喷水推进泵的特殊要求

1）水动力性能方面的要求

（1）大的过流能力和能量转化能力

这体现在流量系数 K_Q 和扬程系数 K_H 上（详见第 3 章）。以轴流泵为例：喷水推进轴流泵的流量系数 K_Q 一般在 0.67~0.85 之间，最大的可达 1.0 左右，而一般通用轴流泵的流量系数 K_Q 只在 0.60 左右；喷水推进轴流泵的扬程系数 K_H 一般在 0.08~0.13 之间，最高可达到 0.24 左右，而一般轴流泵的扬程系数在 0.06~0.095 之间，最高达到 0.12 左右。

能量转化能力实际体现在 $K_Q \cdot K_H$ 值的大小，无疑喷水推进泵的 $K_Q \cdot K_H$ 值远高于一般通用泵。

流量系数和扬程系数高，体现出泵的过流能力大，功率密度高，因而设计难度大。

（2）泵效率高

以叶轮直径为 300 的标准水力模型为例，喷水推进泵的效率一般在 0.86~0.88 之间，比一般通用泵高出 2~5 个百分点。这要求动叶轮、导叶体和过流流道应精心设计和加工。

（3）高抗汽蚀性能

喷水推进泵要有好的抗汽蚀能力，因而汽蚀比转速 C 值应在 1300 以上，最高可达 1500 左右，采用诱导轮后，汽蚀比转速可达 3000 左右。这是一般通用泵

8

很难做到的。

2）材料方面的要求

喷水推进泵的使用寿命要求很高，一般要达到几万小时，所以对选用的材料有很高的要求，特别是材料的耐磨和耐腐蚀性能要好。通常喷水推进泵壳体的材料有双相不锈钢（00Cr22Ni5Mo3N）、不锈钢（1Cr18Ni9Ti）、铝合金（ZL115）、玻璃钢等；叶轮有双相不锈钢、钛合金、铜合金（Cu2、Cu3）；轴系有双相不锈钢、不锈钢、45号钢等。

3）结构方面的要求

要求结构紧凑，强度和刚度好而且质量小，并便于装拆检修。在轴系轴承和密封的设计上，可靠性、使用寿命和互换性应着重考虑。

1.3　喷水推进的发展演变史

喷水推进与螺旋桨推进的历史同样长久。通过300余年的研究和实践，螺旋桨的理论日益完善。相比之下，喷水推进的发展相当缓慢。造成这种状况的原因虽然很多，主要是理论研究不成熟，有些关键技术没过关。例如：船、机、泵的有机配合；高效率和大能量转换能力喷水推进泵的研制；低损失无空泡进口管道系统和水动力性能极佳的方向舵倒航斗操纵装置的设计等问题没得到解决。这样喷水推进只能在有限范围内使用，由于推广应用受到限制，反过来又影响到对它的理论研究，这种恶性循环的局面使喷水推进长期处于不利的竞争位置。所以近百年来在船舶推进领域中占统治地位的是螺旋桨。喷水推进给人留下的是效率低的印象。

然而喷水推进具有的抗空泡能力强、附体阻力小、保护性能好、噪声低、操纵性佳、适应重负荷和变工况的能力强、传动机构简单等特点毕竟是常规螺旋桨所不及的。随着喷水推进技术研究的逐步深入，人们开始感到对这种推进方式的认识太肤浅，它的长处远非只在浅水航区得以体现。所以20世纪中叶以来，世界各国对喷水推进技术的研究有增无减。50年代喷水推进较多地应用于内河低速船上；60年代在高性能艇上开始采用；70年代喷水推进的发展十分迅速，已用于多种军用舰船和民用船舶；80年代中国MARIC首先研制成功了外置式喷水推进装置——喷水推进组合体，打开了喷水推进用于大中型船舶的大门，使其以新的面目出现在造船界。

1.3.1　早期的喷水推进系统（1660—1840）

1661年，英国国王查理二世授予发明人托马斯·图古德（Thomas Toogood）

和詹姆士·海斯（James Hayes）一项年限为 14 年的专利。该专利的内容为：
"采用一种特别的方法迫使水流通过船舶的底部或两舷，是一种独特的使船舶航行的方法。"尽管图古德和海斯的发明较英国人胡克（Hooke）发明螺旋桨要早 19 年，但这两位喷水推进的发明者并未将他们研究的重点放在船舶喷水推进方面，将其应用于实船，而是转向解决从矿井中抽水的问题。

在提出喷水推进设想后的近 70 年中，喷水推进技术处于停滞不前的状况。直到 1730 年，约翰·艾伦（John Allen）博士首先将蒸汽机同喷水推进联系在一起，他的设想是在船体内产生蒸汽并将其引到船艉，在水线下将蒸汽喷射出去，从而推动船舶前进。模型试验证实了他的设想。

美国马里兰的造水车木匠詹姆士·卢姆赛（James Rumsey）第一次将喷水推进器成功地应用于蒸汽机船上，该船通过装在船体内龙骨上的管道从船底吸水，经蒸汽泵的作用，将水从船艉喷出。1787 年 9 月，该船在波托马克河上试航，但航速只达到 2mile[①]/h。

尽管卢姆赛被公认为世界上第一艘喷水推进船舶的开创者，但世界上第一艘动力航行船舶的建造应该归功于约翰·费区（John Fitch），约翰·费区不仅发明了明轮推进，而且还拥有多个喷水推进专利。虽然当时明轮推进的应用越来越普及，但到 1857 年止，英国各种各样的喷水推进专利申请已达到 800 多个。

1.3.2 液压泵喷水推进（1840—1900）

早期喷水推进的某些特点，如水在长管道中流动所产生的摩擦、往复式蒸汽机驱动的容积式泵导致相对较低的功效使其在效率上难以同明轮和螺旋桨相匹敌。直到 1839 年英国人摩里斯·鲁思凡（Morris Ruthven）和他的儿子设想"在船艉附近吸水，从两舷将其排出以推进船舶"，并将此设想申请了专利。鲁思凡推进系统（图 1.14）即从船艏的开口吸水，通过管道同位于船舶中部水平安装的离心泵相连，离心泵将水流加速，通过管道将水从两舷紧贴或稍高于水面喷出。鲁思凡喷水推进系统的核心是一台大型的离心泵，该喷水推进系统被多艘船舶所采用。

1886 年"缸鱼"（Nautilus）号（35m）的试航成功使喷水推进引起人们的注意，该船由一台 127 马力[②]蒸汽机驱动 — 鲁思凡喷水推进系统，两个喷口面积均为 78.54 平方英寸[③]，航速达到 8.32kn。同样在 1886 年由泰晤士钢铁厂为英

---

① 1 英里 ≈ 1609m。

② 1 马力 = 735.49875W。

③ 1 平方英寸 = 6.4516cm²。

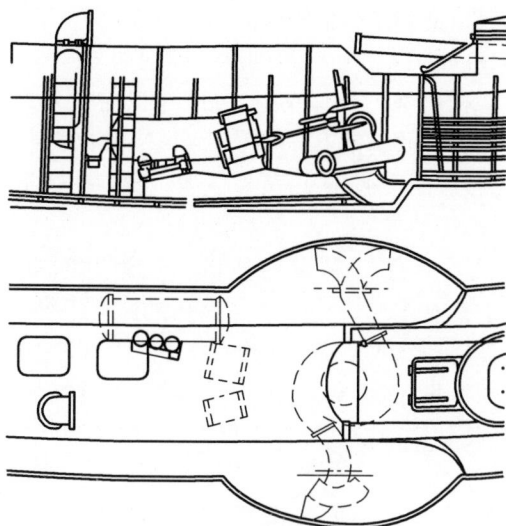

图 1.14 鲁思凡喷水推进系统

国海军建造的 49m 长的装甲炮舰"水妖"(Waterwitch) 号,虽然是帆船,但主机还是由 760 马力蒸汽机驱动鲁思凡喷水推进系统推进。1878 年,"水妖"号同安装了两个螺旋桨的姐妹"毒蛇"(Viper) 号进行了详尽的对比试验,"毒蛇"号航速达到 9.58kn,"水妖"号稍逊一筹达到了 9.3kn。

1.3.3 间歇性的喷水推进系统

费区 1790 年的一项专利被认为是一种喷水推进装置(图 1.15),也许称其为间歇性的喷水推进器更为合适。他的想法是由一管道将水从船艏引入,经一单向阀输入锅炉,在锅炉内被加热,当压力达到一定高度时,出口的单向阀被顶开,使得水向船尾方向喷射出去。当锅炉冷却时即可在锅炉内形成一定的真空,从而又可从船艏吸入更多的水。这个过程的周而复始,即可推进船舶前进。此原理听上去挺有道理,但无数次实际研制的努力证明,该方法无法产生足够大的推力和较高的效率。

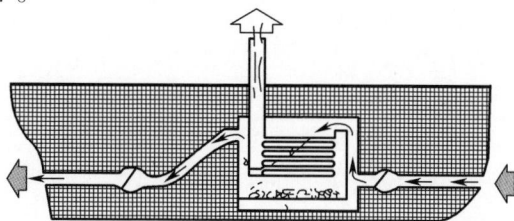

图 1.15 费区 1790 年申请专利的喷水推进装置

在美国人佩恩(Payne)和纽豪斯(New-house)1976年发表一篇论文中,分析了麦克·休(Mc Hugh)1916年获得的脉冲喷射的美国专利,在模型试验中这种间歇蒸汽能量喷水推进是十分有效的,1920年以前有无数的这种装置作为玩具出售。他们在研究分析的基础上,于1971—1974年间研制了现代化的蒸汽水脉冲喷水推进器,每秒有四个循环过程,在模型试验中获得了令人满意的推力和效率,给间歇式喷水推进的发展注入了一线生机。

佩恩和纽豪斯还设计了一种以柴油机为动力的间歇式喷水推进器(图1.16),这种推进器的最基本形式是将柴油机和推进器组合在一起,直接利用柴油机活塞向下的垂直运动将水从喷口喷出,这种方法可省去曲轴和推进器叶轮,大大减轻推进装置的重量、简化推进器结构。如果能够克服可能产生的振动以及阀门设计的一些问题,这种推进装置可以说是经久耐用和富有效率的推进器。

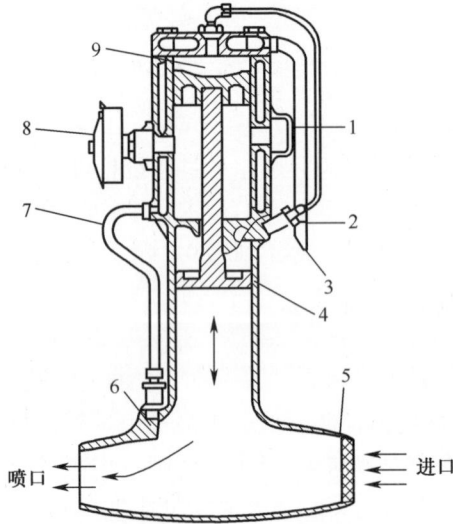

图 1.16 佩恩和纽豪斯设计的脉动式喷射推进器
1—排气口;2—喷水器;3—冷却水排出口;4—水活塞;5—单向阀;
6—冷却水进口;7—冷却水管道;8—进气;9—柴油机汽缸。

利用内燃机所排出的废气人们也研制出了一种间歇式喷水推进器(图1.17)。其原理为:利用在排气过程中从燃烧室中排出的高速气体的卷吸作用,使得水流经喷口喷出;在吸气过程中,燃烧室中形成一定的真空,又可将水吸入,如此循环往复。据此原理,1946年麦克·科拉姆获得了世界上第一个喷水推进舷外机专利。

图 1.17　科拉姆舷外脉动式喷水推进器

1.3.4　底板式喷水推进装置(1918—　)

1914—1918 年战争期间,两艘英国的试验船为执行"某种特殊的任务",安装了专门设计的喷水推进装置。这两艘船舶到底去执行什么秘密任务,到现在我们仍然不得而知。追求高航速可能不是其目的,也许在浅水中的航行能力才是最关键的。这两艘船的喷水推进装置委托英国皇家工程师吉尔(Gill)设计,他在设计中引入了一些新的构思,这些新的构思大多在今天的喷水推进系统上依稀可见。这种前后安装的喷水推进装置(图 1.18)将泵和管路结合为小巧的弯管状的系统,安装在船体的内底板上。该装置具有斜倾的进口管道、轴流式的叶轮,叶轮安装在水平方向的驱动轴上。吉尔设计的另一大特点是根据反射水流的原理设计了一组合式的倒车机构,当该机构凸出船底时,便偏折喷射水流向船艏方向喷射。

战后,吉尔并未停止喷水推进的设计工作,他的推进装置和倒车机构即今天我们所说的倒斗最终获得英国专利。1920 年前后,位于伦敦的吉尔喷水推进器公司设计开发了一个功率范围为 3～100 马力的底板安装式喷水推进装置系列,可应用于船长 3.63～36.5m 的各种类型的船舶上。吉尔还设计了世界上第一个

13

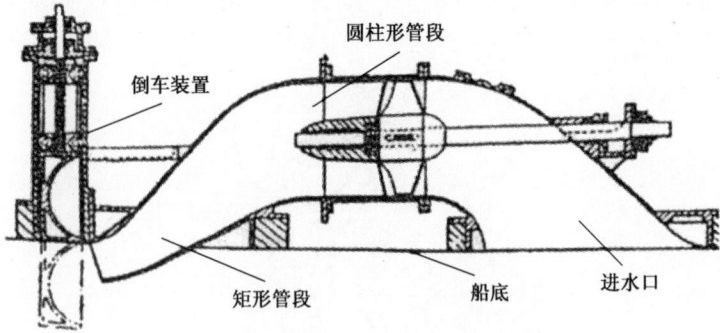

（a）

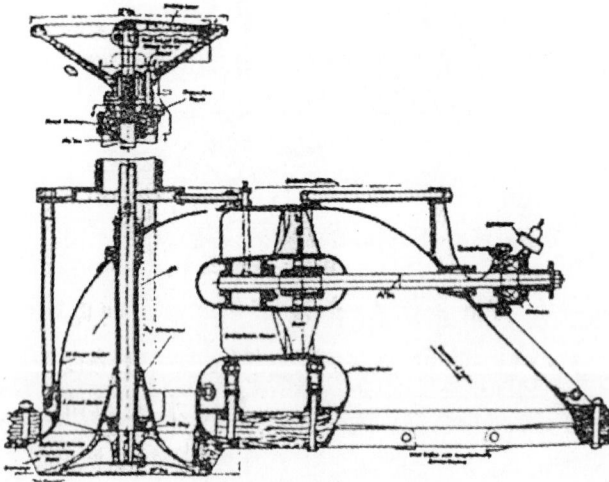

（b）

图 1.18 带有操舵、倒车机构的底板式喷水推进装置
（a）带有倒车机构；（b）带有操舵机构。

可回转的喷口，通过改变水流喷射的方向实现对船舶的操纵。

采用吉尔喷水推进装置的船舶包括一艘 1925 年建造的伦敦港渡船，直到 1944 年还在英国皇家码头航行。另一艘安装吉尔喷水推进装置的船舶是英国皇家救生艇协会的救生艇，该艇建于 1939 年，是在 1936—1941 年间建造的 9 艘 9.75m 长的冲浪级救生艇中的 1 艘，由两台转速为 2400r/min 的汽油机驱动，喷水推进器收到功率为 13 马力，在试航时航速大于 6.5kn。与同级救生艇中一艘采用螺旋桨推进的相比较，航速低于 1kn。

皇家救生艇协会的另外 7 艘冲浪级救生艇均安装了霍彻基斯的锥形喷水推

进系统,这也是一种底板式喷水推进系统,1919 年由唐纳德·霍彻基斯(Donald Hotchkiss)获得专利(图1.19)。该专利的原理是依赖一卧式离心泵,通过竖直方向安装的叶轮工作,将水从叶轮的侧面吸入,经过叶轮叶片的加速后,在叶轮切线方向上向船艉排出,到1927年霍彻基斯已经将其专利发展为一精巧的整体式双叶轮喷水推进装置。霍彻基斯的喷水推进装置具有特殊的锥形外形,这也就是其被称为锥形喷水推进器的缘由,该喷水推进装置上市时号称"适合任何船舶、任何吃水深度",特别适合用于浅水航行的船舶,只要船底下尚有 100mm 的剩余水深即可。此外,也比较适合多水草的水域中使用。将该种喷水推进器安装在船艉舯部,还可避免在恶劣海况中出现叶轮飞车。其他的优点还有附体阻力小、保护性能好。据报道,到了1946年时霍彻基斯的喷水推进装置已经出口到了16个国家,被几十艘船舶(船长从3.65~45.7m)所采用。霍彻基斯的喷水推进装置直到1960年才停止生产。

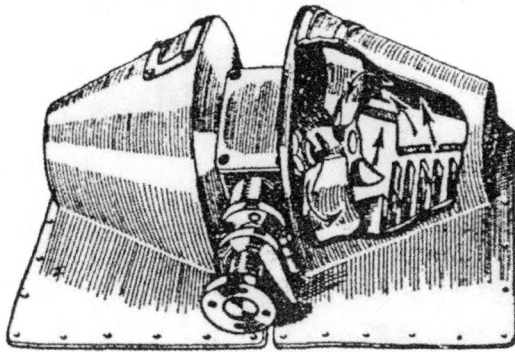

图 1.19　霍彻基斯锥形推进系统

英国皇家救生艇协会的9艘冲浪级救生艇中,1条采用吉尔喷水推进装置,另1条采用螺旋桨推进,其余7艘均安装了霍彻基斯的锥形推进系统,因此英国皇家救生艇协会对霍彻基斯的锥形推进系统同其他的推进方式进行了反复对比研究。在每艘救生艇上安装了两套霍彻基斯的锥形推进装置,每套由1台12马力的主机驱动,4个六叶叶轮的直径均为810mm,叶轮转速为204r/min。首制艇静水航速6.82kn,在较恶劣的海况下航速可达6.66kn,有1艘后续艇的航速达到了7.04kn。而采用螺旋桨推进的同级救生艇航速达到7.5kn。

这7艘采用霍彻基斯锥形喷水推进器的英国皇家救生艇协会的冲浪级救生艇平均服务年限达到了15年,共执行了216次的救生任务。

40多年后,当德国的喷水推进器制造厂商肖特(Schottel)公司加入底板式喷水推进器的生产行列后,底板式喷水推进装置的发展方向有了很大的改变。

肖特公司自1921年起生产喷水推进器,德国的一艘内河渡船在1970年首次采用了肖特的底板式锥形喷水推进器,肖特锥形喷水推进器本质上是一个能提供360°方向推力的吉尔推进器,但它还融入并改进了霍彻基斯的锥形喷水推进器的某些特点。在工作时,肖特锥形喷水推进器的叶轮旋转平面同船底面相平行,将水吸入一弯管中,水流在弯管中改变方向,在几乎水平的方向上将水流喷射出来。该弯管通过一套操控机构能够绕垂直轴线回转,因此能360°改变喷射水流方向。到1987年时,肖特锥形喷水推进器已应用到渡船、挖泥船等多种船舶,功率覆盖范围为100~1200kW,这种方式喷水推进效率较低。

因为有用户提出需要一种具有较高喷水推进效率,可在特别浅的水域中使用的喷水推进装置,1977年肖特公司开发了另一种进一步改进的底板式的喷水推进装置——泵喷射推进器(图1.20)。它能够在100mm剩余水深的水中驱动船舶航行。泵喷射推进器采用了一大功率的立式离心泵,离心泵将水吸入蜗壳,经蜗壳将水以同水平成15°的方向喷射出来,通过转动蜗壳,能够360°改变推力方向。

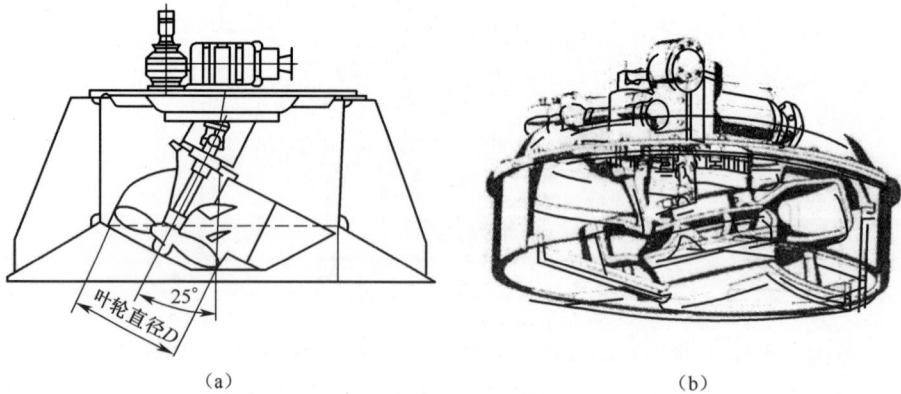

（a）   （b）

图1.20 肖特锥形喷水推进器和泵喷射推进器
(a)肖特锥形推进器;(b)肖特泵喷射推进器。

据报道,第一代的肖特泵喷射推进器功率范围为20~400kW,泵效率为70%,特别适合在浅水中使用。此外,在低航速时,泵的工况点偏向大流量,因此,系泊拖力较大。成功应用的例子包括我国在1984年建造的工程兵舟桥拖艇,每艘艇采用两台肖特泵喷射推进器,由168马力的风冷柴油机驱动。底板式锥形喷水推进装置对帆船也很有吸引力,1983年25m长的赛艇"梦费斯特"(Mephisto)号就安装了两台肖特泵喷水射推进器。第二代的肖特泵喷射推进器自1987年开始研制,功率覆盖范围最高达到2600kW,新一代的肖特泵喷射推进器在设计上有了一些新的提高,包括:用一扩散管取代蜗壳以减小水的旋转动量,从而减小推力的偏心。但肖特泵喷水推进器推进效率偏低的缺点在第二代产品中仍然存在。

1.3.5 艉板式喷水推进装置

20世纪50年代,威廉·哈密尔顿(William Hamilton)根据喷水推进小船在新西兰激流航行所获得的经验,在船艉安装了类似吉尔喷水推进装置的具有动物吸管状外形的喷水推进器,它将进水口紧贴着水面吸水,从艉封板开孔处喷向船外。由于喷射水柱直接射入空气中,因此第一次获得了高速喷射水流。该喷水推进装置通过安装在船底平面上的进口管道将水引到轴流式叶轮处,在进口处还装有格栅以防止将垃圾吸入。喷口穿过艉封板凸出在艉板外,喷口同艉封板间有可靠密封。喷口上装有一可偏转的箱形舵,通过钢丝绳或操纵杆可控制箱形舵向左舷或右舷偏折喷射水流。但哈密尔顿并不是50年代早期唯一研制艉板式喷水推进装置的人,有资料表明,苏联在1954年建造了安装两台艉板式喷水推进装置的近11m长的快艇,主要航行于河流上游的激流和浅水支流中。

到20世纪50年代后期,由哈密尔顿创建的新西兰哈密尔顿喷水公司(Hamilton)开始为汽艇和渡船提供喷水推进装置,同时还会同其他公司如英国的道蒂(Dowty)公司一起联合设计喷水推进装置。其中,这两个公司联合设计的用于推进长7.6m客船的喷水推进装置(图1.21),驱动功率为248马力,该船航速达到了34kn。

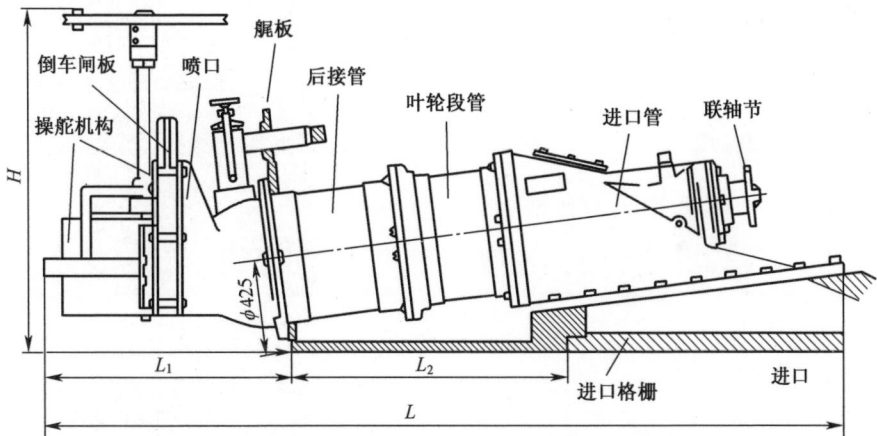

图 1.21　哈密尔顿公司和道蒂公司 1959 年联合研制的喷水推进装置

继20世纪50年代哈密尔顿公司和道蒂公司在喷水推进领域的联合开拓性

工作之后,两家公司开始各自独立开发自己的喷水推进器,并逐渐提高了喷水推进器的单泵功率和性能。道蒂公司即现在的尤特拉(Ultra)公司声称,在过去的35年里已经为各种船舶提供了15000多台喷水推进装置,其中大多数用于军用舰船,如20世纪80年代早期大批装备英美军队的攻击支援船。自那时起,在全世界范围内不断有新的制造厂商加入到舷板式喷水推进器制造的行列中。其中Castoldi公司于1958年、中国船舶工业总公司第七○八研究所于1970年、PPjet公司于1972年、Riva Lips公司于1975年、KAMEWA公司于1980年、川崎重工于1987年、AHJ公司于1988年、Kvaerner于1990年、Uistein公司于1992年纷纷开始喷水推进装置的生产,并逐渐构成当今喷水推进主要以舷板式结构为主流的局面[2]。

1.3.6 喷水推进舷外推进器

最早的喷水推进舷外推进器(图1.22)是由英国肯尼斯公司(Kenneth)于1950年试制完成,该喷水推进舷外推进器的标准结构为:不用齿轮,从动力头直接通过一垂直轴同一水平放置的叶轮连接。在工作时,将水从下面吸入,经叶轮加速然后通过近90°弯管将水喷出。此种喷水推进舷外推进器结构简单,安全性好,在紧急情况下还可将其放在船内作为舱底泵使用。但也许是由于喷水推进舷外推进器壳体制造相对比较粗糙,泵体弯曲过激导致损失较大等原因,这种最早的喷水推进舷外推进器没有被广泛采用。

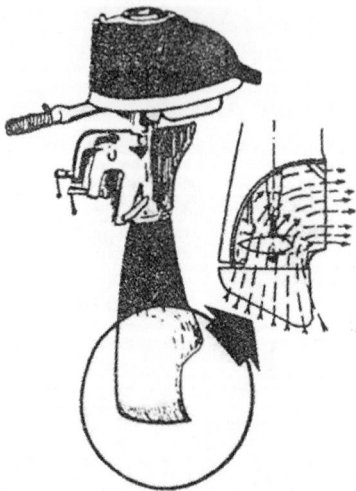

图1.22 肯尼斯公司喷水推进舷外推进器

图1.23 约翰松/伊凡卢德公司
喷水推进舷外推进器

1992 年,美国著名的喷水推进舷外推进器制造厂商约翰松/伊凡卢德(Johnson/Evinrude)公司推出了一个由 4 个档次组成的功率介于 26 ~78kW 的喷水推进舷外推进器系列(图 1.23),该系列喷水推进舷外推进器采用了标准的 OMC 动力头、托架和安装组件。尽管该系列舷外推进器保留了肯尼斯公司的水平叶轮设计,但已有了很大的不同,如带有导流格栅的倾斜的进口管道,蜗壳式的泵体,向上翻的倒车斗等。两家公司宣称该舷外推进器系列具有优异的安全性,可在 150mm 深的浅水中使用。

20 世纪 80 年代,MARIC 研制出了一种新颖的集推进和操纵为一体的轴流式喷水推进装置,称为喷水推进组合体。这种组合体以 MARIC 60 年代进行的倒车试验资料和 70 年代发展起来的喷水推进轴流泵设计技术为基础,并把船舶减阻和节能措施有机地结合为一体,从而在船舶推进和操纵上都取得了新的发展。这种具有内外流场的浸没式喷水推进装置,以其高的推进效率、极佳的船舶操纵性、极强的适应变工况能力,打开了在大型运输船和工作船上采用喷水推进的大门。为此荣获 1989 年"第 38 届布鲁塞尔尤里卡世界创造发明博览会"银奖。这种外置式喷水推进装置,已被广泛用于浅海拖船、挖泥船等工程船上。

浸没式喷水推进组合体由轴流泵和其后的组合舵组成有机的整体(图 1.24)。其主要部件有:泵壳、动叶轮、导叶体、喷口、泵轴、舵壳、中舵、舵轴等。泵壳置挂于船尾,为具有回转体外形的对称筒状体,其纵剖面为机翼型。它的作用在于分割流场,产生推力增值,并提供给动叶轮以良好的工作环境。动叶轮是进行能量转换的主要部件,它将机械能转化成水流总能,经导叶由喷口从水面下喷出,从而推动船舶运动。导叶体可梳整尾流,回收旋转动能。舵壳除分隔流场利用射流效应产生推力增值外,还与中舵配合,控制射流的流量和方向以操纵船舶。中舵与舵壳闭合,形成封闭腔体,导引水流反向喷射,操纵船舶倒航。

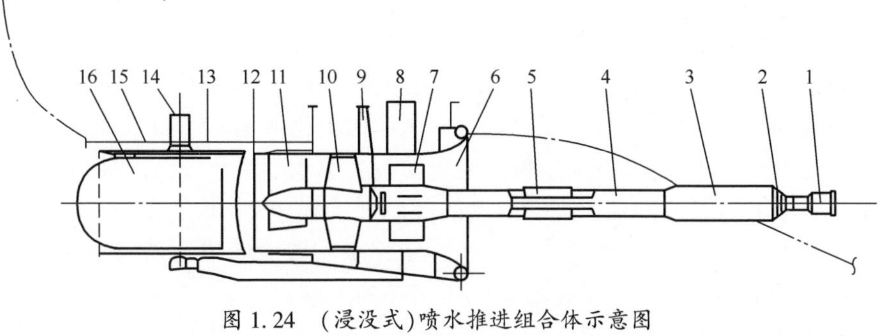

图 1.24 (浸没式)喷水推进组合体示意图

1—联轴节;2—密封装置;3—出轴组合;4—艉轴管;5—泵轴;6—泵壳;7—轴支架;8—观察孔;
9—密封;10—动叶轮;11—导叶体;12—喷口;13—舵托;14—舵轴(联舵机);15—舵壳;16—中舵。

1.4　喷水推进技术的发展趋势

近 30 年来,急速发展成熟起来的喷水推进技术,已广泛应用在高性能船舶和各类军用舰艇上[24],取得喜人的成效。这反过来也进一步促进了喷水推进技术的发展。总的看来,喷水推进技术的发展趋势体现在以下几个方面。

1.4.1　航行高速化

随着舰船规模化和高速化需求的呼声越来越高,喷水推进舰船只能从降低载体阻力和提高推进效率两方面着手进行研究。目前一般舰船的航速大多在 30~40kn 之间,但 50kn 或更高已成为发展趋势。对喷水推进器而言,为满足高航速要求,有两条路可走:其一提升单泵吸收功率;其二增加舰船喷水推进泵数量。这两者结合起来就是大功率高功率密度紧凑型的新型喷水推进装置的研制,而这种新型喷水推进装置的设计难度会大幅度提高。如何保证满足优秀水动力性能和低水动力噪声的综合技术指标,已成为国际知名喷水推进公司主攻的方向[24]。

1.4.2　功率大型化

如前所述高速化与功率大型化是紧密结合的,目前世界上喷水推进单泵功率大多在 5000~10000kW 之间,但也有不少军用舰船喷水推进单泵功率已超过 10mW,个别的已达到 20mW,如 KAMEWA VLWJ235 型喷水推进装置,单泵吸收功率为 27mW,其进水口直径达到 2.35m,用于日本 Techno-Seaways 公司拥有的高技术超级班轮上。有的公司正朝着单泵功率高达 50mW 的大型化方向发展。

1.4.3　装置轻型化

装置轻型化是指吸收相同轴功率的喷水推进装置,在结构外形尺寸和质量方面的相对比较,常用单位千瓦的装置干重作为对比依据。

随着航速的不断提高,喷水推进装置单泵功率也不断上升,必然带来喷水推进装置体积和重量的增加。现有高性能舰艇大多要装 2~4 台喷水推进装置才能满足高航速的要求,这样往往会造成舰艇尾部布置空间不够用的情况。所以喷水推进装置的大功率化和轻型化成为当今的发展趋势,在这种情况下新型高功率密度紧凑型喷水推进泵应运而生。

轻型化与装置的结构设计和新型材料的应用有关,国际上各大公司在这方面做了不少研究工作,也取得可喜的成效。只是新型材料的应用进展尚不能令人满意,但是复合材料和钛合金的应用已有一定突破。

近 20 年来混流泵成为喷水推进泵的主流泵型,但是混流泵花篮式的外形,占用太大的舰船尾板安装面积,造成多泵布置的困难,也使尾部重量增加。为了克服这一致命的缺陷,研制高性能低比转速轴流式喷水推进装置应运而生。以 Lips 为首的喷水推进公司在这方面取得重大突破。在吸收相同功率的情况下,低比转速轴流式喷水推进装置较混流式喷水推进装置可减轻重量 25%左右。

1.4.4 运行安静化

隐身技术是海军装备追求的重要指标。喷水推进装置会涉及舰艇的噪声隐身,其中特别是水动力噪声。低噪声型喷水推进装置无论在水面舰艇或水下潜器上都是重要的追求目标。所以国际上先进的国家都把安静型喷水推进器的研发作为主攻目标。在核潜艇的喷水推进器(也有文献称为泵喷)上体现得尤为明显,美国、英国、法国和俄罗斯的攻击型核潜艇,基本上都在泵喷的降噪方面取得突破,如美国的"海狼"号和"弗吉利亚"号核潜艇,喷水推进器的水动力噪声基本接近海洋背景噪声。各国对水面舰艇喷水推进装置的噪声研究也取得实质性突破。低噪声喷水推进装置的研发已成为一种趋势[25]。

1.4.5 尾迹低平化

现有的水面舰船喷水推进装置,基本采用半水面喷射方式布局,当舰艇进入高速航行时,几乎变成水上喷射,舰尾的浪花在水面翻滚,形成长长的尾迹。喷水推进器的尾迹容易被敌方监测系统捕捉到,进而受到攻击。

所以解决喷水推进装置喷射尾迹问题已引起军方的关注。这样就出现了浸没式喷水推进装置的设想,我国 MARIC JET 20 世纪 80 年代研发的喷水推进组合体以及最近美国在 AWJ-21 上采用的先进喷水推进系统就是减小尾迹的尝试,取得了一定的效果。

1.4.6 推进高效化

无论是从节能还是从提高航速考虑,提高喷水推进的效率是必由之路。要提高总的推进效率可从两方面着手。其一是提高推进泵的效率,推进泵的效率与泵的大小或流量的高低密切相关,所以一般以推进泵标准水力模型的效率为比较依据。水力模型的效率目前已达到 88%左右,换算到推进泵实体,泵效可达 90%~93%。其二是提升系统效率,从国内外现状看,系统效率已从 20 年前的水平提升了近十个百分点,好的喷水推进装置,系统效率已超过 70%,高的达到 78% 左右[26]。无论是高泵效率或高系统效率,都应经过精心研究设计和试验验证才能取得[26-27]。

喷水推进的效率为泵效率和系统效率的乘积。结合上面的分析,推进效率的最高值约为 72%(0.93×0.78),再考虑到喷水推进的推力减额为负值的特点(后面会详细讨论),喷水推进的推进效率最高可达 77% 左右。图 1.25 为 KAMEWA 公司喷水推进船舶实船测试的效率统计曲线[4]。有关各种效率的表达式和相互关系,将在第 3 章中介绍。

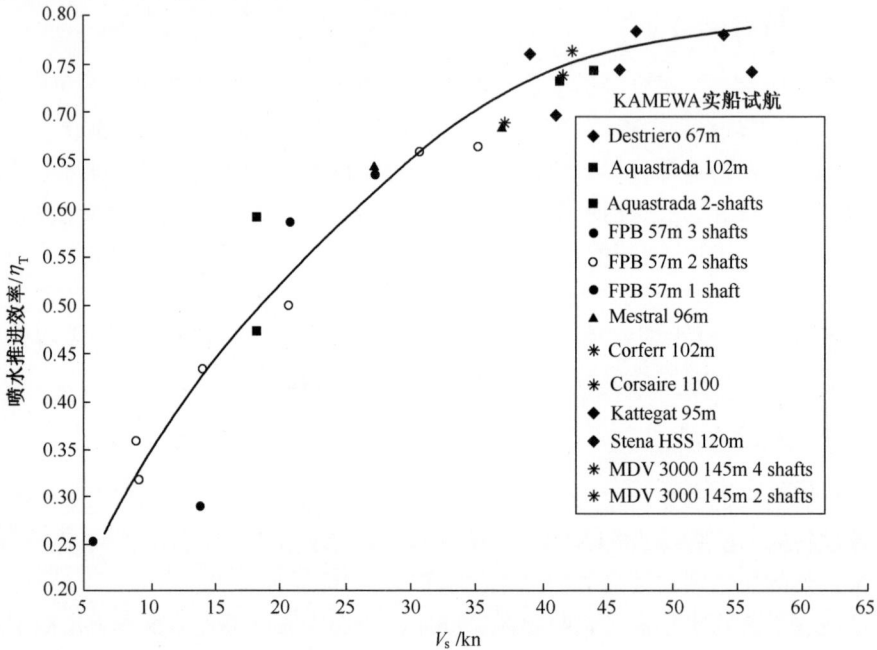

图 1.25 喷水推进效率统计

对于高速船艇,喷水推进的效率要高于螺旋桨推进效率,喷水推进的水下噪声低于螺旋桨推进,所以高性能船舶采用喷水推进是最佳选择。

1.4.7 方式多样化

水面舰艇一般有全速前进和巡航两种不同航行工况,在不同工况下都要求有高的推进效率和较低的水下噪声。往往一种推进方式很难两者兼顾,所以就出现了推进方式多样化组合的新思路。以护卫舰为例,全速前进时一般航速约为 35kn 甚至更高,但巡航时一般航速约为 18kn。如果采用混合喷水推进系统,即柴燃联合和泵桨联合的方式,就能很好地适应上述技术要求,大体布局为两台柴油机驱动两只可调桨,1 台燃气轮机驱动 1 台或两台喷水推进装置。巡航时只用桨,不但节能而且噪声也不大;全速前进时,再启动喷水推进装置,航速提高了,噪声也能处于较低状态。这就提出了泵桨混合喷水推进的流场相互影响的新课题。

1.4.8　范围广泛化

喷水推进装置起初多用于舰船,先是低速小型浅吃水船和工作船,然后发展到高性能船和军用舰船。但船艇的本质没变。近 30 年来这种局面已经打破,喷水推进技术的应用范围越来越广。首先是潜艇和水下潜器平台采用喷水推进器[28-29],即喷水推进技术从应用于舰船延伸到水下潜器或平台上。其次在水陆两用战车,无论是履带式还是轮式车[30-31],开始大量采用喷水推进技术求得水上高航速。从而又将喷水推进技术的应用从舰船扩展到两栖战车上。由此不难看出喷水推进技术的应用范围出现广泛化的趋势。

1.5　本　章　结　语

本章是本书的开篇,介绍了喷水推进和喷水推进泵的基本概念,让读者对喷水推进技术有一个初步的认识和了解。在此基础上介绍了喷水推进技术的优缺点,结构特点;喷水推进技术的发展演变史以及喷水推进技术的发展趋势。

参 考 文 献

[1] Bulten N. Doha International Maritime Defence Exhibition and Conference（DIMDEX 2008）［C］. Doha, Qata:2008.

[2] Allison J L,Changben Jiang,J. G. Stricker,et al. Proceedings of the International conference on waterjet propulsion latest developments,the royal institution of naval architects,22-23 October 1998［C］. Amsterdam, The Netherlands:1998.

[3] 金平仲. 船舶喷水推进［M］. 北京:国防工业出版社,1986.

[4] 王立祥. 喷水推进及喷水推进泵［J］,通用机械,2007(10):12-15.

[5] 汲国瑞,蔡佑林. 喷水推进进口流道倾斜角对其效率影响分析［J］. 舰船科学技术,2016(3):55-58.

[6] Warn-Gyu Park, Hyun Suk Yun, Ho Hwan Chun, et al. Numerical flow simulation of flush type intake duct of waterjet［J］. Ocean Engineering, 2005,32:2107-2120.

[7] 丁江明. 喷水推进器进水流道参数化设计与应用［J］. 上海交通大学学报,2010,44(10):1423-1428.

[8] Guorui Ji, Youlin Cai. Ning Li. Proceedings of the Second Conference of Global Chinese Scholars on Hydrodynamics, November11-14,2016［C］. Wuxi China:2016.

[9] 汲国瑞,蔡佑林,李宁,俞瑜. 喷水推进进口流道唇口参数对出口不均匀度和驻点位置影响分析［J］. 中国造船,2016,57(4):109-114.

[10] 金平仲,王立祥等,喷水推进轴流泵设计［J］,水泵技术,1976(4):1-40.

[11] 张新. 轴流泵设计中的环量分布与轴面速度分布［J］. 水泵技术,1984(1).

[12] 金平仲,曾松祥,沈奉海,等. 轴流泵的变环量设计方法［J］. 水泵技术,1985,(2):14-20.

[13] 蔡佑林,王立祥,张新. 混流泵叶轮三元可控速度矩的设计［J］. 流体机械,2005,33(11):13-15.

[14] 蔡佑林,焦松,王立祥,刘建国. 应用可控速度矩设计法设计的喷水推进混流泵试验研究［J］. 流体机械,2010,38(9):1-4.

[15] 蔡佑林,夏立明,刘建国. 喷水推进混流泵流道主参数确定方法与验证［J］. 船舶,2014(2):58-61.

[16] Oh H W,Yoon E S,Kim K S, et al. A practical approach to the hydraulic design and performance analysis of a mixed-flow pump for marine waterjet propulsion［J］. Journal of . Power and Energy, 2003,217(6): 659-664.

[17] Oh H W. Design parameter to improve the suction performance of mixed-flow pump impeller［J］. Journal of Power and Energy 2010, 224(6): 881-887.

[18] Oh H W,Yoon E S. Hydrodynamically detailed performance analysis of a mixed-flow waterjet pump using computational fluid dynamics［J］. Journal of Mechanical Engineering Science, 2008 222(9):1861-1867.

[19] Oh H W,Kim K-Y. Conceptual design optimization of mixed-flow pump impellers using mean streamline analysis［J］. Journal of Power and Energy,2000,215(A1):133-138.

[20] Yoon E S,Oh H W,Chung M K,Ha J-S. Performance prediction of mixed-flow pumps［J］. Journal of

24

Power and Energy,1998,212(A2):109-115.

[21] Benvenuto G, Camporaes U. Proceedings of the World Maritime Technology Conference [C]. London, UK:2006.

[22] 王立祥. 船舶喷水推进[J]. 船舶,1997(3):45-52.

[23] Lawson W. International Conference of Waterjet Propulsion 4, The Royal Institution of Naval Architects, 2004[C]. London, UK: 2004.

[24] Tomohiro Takai,Manivannan Kandasamy,Frederick Stern. Verification and validation study of URANS simulations for an axial waterjet propelled large high-speed ship[J]. Journal of Marine Science Technology, 2011 16:434-447.

[25] Chao Wang, Yang Lin, Zhiqiang Hu,et al. Proceedings of the Twenty-fourth (2014) International Ocean and Polar Engineering Conference, June 15-20, 2014[C]. Busan, Korea:2014.

[26] 丁江明. 喷水推进器推进性能研究[D]. 武汉:海军工程大学博士论文,2009.

[27] Manivannan K, Wei H, Tomohiro T, et al. 11th International Conference on Fast Sea Transportation September 2011[C]. Honolulu, Hawaii, USA: 2011.

[28] Pengcheng Li, Youlin Cai. Proceedings of the Second Conference of Global Chinese Scholars on Hydrodynamics, November11-14,2016[C]. Wuxi China:2016.

[29] 刘业宝. 水下航行器泵喷设计方法研究[D]. 哈尔滨:哈尔滨工程大学,2013.

[30] Kim M C,Park W G,et al. International Conference of Waterjet Propulsion 4, The Royal Institution of Naval Architects ,2004[C]. London, UK: 2004.

[31] Moon-Chan Kim,Ho-Hwan Chun,Hyun Yul Kim, et al. Comparison of waterjet performance in tracked vehicles by impeller diameter[J]. Ocean Engineering, 2009,36:1438-1445.

第2章 喷水推进的适用
范围及应用情况

2.1 喷水推进的关键技术

喷水推进船推进系统的设计一般可分为两步[1-3]：

第一步：有了船型及阻力曲线、艉部型线、吃水状况、航速要求、布置约束条件、发动机性能参数等条件，确定应该配置几台什么样的喷水推进泵才是相对最优的，即能达到高的喷水推进效率或航速，同时又不会产生汽蚀(空泡)。这就是喷水推进主要参数优化计算的内容，通过对喷水推进3个主要方程(详见第6章)的迭代求解，可得到无数个喷水推进泵的参数，即流量 $Q(m^3/s)$、扬程 $H(m)$、功率 $Ne(kW)$、转速 $n(r/min)$、叶轮直径 $D_0(m)$、喷口直径 $D_j(m)$、比转速 n_s、汽蚀比转速 C、航速 $Vs(kn)$ 等。然后从中分析比较优化，得到我们认为相对最佳的方案。这一过程通常称喷水推进主要参数的优化选择。

第二步：有了由喷水推进主参数优化得到的喷水推进泵参数，通过什么方法，设计出所需要的喷水推进泵及相应的操控机构和自动控制系统。

在市场竞争十分激烈的情况下，船东对设计方案的选择都有时间限制，需要设计者在短时间内拿出切实可行的方案。从喷水推进船推进方案设计过程可知，第一步是主要参数的优化选择计算，经过长期研究开发和实船应用经验的积累，MARIC已有自己研发的成熟实用软件，这项工作可很快完成。第二步是要设计出符合上述主参数选择确定的喷水推进泵，包括操纵机构和自动控制系统设计也是如此。因而需要通过前期的预研和试验验证，建立水力模型库，并尽快从中找出合适的水力模型进行相似设计，以便在较短的时间内完成喷水推进装置的技术方案设计[4-14]。

所以试验技术和试验设备是发展喷水推进技术必不可少的手段。图2.1是MARIC喷水推进泵综合性能试验台，能完成水力模型内外特性的试验、进水流道的测试、实泵台架试验和可靠性试验等。

26

图 2.1 MARIC 喷水推进泵综合性能试验台

2.2 不同喷水推进装置的结构形式和适用范围

2.2.1 喷水推进装置的结构类型

喷水推进装置主要有内藏式和外置式两种结构类型[15]。

内藏式喷水推进装置,它的推进泵安装在船舭推进泵舱内。外置式喷水推进装置,它的推进泵置于船舭舱外底部水域[14]。

现有高性能喷水推进船舶和喷水推进军用舰艇,基本都采用内藏式结构类型。

重负荷运输船、工程船喷水推进组合体(图 1.12),核潜艇泵喷(图 2.13),采用的都是外置式结构类型。

内藏式喷水推进装置(water jet)的推进泵只有内部流场;外置式泵喷(pump jet)或喷水推进组合体的推进泵,不仅有内部流场还有外部流场。尽管两者都应用动量原理,基本方程相同,但由于流场状态的差别,外置式喷水推进装置存在内部流场与外部流场相互影响的问题,使得数值计算和工程设计处理时考虑的影响因素更多,更复杂,设计难度更大。但在机理上两者无本质差别,更重要的两者都是泵而不是桨,其中的异同分析参见文献[31]。

2.2.2 不同喷水推进装置的适用范围[15、16]

内藏式喷水推进装置在国内外喷水推进舰船和高性能船舶上已得到广泛应用[17、18],大家比较熟悉,这里不再赘述。只说一点,这种装置原则上用在航速>30kn 的舰船才有优势,对于航速<25kn 的舰船,如无特殊要求,原则上选用螺旋桨推进较为合理。至于航速在 25~30kn 之间的船艇到底是采用桨还是喷泵,应根据具体情况进行认真分析比较才能决定。

对于外置式喷水推进装置,除上述的航速范围外,大多适用于重负荷的推进系统;对于军用舰艇而言,为隐身效果多选用这种外置式喷水推进装置,如攻击型核潜艇、浸没式喷水推进装置[16-18],主要目的是降低水动力噪声;护卫舰等水面舰艇采用浸没于水下的外置式喷水推进装置,可以获得小的水流喷射尾迹。

2.3 喷水推进技术应用情况

2.3.1 在民用船及高性能船上的应用[19、20]

自1991年起,高速车客渡轮在数量上开始接近常规低速车客渡和滚装船。据 Fast Ferry Int'l 统计,截至 2003 年的 13 年中,全世界共建造了 655 艘高性能船,包括双体船、三体船、穿浪艇、水翼艇、小水线面船、侧壁气垫船和单体快艇,我国仅内地和香港就进口了其中的 144 艘,主要为高速双体船。

按照我们的统计,这 655 艘船中有 75%采用喷水推进,另外 25%采用固定螺旋桨或可调桨推进。显然,喷水推进已经在轻型高速船上占有主导地位,现分别列表说明。

1. 按船型分:

(1) 普通高速双体船[19]。

这是采用喷水推进数量最大且最具代表性的船型(见表 2.1 中第 1~6 项)。

(2) 穿浪艇。

适航性比普通双体船好,主要由澳大利亚 Incat 公司开发(见表 2.1 中第 7~11 项)。

(3) 三体船[20]。

设计三体的目的也是为了改善普通双体船在风浪中的性能,它们为数不多(见表 2.1 中第 12~15 项)。

(4) 单体船[21-24]。

它在大型、高速方面有了发展,其傅汝德数 Fr 已超过驱逐舰的峰值($Fr = 0.45 \sim 0.50$),因此往往增设运动控制系统和 T 型水翼。船型方面除了圆舭艇外也有采用深 V 型的(见表 2.1 中第 16~20 项)。

(5) 侧壁式气垫船(SES)[25-26]

在短途近岸的航线上,有很大的竞争力,往往也加配了运动自控系统。为了高速运货,近年有大型化的趋势。日本三菱(Mitsubishi)、三井(Mitsui)公司计划发展 127m 长、排水量 3000t、装运 150TEU 以上的 SES,速度达 50kn,4 级浪时失速很小。SES 的尺度(见表 2.1 中第 22~25 项)。

2. 按用途分：

（1）高速货船[27]。

其发展背景是沿海及跨海快速货运的需求。例如，挪威盛产鱼货，每年用22000辆集装箱拖车往南部运货。为了环保，欧盟委员会创设了"马可波罗计划"，奖励减少欧洲排废的海运项目，最高可得到30%的津贴。此外，日本、澳大利亚和美国之间也有快速货运的需求。这方面的方案及建造中的实船如表2.1中第21项及第26、27项所列。特别值得注意的是，载重30000t、航速60kn的军民两用高速海运三体船已在进行船模试验及推进泵的设计。

（2）其他船舶上的应用。

① 小水线面船（SWATH）。它的速度有高有低，在中高速的SWATH上，也有采用喷水推进的，如俄罗斯的Sukhio号，长32m、宽11m、吃水2.3m、载客196人、航速27kn、功率2×1500kW，配2台喷水推进装置。

② 三用拖轮，美国的Diamond Services Corporation在三用拖轮上采用喷水推进。该船长51.8m、宽9.1m、型深3.9m，可载甲板货200t、载客64人、速度28kn、功率4×745.7kW，配4台Hamilton HM571装置。

③ Stolkraft，这是一种中体在水面以上的三体船，体与体之间向上凸拱，以便高速时提供一定的气动升力以减少阻力。该船长37m、宽12m、深4.5m、载客420人、燃气轮机动力，配2台KAMEWA90s装置。

2.3.2 在军用领域取得重大进展

2.3.2.1 高速攻击艇（FAC,Fast Attack Craft）

高速攻击艇主要是导弹艇，是最先应用喷水推进也是现在喷水推进应用最广泛的舰种。海军主要追求的是快速性和高机动性，其次是隐身效果。表2.2列出了20世纪90年代以后采用喷水推进的导弹艇。

与常规螺旋桨推进相比，高速攻击艇采用喷水推进既解决了空泡问题又提高了推进效率。而且从表2.2还可以看出，航速越高，喷水推进装置的优势越明显：因为航速越高，喷水推进进流冲压越大，对叶轮来说空泡裕度越大，可以采用更高的转速而使推进器尺寸减小以减轻重量。例如，挪威"盾牌"级导弹艇航速57 kn，用80型（泵进口直径800mm）就可以吸收6000kW的功率；而芬兰"哈米纳"级导弹艇由于航速低，只有32kn，则用90型才能吸收2760kW。当然，这个强烈的反差和两者船体形式不同所造成的阻力性能的差异也有很大关系。

从表2.2也可看出，不同厂商的喷水推进器性能也有较大差异，如芬兰的"哈米纳"在"劳麻"的基础上改进，排水量有所增加，动力装置不变，推进器由意大利的Riva Calzoni改为瑞典的KaMeWa以后，航速反而提高了2kn，当然其中并不排除船体主尺度改变带来阻力降低的因素。

表 2.1　喷水推进高性能船的尺度　　尺寸单位（m）

序号	船型	船名或公司名	长	宽	深	吃水	DWT	客/车/船员	航速(kn)	功率	推进
1	双体船	Fair Weather	71.75	18	5.5	2.6	194	263/35/34	34	4×3600	4×KMW90SII
2		Austal Auto Express	101	26.65	9.4	4.2	750	950/251/—	37	4×8.2MW	4×KMW125SII
3		Austal Auto Express	125	31.7	—	4.9	1200	1300/460/—	36	4×9MW	4×KMW125SII
4		Westamaran 4000	42.23	10	—	1.6	—	408/—/—	35	2×2000kW	KMW71SII
5		Westamaran H55900	88	30	12.6	3.7	450	900/212/50	40	3×17MW	KMW160SII
6		AMD Juan Patricio	70.4	19.5	—	2.2	—	450/63/—	51	4×5310kW	KMW80S, 80B
7	穿浪艇	Incat 050	93.47	26.6	—	3.67	770	325/60/45	38	4×7080kW	4×Lips LJI145D
8		Incat tasmania	112.6	30.2	—	3.3	1560	—/320/—	50	4×9000kW	4×Lips LJI150E
9		Incat Hsvswift	97.22	26.6	—	3.43	680	951/—/—	38	4×7200kW	4×Lips LJI120E
10		Incat Cargo Express	122	32.0	7.8	4.8	2020	1500t 货	45	4×5800kW	WJ
11		AMD 2000	96.75	29.6	6.5	2.5	350	—	40	2×16850kW	KMW125SII
12	三体船	Austal Auto Express	85	21.2	6.5	2.9	470	810/154/35	37	—	WJ
13		BG155	155	44	—	—	满载 1950	1100/255/—	40	4×7500kW	WJ
14		FBM universal MKI	56.3	13	4.0	1.6	—	446/42/—	42	4×2320kW	KMW63SII
15		FBM Hank Yoreh	52.5	118	—	1.6	—	455/—/9	43	4×2320kW	KMW63SII
16	单体船	Fincantiere Jupiter	146.5	22.0	17.6	—	1400	1800/—/—	42	4×6.5MW	WJ
17		Rodrigues TMV115	115	17	10.8	2.5	700	900/200/—	36	4×7200kW	4×Lips LJI140E
18		Bazan Alhambra	124.7	18.7	11.2	2.5	1810	1250/109/—	38	4×5800kW	WJ
19		Aeolos Express	119	15.7	5.4	3.7	500	1000/210/28	36	4×8100kW	4×KMW125SII
20		Romon Llull	83.35	13.5	—	1.76	—	462/58/—	37	4×3700kW	2×Lips LJI91ES
21	气垫船	Techno-Seaways	140	29	—	—	满载 4180	运货	37	2×27000kW	2×VLWJ2350
22		SES 500	66	18.4	5.0	2.6	180	350/82/8	44	2×4800kW	2×LipJRC
23		SES 1000	84.5	23.2	6.3	3.25	—	550/130/8	50	2×12650kW	KMW125S
24		Semco 38m	36.4	11.3	—	2.1	满载 164	—	45	2×1680	2×KMW63S
25		Agnes 20	51	13	5.2	2.3	700	110/—/12	40	2×2741kW	2×KMW71SII
26		Izar 公司	212	22	—	4.7	3400	—	37	2×36MW	2×KMW250SII
27		ADX Expuss Pentamaram	287	45.5	中体 25	9.0	满载 10740	—	40	4×23850kW	4×KMW225SII

表 2.2　国外喷水推进导弹艇

船级	盾牌	隼	鹞鹰	劳麻	哈米纳	哥德堡
	Skjold	Hayabusa	Sparviero	Rauma	Hamina	Goteborg
国籍	挪威	日本	日本	芬兰	芬兰	瑞典
入役/年	1999	2002	1993—1995	1990—1992	1998—2003	1990—1993
船型	气垫双体	单体	水翼	单体	单体	单体
船长/m	46.8	50.1	21.8	48	50.8	57
船宽/m	13.5	8.4	7	8	8.3	8
吃水/m	2.3	1.7	4.4	1.5	2	2
排水量/t	260	200	50	248	270	399
发动机	燃气轮机	燃气轮机	燃气轮机	柴油机	柴油机	柴油机
发动机型号	Allison571-K	LM500G07	GE/IHI LM500	MTU16V538TB93	MTU16V538TB93	MTU16V396TB94
发动机功率/kW	2×6000	3×4030	1×3720	2×2760	2×2760	3×2130
推进器厂商	KaMeWa	三菱重工	—	Riva Calzoni	KaMeWa	KaMeWa
推进器型号	2×80SⅡ	3×900A	—	2×IRC115	2×90SⅡ	2×80562-6
最大航速/kn	57	44	46	30	32	30

挪威"盾牌"级导弹艇最能体现导弹艇作为近海防御和反击的重要角色(图 2.2),因为挪威的海岸线曲折、多峭壁,是世界上峭湾最多的地区,所以挪威海军对"盾牌"级的要求就是高速性、灵活机动性和隐身性的结合。

"盾牌"级导弹艇作为和法国"拉菲特"级与瑞典"维斯比"级导弹艇同属于隐身彻底的战舰,其表面效应船身结构采用碳素纤维复合材料。在一级海况下最高航速可达 57~60kn,即使在三级海况下也可达 44~45kn。更值得一提的是,2001 年 9 月,首舰"盾牌"号远抵美国被美国海军租借进行"无人平台"以及濒海战斗舰评估,在与"肯尼迪"号航母战斗群的一次对抗演习中,"盾牌"号是唯一生存下来的反舰导弹发射平台。从这里介绍的"盾牌"级以及后面要介绍的瑞典"维斯比"级轻型护卫舰和安静型核潜艇可以看出,喷水推进确实是最安静的低噪声推进系统。

日本导弹艇从"鹞鹰"级(图 2.3)向"隼"级(图 2.4)的转换:1993—1995年日本海军仿制了三艘意大利海军的"鹞鹰"级导弹艇,但在实际应用中发现该

图 2.2 挪威"盾牌"级导弹艇

级艇的耐波性和适航性不足,几乎无法在冬季的日本海使用。而且该级艇在排水航行和翼航之间速度和机动性差别太大,使用中存在诸多不便。这就催生了 2000 年开始研制的"隼"级导弹艇。在设计过程中,为了克服适航性问题,设计者考虑过多种艇型,其主要区别在于使用双体结构还是单体结构。经过论证,双体型艇的最大航速约为 40kn。此时由于"朝鲜间谍船"事件的发生,日本自卫队又要求艇的最大航速达到 44kn。为此,设计者在原定的两台主机中间又增加了一台主机,这也使得艇体结构必须采用单体形式。值得注意的是,该级艇采用了日本三菱重工研发的喷水推进器 MWJ-900A 型。

图 2.3 日本的"鹈鹰"级导弹水翼艇

图 2.4 日本"隼"级导弹艇

2.3.2.2　高速车客渡船和海军高速运输舰

这个应用是澳大利亚海军的创举,但却点燃了美国海军对其需求的爆炸式迸发,因为它给予了美国海军近期涌现的渴求远征部队快速投送能力和机动能力以希望。

1999年,澳大利亚海军租借了本国英凯特(INCAT)公司的45号穿浪船,并改名为"杰维湾"号,计划用于应付东帝汶国际维和部队的运输任务。

在东帝汶维和行动期间,"杰维湾"号接近45kn的航速是任何一艘美国军舰的两倍,在航行中它轻易超过美国舰只,令美国第七舰队的人员十分吃惊,而它在码头的机动和卸载速度也是美国两栖舰无法比拟的。在首次任务中,它轻松地靠上了杂乱不堪、没有任何设施的帝力(东帝汶首都)码头,迅速将澳大利亚3RAR(陆军特种部队)和108陆战营的572名士兵及其装备卸载到岸上。美国海军"塔拉瓦"号两栖攻击舰舰长在看到这一幕后称"革命性的船体形式。高航速、自动化和最少的船员,使该船相当于奔腾Ⅱ代计算机令我们望尘莫及,而我们却一直在故障频生的老旧计算机上工作。"

在接下来的日子里,美国海军接二连三地租借和改装了两艘穿浪船和一艘高速双体船用于试验和评估。快速运输部队及装备,对于高速运输舰,其任务剖面要求主要是高速运行,因此应用喷水推进是当仁不让的。表2.3是上述四艘"民转军"高速船的技术参数,图2.5是美国的HSV-X1穿浪艇。

表2.3　"民转军"高速船参数

船　名	杰维湾	HSV-X1	HSV-2	西太平洋快车
租借海军	澳大利亚	美国	美国	美国
租借年份	1999	2001	2002	2001
船　型	穿浪双体	穿浪双体	穿浪双体	高速双体
船　长/m	86.62	96	97.22	101
研制商	Incat	Incat	Incat	Austal
船　宽/m	26	26	26.60	26.65
吃　水/m	3.6	3.7	3.43	4.2
排水量/t			1800(全载)	
载重量/t	400	800	680	750
柴油机型号	Ruston20Rk270	Ruston20Rk270	Caterpilla3618	Caterpilla3618
柴油机功率/kW	4×7080	4×7080	4×7200	4×7200
推进器厂商	LIPS	LIPS	LIPS	KAMEWA
型　号	4×LJ145D	4×LJ150D	4×LJ120E	4×125SⅡ
最高航速/kn	47.5	48	45	45

图 2.5 HSV-X1 穿浪艇

2.3.2.3 护卫舰

对于典型的护卫舰,其巡航时间要占去 80% 以上的任务剖面,而巡航速度一般为 20kn 左右,但其最高航速一般为 30kn 左右,不过这种应用情况在任务剖面中占较小部分。推进系统设计要既保证巡航时的推进效率和经济性,又要满足最高航速的要求。因此一种全新的动力推进系统的联合较好地满足了这种需求:动力系统采用柴油机和燃气轮机联合(CODAG)系统;推进系统采用喷水推进器和可调距螺旋桨(WARP)联合系统。

这种系统出现在 2000 年 4 月南非海军向德国护卫舰企业联盟订购的四艘 MEKO A200 护卫舰中,到 2003 年底已有两艘交付南非。该舰总长 121m,型宽 16.34m,吃水 3.4m,排水量 3500t,人员编制 100 人。

该舰配置两台 MTU16V1163TB93 柴油发动机,每台最大持续功率为 5920kW,通过齿轮箱和五叶可调距螺旋桨连接。另外还装备一台 GE-LM2500 燃气轮机,额定功率 20000kW,驱动位于中轴线上的 LJ210E 喷水推进器,进水管径 2.1m,叶轮直径 2.8m。该喷水推进器为助推型,也就是说不带操舵功能。但是它有倒航斗(图 2.6),并可在螺旋桨运行的情况下完成紧急停车。该喷水推进器配置了不工作时关闭喷口的系统,可阻止海水流过喷水推进器系统,从而降低附加阻力。该舰的螺旋桨和喷水推进器都由瓦锡兰(Wärtsilä)集团下的 LIPS 生产。

如此灵活配置的动力推进系统使该舰具备多种使用模式。模式 I 是经济模式,这时一台柴油机通过交叉连接齿轮箱驱动两台可调桨(CPP),船以 17~18kn 的较低航速航行。模式 II 是机动模式,船航行于 22~23kn 的过渡速度,两台柴油机驱动两台 CPP。模式 I 和模式 II 就可以完成该船的大约 80% 的总任务剖面。

当需要以 27~28kn 的最高速度航行时,舰运行于模式 III 或称 WARP 模式。这意味着发动燃气轮机通过齿轮箱连接到助推型喷水推进器,并且联合两台柴油机驱动两台 CPP。

模式Ⅳ是待机(loitering)模式,这时只有燃气轮机驱动喷水推进器。这种模式也作为冗余模式服务。例如,船上设置柴油机的机舱被击中时。

具有三个主要模式的 WARP 系统具有多个优点:

第一个优点是可调距螺旋桨和柴油机尺寸可以取得相对较小,因为螺旋桨和柴油机都不必为全速而设计。这对于减小螺旋桨装置的总价也有好处。

第二个优点就是灵活性,这表现在系统具有三种可选的推进方式。因为喷水推进器仅在很小部分的任务剖面中使用,当不运行时,它受到喷口关断系统的保护,这种喷水推进器的运行总费用明显低于传统的 100% 喷水推进器配置。

喷水推进在南非海军 MEKO A200 护卫舰上的应用具有里程碑的意义,因为它是采用喷水推进装置中吨位最大的军舰,排水量达 3500t。而且是迄今为止最大的喷水推进装置。它标志着喷水推进在军船上的应用已经开始从"小艇"过渡到"大舰"。

另外,还值得介绍的是瑞典海军的"维斯比"(Visby)级轻型护卫舰(图 2.7)。这艘被称为"超级隐身"的战舰吸引了全世界的目光。在 20 世纪末的建造过程中,一批又一批的美国海军高级军官来到瑞典考库姆船厂一睹它的风采。在 2000 年 6 月 8 日下水时,瑞典国王亲临船厂,并吸引了 30 多个国家的海军代表来观摩。令他们感兴趣的是该舰采用的全面隐身技术比美国还要领先 5~7 年。全面的隐身技术当然包括喷水推进技术,和螺旋桨相比,喷水推进在同一航速下可使舰艇的水下辐射噪声降低 10dB 以上。

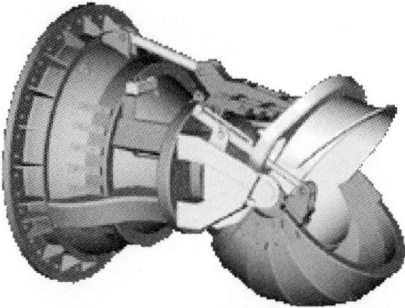

图 2.6　倒航和喷口关断结构

图 2.7　下水前的"维斯比"号轻型护卫艇

该舰舰长 72m,舰宽 10.4m,吃水 2.5m。因为该舰采用的是高强度且具韧性的碳纤维复合材料制成,所以排水量只有区区的 620t。人员编制 43 人(其中 6 名军官)。

该舰的动力系统和南非海军的 MEKO A200 一样,也是 CODOG(柴—燃联合)。全船共配备 4 台 TF50A 型燃气轮机,每台功率为 4000kW;两台

MTU16V2000TN90 型柴油机,每台功率为 1300kW。推进系统为两台 KAME-WA125 型喷水推进器装置,进水管径 1.25m。为进一步降低噪声,该型喷水推进装置采用了特别研制的七叶动叶轮。和每台喷水推进装置连接的齿轮箱共有三轴输入,包括两台燃气轮机和一台柴油机。在使用燃气轮机时,每两台燃气轮机驱动一台喷水推进装置,每台喷水推进装置吸收 8000kW,该舰的最高航速可以达到 35kn 以上;当使用柴油机推进时,一台柴油机驱动一台喷水推进装置,每台喷水推进装置吸收 1300kW,这时的航速为 17~18kn,适于舰艇执行猎雷或反潜等任务。

喷水推进技术最新应用代表当属美国濒海战斗舰,分"独立级"(图 2.8)与"自由级"(图 2.9)。其中独立级 LCS 2 和 LCS 4 号是通用动力公司下属巴斯钢铁公司的铝制高速三体舰。标准排水量 2176t、满载排水量 2784t、全长 127.4m、全宽 31.6 m、吃水 3.96m、最高速度 44kn、续航距离 4300n mile/18kn;4500n mile/16kn。动力系统采用两台 LM2500 22MW 燃气轮机和两台 MTU20V8000M909.1MW 柴油机作为主动力。在推进系统方面,都采用了 4 台 LIPS 的喷水推进装置,但在泵型上略有不同,其选型和布局如图 2.10 所示。其中,LCS 2 采用了 4 台 WartsilaLips 公司 LJ 系列喷水推进装置,为混流式泵型,内侧 2 台 LJ160E 装置分别由 LM-2500 燃气涡轮机以减速齿轮降至 490r/min 驱动,外侧 2 台 LJ150E 装置分别由 MTU 柴油机以减速齿轮降至 407r/min 驱动;LCS 4 也采用了 4 台喷水推进装置,但为轴流式泵型,内侧两台 WLD1720 SR 型装置,外侧两台为 WLD 1500SR 型装置。"独立"级战舰在船舳内部安装了轨道,可进行水中换装喷水推进装置,轴向推力轴承位于船体内,采用海水冷却的径向支撑轴承安装于喷水推进器导叶体毂内。

图 2.8　LCS-2 "独立"级濒海战斗舰

图 2.9 "自由"级濒海战斗舰

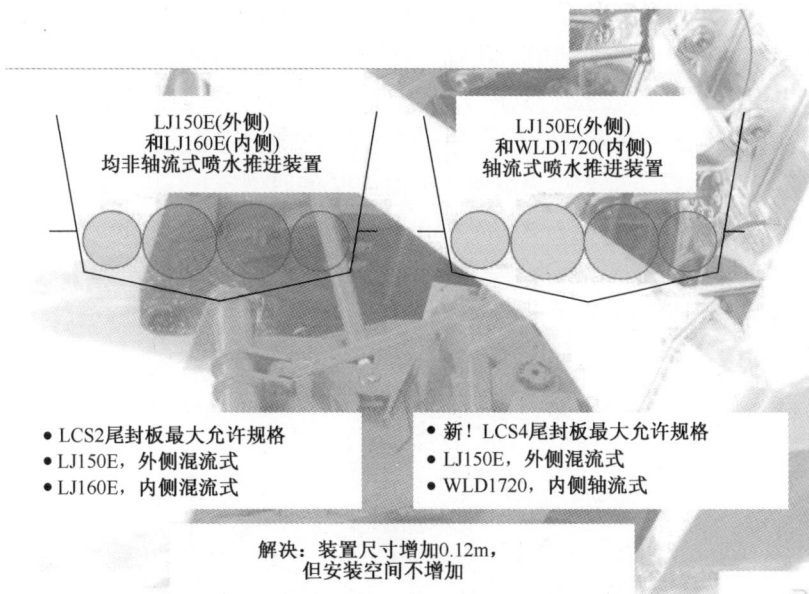

LJ150E(外侧)
和LJ160E(内侧)
均非轴流式喷水推进装置

LJ150E(外侧)
和WLD1720(内侧)
轴流式喷水推进装置

- LCS2尾封板最大允许规格
- LJ150E,外侧混流式
- LJ160E,内侧混流式

- 新!LCS4尾封板最大允许规格
- LJ150E,外侧混流式
- WLD1720,内侧轴流式

解决:装置尺寸增加0.12m,
但安装空间不增加

图 2.10 LCS 2 和 LCS 4 喷水推进装置布置空间对比示意图

而"自由"级濒海战斗舰采用单体设计,船长 115.6m,船宽 17.4m,吃水 4m,满载排水量 2862t,动力系统由两台 Rolls-Royce 公司 36MW MT-30 燃气涡轮机与两台 6.48MW Pielstick 柴油机组成,总功率 84.94MW,最高航速 45kn。其中首舰 LCS 1 采用 4 台 ROLLS-ROYCE KAMEWA 喷水推进装置,内侧 2 台为 153B（B 表示其为加速型）;外侧 2 台为 153S 喷水推进器（S 表示配备操舵倒航机构）,泵型为混流式泵。采用润滑油润滑的轴向推力轴承（Axial Bearing）与径向支撑轴承(Radial Bearing) 安装在喷水推进导叶轮毂内。"自由"级第 3 艘,即 LCS 5"密尔沃基"号将装备新型高功率密度的轴流式推进装置 MK-1,它由 Rolls-Royce 公司与美国海军研究局和海军水面战中心共同开发,流量高达 1893m³/min。"自由"级巨大的悬空船艉阻碍了喷水推进装置水下换装,必须入坞才能更换喷水推进装置。

据外媒最近报道,经过近几年的试验,美国发现濒海战斗舰没能达到设计要求,发动机出现问题,匹配性能差,致使还没批产使用就发出了下马的呼声。

2.3.2.4 两栖装甲车辆

市场需求引导技术进步,在喷水推进领域同样适用。20 世纪 80 年代,美国海军陆战队广泛引进机动战的思想,提出了"超地平线"(Over the Horizon - OTH) 登陆作战理论,随后又提出了"从海上机动作战"(Operational Maneuver from the Sea-OMFTS) 理论。它们都要求登陆部队能够从视距以外离舰(40km,岸基反舰武器射程之外),快速、机动、突然在敌海岸防御薄弱的地段登陆,以期达到两栖作战的战役战术突然性,为夺取登陆作战的胜利创造条件。如果登陆部队换乘点,即下舰点离海岸太近或由舰到岸的航渡速度过慢,都会使运输舰和登陆部队过早暴露于敌人火力威胁之中而遭受重创[28-29]。美国海军陆战队的需求,使"先进两栖突击车"(AAAV-Advanced Amphibious Assault vehicle) 应运而生(图 2.11),它的航速设计要求是 20~25kn(37~46km/h),如果成功它将是目前世界上现役两栖装甲车辆航速的 3~4 倍。

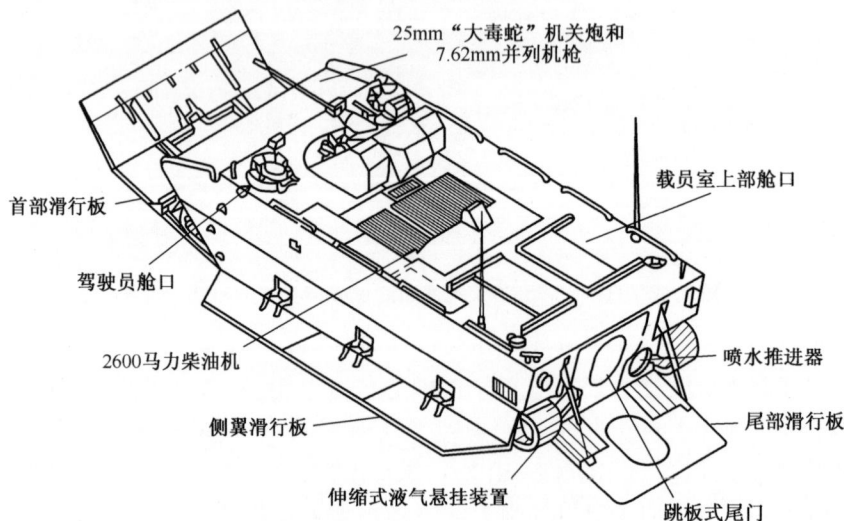

25mm "大毒蛇"机关炮和
7.62mm 并列机枪

载员室上部舱口

首部滑行板

驾驶员舱口

2600马力柴油机

侧翼滑行板

伸缩式液气悬挂装置

喷水推进器

尾部滑行板

跳板式尾门

图 2.11 AAAV 总体概念图

喷水推进系统受到水陆坦克等两栖装甲车辆设计师的青睐,是因为安装在车体内的喷水推进器结构比敞露的螺旋桨要安全可靠,并可比螺旋桨采用更小的直径来吸收更多的功率。后一原因更是使 AAAV 非采用喷水推进不可,因为要使装甲车辆这个铁疙瘩达到如此高的航速,除了要采用滑行车体技术等减阻措施外,推进器还需要吸收高达 2000kW 左右的水上功率来产生足够的推力。

从八十年代初开始,AAAV 的整个研制过程包括预先研究、开发商竞标、验证与鉴定及生产与装备四个阶段。在预研过程中,采用滑行车体和喷水推进技术的样车包括:高航速技术演示车(HWSTD)、推进系统演示车(PSD)、水动力试验装置(HTR) 车(图 2.12) ,它们和 AAAV 的喷水推进器设计参数见表 2.4。

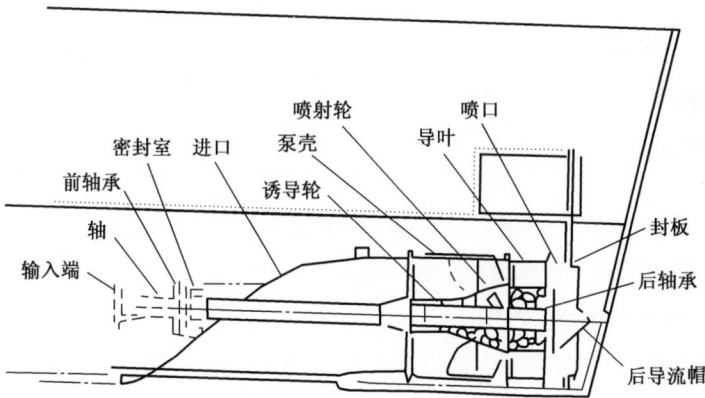

图 2.12 HTR 喷水推进器布置

需要说明的是,表 2.4 中的数值是设计点的技术状态,由于采用的是滑行车体技术,所以上述推进器的航速设计点都定在阻力峰值处,而不在最高航速处。HWSTD 和 PSD 采用的是同一型喷水推进器,但不同的是,HWSTD 安装了 3 台,PSD 安装了 4 台。

表 2.4 两栖装甲车辆喷水推进泵参数

车	HWSTD/PSD	HTR	AAAV
推 力/kN	16.76	23.98	48.93
设计点航速/(km/h)	28.97	25.75	25.75
扬 程 H/m	17.53	26.73	26.73
流 量 Q/(m³/s)	1.451	1.415	2.888
NPSH/m	11.34	11.89	11.89
转 速/(r/min)	1251	1580	1107

车	HWSTD/PSD	HTR	AAAV
直　径/mm	408.9	408.9	584.2
功　率/kW	286.1	426.6	860.5
比转速 n_s	642	584	584
汽蚀比转速 C	1370	1650	1651
泵　效	87.2%	87.0%	88.0%
推进效率	47.1%	40.2%	40.7%
速比（喷速/航速）	2.4	3.31	3.31
流量系数 $Q/(n_0 D^3)$	1.017	0.786	0.785
扬程系数 $H/(n_0^2 D^2)$	0.241	0.231	0.230

　　尽管美国对 AAAV 两栖突击车做了大量研究试验工作,但由于技术和性能上存在的一些问题,这款车没能批产列装。

2.3.2.5　安静型核潜艇[28-30]

　　目前反潜技术已发展到比较高的水平,潜艇受到的威胁日益突出。而潜艇的威力主要靠本身的优势,即隐蔽性来实现,而影响潜艇隐蔽性的主要因素是辐射噪声。当前,探测潜艇的最有效方法仍然是使用水声设备,尤其是被动声呐。试验表明,艇的辐射噪声降低 6dB 时,敌方被动声呐的作用距离将降低 50%。而且当潜艇降低了自身噪声后,本舰声呐受到的干扰也同时减轻了,有利于增强它对敌舰的侦测能力。因此为了更好地隐蔽自己和更早地发现敌人,各国海军均下大力气来研究潜艇减振降噪的综合治理措施。

　　二次世界大战以前潜艇普遍采用的是三叶桨,二次世界大战以后 20 世纪 50~60 年代五叶桨处于兴盛期。在亚空泡、超空泡螺旋桨出现之后,70 年代起七叶大侧斜桨开始装备于隐身潜艇。这些螺旋桨都以牺牲部分推进效率为代价来取得低噪声。而且到此为止,螺旋桨的减振降噪措施已基本挖掘殆尽。

　　20 世纪 70 年代末 80 年代初,英国海军率先将喷水推进应用到"特拉法尔加"级攻击型核潜艇上,这种应用于潜艇、鱼雷等水下潜器的喷水推进由于结构与水面舰船上略有差异,国外常称其为泵喷(pumpjet)。主要采用喷水推进的潜艇如表 2.5 所列。

表 2.5 采用喷水推进(泵喷) 的核潜艇

国 别	艇 级	用 途	数 量	首艇服役
英 国	特拉法尔加	攻击型核潜艇	7	1983
英 国	前 卫	弹道导弹核潜艇	4	1993
美 国	海 狼	攻击型核潜艇	3	1997
法 国	凯 旋	弹道导弹核潜艇	4	1997
美 国	弗吉尼亚	攻击型核潜艇	4+6	2004
法 国	梭子鱼	攻击型核潜艇		2012

美国"海狼"级潜艇是目前已知的世界上最安静的核潜艇(图 2.13),其水下噪声只有 90~100dB,已低于三级海况海洋背景噪声(110~120dB)。"海狼"级的最后一艘"卡特"号(SN23) 已于 2004 年入役。

图 2.13 "海狼"号全景图

2003 年 9 月,法国凯旋级的第三艘"警戒"号在瑟堡海军造船厂下水,2004 年秋季交付战略海军使用。而"梭子鱼"级则是法国新一代的攻击型核潜艇,2002 年 11 月,法国军备局与舰艇建造局(DCN) 签订了设计合同。

2.3.2.6 喷水推进的军事应用

世界各国采用喷水推进装置的舰艇、两栖战车和潜艇(图 2.14~图 2.29)简单介绍如下:

(1) 高速攻击艇。

排水量:260t
主机功率:2×6000kW
喷水推进器:2×80 SII
航速:57kn

图 2.14 挪威质牌级

排水量：200t

主机功率：3×4030 kW

喷水推进器：3×900 A

航速：44kn

图 2.15　日本隼级

排水量：50t

主机功率：1×3720kW

喷水推进器：2×80SII

航速：46kn

图 2.16　日本鹞鹰级

图 2.17　中国××导弹艇

图 2.18　日本海上保安厅 2000t 飞弹级高速海警船

（2）高速运输舰。

主尺度：（长×宽×吃水）：
　　96m×26m×3.7m

主机功率：4×7080kW

喷水推进器：4×LJ150*D*

航速：48kn

图 2.19　美国 HSV — X1

主尺度：（长×宽×吃水）：
101m×26m×4.2m

主机功率：4×7200kW

喷水推进器：4×125SⅡ

航速：40kn

图 2.20　美国 TSV — 1X

（3）护卫舰。

排水量：3500t

主机功率：1×20000kW（驱动喷推）

喷水推进器：1×LJ210E

航速：>28kn

图 2.21　南非 MEKO A2000

排水量：620t

主机功率：1×4000kW
（驱动一台喷推）

喷水推进器：1×125 SⅡ

航速：>35kn

图 2.22　瑞典"维斯比"级

（4）两栖车辆。

图 2.23　美国 AAAV

图 2.24　突击车(美国)

图 2.25　中国两栖突击车

（5）巡逻艇。

图 2.26　各国的巡逻艇

（6）登陆艇。

图 2.27　欧洲的登陆艇

（7）潜艇。

图 2.28　潜艇

（8）隐身舰船。

图 2.29　隐身舰船

2.4　本章结语

　　本章作者介绍了喷水推进的两项关键技术。首先,从船舶(或载体)总体性能出发,以喷水推进泵与船体、主机的匹配和相互影响为主线,在水动力性能和流噪声方面进行权衡融合,优化出相对最佳的喷水推进装置的主要参数和结构形式。其次,有了由喷水推进主要参数优化得到的推进泵参数,通过什么方法,设计出所需要的喷水推进泵及相应的操控机构和自动控制系统。接着介绍了不同喷水推进装置的结构形式和适用范围。最后较详细地介绍了喷水推进技术在民用船舶及高性能船艇上的应用情况,喷水推进技术在军用领域取得的重大发展;这部分内容图文并茂,可开拓读者眼界。

参 考 文 献

[1]金平仲. 船舶喷水推进[M]. 北京:国防工业出版社,1986.

[2]王立祥. 喷水推进及喷水推进泵[J],通用机械,2007(10):12-15.

[3]王立祥. 船舶喷水推进[J]. 船舶,1997(3):45-52.

[4] Murrin D C,Bose N. International Conference of Waterjet Propulsion 4, The Royal Institution of Naval Architects ,2004[C]. London, UK: 2004.

[5] Jie Dang, Runwen Liu, Pouw C. et al. Third International Symposium on Marine Propulsors, May 2013 [C]. Tasmania, Australia: 2013.

[6] David Tan,Yuanchao Li,Wilkes I,et al. Experimental Investigation of the Role of Large Scale Cavitating Vortical Structures in Performance Breakdown of an Axial Waterjet Pump[J]. Journal of Fluids Engineering, 2015,137(11):317-320.

[7] Farid T, Arka K, Miura T ,et al. The 13th Asian International Conference on Fluid Machinery, September 7 -10,2015[C]. Tokyo, Japan: 2015.

[8] David Y Tan, Rinaldo L Miorini,et al. Proceedings of the ASME 2012 Fluids Engineering Summer Meeting July 8-12,2012[C]. Rio Grande, Puerto Rico: 2012.

[9] Wu H,Miorini R L,Katz J. Measurements of the tip leakage vortex structures and turbulence in the meridional plane of an axial water-jet pump[J]. Experiments in Fluids,2011,50(4):989-1003.

[10] Wu H X, Soranna F, Miura T, et al. 27th Symposium on Naval Hydrodynamics, October 5-10,2008[C]. Seoul, Korea:2008.

[11] Miorini R L,Wu H X,Katz J. Proceedings of ASME Turbo Expo 2010: Power for Land, Sea and Air GT, June 14-18, 2010[C]. Glasgow, UK:2010.

[12] Nobuyuki Fujisawa. Measurements of Basic Performances for Waterjet Propulsion Systems in Water Tunnel [J]. International Journal of Rotating Machinery 1995, 2(1): 43-50.

[13] Moon-Chan Kim, Ho-Hwan Chun. Experimental Investigation into the Performance of the Axial-Flow-Type Waterjet according to the Variation of Impeller Tip Clearance[J]. Ocean Engineering, 2007 ,34: 275-283.

[14] Yi-Chih Chow, Oguz Uzol, Joseph Katz, et al. The 9th of International Symposium on Transport Phenomena and Dynamics of Rotating. Machinery[C]. Honolulu,Hawaii:2002.

[15] W Lawson. International Conference of Waterjet Propulsion 4, The Royal Institution of Naval Architects , 2004[C]. London: 2004.

[16] 刘业宝. 水下航行器泵喷设计方法研究[D]. 哈尔滨:哈尔滨工程大学,2013.

[17] Chao Wang, Yang Lin, Zhiqiang Hu,et al. Proceedings of the Twenty-fourth (2014) International Ocean and Polar Engineering Conference, June 15-20, 2014[C]. Busan, Korea:2014.

[18] Pengcheng Li, Youlin Cai. Proceedings of the Second Conference of Global Chinese Scholars on Hydrody-

namics, November11-14,2016[C]. Wuxi China:2016.

[19] Manivannan K, Wei H, Tomohiro T, et al. 11th International Conference on Fast Sea Transportation September 2011[C]. Honolulu, Hawaii, USA: 2011.

[20] 于大伟. 喷水推进三体船流场及阻力预报[D]. 哈尔滨:哈尔滨工程大学硕士论文,2011.

[21] Lavis D,Forstell B G,Purnell J G. 9th International Marine Design Conference, May 16-19,2006 [C]. Ann Arbor, Michigan:2006.

[22] Lavis D R,Forstell B G,Purnell J G. International Conference erformance Marine Vehicles ,November 10, 2006 [C]. Australia:2006.

[23] Tomohiro Takai,Manivannan Kandasamy,Frederick Stern. Verification and validation study of URANS simulations for an axial waterjet propelled large high-speed ship[J]. Journal of Marine Science Technology, 2011 16:434-447.

[24] Altosole M, Benvenuto G, Figari M. International Conference of Waterjet Propulsion 4, The Royal Institution of Naval Architects ,2004[C]. London, UK: 2004.

[25] Michael R Motley, Yin L Young, et al. Proceedings of the ASME 2012 31st International Conference on Ocean, Offshore and Arctic Engineering, July 1-6, 2012[C]. Rio de Janeiro, Brazil: 2012.

[26] Yin Lu Young, Brant R Savander ,et al. 11th International Conference on Fast Sea Transportation September 2011[C]. Honolulu, Hawaii, USA: 2011.

[27] Wessel J Park,et al. International Conference of Waterjet Propulsion 4, The Royal Institution of Naval Architects ,2004[C]. London, UK: 2004.

[28] Kim M C, Park W G,et al. International Conference of Waterjet Propulsion 4, The Royal Institution of Naval Architects ,2004[C]. London, UK: 2004.

[29] Moon-Chan Kim,Ho-Hwan Chun,Hyun Yul Kim, et al. Comparison of waterjet performance in tracked vehicles by impeller diameter[J]. Ocean Engineering, 2009,36:1438-1445.

第3章 喷水推进的理论

3.1 理想喷水推进器和实际喷水推进器

3.1.1 理想喷水推进器

喷水推进是一种反作用力推进器,这一点与航空喷气推进器相同。动力系统带动推进泵叶轮旋转,水流从进口管道吸入到达推进泵叶轮,泵叶轮将机械能转化成水流的动能和压力能,再经过导叶整流后到达喷口,以一定的速度喷离船尾。这股连续的水流所产生的反作用力即为推动舰船或水中载体前进的推力。

3.1.1.1 理想推力

水流由于经过推进泵增加了能量,因此喷出的速度 V_j 大于船舶前进的速度 V_0,V_0 亦即假定的进流速度。设单位时间内流过的体积流量为 Q,则动量的增量为 $\rho Q(V_j - V_0)$。理想推力 T_i 应等于单位时间内动量的增量[1]:

$$T_i = \rho Q(V_j - V_0) \tag{3.1}$$

式中:ρ 为水的密度

式(3.1)可以利用动量理论来证明,见图 3.1,水流由左方流向右方,Ⅰ-Ⅰ和Ⅱ-Ⅱ分别为远前方和远后方的截面位置。控制面取为两截面之间的半径为 r 的圆柱体,r 足够大,截面积 $A = \dfrac{\pi}{4}r^2$。两截面处的速度 V_0 及压力 P 均相同,但

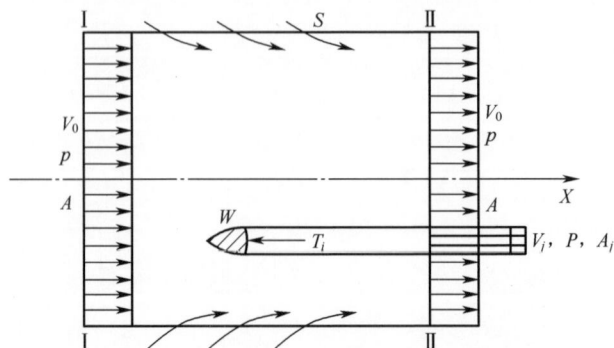

图 3.1 用动量理论求理想推力示意图

控制面内物体 W 后的尾流 V_j 与 V_0 不同。控制面内体积为 ∇，按动量理论：

体积 ∇ 内总的线动量变化率等于作用于体积 ∇ 的外力合力加进入体积 ∇ 的线动量流率[2]。

亦即

$$\int_\nabla \frac{\partial}{\partial t}(\rho V)\,\mathrm{d}\tau = R + T_f + f \tag{3.2}$$

式中：R——作用于流体 ∇ 的合力，$R = \int_\nabla \rho F\,\mathrm{d}\tau - \int_s P\mathrm{d}S$； $\tag{3.3}$

T_f——体积 ∇ 内的物体 W 对流体的合力；

f——流体通过控制面进入的线动量流率，$f = -\int_s \rho V(V \cdot \mathrm{d}S)$， $\tag{3.4}$

式中：$(V \cdot \mathrm{d}S)$——微元流量；

$\mathrm{d}\tau$——微元体积；

P——控制面上的压力。

关于符号的说明：假定动量流入为负，$\mathrm{d}S$ 在外法线方向为正。

式 (3.2) 可写为

$$\int_\nabla \frac{\partial}{\partial t}(\rho V)\,\mathrm{d}\tau = -\int_s \rho V(V \cdot \mathrm{d}S) + \int_\nabla \rho F\mathrm{d}\tau - \int_s P\mathrm{d}S + T_f \tag{3.5}$$

鉴于定常运动时总的线动量变化率为零，体积力 F 在水平方向的分力为零，可得

$$-T_f = -\int_s \rho V(V \cdot \mathrm{d}S) - \int_\nabla P\mathrm{d}S \tag{3.6}$$

而流体作用于物体 W 上的合力为 T_i，T_i 即为 T_f 的反作用力。则

$$T_i = -T_f = -\int_s \rho V(V \cdot \mathrm{d}S) - \int_\nabla P\mathrm{d}S \tag{3.7}$$

按图 3.1 把式 (3.7) 展开。

考虑到控制面上的压强相等均为 P，故 $\int_s P\mathrm{d}S = 0$。又因在 Ⅱ-Ⅱ 上存在 $V_j > V_0$，故流经 Ⅰ-Ⅰ 与 Ⅱ-Ⅱ 的流量不相等，差值为

$$\rho V_0(A - A_j) + \rho \int_{A_j} V_j\mathrm{d}S - \rho V_0 A = \rho \int_{A_j} V_j\mathrm{d}S - \rho V_0 A_j \tag{3.8}$$

在不可压缩流体中，此项差值由经过圆柱面的流量来补充。由于假定 S 足够大，流经圆柱面的流速在 X 方向的分量与 V_0 相等。故单位时间内经圆柱面流入的流体动量在 X 方向的分量为 $-\rho V_0\int_{A_j} V_j\mathrm{d}S + \rho V_0^2 A_j$。

现经过 Ⅰ-Ⅰ 在单位时间内流入控制面的流体动量为 $\rho V_0^2 A_j$，通过 Ⅱ-Ⅱ 流

出的流体动量为 $\rho V_0^2 (A - A_j) + \rho \int_{Aj} V_j^2 \mathrm{d}S$。如果假定 V_j 在面积 A_j 范围内均匀分布,则可得到

$$T_i = -\int_s \rho \boldsymbol{V}(\boldsymbol{V} \cdot \mathrm{d}\boldsymbol{S}) = \rho V_0^2 (A - A_j) + \rho \int_A V_j^2 \mathrm{d}S - \rho V_0^2 A - \rho V_0 \int_{Aj} V_j \mathrm{d}S + \rho V_0^2 A_j$$

$$= \rho \int_{Aj} V_j^2 \mathrm{d}S - \rho V_0 \int_{Aj} V_j \mathrm{d}S$$

$$= \rho V_j^2 A_j - \rho V_0 V_j A_j = \rho V_j A_j (V_j - V_0)$$

$$= \rho Q(V_j - V_0)$$

证明完毕,得到式(3.1)的结果。

3.1.1.2 理想效率

关于理想推进器的效率,许多船舶推进书上[3-5]都有过论述,可表达如下。

理想推进器要产生轴向力,必须在轴向加速水流,这是一切水动力推进器的工作原理的简单化叙述,可按图 3.2 进行推导。

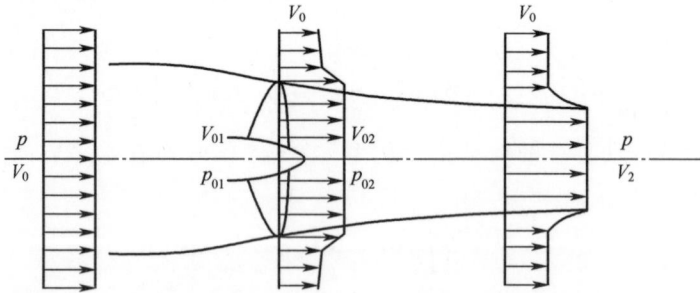

图 3.2　在敞水中的推进器

现对进入和离开推进器的水流分别应用伯努利方程式可得

$$p - p_{01} = \frac{\rho}{2}(V_{01}^2 - V_0^2)$$

$$p_{02} - p = \frac{\rho}{2}(V_2^2 - V_{02}^2)$$

由于 $V_{01} = V_{02}$,上两式相加可得

$$p_{02} - p_{01} = \frac{\rho}{2}(V_2^2 - V_0^2)$$

理想推力 $T_i = (p_{02} - p_{01}) \cdot A_p = \frac{\rho}{2}(V_2^2 - V_0^2) \cdot A_P$

根据式(3.1) $T_i = \rho A_p V_{02}(V_2 - V_0)$

因此可得

$$V_{02} = \frac{V_2 + V_0}{2} = \frac{1}{2} \left[(V_0 + \Delta V) + V_0 \right] = V_0 + \frac{\Delta V}{2}$$

以上各式中 p 为推进器远前方和远后方的水流中的静压力；p_{01}、V_{01} 和 p_{02}、V_{02} 分别为推进器盘面前后水流的压力和流速；V_0、V_2 分别为推进器远处来流和去流的流速；A_p 为盘面积。

有用功率 $W_0 = T_i \cdot V_0$；需要功率 $W_i = T_i \cdot \left(V_0 + \frac{\Delta V}{2} \right)$。

理想推进效率为
$$\eta_i = W_0/W_i = \frac{1}{1 + \frac{\Delta V}{2V_0}} \tag{3.9}$$

将 $\Delta V = V_2 - V_0$ 代入式(3.9) 可得

理想推进效率为
$$\eta_i = \frac{2}{1 + V_2/V_0} = \frac{2}{1 + k}$$

式中：k 即为喷速 V_2 与来流速 V_0 之比。

该式也可以直接从喷水推进的概念来推导。

喷水推进系统的有效功率为 $\rho Q (V_j - V_0) \cdot V_0$，在理想流体中输入功率即为动能的增量 $\frac{1}{2}\rho Q V_j^2 - \frac{1}{2}\rho Q V_0^2$，因此理想效率：

$$\eta_i = \frac{\rho Q V_0 (V_j - V_0)}{\frac{1}{2}\rho Q (V_j^2 - V_0^2)} = \frac{2}{1 + k} \tag{3.10}$$

式中：$k = \dfrac{V_j}{V_0}$，称为喷速比，简称速比。

这个理想效率的表达式虽然很简单，但却给出了不同速比 k 时的效率极限。

理想喷水推进系统中的能量损失即为输入功与有用功之间的差值，也就是上式中分母与分子间的差值：

$$\frac{1}{2}\rho Q (V_j^2 - V_0^2) - \rho Q (V_0 V_j - V_0^2) = \frac{1}{2}\rho Q (V_j - V_0)^2 = \frac{1}{2}\rho Q (\Delta V)^2$$

可以看出，在 k 值加大时效率降低的原因是 $\Delta V = V_j - V_0$ 增大，而损失是与 $(\Delta V)^2$ 成正比的，这项损失 $\frac{1}{2}\rho Q \cdot (\Delta V)^2$ 称为喷射损失。

3.1.2 实际喷水推进器

3.1.2.1 实际喷水推进效率

在实际流体中,喷水推进系统有许多损失。这些损失及其对效率的影响是喷水推进理论研究的内容之一。

自从喷水推进技术问世以来,直到50年代为止,虽然对喷水推进已有过不少实践,但关于喷水推进的理论仍限于产生推力的动量理论上。对影响喷水推进效率的诸参数的合理选择和把泵 — 管道系统的 — 艇体三者作为一个整体来研究进展不大。因此在喷水系统设计中还不得不借助于经验的或修正的方法。例如,苏联50年代采用的等值螺旋桨法。它在我国也曾一度被采用过。

在等值螺旋桨法中,利用现成的螺旋桨图谱[6]。按所需的推力或吸收的功率来选择螺旋桨要素,给以一定的修正。但这个方法并未考虑管道损失,导叶机构的作用和喷口的设计,更不可能包括多级泵和离心泵,因此只是一种早期的经验方法。此外,在20世纪50年代英国还有人提出,既然水泵效率大于螺旋桨效率,就可以在船舯部两舷利用离心泵向后喷水来推进。这个方案未考虑管道损失,也未考虑到速比的影响。这些都说明当时对喷水推进的基本理论并未认识清楚。

比较成熟的喷水推进理论直至20世纪60年代中期才出现,亦即在大力开展对高性能艇采用喷水推进的研究之后。

实际推进器与理想推进器最重要的差别在于实际管道系统和推进泵本身都有水力损失,推进效率是由水泵效率和系统效率两部分所组成。这是一个很重要的基本概念。

设原动机(主机)的功率为 N_p,到水泵联轴节处的轴系效率为 η_m。则喷水推进泵的收到功率 $N_e = N_p \eta_m$。

水泵的主要作用是把机械能变为水力能[7,8],标志水力能的参数是喷水推进泵的扬程 H 和流量 Q,亦即单位时间能把流量为 Q 的水送到 H 米的高处,因此水泵的输出功率是 $\rho g Q H$。喷水系统的输出有用功率是 TV_0。T 为总推力,总推力应等于船的阻力。

喷水推进系统的推进效率 η_p 为

$$\eta_p = \frac{TV_0}{N_e} = \left(\frac{TV_0}{\rho g Q H}\right)\left(\frac{\rho g Q H}{N_e}\right) = \eta_c \cdot \eta_0 \tag{3.11}$$

其中

$$\eta_0 = \frac{\rho g Q H}{N_e} \tag{3.12}$$

式中:η_0即水泵效率。

而
$$\eta_c = \frac{TV_0}{\rho gQH}$$
(3.13)

式中 η_c 为系统效率,它的物理意义是:ρgQH 对于水泵而言是输出功率,但对喷水推进管道系统来说它却是输入功率。而推动船前进的功率 TV_0 则为该系统的输出功率。因此可把两者的比值定义为系统效率。

为了求得喷水推进系统的总效率 η_T,还需要引进两项效率:

实泵修正效率 η_a,定义为模型泵效率与实泵效率的比值。这是因为在水泵模型试验时,来流比较均匀,没有尾轴在进流段的干扰,加之模型和实泵尺度不同等因素的影响,因而对泵效率要做修正。这里指的模型泵效率的修正公式见第4章。

$$\eta_a = \rho gQH / (\rho gQH)_m$$

式中:ρgQH 与 $(\rho gQH)_m$ 分别为实泵与模型泵的输出功率。

相对旋转效率 η_r 定义为敞水试验时喷水推进器发出总推力 T 所吸收的扭矩 M_0 与在船后发出同样推力时所吸收扭矩 M 的比值,亦即两者功率的比值:
$\eta_r = M_0/M = N_e/N'_e$

按照这样的定义,总效率 η_T 可表达为[9]

$$\eta_T = \frac{TV_0}{N_p} = \frac{TV_0}{N_e'} \cdot \eta_m = \frac{TV_0}{N_e} \cdot \eta_m \cdot \eta_r$$

$$= \frac{TV_0}{(\rho gQH)_m} \cdot \eta_m \cdot \eta_0 \cdot \eta_r$$

$$= \frac{TV_0}{\rho gQH} \cdot \eta_m \cdot \eta_0 \cdot \eta_r \cdot \eta_a = \eta_c \cdot \eta_m \cdot \eta_0 \cdot \eta_r \cdot \eta_a$$

$$= \eta_p \cdot \eta_m \cdot \eta_r \cdot \eta_a$$
(3.14)

由于喷水推进器的敞水试验及船后的试验在世界上很少进行,也由于试验的雷诺数与实船雷诺数相差很大,试验技术和试验可靠性还有待研究,所以相对旋转效率 η_r 一般忽略不计。至于喷水推进时的船身效率问题,往后再予讨论。

从式(3.11)可看出,喷水推进的效率取决于两个部分,一是水泵效率 η_0;二是系统效率 η_c。要提高喷水推进系统的推进效率 η_p 只有从这两个方面着手:即既要提高喷水推进泵设计效率,又要提高系统的效率。如何提高喷水推进泵效率 η_0 和如何提高系统效率 η_c,分别在第4章喷水推进泵系统和第5章喷水推进管道系统进行专门讨论。

总推力与理想推力的区别在于必须考虑载体尾部流场对喷水推进泵进流的

影响,为此引入进流影响系数 α。

喷水推进实际总推力为[10]

$$T = \rho Q V_i - \alpha \rho Q V_0 = \rho Q (V_i - \alpha V_0) \tag{3.15}$$

详细推导在喷水推进系统动力学平衡方程的讨论中会介绍。

3.1.2.2 喷水推进的抗空化能力

高速艇面临的主要问题是推进器的空泡[11,12],尽管亚空泡和超空泡螺旋桨能够提高抗空泡的能力,但均要牺牲较多的效率。众所周知,螺旋桨叶片上某点的局部空泡数为

$$\sigma = \frac{P_a + \rho gh - P_v}{0.5\rho U^2} \tag{3.16}$$

式中:P_a——大气压力;

g——重力加速度;

h——叶片上该点离水面距离;

P_v——水的汽化压力;

ρ——水的密度;

U——叶片进流方向的合成速度。

对喷水推进而言,水泵叶片上某一点的局部压力超过汽化压力的剩余压力为

$$p_{sv} = p_a + \rho gh - p_v - \rho gh_1 + \beta \rho v_0^2/2 \tag{3.17}$$

因此,泵叶片上该点的局部空泡数为

$$\sigma = \frac{p_a + \rho gh - p_v - \rho gh_1 + \beta \rho v_0^2/2 - \rho v_s^2/2}{\frac{1}{2}\rho\omega^2} \tag{3.18}$$

式中:h_1——进水口至泵叶轮段的损失;

β——来流动能影响系数;

v_0——船速;

v_s——水泵叶轮前管内的平均流速;

ω——水泵中叶片进流方向的合成速度。

比较式(3.16)和式(3.18)可以看出,喷水推进泵叶片上的剩余压力比螺旋桨叶片上要多出($-\rho gh_1 + \beta \rho v_0^2/2 - \rho v_s^2/2$)这一项。对于高速艇由于来流冲压的利用值很高,使得这一项为正值,因此,喷水推进具有比螺旋更大的抗空泡能力。航速越高,喷水推进泵所利用的冲压就越大。螺旋桨则正相反。这就是高性能船舶多采用喷水推进的重要原因之一。

3.2 喷水推进系统平衡方程[13-18]

3.2.1 力平衡方程

舰船或水中载体的航行阻力曲线 $R = f(V)$，喷水推进器的推力曲线 $T = f(V)$，如图 3.3 所示。

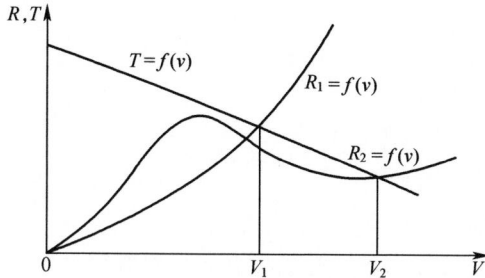

图 3.3　阻力和推力曲线图

（R_1 为排水型船阻力，R_2 为滑行艇阻力）

载体的航行阻力曲线和喷水推进系统推力曲线的交点，对应横坐标的值就是能达到的航速。

对于舰船或载体航行阻力曲线，可通过计算或拖模试验得到，作为喷水推进装置设计输入条件的阻力曲线 $R = f(V)$，由总体专业提供。

喷水推进是利用推进泵喷出水流的反作用力来推动船舶或水中载体前进，作用原理是喷水推进泵喷流和进流的动量差。设载体航速为 V_0、喷射流速为 V_j、喷水推进泵的体积流量为 Q、水的密度为 ρ、船或载体尾部边界层[19,20] 对喷水推进泵进流的影响系数为 α，则单位时间内喷流的动量为 $\rho Q V_j$；进流的动量为 $\alpha \rho Q V_0$。

那么喷流与进流的动量之差，即为喷水推进器产生的有效推力如式（3.15）：

$$T = \rho Q V_j - \alpha \rho Q V_0 = \rho Q (V_j - \alpha V_0)$$

设载体装有 i 台相同的喷水推进装置或喷水推进器，则载体航行阻力与喷水推进器的推力平衡方程：

$$R(V_0) = i\rho Q(V_j - \alpha V_0) \tag{3.19}$$

这里没有考虑推力减额。喷水推进舰船的推力减额与螺旋桨推进不同，在一定的傅汝德数范围内，喷水推进的推减额为负值，即是推力增额。这将在喷水推进系统与船体的相互作用中详细讨论。

3.2.2 功率平衡方程

设发动机的额定功率经过温度修正和前出轴输出功率扣除等技术处理后的输出功率为 N_P[21]。考虑轴系效率 η_m，则推进泵实际收到功率为 $N_e = N\eta_m$。

推进泵的有用功率为

$$N_0 = \rho g QH / \eta_0$$

式中：ρ——水的密度；

Q——水泵流量；

H——水泵扬程；

η_0——水泵效率；

N_p——发动机输出功率；

N_e——推进泵收到功率；

N_o——推进泵有用功率。

那么喷水推进泵吸收功率与主机功率的平衡方程为

$$\rho g QH = N_P \cdot \eta_m \cdot \eta_0 \tag{3.20}$$

3.2.3 能量平衡方程[21]

喷水推进泵的扬程必须与推进系统的损失相平衡。

$$H = \frac{(1 + k_j)}{2g} V_j^2 + (k_i - \beta) \frac{V_0^2}{2g} + h_c \tag{3.21}$$

式中：k_i——损失系数，包括管道损失；

h_c——水位提升高度；

β——来流动能影响系数，$\beta \approx \alpha^2$；

k_j——喷口损失系数。

3.2.4 扭矩平衡方程

发动机传递到喷水推进器输入轴的扭矩[18]为

$$M_b = \frac{1000 N_e \eta_m}{n} \left(\frac{60}{2\pi} \right) \tag{3.22}$$

式中：n——泵叶轮转速；

η_m——轴系效率。

喷水推进泵叶轮承受的扭矩为

$$M_p = k_m \rho D^5 n^2 \left(\frac{2\pi}{60} \right)^2$$

式中:D——泵叶直径;

k_m——输入扭矩系数。

由 $M_b = M_p$ 可得到发动机与喷水推进器扭矩平衡方程为

$$\frac{1000N_e\eta_m}{n} \cdot \left(\frac{60}{2\pi}\right) = k_m\rho D^5 n^2 \left(\frac{2\pi}{60}\right)^2$$

$$1000N_e\eta_m = k_m\rho D^5 n^3 \left(\frac{2\pi}{60}\right)^3$$

$$1000N_e\eta_m = k_m\rho D^5 n^3 \left(\frac{\pi}{30}\right)^3 \tag{3.23}$$

扭矩平衡方程实质讨论的是机泵转速的匹配。

3.3 喷水推进系统的设计理论和处理方法

通过求解阻力与推力平衡方程(3.19)、功率平衡方程(3.20)和能量平衡方程(3.21),可以得到喷水推进的推力和舰船可达到的航速,同时也可以得到喷水推进泵的特征参数。但是这三个方程只能靠叠代收敛求解。由于这三个方程中还涉及喷水推进系统损失系数,而系统损失系数又是速度的函数,采用不同的速度来表征系统损失,可得到不同的求解方式和结果,所以国内外有不同的求解运作方式,归纳起来不外乎三种方法:其一把管道损失用喷射速度头 $V_j^2/2g$ 的百分数来表示的 k_2 法;其二把管道损失用来流速度头 $V_0^2/2g$ 的百分数来表示的 k_1 法;其三把管道损失按流量 Q 的变化关系来表示的 k_3 法。

下面我们对这三种设计处理方法分别做介绍。

为方便起见,在下面的推导中,先不考虑边界层影响,即取进流影响系数 α 和来流动能影响系数 β 为1。对存在边界层影响的推导在后面3.4.3中将做专门讨论。

3.3.1 把管道损失用喷射速度头的百分数来表示,简称 k_2 法

现研究水泵叶轮前后的能量变化:

在泵叶轮之前:
$$\frac{p_1}{\rho g} = \frac{p_a}{\rho g} + \frac{V_0^2}{2g} - h_c - h_1 \tag{3.24}$$

在泵叶轮之后:
$$\frac{p_2}{\rho g} = \frac{p_a}{\rho g} + \frac{V_j^2}{2g} + h_2 \tag{3.25}$$

泵的扬程 H 等于叶轮前后能量之差:

$$H = \frac{p_2 - p_1}{\rho g} = \frac{V_j^2}{2g} + h_1 + h_2 + h_c - \frac{V_0^2}{2g} \qquad (3.26)$$

式中:p_a, p_1, p_2分别为大气压力,泵前压力和泵后压力;h_1, h_2, h_c分别为进口管道段、出口管道段的损失及水位的提升高度(m)。

当把管道损失和水位提升高度 h_c 均用喷射速度头的百分数来表示时,(3.26)式变为

$$H = \frac{V_j^2}{2g}(1 + K_2) - \frac{V_0^2}{2g} = \frac{V_j^2}{2g} + K_2 \frac{V_j^2}{2g} - \frac{V_0^2}{2g} \qquad (3.27)$$

该式的物理含意:第一项为喷射损失,第二项为管道损失,第三项为来流速度头。

式中:
$$K_2 = \frac{2g}{V_j^2}(h_1 + h_2 + h_c)$$

当不考虑船体与系统相互作用时,推力 T 为

$$T = \rho Q(V_j - V_0) = \rho Q V_0(k - 1) \qquad (3.28)$$

以式(3.27)和(3.28)代入式(3.13),可得

$$\eta_c = \frac{2(k - 1)}{(1 + K_2)k^2 - 1} \qquad (3.29)$$

令上式的偏导数 $\dfrac{\partial \eta_c}{\partial k} = 0$,得最佳效率下的速比:

$$k_{\text{opt}} = 1 + \left(\frac{K_2}{1 + K_2}\right)^{\frac{1}{2}} \qquad (3.30)$$

最佳效率:

$$\eta_{\text{copt}} = \frac{1}{k_{\text{opt}}} \cdot \frac{1}{(1 + K_2)} = \frac{1}{(1 + K_2)\left[1 + \left(\dfrac{K_2}{1 + K_2}\right)^{\frac{1}{2}}\right]} \qquad (3.31)$$

这个方法简称 K_2 法。

K_2 法的主要缺点在于管道损失中的大部分是在进水段管道中,它与喷速 V_j 并不发生直接关系。此外,从式(3.27)可看出,喷速 V_j 愈大,则整个管道的损失愈大。这和实际情况正相反:当功率和泵效一定时,V_j 愈大,则扬程 H 愈高,流量 Q 愈小。流量 Q 小则意味着管道损失减小而不是增大。所以这个理论并未全面反映喷水推进系统的实际工作情况。

3.3.2 把管道损失用来流速度的百分数来表示,简称 k_1 法

式(3.26)可转换为

60

$$H = \frac{V_j^2}{2g} + K_1 \frac{V_0^2}{2g} - \frac{V_0^2}{2g} = \frac{V_j^2}{2g} + (K_1 - 1)\frac{V_0^2}{2g} \tag{3.32}$$

式中：$K_1 = \frac{2g}{V_0^2}(h_1 + h_2 + h_c)$

在近年的设计中，出口段管道很短，甚至将喷口紧接着喷水推进泵的出口，因此与喷射速度有关的损失仅为喷口损失一项。有的研究者把这一项单独列出，按通常的情况，喷口损失占喷射速度头 2%~3%。这时式(3.32)可改写为

$$H = 1.03\frac{V_j^2}{2g} + (K_1' - 1)\frac{V_0^2}{2g}$$

式中：$K_1' = \frac{2g}{V_0^2}(h_1 + h_c)$

把式(3.28)和式(3.32)代入式(3.13)，可得

$$\eta_c = \frac{2(k-1)}{k^2 - 1 + K_1} \tag{3.33}$$

令上式的偏导数 $\frac{\partial \eta_c}{\partial k} = 0$，得最佳速比：

$$k_{opt} = 1 + \sqrt{K_1} \tag{3.34}$$

最佳效率：

$$\eta_{copt} = \frac{1}{k_{opt}} = \frac{1}{1 + \sqrt{K_1}} \tag{3.35}$$

这个方法要比 K_2 法合理些，因为在变换系统参数时，V_0 通常变化很小，把管道损失用 $\frac{V_0^2}{2g}$ 的百分数表示，不会导致管道阻力大幅度变化，但是用进流速 V_0 来表示喷射损失是不合理的。后面将会讨论到，按 K_1 法得到的参数要比按 K_2 法得到的参数有利得多，亦即较接近于最佳的选择。

K_1 法的缺点：由于 V_0 很少变化，K_1 所代表的损失接近于常值，因此不能把系统参数变化后对管道损失的影响完整反映到系统的性能上来。实际上管道的损失是随流量 Q 而变化，而 Q 正是系统的主要参数之一。

3.3.3 把管道损失按流量的变化关系来表示，简称 k_3 法

式(3.26)可改写成：

$$H = \frac{V_j^2}{2g} + K_j \frac{V_j^2}{2g} + K_c \frac{V_0^2}{2g} + K_1'' \frac{V_0^2}{2g} - \frac{V_0^2}{2g} \tag{3.36}$$

式中：$K_j = \dfrac{2gh_2}{V_j^2}$；$K_c = \dfrac{2gh_c}{V_0^2}$；$K_1'' = \dfrac{2gh_1}{V_0^2}$。

如前所述，把管道损失的主要部分 h_1 当作常值，就不能反映 h_1 随流量变化的实际情况。应当使 K_1'' 这个系数中包括与流量有关的变数。

由于管道阻力与管道流速 V_i^2 成正比，亦即与 Q^2 成正比，所以 $K_1'' \propto h_1 \propto V_i^2 \propto Q^2$。按式(3.28)，对一定的艇来说，航速与推力的要求是明确的，故 Q 与 $(k-1)$ 成反比，$K_1'' \propto \dfrac{1}{(k-1)^2}$。

所以

$$K_1'' = K_3' \cdot \frac{1}{(k-1)^2} \tag{3.37}$$

式(3.36)变成：

$$H = \frac{V_j^2}{2g} + (1 + K_j) + \left(\frac{K_3'}{(k-1)^2} + K_c - 1 \right) \times \frac{V_0^2}{2g} \tag{3.38}$$

将式(3.38)和式(3.28)代入式(3.13)，可得

$$\eta_c = \frac{2(k-1)}{(1 + K_j)k^2 - 1 + K_c + \dfrac{K_3'}{(k-1)^2}} \tag{3.39}$$

或

$$\eta_c = \frac{2}{(1 + K_j)(k+1) + \dfrac{K_j + K_c}{(k-1)} + \dfrac{K_3'}{(k-1)^3}} \tag{3.40}$$

令上式的偏导数 $\dfrac{\partial \eta_c}{\partial k} = 0$，得最佳速比：

$$k_{\text{opt}} = 1 + \left[\frac{K_j + K_c + \sqrt{(K_j + K_c)^2 + 12K_3'(1 + K_j)}}{2(1 + K_j)} \right]^{\frac{1}{2}} \tag{3.41}$$

如果所有损失均由 K_3 来表示，则上面的公式可简化为

$$\eta_c = \frac{2(k-1)}{k^2 - 1 + \dfrac{K_3}{(k-1)^2}} \tag{3.42}$$

$$k_{\text{opt}} = 1 + (3K_3)^{\frac{1}{4}} \tag{3.43}$$

$$\eta_{\text{copt}} = \frac{1}{1 + 0.876K_3^{\frac{1}{4}}}$$

这是 K_3 系数的简明表达式。

由于主要的损失是通过 K'_3 或 K_3 系数来表达的,因此这个方法可简称为 K_3 法。该方法与文献[8]所提出的管道损失系数法基本是一致的。

把上面所述的三种方法按 η_c、k 和 K_2、K_1 或 K_3 的关系分别绘于图3.4、图3.5和图3.6上,并把 K_1 法和 K_2 法的最佳效率点的连线用虚线绘于图3.4和图3.5上。

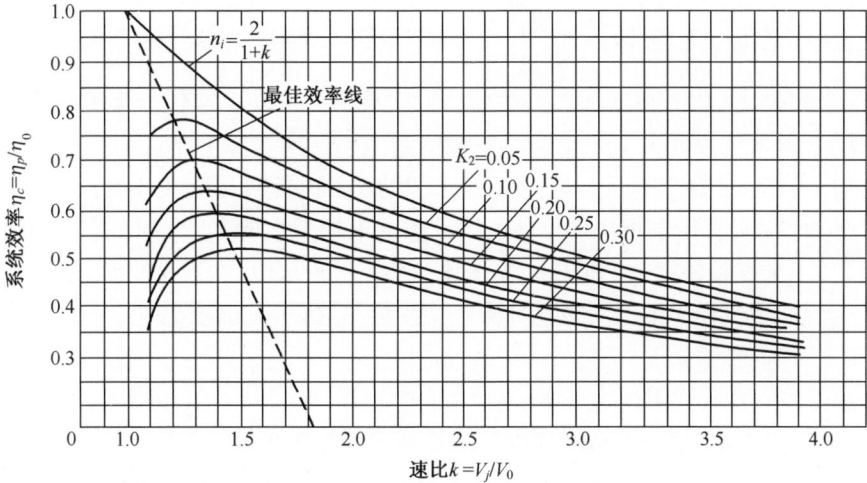

图 3.4　按 K_2 方法推导的 $\eta_c \sim k$ 曲线

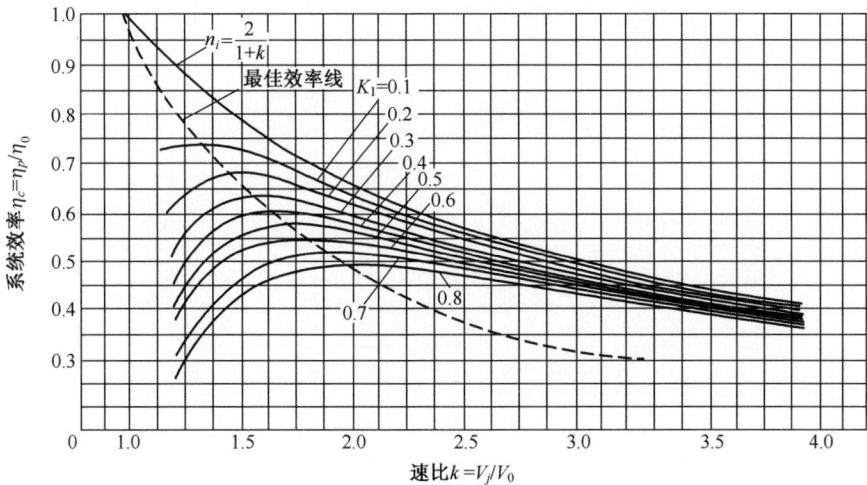

图 3.5　按 K_1 方法推导的 $\eta_c \sim k$ 曲线

这三种曲线代表了三种设计理论,它们是在喷水推进技术发展过程中先后出现的。

3.3.4 三种喷水推进设计理论的比较

这三种理论的优缺点在前面介绍时已经作了简短的讨论,现再具体探讨一下。

推导三种理论时,都有一定的前提。在 K_2 方法中,假定管道系统阻力与喷射速度头成正比关系,即以 $K_2 \dfrac{V_j^2}{2g}$ 代表整个系统的管道损失。在研究管道系统主要参数时,Q、H、V_j 和 V_0 等都是变量,而 K_2 不变。亦即认为不论 Q 和 V_j 等如何变化,管道系统损失占 $V_j^2/2g$ 的百分数恒是定值。这实质上是认为管道系统的径向尺寸是可变的,即 Q 大时,管道直径也加大,以使管道损失系数保持常数。而当 Q 小时则直径也相应减小。这样设想的根据是主要参数并未确定,因为管道尺寸本来就是待定的。但由于系统中(QH)接近常值,在流量小时,H 及 V_j 就加大,因此系统损失的绝对值在加大。实际的情况是:流量减小时整个管道系统的损失也减小。

由于 K_2 方法假定损失与 $V_j^2/2g$ 相联系,因此损失随 k 值而增大,所以从彩图 3.6 中可看出,按 K_2 方法得到的 k_{opt} 与其他方法相比是偏小的。

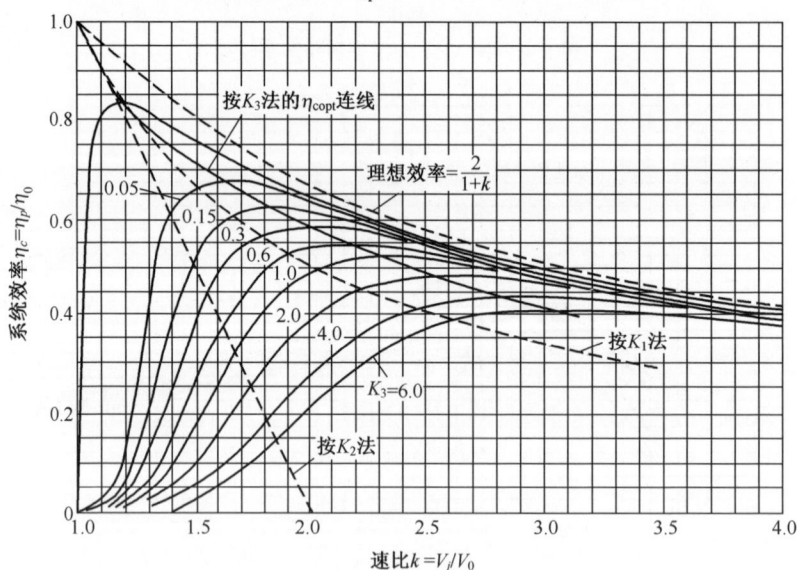

图 3.6　按 K_3 方法推导的 $\eta_c \sim k$ 曲线

K_1 方法假定损失为 $K_1 \dfrac{V_0^2}{2g}$。由于在管道系统主要参数变动过程中效率的变化不大,反映到船的航速 V_0 上就更小。所以 $K_1\dfrac{V_0^2}{2g}$ 基本上是一个定值。由于管道直径尚未决定,因此在大流量时,放大管道尺寸即可保持管道损失系数不因 Q 加大而增加。

然而在实际的设计过程中,管道尺寸并没有很大的自由度。对于某一相对固定的管道尺寸而言,表达管道损失的恰当办法还应当根据流量,即流量大损失也大。K_3 法的损失为 $\dfrac{K_3}{(k-1)^2}\cdot\dfrac{V_0^2}{2g}$。显然,$k$ 愈大流量就愈小,管道损失也相应减少。所以 K_3 法得出的 k_{opt} 大于 K_1 法的 k_{opt} 值。按 K_1 法设计的管道系统往往仍可发现,为了提高效率,k 值还可以取得再高一些。K_3 法的缺点在于管道损失随 $(k-1)^2$ 而变,对 k 值很敏感。根据对国内外喷水船的分析,K_3 值的变化较大,所以要较多地依靠型船资料的积累。

值得指出的是,图 3.4 至图 3.6 均按水翼艇工况绘制,也就是说没有考虑边界层系数 α 的影响。边界层存在时,α 使得最佳速比 K_{opt} 减小,同时系统效率提高,K_{opt} 的减少为 $(1-\alpha)$,系统效率 η_{copt} 提高值为 $(1-\alpha)/(\alpha+\sqrt{k_1})(1+\sqrt{k_1})$。由于水翼艇 α 值为 0.95 左右,所以影响值不大。

假设有一条船主机功率 N_p 为 367kW,水泵效率以 87% 计,轴系传送效率以 98% 计,要求达到航速 V_0。根据对阻力曲线的分析,喷水推进系统效率应等于 60% 才能达到要求的航速。

现按上述三种方法来探讨喷水推进系统的参数。

按图 3.5 的曲线 K_2,当 $\eta_c=0.6$ 时,速比 $k=1.38$;按曲线 K_1,速比 $k=1.66$;按曲线 K_3,$k=1.92$。

由式(3.12)及 $N_c=N_p\cdot\eta_m$,$\rho g QH=367\times102\times0.87\times0.98=31900$,那么 $QH=31.9\mathrm{m}^4/\mathrm{s}$。

水泵的设计参数是:流量 $Q=1\mathrm{m}^3/\mathrm{s}$,扬程 $H=31.9\mathrm{m}$。这个参数是按 K_3 方法得出。

由于对三种方法而言,要求的推力和航速一样,因此按式(3.28),流量 Q 与 $(k-1)$ 成反比例。从而可得出以下关系式:

$$Q_2:Q_1:Q_3=\frac{1.92-1}{1.38-1}:\frac{1.92-1}{1.66-1}:1$$

式中:Q_2、Q_1 和 Q_3 分别为按 K_2 法、K_1 法和 K_3 法所算得的流量。

现 $Q_3=1\mathrm{m}^3/\mathrm{s}$,可得 $Q_1=1.39\mathrm{m}^3/\mathrm{s}$,$Q_2=2.42\mathrm{m}^3/\mathrm{s}$。

设泵效率相同,则扬程分别为 $H_3=31.9\mathrm{m}$,$H_1=17.5\mathrm{m}$,$H_2=13.5\mathrm{m}$。

由此可见,采用不同的理论,会得出参数相差一倍以上的结果。从船的整体设计和喷水推进系统设计的观点看,流量过大的方法是不可取的。因为流量大就使水泵直径和管道直径加大,系统中的水重和管道系统重量增加。此外,还会加大进水口的内外阻力。特别对于水翼艇的进口来说,流量大会增加进水口和支柱——管道的外阻力。对于浅水船来说,流量大还会使船容易吸底以及吸入石子。从设计角度看,应当采用 K_3 的方法才能得到较合理的结果。但 K_3 变动很快,还不能从管道损失计算或试验结果中直接求得,而要经过一定的换算才能得到。对于偏离最佳效率点的设计,如内河拖轮喷水系统则更不宜用 K_3 法。因此有些设计者仍愿意采用 K_1 方法来设计喷水系统。上面分析了三种理论的优缺点,这三种理论在喷水推进实践中都采用过,并都达到了较好的效果。例如,我国的内河滑行艇就是用 K_2 法设计的;苏联"涅夫卡"号水翼艇,我国的喷水推进双水翼试验艇是用 K_1 法设计的;美国的导弹巡逻艇 PHM 和 PGH-2 和 Jetfoil 水翼客艇是用 K_3 法即 DLF 法设计的。主要的差别在于流量、扬程的参数。由于表达系统效率的公式中没有包括附加的阻力增量,即因进水口及管道水重而引起的阻力增量,故 K_2 法流量过大的缺点被掩盖了。

在主要参数选择计算时,到底是用 K_1 法或 K_2 法还是 K_3 法。由于这三个方法各有优缺点,不能硬行说哪个方法好,而应该根据船型的不同,航速的高低,排水量控制的要求来选择。例如,水翼艇和气垫艇因进水口尺寸受限制,相对采用 K_1 或 K_3 法较合理。

3.3.5 系统效率的其他表达法

上面所述的三种方法均是求出不同损失系统下的系数效率 η_c 与速比 k 的关系,这是最通常应用的方法。再介绍两种其他方法。

3.3.5.1 求最佳扬程的方法

这是由约翰逊所提出[5],它本质上和 K_1 法相同,但这种方法可以直观地得到最佳的压头和流量。

由式(3.13)有

$$\eta_c = \frac{TV_0}{\rho g Q H} = \frac{(V_j - V_0)V_0}{gH} \tag{3.44}$$

由式(3.32)得

$$V_j = V_0 \left(1 - K_1 + \frac{2gH}{V_0^2} \right)^{\frac{1}{2}} \tag{3.45}$$

以式(3.45)代入式(3.44),并设 $2gH/V_0^2 = G$ 可得

$$\eta_c = \frac{2}{g} \left[(1 - K_1 + G)^{\frac{1}{2}} - 1 \right] \tag{3.46}$$

令 $\dfrac{\partial \eta_c}{\partial G} = 0$，得 $G_{opt} = 2K_1 + 2(K_1)^{\frac{1}{2}}$ $\tag{3.47}$

从而可得到 H_{opt}：

$$H_{opt} = (K_1 + \sqrt{K_1}) \frac{V_0^2}{g} \tag{3.48}$$

再根据式(3.12)可求得最佳流量 Q_{opt}。

3.3.5.2　求最小所需功率及最大推进效率

这种方法原来是用于研究侧壁气垫艇,并曾把美国海军打算建造的 2000t,80kn 侧壁气垫艇作为计算对象。这个方法的特点是把进水系统的外阻力 R_{1s} 计于效率公式内,并定义外阻力系数 $C_D = \dfrac{R_{1s}}{\dfrac{1}{2}\rho Q V_0}$。由推力与阻力的平衡得

$$\rho Q V_0 (k - \alpha) = R + R_{is} = R + \frac{\rho}{2} C_D Q V_0 \tag{3.49}$$

当船加速越过阻力峰点时推力必须大于总阻力。设 C_A 为加速度系数,则:

$$\rho Q V_0 (k - \alpha) = C_A (R + R_{is}) \tag{3.50}$$

显然 $C_A > 1$,解公式(3.50)求得 Q 为

$$Q = C_A R / \rho V_0 (k - \alpha - C_A \cdot C_D / 2) \tag{3.51}$$

系统需要喷水推进泵的扬程按式(3.32)可得到以下表达式:

$$H = (k^2 + K_1 - \beta) \frac{V_0^2}{2g} \tag{3.52}$$

上面公式中的 α 及 β 为边界层影响系数,意义后面再讨论。

系统需要的喷水推进泵输出功率为

$$N_0 = \gamma Q H$$

$$N_0 = \frac{C_A R V_0 (k^2 + K_1 - \beta)}{2(k - \alpha) - C_A C_D} \tag{3.53}$$

将式(3.53)对 k 求导并使其等于零,可得到最小功率下的速比 k_{opt}

$$k_{opt} = \alpha + \frac{C_A C_D}{2} + \sqrt{\left(\alpha + \frac{C_A C_D}{2}\right)^2 + K_1 - \beta} \tag{3.54}$$

当系统设计于巡航速并不计外部阻力及边界层影响时, $\alpha = \beta = C_A = 1$, $C_D = 0$,上式变为 $k_{opt} = 1 + \sqrt{K_1}$。

与式(3.35)完全相同。

3.3.6 喷水推进系统能量的分配

研究整个喷水推进系统的能量分配,对于理解系统效率的变化是有帮助的。

在一个给定的管道里,$K_1 = f(Q)$ 及喷口面积 A_j 为已知。$V_j = Q/A_j$,(3.32)式可改写成:

$$H = \frac{Q^2}{2gA_j^2} + K_1 \frac{V_0^2}{2g} - \frac{V_0^2}{2g} \qquad (3.55)$$

在设计航速 V_0 下,式(3.55)变成只包含 Q 和 H 两个变量的抛物线函数,这个抛物线称为系统特性曲线(图3.7上的系统 $H \sim Q$ 曲线)。喷水推进泵特性曲线得自水泵试验结果。喷水推进泵特性曲线与系统特性曲线相交点即额定工况点或称设计点。这两个特性曲线绘于图3.7上。

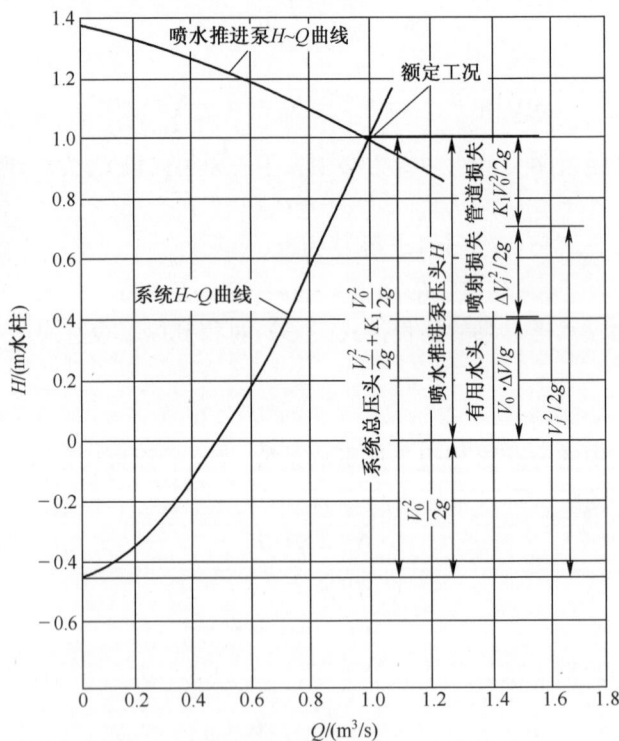

图 3.7 喷水推进系统中各种水头的关系

现在来研究能量的分配,由于在整个系统中,各段的流量 Q 是一样的,因此

扬程 H 就代表了能量,从式(3.55)可得

$$H + \frac{V_0^2}{2g} = \frac{V_j^2}{2g} + K_1 \frac{V_0^2}{2g} \tag{3.56}$$

这个公式的物理意义是:系统的总扬程是由喷水推进泵的扬 H 加上来流速度头 $\frac{V_0^2}{2g}$ 组成,总扬程正好等于管道损失 $K_1 \frac{V_0^2}{2g}$ 与喷射速度头 $\frac{V_j^2}{2g}$ 之和。

又因 $V_j = V_0 + \Delta V, \Delta V$ 即为增速,可得

$$\frac{V_j^2}{2g} = \frac{(V_0 + \Delta V)^2}{2g} = \frac{V_0^2}{2g} + \frac{\Delta V \cdot V_0}{g} + \frac{(\Delta V)^2}{2g} \tag{3.57}$$

将式(3.57)代入式(3.56)得

$$H = \frac{\Delta V \cdot V_0}{g} + \frac{(\Delta V)^2}{2g} + K_1 \frac{V_0^2}{2g} \tag{3.58}$$

由式(3.58)可看到,右边第一项乘上 $\rho g Q$ 后,即为 $\rho Q V_0 (V_j - V_0)$,此项即为喷水推进系统的有效功率;第二项与第三项分别表示喷射损失和管道损失。把这样的能量分配绘于图 3.8,从而可清楚地看出在 k 值加大时,η_c 降低的原因。

图 3.8 上的曲线 1 和 2 分别代表了理想推进器和实际推进器的系统效率。它们之间的差别恰好就是管道损失部分。

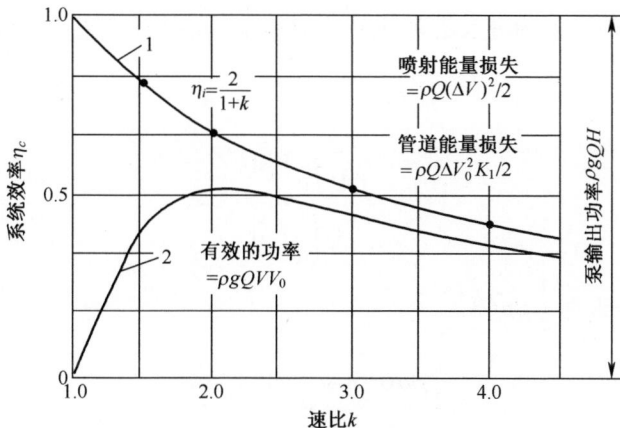

图 3.8　喷水推进系统能量的分配
1—理想推进器;2—实际推进器。

3.4 喷水推进系统与船体相互作用

3.4.1 船体对喷水推进系统的作用

首先讨论边界层对喷水推进泵进流的影响系数 $\alpha^{[23]}$。

在螺旋桨推进的船上,通常螺旋桨在船艉的伴流场[24]中工作。伴流速度与船速的比值称为伴流分数 W,伴流场主要是摩擦伴流带和该伴流带以外的势流所引起的。由于伴流的影响,使得水流对螺旋桨盘面的相对速度小于来流速 V_0,这个相对速度称为进速 V_p,它与 V_0 的差值即为伴流速 WV_0。因此可得:

$$V_p = V_0 - WV_0 = V_0(1 - W) \tag{3.59}$$

式中: W 为螺旋桨盘面的平均伴流系数。伴流对盘面速度的影响即为船体对螺旋桨的作用。

在喷水推进船上,除了水翼艇以外,进水口都处于艇艉的边界层内。由于边界层内水流速度低于边界层外的流速,因此进入管道和喷水推进泵的流速低于来流速度 V_0,这就是船体对喷水推进系统的作用。

设 α 为边界层对进流的影响系数。则式(3.28)变为

$$T = \rho Q(V_j - \alpha V_0) \tag{3.60}$$

由于 $\alpha < 1$,所以考虑边界层对进流的影响后,实际推力有所增加。

然后讨论边界层对进流动能的影响系数 β。

进口处的流量 Q 为 $\int_{A1} V_y \mathrm{d}A$,进流的动量为 $\int_{A1} V_y^2 \mathrm{d}A$,进流的动能为 $\frac{\rho}{2} \int_{A1} V_y^3 \mathrm{d}A$。式中: A_1 为进水截面积; V_y 为离船壳 y 处的局部流速。可得 $\rho \alpha Q V_0 = \rho \int_{A1} V_y^2 \mathrm{d}A$,或

$$\alpha = \frac{1}{V_0} \frac{\int_{A1} V_y^2 \mathrm{d}A}{\int_{A1} V_y \mathrm{d}A} \tag{3.61}$$

来流的动能为 $\frac{1}{2}\beta \rho Q V_0^2$

显然

$$\frac{1}{2}\beta \rho Q V_0^2 = \frac{1}{2}\rho \int_{A1} V_y^3 \mathrm{d}A$$

$$\beta = \frac{1}{V_0^2} \frac{\int_{A1} V_y^3 \mathrm{d}A}{\int_{A1} V_y \mathrm{d}A} \tag{3.62}$$

进流影响系数 α 将影响到推力的大小，来流动能影响系数 β 将改变喷水推进泵叶轮的汽蚀状态。

3.4.2　喷水推进系统对船体的作用

在螺旋桨推进的船上，由于螺旋桨在工作，在盘面前方就会出现一个低压区（图3.9），这个区域的范围要比桨叶盘面本身更大些，图3.9上曲线Ⅱ和上面的流线图相对应，表明在实际流体中尾部压力降低，说明在实际流体中形状阻力产生的由来。在螺旋桨工作时，前方的低压区使尾部压力进一步降低。曲线Ⅲ代表螺旋桨工作时某一水线处的压力分布。曲线Ⅱ和曲线Ⅲ之间的面积即为该水线处的压力降。水面下各水线处这种压力降的总和的轴向分量即为阻力增量[25]。也有人认为，这种情况相当于推力减少。设螺旋桨推力为 T，有效推力为 T_c，则得

$$T_c = T(1 - t) \tag{3.63}$$

式中：t 为推力减额系数。

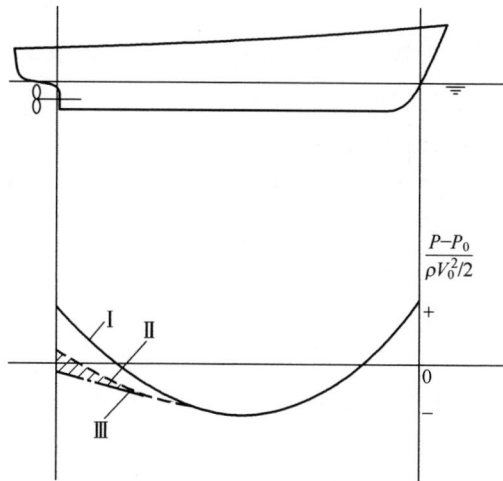

图3.9　船体压力分布示意图

Ⅰ—理想流体中；Ⅱ—实际流体中；Ⅲ—螺旋桨工作时。

推力减额或阻力增量即为螺旋桨对船体的作用。

在喷水推进船艇上，喷水推进系统对船体作用[26]研究大致可分两个阶段。

1）前期阶段：

在喷水推进的船上，喷水推进系统对船体的作用研究得不够。首先需要对推力减额给一个定义。按照第十五届国际拖曳水池会议的报告，与进口系统有

关的附体、流线体(导流体)及进水口本身的阻力均作为进口系统的阻力,称为附加阻力或阻力增量,用 R_{is} 表示。总阻力 $R_{ext} = R + R_{is}$,R 为船体阻力,包括裸船体和进口系统以外的附体。为克服 R 而提供的净推力 $T_0 = T - R_{is} = R$。推力减额可定义为

$$t' = \frac{R_{is}}{R_{ext}} = \frac{T - T_0}{T} = \frac{R_{is}}{T} \qquad (3.64)$$

式中:T 为喷水系统的总推力。

如果按照这个定义,则对任何喷水推进的船舶来说,推力减额总是存在的。但推力减额系数 t' 却并不能象常规船舶那样可以参考近似公式,而是必须根据具体进水口情况通过试验或计算确定。有人还把管道系统的水重也加到船的排水量中,并修正其附加阻力,这实际上也可作为 R_{is} 的一部分而包括在 R_{is} 之内。

下面进一步分析在各种喷水推进船上,R_{is} 的组成及在设计中的考虑方式。

在喷水推进水翼艇上,由于艇体完全离开水面,所以可以认为艇体不受喷水推进系统的影响而改变压力分布。R_{is} 主要包括冲压进水口本身及其导流体的外部阻力。

在侧壁气垫艇上一般采取平进口或冲压进口,这两种情况都不改变艇前后方向压力分布。由于水泵的吸力,在进水口下方可能会造成局部压力减低,但这主要引起艇的升沉或纵倾的微小变化并不导致因压力分布改变而产生阻力,因为压力减低区域位于船的基线以下。但由于进水口的前方水流速度加快了,摩擦阻力会有所增加。此外,如果采取半平进口,则唇缘后部的导流体也应归于附加阻力之内,所以侧壁气垫艇的 R_{is} 主要包括进口本身和导流体及冲压进口支架阻力。因流速加快引起的附加摩擦阻力由于较难计算,一般未包括进去。

在滑行艇上,艇在航行中带有纵倾,艇底与水面成一攻角。由于滑行艇主要是靠水的动力作用来支持艇的重量,在一定攻角下,艇底是正压力分布,压力峰靠近浸湿面积的前方,如图 3.10 所示。

图 3.10 上曲线 I 表示普通滑行面的压力分布;曲线 II 表示有进水管道时的艇底压力分布。L' 表示原来水动力的合力;L 表示有进水口时的合力。后体压力分布的改变会使艇的纵倾发生变化以补偿失去的升力。由于小范围的纵倾角变化对滑行艇总阻力影响不大,所以目前喷水推进滑行艇上除进水口外部阻力外,没有考虑推力减额。对于进水口偏大的滑行艇,纵倾角可能较大。

在内河喷水船上的情况又有些不同。一般说来,当进水口在基线位置时,由于泵的叶轮在管道中,由船底吸水时只会引起基线下局部压力减低,影响纵倾和升沉,而不会直接造成船艇运动方向的阻力增加。如果船尾上翘,如图 3.11 所

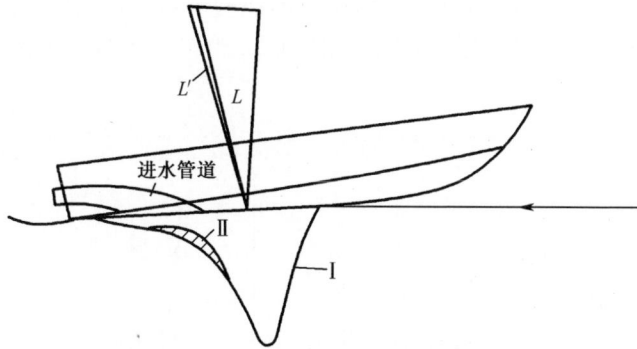

图 3.10　滑行艇底部压力分布图

示。此时因有部分低压区在基线以上,有可能会引起阻力增量。由于内河喷水船主要用于浅水地区,为了减少吃水,后体体积要充分利用,故很少有尾部剧翘的线型,大部分浅水船都是图 3.11 的形式。因此在目前内河喷水船的设计上,尚未考虑推力减额,通常只是在裸船体阻力上加一个附体阻力百分数。

　　根据上面分析,由于喷水推进系统的推力减额,一般都作为阻力增量在附加阻力中计算,而边界层对系统效率的影响,在下节的效率表达式中可以体现出来,所以对喷水推进系统不需另外列出船身效率的表达式。

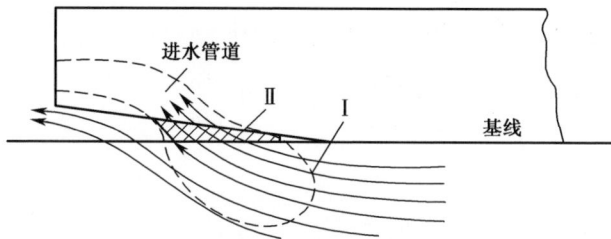

图 3.11　内河喷水船尾部压力分布示意图

Ⅰ—压力明显下降区;Ⅱ—引起阻力增量区。

2) 近 20 来年对喷水推进船艇推力减额研究情况

　　近 20 年来,通过大量的理论分析和实船试验验证,特别是在高性能船艇上的实船试验总结,基本认为喷水推进船艇的推力减额不能忽视。它可以用类似普通螺旋桨推进采用的推力减额系数 t 来修正推力和航速。大量数据证明,喷水推进船艇推力减额系数是傅汝德数的函数,在 F_{nL} 为 $0.4 \sim 1.3$ 的范围外,推力减额系数为正值,即为真正意义上的推力减额。在上述范围之外,喷水推进船艇的推力减额系数为负值,特别在长度佛氏数 $F_{nL} = 0.5 \sim 1.2$ 时负值最大。也就

是说在 $F_{nL}=0.4\sim1.3$ 时,喷水推进系统对船体的影响是正面作用,产生的是推力增额,体现在推力减额系数为负值。图 3.12 给出了喷水推进推力减额统计曲线。

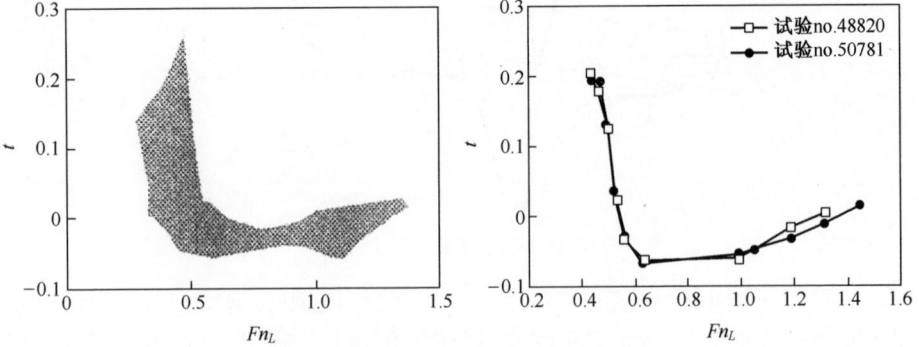

图 3.12　喷水推进推力减额统计曲线

3.4.3　存在边界层影响时的系统效率

在 3.3.1 至 3.3.3 的推导中,都没考虑边界层影响因素,即,取 $\alpha=1,\beta=1$。但实际上存在着边界层影响的问题。

考虑边界层影响,则式(3.28)和式(3.32)变为

$$T = \rho Q(V_j - \alpha V_0) = \rho Q V_0(k - \alpha) \tag{3.65}$$

$$H = \frac{V_j^2}{2g} + (K_1 - \beta)\frac{V_0^2}{2g} \tag{3.66}$$

同样可求得 η_c 表达式:

$$\eta_c = \frac{2(k - \alpha)}{k^2 - \beta + K_1} \tag{3.67}$$

令　　　　$$\frac{\partial \eta_c}{\partial k} = 0 \text{ 则 } k_{\text{ops}} = \alpha + \sqrt{K_1} \tag{3.68}$$

$$\eta_{\text{copt}} = \frac{1}{k_{\text{opt}}} = \frac{1}{\alpha + \sqrt{K_1}} \tag{3.69}$$

这是最简明的表达式。如果要得到完整的表达式,则可参考式(3.26)来推导,推导时假定 $\beta = \alpha^2$。

$$\eta_c = \frac{2(k - \alpha)}{(1 + K_j)k^2 - \beta + K_1'' + K_c} \tag{3.70}$$

74

$$k_{\text{opt}} = \alpha + \sqrt{\frac{\alpha^2 K_j + K_1'' + K_c}{1 + K_j}} \tag{3.71}$$

$$\eta_{\text{copt}} = \frac{1}{k_{\text{opt}}} \cdot \frac{1}{1 + K_j} \tag{3.72}$$

在边界层影响下,K_3法的简明表达式如下:

$$\eta_c = \frac{2(k - \alpha)}{k^2 - \beta + K_3 / (k - \alpha)^2} \tag{3.73}$$

$$k_{\text{opt}} = \alpha + (3K_3)^{\frac{1}{4}} \tag{3.74}$$

$$\eta_{\text{copt}} = \frac{1}{\alpha + 0.876 K_3^{\frac{1}{4}}} \tag{3.75}$$

为简明起见,把本章的各关系式列于表 3.1 和表 3.2 中。表 3.1 适用于水翼艇,即无边界层影响情况。表 3.2 适用于滑行艇、气垫艇及内河其他船舶。其中有些公式的推导取自文献[28],这里不再重复推导。

表 3.1　各种系统效率表示方法

管道损失系数	η_c	k_{opt}	η_{copt}
K_j, K_c, K_1''	$\dfrac{2(k-1)}{(1+k_j)k^2 - 1 + K_1'' + K_c}$	$1 + \sqrt{\dfrac{K_j + K_1'' + K_c}{1 + K_j}}$	$\dfrac{1}{k_{\text{opt}}} \cdot \dfrac{1}{(1 + K_j)}$
K_1	$\dfrac{2(k-1)}{k^2 - 1 + K_1}$	$1 + \sqrt{K_1}$	$\dfrac{1}{k_{\text{opt}}}$
K_2	$\dfrac{2(k-1)}{(1+k_2)k^2 - 1}$	$1 + \left(\dfrac{K_2}{1+K_2}\right)^{\frac{1}{2}}$	$\dfrac{1}{k_{\text{opt}}} \cdot \dfrac{1}{(1 + K_2)}$
$K_j, K_c, \dfrac{K_3'}{(k-1)^2}$	$\dfrac{2(k-1)}{(1+k_j)k^2 - 1 + K_c + \dfrac{K_3'}{(k-1)^2}}$	$1 + \left[\dfrac{K_j + K_c + \sqrt{(K_j + K_c)^2 + 12K_3'(1+K_j)}}{2(1+K_j)}\right]^{\frac{1}{2}}$ 略	
K_3	$\dfrac{2(k-1)}{k^2 - 1 + \dfrac{K_3}{(k-1)^2}}$	$1 + (3K_3)^{\frac{1}{4}}$	$\dfrac{1}{1 + 0.876 K_3^{\frac{1}{4}}}$

表 3.2　考虑边界层影响后的系统效率表示方法

管道损失系数	η_c	k_{opt}	η_{copt}
K_j, K_c, K_1''	$\dfrac{2(k-\alpha)}{(1+k_j)k^2 - \beta + K_1'' + K_c}$	$\alpha + \sqrt{\dfrac{\alpha^2 K_j + K_1'' + K_c}{1 + K_j}}$	$\dfrac{1}{k_{\text{opt}}} \cdot \dfrac{1}{(1 + K_j)}$

管道损失系数	η_c	k_{opt}	η_{copt}
K_1	$\dfrac{2(k-\alpha)}{k^2-\beta+K_1}$	$\alpha+\sqrt{K_1}$	$\dfrac{1}{k_{opt}}$
K_2	$\dfrac{2(k-\alpha)}{(1+k_2)k^2-\beta}$	$\alpha\left[1+\left(\dfrac{K_2}{1+K_2}\right)^{\frac{1}{2}}\right]$	$\dfrac{1}{k_{opt}}\cdot\dfrac{1}{(1+K_2)}$
$K_j,K_c,\dfrac{K_3'}{(k-1)^2}$	$\dfrac{2(k-\alpha)}{(1+k_j)k^2-\beta+K_c+\dfrac{K_3'}{(k-\alpha)^2}}$	$\alpha+\left[\dfrac{K_j+K_c+\sqrt{(K_j+K_c)^2+12K_3'(1+K_j)}}{2(1+K_j)}\right]^{\frac{1}{2}}$ 略	
K_3	$\dfrac{2(k-\alpha)}{k^2-\beta+\dfrac{K_3}{(k-\alpha)^2}}$	$\alpha+(3K_3)^{\frac{1}{4}}$	$\dfrac{1}{\alpha+0.876K_3^{\frac{1}{4}}}$

3.4.4 存在边界层影响时推进系统的能量分配

根据式（3.65）和式（3.66），在有边界层影响时的有用功率为 $TV_0 = \rho gQV_0^2(k-\alpha)$；输入功率为

$$\rho gQH = \rho gQ\left(\dfrac{V_j^2}{2g}+K_1\dfrac{V_0^2}{2g}-\beta\dfrac{V_0^2}{2g}\right)=\dfrac{1}{2}\rho gQV_0^2(k^2+K_1-\beta)$$

系统效率 $\qquad \eta_c=\dfrac{有用功率}{输入功率}=\dfrac{TV_0}{\rho gQH}=\dfrac{2(k-\alpha)}{k^2+K_1-\beta}$

管道损失的能量为输入功率与有用功率之差：

$$N_L=\dfrac{1}{2}\rho gQV_0^2(k^2+K_1-\beta)-\rho gQV_0^2(k-\alpha)$$

$$=\dfrac{1}{2}\rho gQ\left[(V_j-V_0)^2-V_0^2(1-\alpha)^2+K_1V_0^2\right] \qquad (3.76)$$

比较式（3.76）与图3.8，可看出损失能量部分减少了 $\dfrac{1}{2}\rho gQV_0^2(1-\alpha)^2$ 项，损失减少亦即是效率增加。

式（3.76）还可变换成下式：

$$N_L=\rho gQ\left[\dfrac{1}{2}(V_j-\alpha V_0)^2+\dfrac{1}{2}K_1V_0^2-V_0^2(1-\alpha)(k-\alpha)\right] \qquad (3.77)$$

将式（3.76）绘于图3.13。显然，有用功率的部分比图3.8上增加了 $(1-\alpha)\rho gQV_0^2$。这可以用来说明边界层对系统效率的影响。

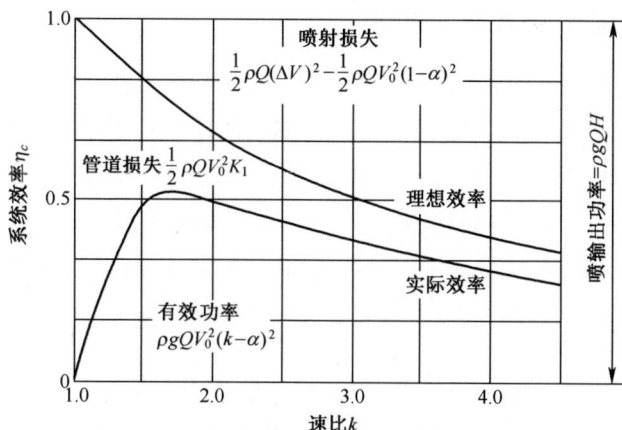

图 3.13　有边界层影响时的能量分配

3.5　对影响喷水推进系统效率诸因素的分析与探讨

从 η_c 的表达式可看出,影响系统效率的主要因素是速比 k、管道损失系数 K_1(或 K_2、K_3)和边界层影响系数 α 和 β。现逐一加以讨论。

3.5.1　速比 k

在确定喷水推进系统主要参数的时候,速比 k 应当是最重要的因素。因为系统效率 η_c、流量 Q 和扬程 H 均取决于速比 k。从图 3.6 可看出,三种表达管道阻力系数方法的主要不同点也在于得到的最佳的 k 值不相同:K_2 法得出的 k_{opt} 一般为 1.3~1.5;K_1 法的 k_{opt} 为 1.5~2.0;而 K_3 法 k_{opt} 值为 1.8~2.5。

由图 3.13 可看出,随着 k 的加大,喷射损失也增大,与此同时管道损失逐渐减小。所以在一定阻力系数下选择最佳 k 值的实质就是在管道损失和喷射损失之间加以权衡。借以达到较佳的系统效率 η_c。

在 k 值小时,管道损失对效率的影响很大;在 k 值增大时,管道损失对效率的影响愈来愈小。通常高性能船和自由航行的船舶 k 值常常设计在最佳效率附近。对于拖船或推进泵配置不恰当的船舶往往 $k>3.0$,这时管道损失对效率影响不大,主要的损失是喷射损失。

k 值选在最佳效率线的左边是不合理的,一方面由于左边效率下降较快,另一方面左边代表大的流量,对喷水推进泵的尺寸和抗空泡性能都可能产生不利影响。

3.5.2 边界层影响系数 α 和 β

图 3.4 到图 3.6 均按水翼艇工况绘制,亦即未考虑边界层影响。边界层存在时,影响系数 α 使得最佳速比 k_{opt} 减小,同时使系统效率提高。比较表 3.1 和表 3.2 可看出,以 K_1 方法为例,k_{opt} 的减少值为 $(1-\alpha)$,系统效率 η_{copt} 提高值为 $(1-\alpha)/(\alpha+\sqrt{K_1})(1+\sqrt{K_1})$。在一般的高性能艇上,$\alpha$ 为 0.95 左右,取决于雷诺数、进水口形状等。但在回转体后方,如双体半潜船和鱼雷上,$\alpha < 0.9$。如果充分利用伴流场,效率可提高很多,可以部分地补偿泵喷射效率与正反转螺旋桨效率之间的差距。

从式(3.67)看 β 大对效率有利,而 α 都是愈小愈有利。由于 β 与 α^2 相近,按这个条件得到的效率公式表明了 α 对效率的影响。亦即 β 与 α 相比,α 是主导的因素。因此在侧壁式气垫船和滑行艇上均应采用平进口,以充分利用伴流场。

3.5.3 管道损失系数

图 3.4 至图 3.6 表明管道损失系数对效率的影响。对设计于最佳效率点附近的高性能船舶而言,降低管道损失是提高整个系统效率的重要途径。管道损失的计算方法见第 5 章。但在设计之初还需利用母型船或统计的资料。显然,管道损失的大小与管道的长短、进水口的形状、流量及水位提升等都有关系。对于不同的船型有不同的管道损失系数。按文献[14]的推荐,不同船艇的 K_1 值可参见表 3.3。

表 3.3 中第一项实际上适用于滑行艇,第二项适用于水翼艇,第三项适用于侧壁式气垫艇。

表 3.3 各种高性能艇 K_1 参考值

进口及管道形式	参考的 K_1 值	α 对效率的提高	η_{copt}
艇体半平[①]或平进口	0.40~0.50	1.027	0.64~0.60
水翼支柱冲压进口	0.60~0.70	1.00	0.56~0.84
短管道半平进口	0.50~0.60	1.015	0.55~0.57

但根据我国的实践经验,这些表所列数值都偏高。文献[22]是 1974 年出版的。按 1976 年出版的文献[27],对于大型侧壁气垫艇来说,K_1 值在

---

① 半平进口指进口前缘与艇底齐平,而后缘则略高出前缘,可起到部分冲压进口的作用。

$0.25 \sim 0.35$ 之间。按我国的水翼艇经验[28]，$K_1 = 0.30 \sim 0.32$。

滑行艇管道短，K_1 应当比气垫艇和水翼艇更小些。

由于不同的管道损失系数的表示方法不同，系数的绝对值也不同，因此需要知道三种不同方法中管道损失系数的对照关系，以便在设计中参考。

在 K_3 方法中 η_{copt} 表达式为

$$\eta_{\text{copt}} = \frac{1}{1 + 0.876K_3^{\frac{1}{4}}}$$

或，

$$\eta_{\text{copt}} = \frac{1}{\alpha + 0.876K_3^{\frac{1}{4}}}$$

而按 K_1 法：

$$\eta_{\text{copt}} = \frac{1}{1 + \sqrt{K_1}} \quad \text{或} \quad \eta_{\text{copt}} = \frac{1}{\alpha + \sqrt{K_1}}$$

分别代表无边界层影响和有边界层影响。

现求两种方法下 η_{copt} 相同时的 K_1 与 K_3 对应关系：

$$1 + 0.876K_3^{\frac{1}{4}} = 1 + \sqrt{K_1}$$

$$K_1 = 0.77K_3^{\frac{1}{2}} \tag{3.78}$$

同样可得 K_1 与 K_2 关系：

$$K_1 = \{K_2 + [K_2(1 + K_2)]^{\frac{1}{2}}\}^2 \tag{3.79}$$

把式(3.78)和式(3.79)绘于图3.14和图3.15上，可以分别得到 K_1、K_2 与 K_3 之间的对应关系。但这只是最佳效率相同时的对应关系，只能供高性能艇设计参考。

现在按不同的 K_1 值来分析喷水推进系统的效率。对理想推进器而言，图3.8上的曲线①即代表理想推进器的系统效率。实际推进器的系统效率由曲线②代表，故其推进效率 η_p 尚需把 η_c 乘上水泵效率 η_0 才能得到。

目前喷水推进泵效率高达0.92，差的也在0.85以上。若按表3.3的系统效率范围来计算，则系统的推进效率 η_p 的范围为：滑行艇 $\eta_p = 0.53 \sim 0.59$。水翼艇 $\eta_p = 0.48 \sim 0.53$，气垫艇 $\eta_p = 0.50 \sim 0.55$。如按我国的经验，当水翼艇的 $K_1 = 0.32$ 时，$\eta_{\text{copt}} = 0.64$，设水泵效率仍为 $0.85 \sim 0.90$，则 $\eta_p = 0.54 \sim 0.57$；按文献[27]的资料，当气垫艇 $K_1 = 0.25$ 时，$\eta_c = 0.666$，同样，$\eta_p = 0.56 \sim 0.60$。对水翼艇来说，总推进效率 $\eta_T = \eta_p\eta_m$，在 $\eta_m = 0.98$ 时，最大 $\eta_T = 0.57$。这可以认为是水翼艇可能达到的喷水推进总效率的上限，目前尚没有水翼艇达到过。同样的

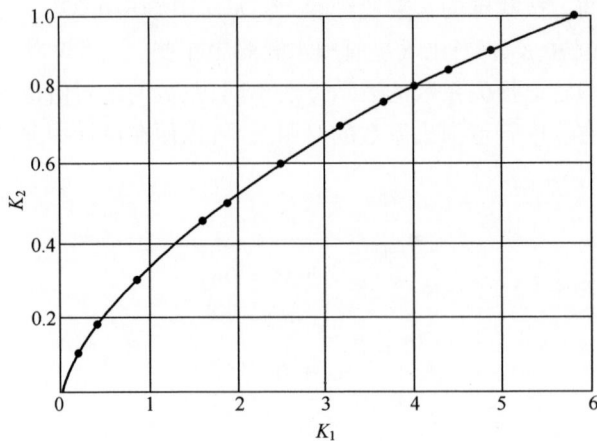

图 3.14　K_1 与 K_2 的对应关系图

推理可看出滑行艇和气垫艇的 η_T 的上限在 0.60。

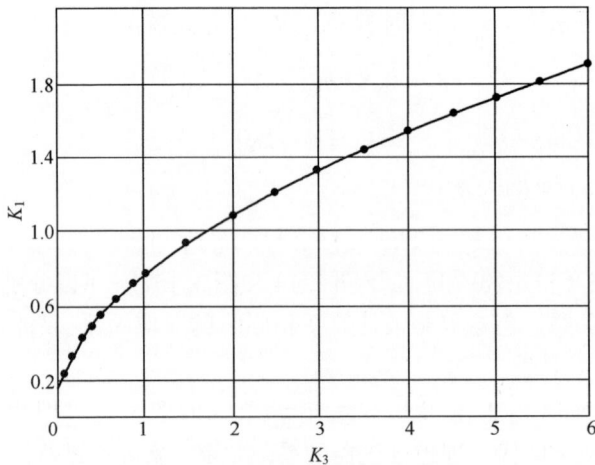

图 3.15　K_1 与 K_3 的对应关系图

对于内河喷水拖轮来说,按图 3.16 的管道,K_2 为 0.28。这种管道改进后 K_2 也能降到 0.22,这个范围相当于 K_1 为 0.54~0.77,在 k 等于 3 时按图 3.4 得系统效率 η_c 为 0.48~0.49(已考虑边界层影响系数 $\alpha = 0.95$)。若 $\eta_m = 0.98$,$\eta_0 = 0.85$,则总推进效率 $\eta_T = 0.49 \times 0.98 \times 0.85 \approx 0.41$。根据这个分析,可以认为设计良好的喷水推进拖轮的效率可为 0.4 左右。相对限制直径的螺旋桨推进内河拖轮而言,这是一个不算低的指标。

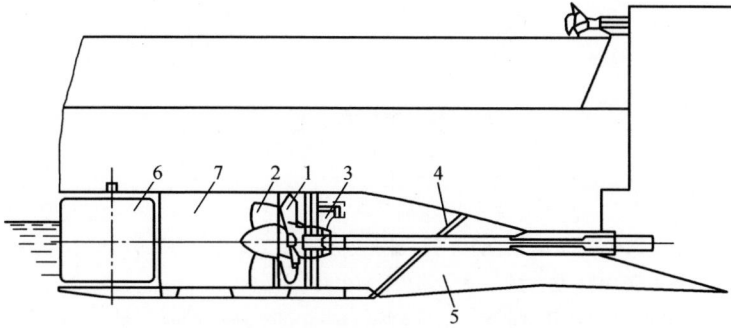

图 3.16　苏联内河喷水推进装置图

1—叶轮;2—整流片;3—支架;4—格栅;5—进口;6—舵;7—稳流段。

3.6　本章结语

　　喷水推进的理论是本书的重点。本章首先对理想喷水推进器和实际喷水推进器利用动量原理建立了数学模型,阐述了两者的差别。接着推导了喷水推进系统的平衡方程,包括力平衡方程、功率平衡方程、能量平衡方程、扭矩平衡方程,这是研究喷水推进技术的基础。在此基础上着重讨论了喷水推进系统的设计理论和工程处理方法,对 K_1、K_2、K_3 不同损失系数表达法的喷水推进系统设计理论和方法进行了详细的介绍和讨论。同时,给出了三种方法的系统效率 η_c 与速比 $k = V_j/V_0$ 的关系曲线,从而为工程设计选型提供了技术支持。最后讨论了喷水推进系统与船体的相互作用,引出了边界层的影响问题,阐述了为什么在高速范围内喷水推进比螺旋桨推进有更高的推进效率和更好的抗空泡能力的道理。

参 考 文 献

［1］董世汤,王国强,唐登海,黄振宇. 船舶推进器水动力学[M]. 北京:国防工业出版社,2009.

［2］吴望一. 流体力学[M]. 北京:北京大学出版社,2014.

［3］John E Finnemore, Joseph B. Franzini. Fluid Mechanics with Engineering Applications (Tenth Edition) [M]. Mc Graw-Hill Companies Inc. ,2002.

［4］苏玉民,黄胜. 船舶螺旋桨理论[M]. 哈尔滨:哈尔滨工程大学出版社,2003.

［5］Carlton J S,Eng F R Marine Propellers and Propulsion[M]. London:Elsevier Ltd,2012.

［6］盛振邦,刘应中. 船舶原理[M]. 上海:上海交通大学出版社,2004.

［7］张克危. 流体机械原理[M]. 北京:机械工业出版社,2005.

［8］林汝长. 水力机械流动理论[M]. 北京:机械工业出版社,1995.

［9］The International Towing Tank Conference. The Specialist Committee on Validation Waterjet Thest Procedures [R],21th ITTC-27th ITTC 1996-2014.

［10］蔡佑林,沈兴荣,孙群. 喷水推进船航速预报的动量通量试验技术发展现状[J]. 中国造船,2015,56 (2):131-141.

［11］Seth Schroeder, Sung-Eun Kim, Hrvoje Jasak. First International Symposium on Marine Propulsors, June 22-24,2009 [C]. Trondheim, Norway:June 2009.

［12］Seiichi Washio. Recent developments in cavitation mechanisms[M]. London:Elsevier Ltd,2014.

［13］王立祥. 船舶喷水推进[J]. 船舶,1997(3):45-52.

［14］金平仲. 船舶喷水推进[M]. 北京:国防工业出版社,1986.

［15］Bowles J B,Blount D L,Schleicher D M. et al. International Conference of Waterjet Propulsion 4, The Royal Institution of Naval rchitects ,2004[C]. London, UK:2004.

［16］Wilson M B,Purnell J G,Stricker J G, et al. International Conference of Waterjet Propulsion 4, The Royal Institution of Naval Architects ,2004[C]. London, UK:2004.

［17］金平仲,喷水推进主要参数的确定[J]. 中国造船,1978. 11.

［18］居乃鵾. 两栖车辆水动力学分析与仿真[M]. 北京:兵器工业出版社,2005.

［19］张兆顺,崔桂香,许春晓. 湍流理论与模拟[M]. 北京:清华大学出版社,2005.

［20］Wang J S,Ding J M, Ao C,et al. International Conference of Waterjet Propulsion 4, The Royal Institution of Naval Architects ,2004[C]. London, UK:2004.

［21］Reverscroft, Jr L T. Recommended Vehicel Cocepts for Waterjet Propelled High-Performance Vehiceles [R]. AD-AOO46 NSRDC-SPD-572-01, Dec. , 1974

［22］Will G, Tom D, Amaratunga S, et al. IMAREST's 10th International Naval Engineering Conference and Exhibition[C]. London UK:2010.

［23］侯友夫,张景松. 流体力学与流体机械[M]. 徐州:中国矿业大学,1992.

［24］Arash Eslamdoost, LarsLarsson, Rickard Bensow. A pressure jump method for modeling waterjet/hull interaction[J]. Ocean Engineering ,2014,88:120-130.

[25] A Eslamdoost,Larsson L,Bensow R. 12th International Conference on Fast Sea Transportation[C]. Amsterdam, Netherland: 2013.

[26] Etter R J Waterjet Propulsion-An Overview[J]. Marine Propulsion OED. 1976,2:97-128.

[27] 李慧敏等.7211 艇喷水推进装置的最佳要素选择及运转性能计算[R]. 武汉造船研究所,1979.9.

第4章　喷水推进泵系统

　　喷水推进泵为喷水推进装置的核心部件,承担能量转换功能,主要由泵壳可转动的叶轮、静止的导叶体与收缩的喷口和轴系组成。叶轮由主机通过轴系驱动旋转,吸收机械能将水流由船底经进口流道吸入喷水推进泵,水流在泵内由叶轮增压并经导叶整流后,从收缩型喷口高速喷出,喷出水流的反作用力推动船舶前进[1]。

4.1　喷水推进泵概述

　　应用于舰船及两栖车辆作为主推进装置的喷水推进泵(简称推进泵)均为叶片泵,受载体布置安装条件的约束,推进泵必须具有结构紧凑、过流能力强、功率密度大等特点。

4.1.1　推进泵类型

　　喷水推进泵按比转速由低到高分为三种类型:离心泵、混流泵与轴流泵[2,3]。离心泵流量小扬程高,其轴线与水流方向垂直,不利于在船上的布置安装,在喷水推进领域应用很少。喷水推进泵一般为水流方向与轴线一致的导叶式混流泵(简称混流泵)或轴流泵。从水动力性能上看,混流泵流量大扬程高,以其为核心的混流式喷水推进装置多用于高速船舶;轴流泵流量大,扬程不高,轴流式喷水推进装置主要用于中低速船舶,应用于高速船舶需要多级串联。从结构上看,轴流泵的外缘面为圆柱面,最大直径与进口直径相同(图4.1);混流泵外缘面近似圆锥面,中部最大直径为进口直径的 1.2~1.5 倍(图4.2),混流式喷水推进装置与轴流式喷水推进装置相比,需要更大的船体内部安装空间和舸板布置面积。

　　近年来,随着喷水推进技术的深入发展以及舰船综合航行性能的进一步提升,在传统泵型的基础上开发了两种新泵型,一是低噪声前置导叶轴流泵,另外一种是紧凑型喷水推进收缩流泵,后文将详细论述。

图 4.1　喷水推进轴流泵

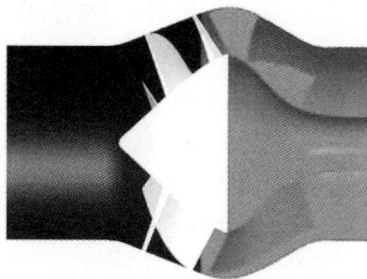

图 4.2　喷水推进混流泵

4.1.2　推进泵特殊性

喷水推进装置布置于船体艉部(图 4.3),通过泵体中部法兰与船体艉封板联接。喷水推进装置尺度愈大,结构重量与布置安装要求空间越大,对舰船的艉部线型约束增加并增大排水量,进而影响舰船快速性,装置的紧凑性是喷水推进装置技术水平的主要标志之一。

图 4.3　喷水推进装置布置图

为保证舰船的快速性,喷水推进泵必须具备高效率、高抗空泡能力、高功率密度与高过流能力,在吸收相同功率条件下,减小装置尺度,提高装置结构紧凑性,从而降低结构重量,减小布置与安装空间。目前国际上性能优异的喷水推进泵标准水力模型效率在88%以上,表征抗空泡能力的汽蚀比转速不低于 1400,流量系数不低于 0.7。

4.2 喷水推进泵的设计理论[4]

随着喷水推进技术的不断进步,喷水推进泵的设计理论从一元发展到了三元,促进了性能不断提高,推动了喷水推进装置推进效率、功率密度等指标的持续提升,从而显著增强了喷水推进在船舶推进领域的竞争优势。

1) 一元设计理论

一元设计理论有两个假定,一是不考虑液体性质、压力和速度在通过垂直于流线断面时的变化,且流动是稳定的,两相邻 S_1 回转流面间流动互不干扰,轴流式叶轮通常在圆柱面上进行叶片设计,意味着只有流体通过泵的时候轴向才引起变化;二是无穷叶片数假定,即流动沿叶片表面进行。这样,轴流泵的设计在展开的平面上进行,混流式叶轮的设计则在近似圆锥面上开展。一元理论简化了推进泵的设计计算,推动了早期轴喷水推进轴流泵设计技术的发展,不足之处是设计精度较低,对设计经验与模型试验数据积累的依赖性很强,优秀水力模型的研发周期较长,但依然可以应用于轴流泵、混流泵先进设计方法的初始阶段。

2) 二元设计理论

放弃一元设计理论的两个假设之一,得到两种二元理论和设计方法。对于混流泵,一般采用无穷叶片数假设,放弃流场参数沿过流断面线均匀分布的假设,先求出轴面速度分布,再应用欧拉方程。对于离心泵与轴流泵,放弃无穷叶片数假设,分别求解环列叶栅和直列叶栅。二元理论采用无穷叶片数假设与轴面速度沿过流断面均匀分布两个假设之一,对设计经验依赖性减弱,提高了设计精度,计算难度增加。

3) 三元设计理论

三元理论不采用前面所说的两个假设条件,充分考虑流场参数的三维变化,直接研究三维黏性流场。自 20 世纪 50 年代吴仲华教授提出两类相对流面理论[5]以来,叶轮机械三元流动理论计算方法得到了快速发展,成为计算流体力学重要分支之一。以 S_1 和 S_2 流面为基础,建立了求解三维无粘流动的普遍理论。由于精确求解回转流面 S_1 和中心流面 S_2 流面的流动比较复杂,通常将它们简化成一个平均 S_{2m} 流面与一组 S_1 旋转流面而构成准三维问题。准三维问题由正问题和反问题构成,其中正问题是根据泵叶片、导叶等几何形状计算泵内流场得到外特性参数,反问题为根据流场计算设计叶片,正反问题迭代进行至收敛为止,准三维设计方法可分为基于平均 S_{2m} 流面和基于相对 S_1 流面的反问题。基于平均 S_{2m} 流面的准三维设计就是在平均 S_{2m} 流面上进行反问题计算,得出初始叶片,然后进行 S_1 流面的正问题计算,通过 S_1/S_{2m} 流面正、反问题的迭代计算得出满足设计条件的叶片几何形状。基于 S_1 相对流面的反问题计算就是在该流面上进行设计计算,得出所设计叶片,然后进行 S_{2m} 流面的正问题计算,以修正初始的 S_1 转流面,如此反复迭代,直至收敛。

三元设计理论充分考虑流场参数的三元变化,与实际流态更加接近,极大弱化了依赖设计经验的因素,能有效减少模型试验次数,推动了喷水推进泵设计技术的快速发展提高。

4.2.1 液体在推进泵内流动的运动学[6、7]

喷水推进泵是一种将机械能转化为液体的水力能,从而推动船舶前进的叶轮机械。为了实现能量转换及最终需要的液流增速,推进泵各模块对液流的作用机理各不相同,液流运动形式也各异。

4.2.1.1 叶轮内液体的运动

喷水推进泵叶轮承担将机械能转化为液流的水力能的任务。主机通过轴系驱动叶轮旋转,以扭矩的方式将机械能传递给叶轮。叶轮旋转时,一方面带动液流跟随旋转,另一方面迫使液流不断从叶轮叶片进口吸入,出口流出。液流流入时基本无旋,流出后有旋并且静压增加,增加的旋转速度与静压均为叶轮对液流做的功。

1) 速度三角形

从液流角度分析,液流跟随叶轮的旋转运动为牵连运动,牵连运动速度为 U,流经叶轮叶片的运动为相对运动,相对运动速度为 W,其绝对运动速度为 V,绝对速度 V 是牵连速度 U 与相对速度 W 的矢量和,即 $V = U + W$。牵连运动为圆周运动,其方向为周向;在不考虑由于有限叶片数引起的周向速度不均匀的条件下,相对运动沿与叶片表面平行的相对流线进行,相对运动方向由叶片安放角 β 决定。S_1 流面上相对运动流线某点处各速度见图 4.4 所示。图中 u 为圆周方向,m 为轴面方向。

根据图 4.4 可以分析叶轮内液体运动。液体复合运动的牵连速度 U 为圆周方向,大小为

$$U = \pi rn/30 \tag{4.1}$$

式中:r——液流所在点的半径(m);

n——叶轮转速(r/min)。

相对运动速度 W,不考虑有限叶片数对流场均匀度影响时,其方向沿叶片的切线方向,并由液流所在点的叶片安放角确定。相对运动速度 W 可以沿两个

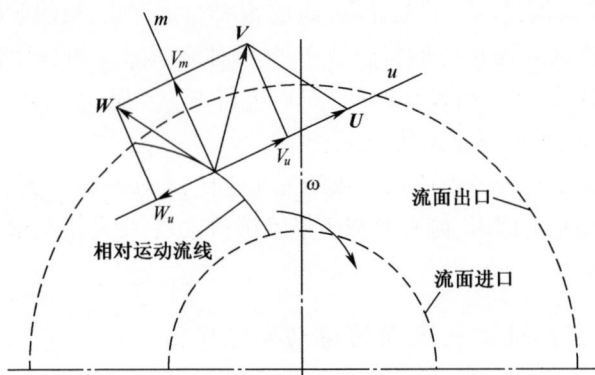

图 4.4　叶轮内速度矢量图

方向分解,一个方向是圆周方向 u,另一个方向是与圆周方向垂直的轴面方向 m。W_u 为相对运动速度的圆周分量,W_m 为相对运动速度的轴面分量,前者 W_u 与泵扬程 H 密切相关,后者 W_m 则牵涉到泵流量 Q。

绝对运动速度 V 为 U 与 W 的合速度,也可分解到圆周方向与轴面方向,根据图 4.4 和图 4.5 可得

$$V_m = W_m \tag{4.2}$$

$$V_u = U + W_u \tag{4.3}$$

轴面速度 V_m 与 W_m 一样,是液流沿着轴面流线流向叶轮出口的分量,决定了泵的过流能力。给定流量后,在考虑叶片排挤与速度分布不均匀的基础上可计算出 V_m。$2\pi r V_u$ 即为速度环量,根据后文叶片泵的欧拉方程,可由扬程计算速度环量。

在研究泵内液流运动时,常取 V、U 与 W 之间矢量关系的平行四边形的一段来分析,即速度三角形(图 4.5),根据图 4.5 可方便计算出叶轮内某点的绝对液流角 α 与相对液流角 β。

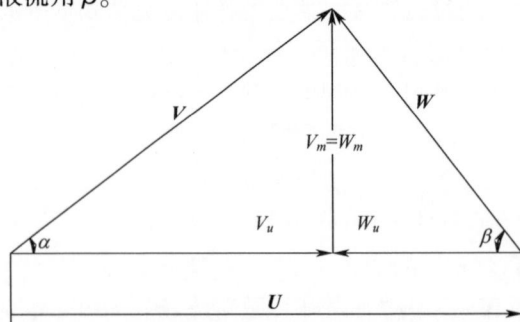

图 4.5　叶轮内速度三角形

88

绝对液流角 $\qquad\qquad \alpha = \mathrm{arccot}(V_m/V_u)$ $\qquad\qquad$ (4.4)

相对液流角 $\qquad\qquad \beta = \mathrm{arccot}(V_m/W_u)$ $\qquad\qquad$ (4.5)

不考虑有限叶片数影响时,相对液流角与叶片安放角相同,式(4.5)为求解反问题——设计叶片的重要公式。

2) 进出口速度三角形[8]

进出口为叶轮内液流流动的边界,沿流线两处液流的能量差为叶轮做的功,研究进出口速度三角形是一元设计理论的基础。为方便表述,规定下标 0 代表推进泵进口,下标 1 代表叶轮进口处,下标 2 代表叶轮出口处,下标 3 代表导叶进口处,下标 4 代表导叶出口处,下标 5 代表喷口处,t 代表叶梢,h 代表叶根(轮毂)。

进口处,不考虑叶轮旋转诱导的液流预旋时,绝对速度圆周分量为零,即

$$V_{u1} = 0$$

圆周速度(牵连速度)

$$U_1 = \pi r_1 n/30 \qquad\qquad (4.6)$$

式中:r_1——进口计算点半径(m)。

不考虑排挤与速度分布不均,轴面速度(绝对速度轴面分量、相对速度轴面分量)为

$$V_{m1} = W_{m1} = Q_T/A_1 \qquad\qquad (4.7)$$

式中:Q_T——理论流量($\mathrm{m^3/s}$);

$\quad$ A_1——进口计算点处过流面积($\mathrm{m^2}$);

则绝对速度 $\qquad\qquad V = V_m$

相对速度圆周分量 $\qquad\qquad W_u = -U$

相对速度 $\qquad\qquad W = W_u + W_m$

根据 U_1、V_1 与 W_1 得到的进口速度三角形见图 4.6。按图可得到进口处相对运动液流角 β_1(近似叶片安放角)与绝对运动液流角 α_1 分别为

$$\beta_1 = \mathrm{arctan}(V_{m1}/U_1) \qquad\qquad (4.8)$$

$$\alpha_1 = 90°$$

即进口处绝对液流角为轴向。

出口处,圆周速度

$$U_2 = \pi r_2 n/30 \qquad\qquad (4.9)$$

式中:r_2——进口计算点半径(m)。

绝对速度圆周分量 V_{u2} 根据扬程由速度环量确定,

$$V_{u2} = \Gamma_2/2\pi r_2 \qquad\qquad (4.10)$$

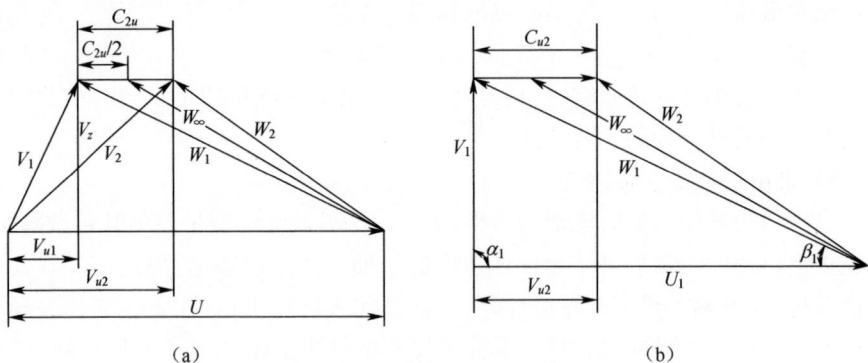

图 4.6 叶轮进口边速度三角形

(a) $V_{u1} \neq 0$; (b) $V_{u1} = 0$。

式(4.10) 中: Γ_2— 出口计算点给定的速度环量($\mathrm{m^2/s}$)。

不考虑排挤与速度分布不均的绝对速度轴面分量为

$$V_{u2} = Q_T/A_2 \tag{4.11}$$

式(4.11) 中, A_2— 出口计算点处过流面积($\mathrm{m^2}$);

相对速度圆周分量与轴面分量分别为

$$W_{u2} = U - V_{u2} = U - \Gamma_2/2\pi r_2 \tag{4.12}$$

$$W_{m2} = V_{m2} = Q_T/A_2 \tag{4.13}$$

根据出口边三个速度矢量得到的出口速度三角形(图 4.7),出口处相对运动液流角 β_2(叶片近似安放角) 与绝对运动液流角 α_2 分别为

$$\beta_2 = \arctan\left[V_{m2}/(u_2 + V_{u2})\right] \tag{4.14}$$

$$\alpha_2 = \arctan\left(V_{m2}/V_{u2}\right) \tag{4.15}$$

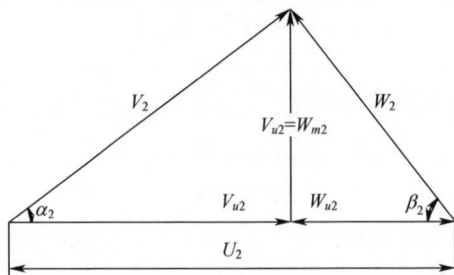

图 4.7 叶轮出口速度三角形

4.2.1.2 导叶内液体的运动

液流流出叶轮后,由于叶轮的作用,增加了静压并且产生了周向的旋转速度 V_u,此旋转速度对喷水推进需要的推力无用,不回收的话,会造成能量损失,推

90

进效率下降。导叶的作用为回收周向旋转速度 V_u，并将其转化为压力能，增加静压。

由于导叶不旋转，没有牵连速度，导叶内流体运动没有叶轮复杂。在不考虑有限叶片数影响的前提下，S_2 流面与导叶片骨面一致，S_1 流面上的任意一条流线形状都与叶片骨线相同，导叶内的流动如图4.8所示。

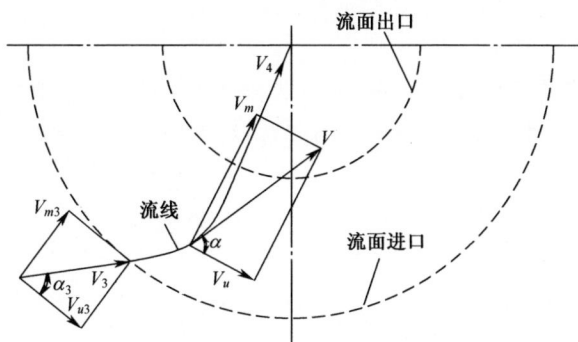

图4.8　导叶内的液体流动状态

从图4.8可见，导叶内流体任意一点的速度有两个分量，一个是轴面分量 V_m，另一个是周向分量 V_u，液流角为

$$\alpha = \arctan(V_m/V_u) \tag{4.16}$$

导叶进口处，根据动量矩守恒原理，$V_{u3}r_3 = V_{u2}r_2$，进口处周向速度为

$$V_{u3} = V_{u2}r_2/r_3 \tag{4.17}$$

轴向速度根据设计流量 Q 与过流面积 A 确定：

$$V_{m3} = Q/A_3 \tag{4.18}$$

进口安放角

$$\alpha_3 = \arctan(V_{m3}/V_{u3}) \tag{4.19}$$

导叶出口处，水流沿轴向流出，没有周向速度，即 $V_{u4} = 0$

$$V_{m4} = V_4 = Q/A_4 \tag{4.20}$$

即出口液流为轴向。从导叶流线轨迹可见，从进口到出口，导叶逐渐将液流速度诱导为纯轴向，不断消除周向分速度，使之转化为压力能。

水流沿轴线流出导叶后，进入过流面积不断收缩的喷口区域，降压增速，至喷口处形成高速喷射水流 V_j，从而产生强大的喷射力，也就是喷射推力 ρQV_j，推动船舶前进。

4.2.2　推进泵水动力基本方程——欧拉方程[9]

推进泵水动力基本方程是指导泵叶轮设计的理论基础，也是叶片泵原理的核心。基本方程推导以带普适性的混流泵叶轮为例进行。

1) 基本假设如下

① 流动定常；

② 流体无黏性，为理想流体；

③ 流体不可压缩；

④ 叶片无限薄、无限多，即流动轴对称。

2) 控制体

将叶轮分成若干个微元叶间流道。控制体用虚线表示。坐标系选用与叶轮一起旋转的运动坐标，此时叶片间的流动相对该坐标是定常的。控制体为 db，如图4.9所示。

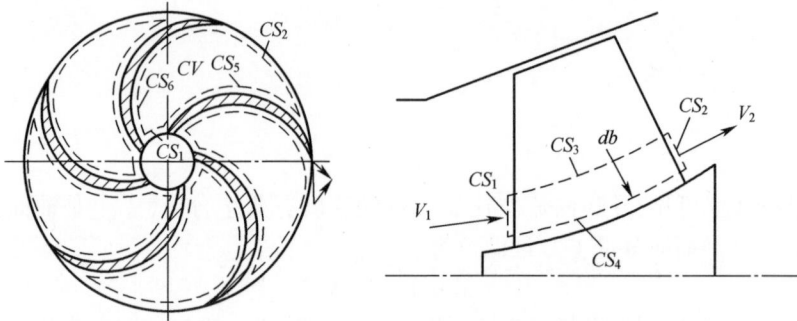

图 4.9 控制体

由于叶片无限薄又无限多，控制体的两侧面消失，控制体是由微元流道的 CS_1、CS_2、CS_3、CS_4 组成的无限薄平面。CS_1、CS_2 是两个圆锥面，如图4.10所示。

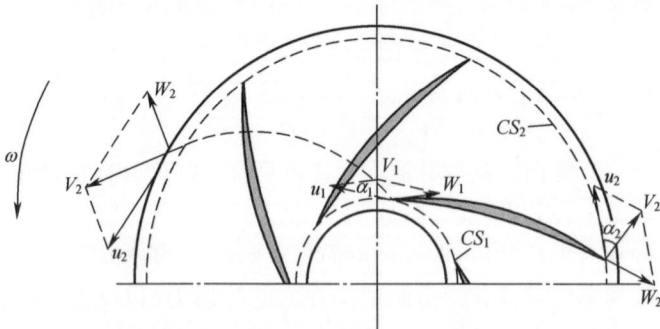

图 4.10 叶轮叶片进出口速度三角形

液流流进微元流道，从控制面 CS_1 流进速度为 V_1，到 CS_2 流出速度为 V_2。其圆周方向的速度矩从 $r_1 \cdot V_{u1}$ 变到 $r_2 \cdot V_{u2}$。将进出口速度矩乘上单位时间 dt

92

内流过微元叶轮的流量 dQ_1dt 和 dQ_2dt ,即得微元叶间流道范围内动量矩的增量 dD_u :

$$dD_u = r_2 \cdot V_2\cos\alpha_2 Q_2dt - r_1 \cdot V_1\cos\alpha_1 Q_1dt \qquad (4.21)$$

根据流体连续性方程有

$$Q_2dt = Q_1dt = Qdt$$

带入式(4.21)得

$$dD_u = (r_2 \cdot V_{u2} - r_1 \cdot V_{u1})Qdt \qquad (4.22)$$

根据动量矩定律,流体质点动量矩变化率等于该瞬间作用在流体质点系上外力矩。

$$dM = dD_u/dt = (r_2 \cdot V_{u2} - r_1 \cdot V_{u1})Qdt \qquad (4.23)$$

作用于控制面的外力矩 dM ,由两部分组成:一是控制面外流体对控制面上流体相互作用,控制面上三面体 $CS_{1,2,3}$ 其法向力不产生力矩,切向上由于假设理想流体也无力矩。二是叶轮对控制体内的作用力,叶片对流体的作用力是主要的,叶轮后盖对 CS_4 正压力的力矩为 0。黏性摩擦产生的切应力对轴的力矩很小。总之,外力矩就是叶轮叶片所产生力矩,乘以叶轮旋转角速度 ω 为叶轮的功率 P 。

$$\rho g \cdot dQ \cdot H_{T\infty} = dM \cdot \omega \qquad (4.24)$$

$$dP = dM \cdot \omega = \rho \cdot dQ \cdot \omega (r_2 \cdot V_{u2} - r_1 \cdot V_{u1})$$

$$\rho g dQ H_{T\infty} = \rho \cdot dQ (u_2 \cdot V_{u2} - u_1 \cdot V_{u1})$$

$$H_{T\infty} = 1/g (u_2 \cdot V_{u2} - u_1 \cdot V_{u1})$$

$$H_{T\infty} = 1/g (u_2 \cdot V_{u2} - u_1 \cdot V_{u1}) \qquad (4.25)$$

式中: $H_{T\infty}$ 为无穷叶片数条件下泵的理论扬程(m)。

式(4.25)为喷水推进泵水动力基本方程,称为欧拉方程,其本质是能量平衡,体现了外特性(无穷叶片数理论扬程 $H_{T\infty}$)与叶轮前后速度矩变化的关系,是喷水推进泵叶轮水动力设计的基础。

4.2.3 有限叶片数影响[10]

喷水推进泵水动力基本方程是建立在无穷叶片数基础上的,而喷水推进泵的叶轮叶片是有限的,一般 4~7 叶,少数 10 叶左右(追求低噪声)。有限叶片数对流动状态的影响很大,主要体现在理论扬程 H_T 上。

叶片无穷多时,叶片间的间距极小,液体受到叶片严格约束,只能沿着叶片表面进行流动,相对运动流线与叶片翼型完全一致,叶片出口液流角 β_2 与叶片安放角 β 相同。叶片有限时,相邻叶片间流道宽阔,液体的流动不能完全被叶片约束,因液流因惯性的原因,叶片出口相对运动液流角小于叶片安放角,即偏转不足,此现象称为滑移。滑移会造成叶轮传递给水流的能量小于"理想控制"的能量,即滑移后出口速度 V_{u2} 小于叶片无穷多时水流出口速度周向分量 $V_{u2\infty}$,有限叶片数出口速度周向值 V_{u2} 与无穷多叶片数出口速度周向值 $V_{u2\infty}$ 之比为滑移系数 μ,即

$$\mu = V_{u2}/V_{u2\infty} = H_T/H_{T\infty} = 1/(1 + p) < 1 \qquad (4.26)$$

上式中,p 为普弗莱得勒尔有限叶片修正系数[2],按下式计算:

$$p = 0.6(1 + \beta_2/60)\frac{r_2^2}{ZS} \qquad (4.27)$$

式中:S——子午流线静矩(m^2);

Z——叶片数目。

4.2.4 推进泵的效率和损失[11]

推进泵在将原动机机械能转化为液体水力能的过程中,不可避免的伴随着能量损失,这些损失可分为机械损失、容积损失与水力损失三大类,这些损失一般用相应的效率表示,机械损失对应的是机械效率 η_m,容积损失对应的是容积效率 η_v,水力损失对应的是水力效率 η_h。经验统计,机械效率一般为98%,容积效率一般为99%,水力效率与设计水平密切相关,高者可到90%以上。

1) 机械损失和机械效率

原动机将机械能传递到叶轮的过程中,需要消耗一部分能量克服轴承、密封等存在相对旋转运动零部件的摩擦损失,剩下的能量传递到叶轮并驱动叶轮旋转。叶轮旋转过程中,叶轮叶片外缘与液体间存在摩擦,需要消耗功率,消耗的这部分功率称为圆盘摩擦损失。机械损失 P_m 为轴承、密封与圆盘摩擦损失之和,机械损失的量度用机械效率 η_m 表示。机械效率为

$$\eta_m = (N_e - P_m)/N_e \qquad (4.28)$$

式中:N_e——推进泵轴功率(kW)。

2) 容积损失和容积效率

容积损失也称为泄露损失。由于结构的原因,叶轮叶梢与泵壳之间存在间隙,叶梢处压力面压力高于吸力面,即间隙处存在压差,此压差不但产生梢涡,还引起流量损失,这部分流量所含的能量,消耗于泄露的流动过程中,从高压液体变为低压液体,容积损失的实质也为能量损失,用容积效率 η_v 来度量,容积效率为通过叶轮的实际流量 Q 的能量和通过叶轮理论流量 Q_T 的能量之比,容积效率为

$$\eta_v = \rho g Q H_T / \rho g Q_T H_T = Q / Q_T \tag{4.29}$$

3）水力损失和水力效率

液体在泵内流动中,伴随着与固体壁面的冲击、摩擦、脱流等物理过程,这些过程消耗能量,产生水力损失。力损失在泵各类损失中占主导地位,介质的黏性是产生水力损失的根本原因。推进泵水力损失主要包括叶轮与导叶进口冲击损失、叶轮叶片流道扩散损失、叶轮出口混渗损失、壁面摩擦损失和分离损失。水力效率 η_h 与泵效率 η_0、机械效率 η_m、容积效率 η_v 的关系如下:

$$\eta_h = \eta_0 / \eta_m \cdot \eta_v \tag{4.30}$$

4.2.5 推进泵的相似原理[12]

在工程流体力学研究范围内,经常采用模型试验以解决许多直接用实物原型难以进行的实验,来研究有关流动现象的规律性或验证理论与数值计算结果。流体力学实验的手段主要是通过风洞、水洞、循环水槽等设备模拟自然界的流体运动。用模型进行试验,得到所需的实验数据,再换算到实物上;当然也有实物较小,需要放大加工模型进行试验状况。这样进行模型试验,就产生了实物和模型之间流动相似的问题,涉及如何选择模型尺寸和设置试验条件的问题,这也就是模型试验需要首先解决的模型化相似问题。

4.2.5.1 流动相似条件

模型和实物原型相似,即要求这两个流动系统所有对应点的表征流动状况的对应物理量之比相等。表征流动的量具有各种不同的性质,主要有三种:表征流场中运动物体的几何形状的、表征运动状态的以及表征动力状态的物理量,具体地说,就是要求满足几何相似、运动相似和动力相似。

1）几何相似

几何相似也称为空间相似,即是要求模型与原型所有对应线段的比值相等,所有对应角相等。

引入尺度比例系数:

$$c_l = \frac{l_m}{l_p} \tag{4.31}$$

进而,面积比例系数:

$$c_A = \frac{A_m}{A_p} = c_l^2 \tag{4.32}$$

体积比例系数:

$$c_V = \frac{V_m}{V_p} = c_l^3 \tag{4.33}$$

以上三式中，下标 m 表示模型，下标 p 代表实型。

2）运动相似

运动相似也称为时间相似，指速度场（及加速度场）的几何相似。即要求在模型流动和原型流动的各对应点速度（及加速度）的方向相同，且速度大小的比值相等。

引入速度比例系数：

$$c_u = \frac{u_m}{u_p} \tag{4.34}$$

由于

$$u_m = l_m/t_m \ , \ u_p = l_p/t_p$$

因此

$$c_u = \frac{l_m/t_m}{l_p/t_p} = \frac{c_l}{c_t} \ , \ c_t = \frac{t_m}{t_p} \tag{4.35}$$

式中

$$c_l = \frac{l_m}{l_p}$$

若运动相似建立在几何相似基础上，那么运动相似只需确定时间比例系数就可以了，运动相似也就被称之为时间相似。

运动学物理量的比例系数都可以表示为尺度比例系数和时间比例系数的不同组合形式。

速　度：$c_u = c_l c_t^{-1}$

加速度：$c_a = c_l c_t^{-2}$

频　率：$c_\omega = c_t^{-1}$

3）动力相似

动力相似也称受力相似，即力场的几何相似，它要求在模型流动与原型流动的各对应点上的各种同名作用力的方向一致，且大小的比值相等。

引入力比例系数：

$$c_F = \frac{F_m}{F_p}$$

也可写成：

$$c_F = c_m c_a = (c_\rho c_l^{\ 3})(c_l c_t^{-2}) = c_\rho c_l^2 c_v^2$$

力学物理量的比例系数可以表示为密度、尺度、速度比例系数的不同组合形式，如：

力矩 M：

$$c_M = \frac{(Fl)_m}{(Fl)_p} = c_\rho c_l^3 c_v^2$$

压力 p:
$$c_p = \frac{p_m}{p_p} = \frac{c_F}{c_A} = c_\rho c_v^2$$

功率 N:
$$c_N = c_M c_t^{-1} = c_\rho c_l^2 c_v^3$$

动力黏度 μ:
$$c_\mu = c_\rho c_l c_v$$

这三种相似是实型和模型保持完全相似的重要特征与属性,是互相联系和互为条件的。几何相似也可理解为运动相似和动力相似的前提与依据,是首先要满足的;而动力相似是决定两个水流运动相似的主导因素,只有动力相似才能保证运动相似;运动相似则可认为是几何相似和动力相似的表象及结果。

4.2.5.2 相似准则

描述流体运动的纳维——斯托克斯($N\text{-}S$)方程表示流体受到的惯性力、压力、重力、黏性力的平衡关系,要使流动相似,就必须保证动力相似,即惯性力、压力、重力、黏性力成比例。但是,如果要保证这些力都相似,唯一的办法是将模型和原型制作得一模一样,但这同时又失去模型实验的意义,而且在实践中也很难办到。在实验中,往往只能保证某两种力成比例,其他力的相似条件则不能保证。选择两种力有不同的方法,这就产生不同的相似准则。换句话说,相似准则是要求某两种力成比例的动力相似。

在惯性力、压力、重力、黏性力等诸力中,直接影响流动的力是惯性力,它力图维持原有的流动状态。压力、重力、黏性力是流体受到的外力,它们都力图改变流动状态,因此它们称为主动力。流动的变化,就是惯性力与其他主动力相互作用的结果。在讨论流体所受到的各种力的相互作用时,应该将惯性力作为一方,将其与其他的主动力进行比较。惯性力与主动力的比值是无量纲数,在讨论每一种相似准则时,都会引入某一个无量纲数。这些常用的几个相似准数有雷诺数 R_e、弗汝德数 F_r、斯特劳哈数 S_r 和欧拉数 E_u 等。

(1)斯特劳哈尔数准则 S_r。

$$S_r = \left(\frac{L}{tV}\right)_m = \left(\frac{L}{tV}\right)_p \tag{4.36}$$

该准则是在研究非定常流动时用到的谐时性准则,反映了流动的非定常性影响,表示流动参数的局部变化率与迁移变化率的比值,即在非定常流流动中,当地加速度与位移加速度的比值。

对叶片泵,在稳定工况下,液体在转轮中相对运动是定常的,但绝对运动是非定常的。由于叶片数有限,叶片两面速度不同。当转轮固定时,在空间固定点上,观察到绝对运动量是周期性变化的,所以绝对运动是非定常的。

（2）弗汝德数准则 F_r。

$$F_r = (V/\sqrt{gL})_m = (V/\sqrt{gL})_p \qquad (4.37)$$

它表示惯性力与重力的比值,由于叶片泵中水在转轮等流动元件流动过程中没有自由表面,重力对速度分布没有影响,因此,一般叶片泵中模拟,不要求弗劳德数相等,也就不用这个准则。

（3）欧拉数准则 E_u。

$$E_u = (p/\rho V^2)_m = (p/\rho V^2)_p \qquad (4.38)$$

它表示压差力与惯性力的比值,记 E_u 数。在叶片泵中,压差力是最重要的作用力,因此保持 E_u 数相等也是叶片泵相似必须满足的条件。

（4）雷诺数准则 R_e。

$$R_e = (VL/\nu)_m = (VL/\nu)_p \qquad (4.39)$$

它表示黏性力与惯性力的比值,叶片泵的流动是有黏性的。所以原则上叶片泵相似必须保证 R_e 相等。但原型与模型的尺寸比较大时,保持 R_e 相等是有困难,即尺度效应。

黏性力作用造成能量损失,故主要表现在泵的效率上。当雷诺数达到 $R_e > 10^5$ 临界雷诺数后,雷诺数对效率几乎没有影响,叶片泵多数情况雷诺数大于临界值,所以通常不要求雷诺数相等。当模型 R_e 较小,而原型 R_e 较大,相差较多时,需对模型试验进行尺度修正。

4.2.5.3　推进泵的相似三系数

要保证模型泵与实型泵相似,在两者雷诺数均超过临界雷诺数条件下,只要求 S_r 和 E_u 两个数对应相等,即认为满足了相似条件。这两个相似准数,一个产生了流量系数,另一个产生了扬程系数。流量系数与扬程系数相乘,派生了第三个系数,功率系数。

（1）流量系数 K_Q。

在斯特劳哈尔数表达式中,取叶轮直径 D 作为特征长度,以叶轮旋转一周的时间为特征时间,以叶轮出口的轴面速度为特征速度,并考虑到轴面速度与流量 Q 成正比,与直径 D^2 成反比,将斯特劳哈尔数写成:

$$S_r = \frac{L}{tv} = \frac{D}{\dfrac{1}{n} \cdot \dfrac{Q}{D^2}} = \frac{nD^3}{Q} \qquad (4.40)$$

把 S_r 的倒数,定义为流量系数 K_Q:

$$K_Q = \frac{Q}{nD^3} \qquad (4.41)$$

模型泵(下标 m 表示)和实型泵(下标 p 表示)的流量系数相等,有

$$\frac{Q_m}{Q_p} = \frac{n_m D_m^3}{n_p D_p^3} \quad (4.42)$$

(2)扬程系数 K_H。

在欧拉数的表达式中,仍取叶轮直径 D 作为特征长度,取扬程 H 为特征压力,取叶轮出口的圆周速度为特征速度,考虑到 $p = \rho g H$,欧拉数表示为

$$E_u = \rho g H / \rho V^2$$

由于 $V = nD$,重力加速度 g 为常数,可以去掉,记为扬程系数 K_H:

$$K_H = H / n^2 D^2 \quad (4.43)$$

模型泵和实型泵间扬程系数相等,有

$$\frac{H_m}{H_p} = \frac{n_m^2 D_m^2}{n_p^2 D_p^2} \quad (4.44)$$

(3)功率系数 K_P。

流量系数、扬程系数是两个独立的相似系数,它们相乘派生了功率相似系数 K_P:

$$K_P = K_Q K_H = \frac{QH}{n^3 D^5} \quad (4.45)$$

$$\frac{P_m}{P_p} = \frac{n_m^3 D_m^5}{n_p^3 D_p^5} \quad (4.46)$$

4.2.5.4 相似换算对效率的影响和修正

模型与实型间的相似换算是建立在效率相等的基础上的,但实际上,由于模型与实型难以达到完全相似,两者效率有差别。总效率由机械效率、容积效率与水力效率三部分构成,模型与实型的这三种效率均不相同,机械效率与容积效率所占比例较低,修正比较困难,一般只对水力效率进行修正,并对模型与实型的总效率比值代替水力效率的比值。

水力效率的差别产生的主要原因在于两者之间尺度的不同,模型的雷诺数一般均小于原型,同时模型过流部件表面相对粗糙度也高于原型,这两点均导致模型的效率较原型低。推进泵水力效率的换算一般按照莫迪公式进行(见表4.1)。

表 4.1　常用的水泵效率换算公式

	公式名称	表达式
1	Moody 1	$\dfrac{1 - \eta_{0p}}{1 - \eta_{0m}} = \left(\dfrac{D_m}{D_p}\right)^{\frac{1}{4}}$

	公式名称	表达式
2	Moody 2	$\dfrac{1-\eta_{0p}}{1-\eta_{0m}}=\left(\dfrac{D_m}{D_p}\right)^{\frac{1}{5}}$
3	Moody 3	$\dfrac{1-\eta_{0p}}{1-\eta_{0m}}=\left(\dfrac{D_m}{D_p}\right)^{\frac{1}{4}}\left(\dfrac{H_m}{H_p}\right)^{\frac{1}{10}}$
4	Staufer	$\dfrac{1-\eta_{0p}}{1-\eta_{0m}}=\left(\dfrac{D_m}{D_p}\right)^{\frac{1}{4}}\left(\dfrac{H_m}{H_p}\right)^{\frac{1}{8}}$
5	Pfleiderer	$\dfrac{1-\eta_{0p}}{1-\eta_{0m}}=\left(\dfrac{R_{em}}{R_{ep}}\right)^{\frac{1}{10}}$
6	Acheret	$\dfrac{1-\eta_{0p}}{1-\eta_{0m}}=\dfrac{1}{2}\left[1+\left(\dfrac{R_{em}}{R_{ep}}\right)^{\frac{1}{5}}\right]$
7	DIN(1944)	$\dfrac{1-\eta_{0p}}{1-\phi_{0m}}=\left(\dfrac{n_m}{n_p}\cdot\dfrac{D_m}{D_p}\right)^{\frac{1}{10}}$
8	Standards of Hydraulic Institute	$\dfrac{1-\eta_{0p}}{1-\eta_{0m}}=\left(\dfrac{D_m}{D_p}\right)^{K}$ K—粗糙度 $K=0\sim0.26$

根据长期实践经验，模型与实型的效率换算推荐应用 Moody 2 公式：

$$1-\eta_h=(1-\eta_h)_m(D_m/D)^{0.2} \tag{4.47}$$

以模型与实型的总效率替代水力效率后，可由模型试验得到的模型效率根据式（4.47）求得实型的水力效率，进行相似换算。

4.2.5.5 比转速

在工程实践中，不同转速的泵，可获得相同的流量与扬程，但这些泵的叶轮及其过流部件型式形状是不一样的。为了区分这些结构型式不同的泵，将高效点处流量为 $1\text{m}^3/\text{s}$、扬程为 1m 的模型泵按转速来区分，此时模型泵的转速称为比转速。根据比转速的定义，相似泵的比转速相同。比转速与叶片泵运行工况有关，同一个泵在不同工况运行，其比转速是不一样的。我们常讲的比转速是最佳工况下的比转速，在此工况下运行，效率是最高的。相同流量与转速条件下，高扬程叶片泵比转速低，而低扬程叶片泵比转速高。我国比转速定义为

$$n_s=\dfrac{3.65n\sqrt{Q}}{H^{0.75}} \tag{4.48}$$

在世界各国，由于物理量的单位制不一样，比转速的值不同，相互之间换算

关系如下。

$$n_s(\text{中}) = \frac{n_s(\text{美})}{14.6} = \frac{n_s(\text{英})}{12.89} = \frac{n_s(\text{日})}{2.12} = \frac{n_s(\text{德})}{3.65} \qquad (4.49)$$

上面的 n_s 都是有量纲的比转速,在 ISO 叶片泵的国际标准上,都采用型式数 K,这实质上就是无因次比转速。它由下式定义:

$$K = \frac{2\pi n}{60} \cdot \frac{\sqrt{Q}}{(gH)^{0.75}} = \frac{2\pi}{60 \times g^{0.75} \times 3.65} 3.65 \frac{n\sqrt{Q}}{H^{\frac{3}{4}}}$$

$$= \frac{2\pi}{60 g^{\frac{3}{4}} \times 3.65} n_s = 0.005176 n_s(\text{中}) = \frac{n_s}{193.2} \qquad (4.50)$$

型式数有一个显著优点是:它适用于所有相关的量和单位制,并且与单位制无关地确定叶片形状,因此也被称为叶片形状参数。

4.2.6 推进泵的空化

空化是以液体为工作介质的流体机械中可能出现的一种物理现象,出现时液体会产生气泡,降低水动力性能,严重时剥蚀过流部件。

4.2.6.1 空化与汽蚀[13,14]

空化是液体因压力降低而产生气泡的一种物理现象,汽蚀是空化产生的气泡破灭时对水力机械材料的剥蚀与破坏,汽蚀是空化的后果。

水在恒定的压力下加热,温度升高到一定度数就会开始汽化形成气泡,称为沸腾。当温度一定,降低压力到某临界压力时,水也会汽化,同时溶解于水中的气体析出,形成气泡或空泡。叶型绕流时,翼型背面压力低,靠进口附近存在低压区,通过增加绕流速度或降低环境压力,当叶型背面最低压力处的压力降低到水的汽化压力 P_V 时将出现气泡,气泡随水流运动到压力较高的地方后,气泡内的蒸汽重新凝结,气泡破灭。这种由于压力的变化而导致的水流内空泡的产生、发展、溃灭过程以及由此产生的一系列物理化学变化,称为空化。空化会使水力机械的性能下降,效率降低。如果空化发生在水力机械的固体壁面,空泡溃灭的过程会剥蚀并破坏材料,此现象称为汽蚀。据此,可将空化与汽蚀现象分为两个阶段,第一阶段叶片某处压力降低至水的汽化压力,空泡产生,此时空泡面积较小,对水动力性能影响甚微,且不足以对叶片表面产生剥蚀作用;第二阶段叶背空泡面积较大,推进泵扬程与效率明显下降,并且对叶片产生剥蚀[11]。一般对于第一阶段空泡,允许推进泵限时运行,发展至第二阶段则严禁运行。

(1)空化初生。

空化初生是空穴在局部压力降至临近蒸汽压力的瞬间完成。实际上水的空穴初生压力与汽化压力有一定的偏差,即与蒸汽压力不同。蒸汽压力是液体蒸汽在特定温度下与现有自由面接触的平衡压力。空穴生成后,液体必定破裂,破裂所需压力不是以蒸汽压力来衡量,而是该温度下液体的抗拉强度来决定的。那么水能否承受拉应力,回答是肯定的。纯水能承受 26~27MPa 抗拉强度,根本不会发生空化和汽蚀。实际水与纯水有明显差别,存在着破坏液体均匀性的杂质。水中的杂质是多种多样的,影响水抗拉强度的杂质主要就是未溶解的气体。1944 年 Harvey 用试验证实了这个现象,并提出了汽蚀核理论。

水温 20℃,当压力为 2400Pa 时,水的连续性就被破坏,水就汽化了。液体压力的降低只是空化产生、发展的条件,不是内因。液体空化不仅与压力有关,而且还要受液体本身特性的影响,液体中气核数量不同,空化的初生压力也不同。控制液体空化最根本的条件是减少液体中的"气核"数。也就是增大液体抗拉强度,保持液体连续性不受破坏。

(2) 空泡发育、溃灭和空泡类型[15、16]。

随着液体内压力降低,液体中的气核开始形成气泡。当压力继续下降,气泡随着液体流动不断长大,当进入压力升高的区域时气泡则不断流出而损失,是复杂的动态过程。根据空化发生的位置,可将泵中发生的空泡分为以下四类:

① 片空化:发生在进口边附近叶背区域,有相对固定的空泡边界,可以用空泡长度和厚度来描述。

② 梢涡空泡:梢涡空泡是旋涡空泡的一种,由泵叶轮叶梢剖面速度环量引起的叶梢间隙回流而产生,具有相对稳定外部特征。

③ 毂涡空化:毂涡空化也是旋涡空泡的一种,由与湍流作用密切相关的剪切流引起。

④ 空腔空化:在偏离最优工况时,泵进口处常会出现空腔间隙,空腔内压力很低,从而产生空化。

(3) 汽蚀机理。

汽蚀的机理为:空泡溃灭过程中,对水动力部件机械作用(冲击压力波、微射流)、热力作用(放热)、电化学作用、电火花作用,都会对过流部件产生破坏。这些作用中空泡溃灭的机械式冲击作用是造成过流部件破坏的主要因素。

4.2.6.2 空化参数(汽蚀参数)

影响推进泵叶轮低压区空化特性的参数分为两类,一类是有量纲空化参数,另一类是无量纲空化参数。有量纲空化参数包括吸上真空高度 H_s,汽蚀余量 Δh 与净正吸入头 NPSH;无量纲空化参数包括空泡数、托马汽蚀系数与汽蚀比转速。

(1) 吸上真空高度。

吸上真空高度是泵进口截面上最大真空度的数值,用 m 水头表示。根据图

4.11列水平面0-0至泵进口S-S的伯努利方程,可得式(4.51)。

$$0 + \frac{P_a}{\rho g} + \frac{v_0^2}{2g} = H_g + \frac{P_s}{\rho g} + \frac{v_s^2}{2g} + h_s \qquad (4.51)$$

式中:v_0——水平面处速度(m/s),$v_0 = 0$m/s;

    P_a——水平面上大气压力(Pa);

    P_s——泵进口绝对压力(Pa);

    v_s——泵进口S截面上平均速度(m/s);

    h_s——管路水力损失(m);

    H_g——泵轴线距水面高度(m);

定义大气压与泵进口处的压力差为吸上真空度H_s,则由式(4.51),可写出H_s为

$$H_s = \frac{P_\alpha - P_s}{\rho g} = H_g + \frac{v_s^2}{2g} + h_s \qquad (4.52)$$

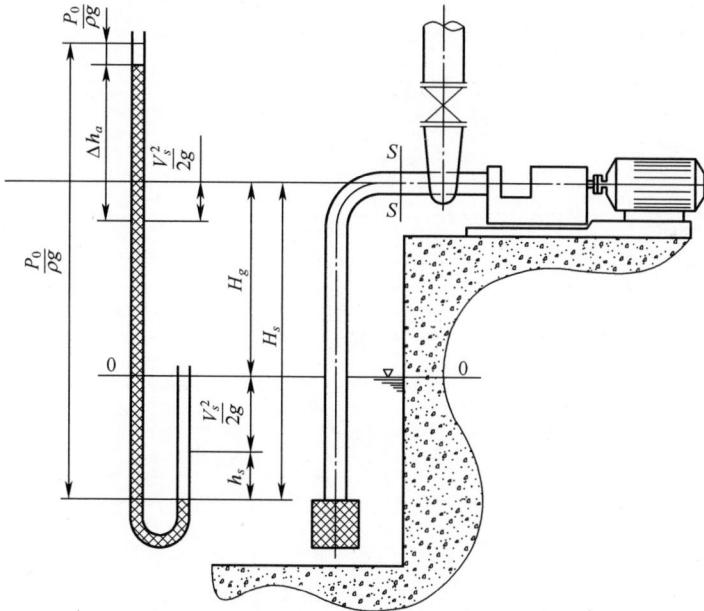

图4.11　泵的吸上正空度

由于p_s与v_s取决于泵运行条件,不能任意改变,唯一可变的是安装高度H_g。在一定条件下,每台泵都有一个H_s临界值$[H_s]$,当H_s大于临界值时,泵会汽蚀。临界值$[H_s]$称 允许吸上真空度,其值由汽蚀性能试验确定。为保证泵不发生

汽蚀,要求 $H_s \le [H_s]$,并据此确定泵安装高度 H_g。

（2）汽蚀余量 Δh 与净正吸入扬程或净正吸高 H_{NPSH}。

按水泵界的习惯,汽蚀余量分为必须汽蚀余量 Δh_R 和有效（或装置）汽蚀余量 Δh_α。

有效汽蚀余量与净正吸入扬程的本质相同,它们定义一样,名称不一样。有效汽蚀余量为叶轮进口处液体能量超过其饱和蒸汽压的余量,根据有效汽蚀余量定义,汽蚀余量:

$$\Delta h_\alpha = H_{NPSH} = \frac{P_s}{\rho g} + \frac{v_s^2}{2g} - \frac{P_v}{\rho g} = \frac{P_\alpha - P_v}{\rho g} - H_g - h_s \qquad (4.53)$$

根据图 4.12 列伯努利方程,沿 0-1 流线:

$$\frac{P_1}{\rho g} + z_1 + \frac{V_1^2}{2g} = \frac{P_\alpha}{\rho g} - h_{0-1} \qquad (4.54)$$

沿 1-L 流线:

$$\frac{P_1}{\rho g} + Z_1 + \frac{v_1^2}{2g} = \frac{P_L}{\rho g} + Z_L + \frac{v_L^2}{2g} - h_{1-L} \qquad (4.55)$$

综合式（4.54）与式（4.55）可得到

$$\frac{P_L}{\rho g} = \frac{P_\alpha}{\rho g} - h_{0-1} - Z_L - \frac{v_L^2}{2g} + h_{1-L} \qquad (4.56)$$

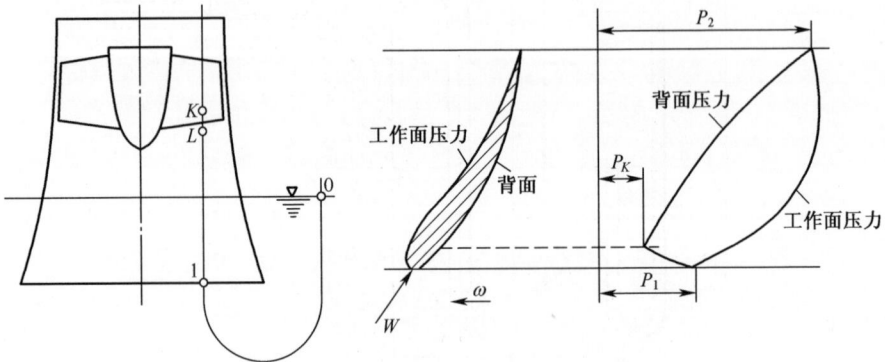

图 4.12　叶片表面压力分布与吸出高度

沿（L-K）流线:

$$\frac{P_K}{\rho g} + Z_K + \frac{W_K^2 - u_K^2}{2g} = \frac{P_L}{\rho g} + Z_L + \frac{W_L^2 - u_L^2}{2g} - h_{L-K} \qquad (4.57)$$

由于 $h_{L-k} = 0$ 且 $u_K = u_L$

$$\frac{P_K}{\rho g} = \frac{P_L}{\rho g} + Z_L - Z_K - \frac{W_K^2 - W_L^2}{2g} \quad (4.58)$$

令 $\lambda_2 = \left(\frac{W_K}{W_L}\right)^2 - 1$，则 $\dfrac{W_K^2 - W_L^2}{2g} = \lambda_2 \dfrac{W_L^2}{2g}$

式（4-58）可化为

$$\frac{P_K}{\rho g} = \frac{P_\alpha}{\rho g} - h_{0-1} - Z_L - \frac{v_L^2}{2g} - h_{1-L} + Z_L - Z_K - \lambda_2 \frac{W_L^2}{2g} \quad (4.59)$$

又令 $\lambda_1 = \left[\dfrac{2g}{v_L^2}h_{0-L} - 1\right]$，则 $-h_{0-1} - h_{1-L} - \dfrac{v_L^2}{2g} = -h_{0-L} - \dfrac{v_L^2}{2g} = -\lambda_2\dfrac{v_L^2}{2g}$

$$\frac{P_K}{\rho g} = \frac{P_\alpha}{\rho g} - Z_K - \left(\lambda_1 \frac{v_L^2}{2g} + \lambda_2 \frac{W_L^2}{2g}\right) \quad (4.60)$$

上式两端同时减 $\dfrac{P_\nu}{\rho g}$，且 $Z_K = H_g$ 得

$$\frac{P_K - P_\nu}{\rho g} = \left(\frac{P_\alpha}{\rho g} - \frac{P_\nu}{\rho g} - H_g\right) - \left(\lambda_1 \frac{v_L^2}{2g} + \lambda_2 \frac{W_L^2}{2g}\right)$$

令 $\Delta h_\alpha = \left(\dfrac{P_\alpha}{\rho g} - \dfrac{P_\nu}{\rho g} - H_g\right)$

$$\Delta h_R = \left(\lambda_1 \frac{v_L^2}{2g} + \lambda_2 \frac{W_L^2}{2g}\right)$$

则得
$$\frac{P_K - P_\nu}{\rho g} = \Delta h_\alpha - \Delta h_r \quad (4.61)$$

由式（4.61）可知，$\Delta h_\alpha = \Delta h_R$ 开始汽蚀，只有 $\Delta h_\alpha > \Delta h_R$ 时不会发生汽蚀。

$\Delta h_R (H_{\text{NPSH}R})_R$ 是泵的必须气蚀余量，它只与泵内流动有关，即与泵流量、叶片设计有关，而与泵安装位置、液体性质无关，反映泵抗汽蚀能力强弱。

$\Delta h_\alpha (H_{\text{NPSH}\alpha})_\alpha$ 是装置气蚀余量（有效气蚀余量），与环境、安装高度有关。Δh_α 越大泵越不容易发生气蚀。

H_{NPSH} 在欧美一些国家称为净正吸上水头。Δh 在俄罗斯称汽蚀余量。

泵的 $H_{\text{NPSH}R} = \lambda_1 \dfrac{v_1^2}{2g} + \lambda_2 \dfrac{W_1^2}{2g}$ 中两个系数无法用理论精确计算出，只能用试验方法求得。一般情况下 $\lambda_1 = 1.0 \sim 1.2$，$\lambda_2 = 0.2 \sim 0.3$。

（3）空泡数。

空泡数概念出自螺旋桨，根据图 4.13 对螺旋桨用减压系数：

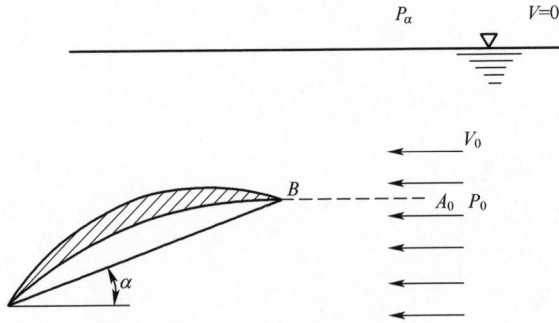

图 4.13　螺旋桨剖面

$$\xi = \frac{P_0 - P_B}{\frac{1}{2}\rho v_0^2} = \left(\frac{v_B}{v_0}\right)^2 - 1 \tag{4.62}$$

式中：P_0——环境压力（Pa）；

$\quad P_B$——螺旋桨剖面翼型前缘叶背处压力（Pa）；

$\quad v_0$——螺旋桨进速（m/s）；

$\quad v_B$——螺旋桨剖面翼型前缘叶背处水流速度（m/s）。

当 $P_B = P_v$（汽化压力）就发生空泡，称 $\sigma = \dfrac{P_0 - P_V}{\frac{1}{2}\rho v_0^2}$ 为空泡数，螺旋桨不发

生空泡条件为 $\xi < \sigma$。

对于推进泵，装置空泡数为

$$\sigma_a = \frac{\Delta h_a}{\frac{W_\infty^2}{2g}} \tag{4.63}$$

泵叶栅最小局部空泡数为

$$\sigma_r = \frac{P_\infty - P_{\min}}{\frac{1}{2}\rho W_\infty^2} \tag{4.64}$$

式（4.64）中，P_∞——叶轮叶栅前未受扰动的压力（P_a）；

$\quad W_\infty$——叶轮叶栅前未受扰动的速度 m/s；

$\quad P_{\min}$——叶型最小压力（Pa）。

不发生汽蚀条件为 $\sigma_a > \sigma_r$

106

（4）托马汽蚀数（Thoma）。

参照图 4.11，定义托马汽蚀数为

$$\frac{P_K - P_v}{\rho g H} = (\Delta h_\alpha - \Delta h_\gamma)/H \tag{4.65}$$

装置托马汽蚀数为

$$\sigma_A = \frac{\Delta h_\alpha}{H} = \frac{NPSH_\alpha}{H} = \frac{H_\alpha - H_v - H_s - h}{H} \tag{4.66}$$

式（4.66）中，H_α——大气压液柱高度（m）；

        H_v——汽化压力液柱高度（m）；

        h——管路损失（m）。

泵托马汽蚀数为

$$\sigma_R = \frac{\Delta h_r}{H} = \frac{NPSH_R}{H} \tag{4.67}$$

（5）汽蚀比转数。

由于托马汽蚀数有局限性，而汽蚀比转数反映泵的汽蚀状况比较全面，因而一般采用汽蚀比转速。美国与苏联的汽蚀比转速定义分别如下：

$$S = \frac{n \cdot Q^{\frac{1}{2}}}{HPSH_R^{\frac{3}{4}}} \ (1939) \ \sim 美国 \tag{4.68}$$

$$C = 5.62 \frac{n \cdot Q^{\frac{1}{2}}}{\Delta h^{\frac{3}{4}}} \ (1959) \ \sim 苏联 \tag{4.69}$$

几何相似，工况相似两个泵，其 S 或 C 是相等的，C 值越大，抗空泡性能越好。我国水泵界采用式（4.69）表示汽蚀比转速。

4.3　喷水推进轴流泵水动力设计

轴流泵是喷水推进技术发展初期应用的主流泵型，流量大扬程低，泵内液体质点基本在圆柱面（流面）上运动，可以将此圆柱面展开成平面，叶片剖面可以视为平面直列叶栅，设计计算利用翼型升力理论及叶栅试验数据。

4.3.1　轴流泵叶轮工作原理[17]

轴流泵的某一剖面展开成直列叶栅后，可应用翼型叶栅的升力理论分析轴流泵的工作原理，升力理论也是轴流泵工程设计计算的基础。

1）翼型几何参数

翼型的动力特性主要取决于其几何参数及来流方向。翼型主要几何参数有（见图 4.14）：

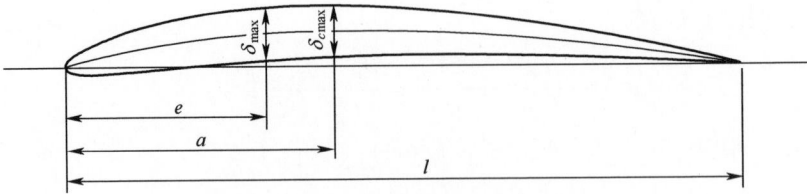

图 4.14　翼型几何参数示意图

弦长——翼型中线两端的连线长 l；

厚度——垂直于翼弦的介于翼型上下表面之间各线段长度 δ 称为翼型厚度，厚度的最大值 δ_{max} 与弦长的比值 $\bar{\delta} = \delta_{max}/l$ 称为厚度比；

拱度——翼型中线与翼弦的距离 f，拱度的最大值 δ_{cmax} 与弦长的比值 $\bar{\delta} = \delta_{cmax}/l$ 称为拱度比；

翼展——机翼的长度 b；

翼型前缘至最大拱度处的距离——a；

翼型前缘至最大厚度处的距离——e。

2）孤立翼型的动力特性

假设机翼以速度 W_∞ 在理想不可压缩流体中运动，相当于无穷远处的均匀来流绕机翼流动，在翼剖面上，来流与翼弦的夹角 α 称为几何冲角，由于下剖面压力大于上剖面，机翼将受到一个合力 F，F 可看作是垂直于来流 W_∞ 的升力 F_y 和平行于来流的阻力 F_x 的合力（图 4.15）。

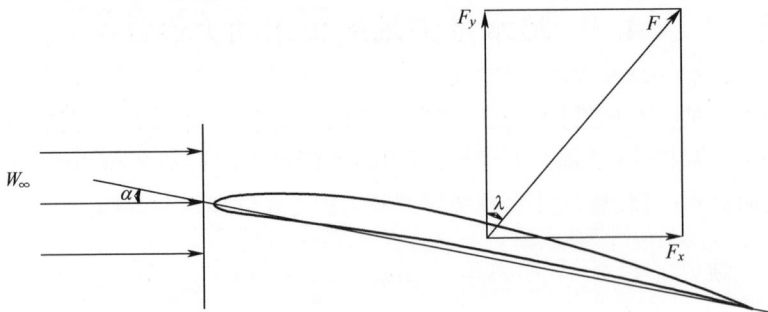

图 4.15　翼型上的作用力

由流体力学机翼理论——儒可夫斯基定理可知,翼展为 b 的翼型产生作用力:

$$F = \rho W_\infty b \Gamma \qquad (4.70)$$

式中:Γ—— 环量,$\Gamma = \int_s \vec{\omega} \mathrm{d}s$;

ρ——介质密度;

W_∞——翼型前后无穷远处未受翼型影响的来流速度。

流体力学中常引入无量纲的系数:升力系数 c_y 和阻力系数 c_x,分别表示为

$$c_y = \frac{F_y}{\rho \dfrac{W_\infty^2}{2} bl} \qquad (4.71)$$

$$c_x = \frac{F_x}{\rho \dfrac{W_\infty^2}{2} bl} \qquad (4.72)$$

几何相似的翼型在相同的绕流条件下其升力和阻力系数分别相等。总作用力 F 与升力 F_y 的夹角 λ 称为滑翔角,定义升阻比 $F_y/F_x = 1/\tan\lambda$,称为翼型的质量系数。

c_y,c_x 与 λ 是翼型的主要动力特性参数,它们仅是攻角 α 的函数,通过风洞和水洞试验测得。在一定攻角范围内,升力系数 c_y 与攻角近似呈线性关系增加,当攻角达到某个临界值时,c_y 达到其最大值 $c_{y_{\max}}$,而后升力系数 c_y 随攻角增加急速下降。阻力系数与攻角 α 的关系曲线形状与抛物线相近,一般 α 为 3°左右时,取得最小值 $c_{x_{\min}}$,之后随着攻角的增加,阻力增加得很快,在达到临界攻角后,增速更快。

c_y 与 c_x 的关系曲线也称为极曲线,以 c_x 为横坐标,c_y 为纵坐标,对应于每一个攻角 α 有一对 c_y,c_x 值,连接坐标原点和曲线上任意一点的直线与纵坐标轴的夹角,都是翼型在该点工作时的滑翔角。从原点出发作一直线与极曲线相切,其切点具有最小滑翔角,即对应于最优工况,在轴流泵的设计中,常选择在该点或在该点附近的工况为设计工况。

3) 叶栅几何参数

轴流泵叶片剖面展开后并不是孤立翼型,一般是由多个翼型组成的直列叶栅。叶栅的几何参数除了翼型的参数外,还包括栅距、叶栅稠密度、翼型安放角、进口安放角、出口安放角、翼型弯曲角,如图 4.16 所示。

栅距——叶栅中两个相邻翼型在叶栅列线方向上的距离 t,在基元级的展开

面上，$t = 2\pi r/Z$，其中 r 为半径，Z 为叶片数；

叶栅稠密度——翼型的弦长与栅距的比值 l/t，它是表征叶栅基本特性的主要无量纲参数，反映了叶栅中翼型的稠密程度。其倒数 t/l 称为相对栅距；

翼型安放角——翼弦与列线方向之夹角 β_b；

进口安放角——翼型前缘点中线的切线与圆周方向的夹角 β_{b1}；

出口安放角——翼型后缘点中线的切线与圆周方向的夹角 β_{b2}；

翼型弯曲角—— $\theta = \beta_{b2} - \beta_{b1}$。

叶栅绕流中由于栅中翼型对流场的扰动可以传播到无穷远的地方，这样流场中就不再有未受扰动的流动速度 W_∞，栅前栅后足够远处的速度 W_1、W_2 的大小和方向都是不同的。如果将 W_∞ 视为 W_1 与 W_2 的几何平均值，即：

$$W_\infty = \frac{1}{2}(W_1 + W_2)$$

则对于栅中的翼型三式仍然成立。

对于可压缩介质，栅前栅后的介质密度也不相同，这时式中的 ρ 值也应为栅前栅后的几何或算术平均值，即

$$\rho_m = \sqrt{\rho_1 \rho_2} \ \text{或} \ \rho_m = (\rho_1 + \rho_2)/2$$

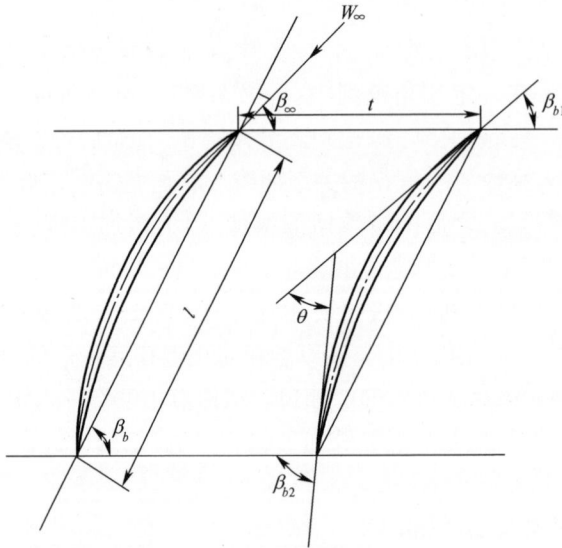

图 4.16　叶栅几何参数示意图

这样，栅中的翼型绕流的动力特性一般可表示为

$$F = \rho_m W_\infty b\Gamma \tag{4.73}$$

110

$$F_y = c_y \rho_m W_\infty^2 \, bl/2 \qquad (4.74)$$

$$F_x = c_x \rho_m W_\infty^2 \, bl/2 \qquad (4.75)$$

从表达式上看,叶栅的动力特性与孤立翼型的相同,但是由于叶栅中翼型相互影响,使得表面速度分布与独立工作时不同,因此同一翼型单独绕流和在叶栅中工作时,其升力和阻力系数的值并不相同。

叶栅绕流中,还有一些重要的流动参数(图 4.17):

平均流动角 β_∞ ——速度 W_∞ 与圆周方向的夹角;

进口流动角 β_1 ——速度 W_1 与圆周方向的夹角;

出口流动角 β_2 —— 速度 W_2 与圆周方向的夹角;

进口冲角—— $i = \beta_{b1} - \beta_1$;

出口落后角—— $\delta = \beta_{b2} - \beta_1$;

流动折转角—— $\Delta\beta = \beta_2 - \beta_1$;

攻角 α ——翼弦长与平均速度 W_∞ 之间的夹角。

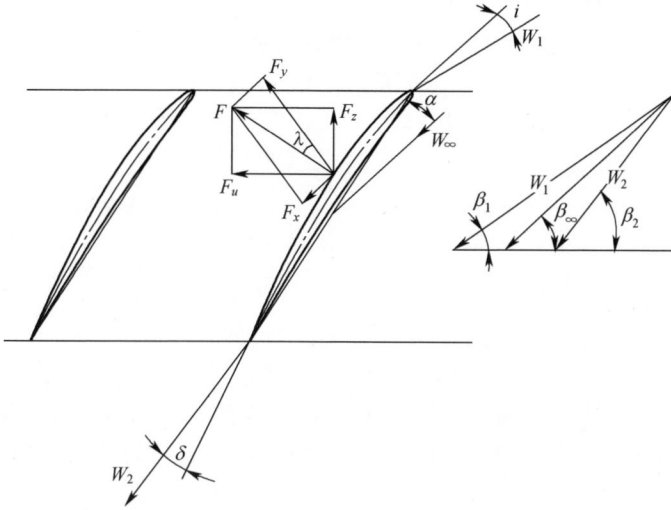

图 4.17　叶栅绕流及作用力

4) 叶栅的流体动力基本方程

从图 4.17 可知:

$$W_\infty = \frac{W_{\infty z}}{\sin\beta_\infty}$$

将其带入式(4.74) 得

111

$$E_y = c_y \rho_m \frac{W_{\infty z}^2}{2\sin^2\beta_\infty} bl \tag{4.76}$$

总作用力 F 可分解为圆周分力 F_u 和轴向分离 F_z。由动量定理知:

$$F_u = m(W_{u1} - W_{u2})\, b \tag{4.77}$$

式中: m——流经单位长度栅距为 t 的一个叶栅通道的流体质量,即:

$$m = \rho_m t W_{\infty z}$$

式(4.77)可写成:

$$F_u = \rho_m t W_{\infty z} \Delta W_u b \tag{4.78}$$

又由图 4.17 可知:

$$F_y = F\cos\lambda = \frac{F_u}{\sin(\beta_\infty + \lambda)}\cos\lambda \tag{4.79}$$

将式(4.78)带入式(4.79)得

$$F_y = \frac{\rho_m t W_{\infty z} \Delta W_u b}{\sin(\beta_\infty + \lambda)}\cos\lambda \tag{4.80}$$

由式(4.76)和式(4.80)可得

$$c_y \frac{l}{t} = \frac{2\cos\lambda\,\sin^2\beta_\infty\,\Delta\omega_u}{\sin(\beta_\infty + \lambda)\,\omega_{\infty z}} \tag{4.81}$$

根据三角恒等式,上式还可以写成:

$$c_y \frac{l}{t} = \frac{2\Delta W_u}{W_{\infty z}} \cdot \frac{\sin\beta_\infty}{1 + \tan\lambda/\tan\beta_\infty} = \frac{2\Delta W_u}{W_\infty} \cdot \frac{1}{1 + \tan\lambda/\tan\beta_\infty} \tag{4.82}$$

在现代流体机械中,叶栅效率都很高,一般滑翔角 $\lambda = 3° \sim 5°$,可取 $\cos\lambda \approx 1$,这样式(4.82),可写成:

$$C_y \cdot \frac{l}{t} = \frac{2gH_T}{W_\infty^2} \cdot \frac{W_m}{u} \cdot \frac{\cos\lambda}{\sin(\beta_\infty + \lambda)} \tag{4.83}$$

式(4.83)称为叶栅流体动力的基本方程式,表征了作用力(c_y)、叶栅主要特征参数(l/t)与流体在叶栅中的速度的变化量 ΔW_u 之间的关系,揭示了轴流泵的工作原理。

4.3.2　叶轮叶片水动力设计[18]

喷水推进轴流泵叶轮水动力设计过程主要包括水力效率计算、叶片数与毂径比选取、环量分布、剖面翼型选择、叶栅稠密度选择、升力系数计算、拱度计算与叶片成型。

1) 水力效率

前已述及,效率与损失密切相关,损失计算可以参照 4.1.4 节进行。设计

112

前,一般会给定设计参数,如流量 Q、扬程 H、功率 N_P、直径 D、转速 n、汽蚀比转速 C。根据前三个参数可计算出泵效率 η_0,一般轴系效率取 η_m 取 $0.96 \sim 0.98$,容积效率 η_v 取 0.99,则水力效率:

$$\eta_h = \eta_0 / \eta_m \cdot \eta_v$$

2) 叶片数目与毂径比

常规喷水推进轴流泵的比转速范围大致在 $650 \sim 1400$,从效率角度考虑,叶片数目取 3~5 叶为宜,比转速低者叶片数目取大值。

毂径比 $\bar{d} = d_h / D$ 为叶根处轮毂直径 d_h 与叶梢处轮缘直径 D 的比值,其值也与比转速密切相关。在叶梢直径确定的条件下,毂径比直接决定了过流面积的大小,关系到轴面速度进而影响叶片安放角。毂径比一般在 $0.3 \sim 0.45$ 之间,比转速低者取大值。

3) 环量分布[19]

根据式(4.25),扬程与叶片进出口环量差成正比。各剖面的环量分布有自由涡、强制涡、等旋流等形式,MARIC 在这些分布的基础上,根据叶轮梢部做功能力强、易空泡同时存在叶梢间隙流的特点,探索出一种具有高效高抗汽蚀能力的环量分布形式,见图 4.18。这种环量分布的特点是其形状为二次曲线,最大值在 $0.8R$ 剖面附近,为避免叶梢剖面空泡并降低叶梢回流,梢部载荷适当降低。

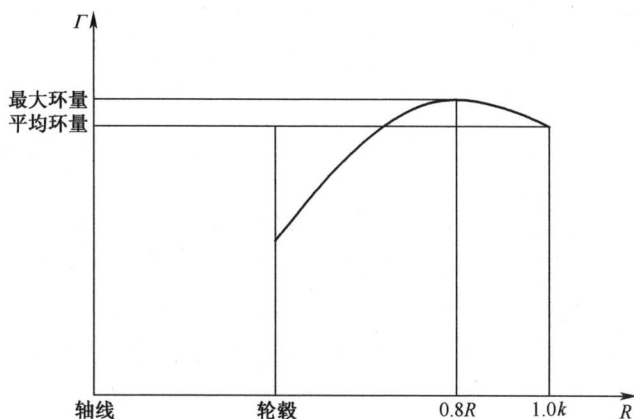

图 4.18 环量分布规律

为保证总的扬程与设计扬程一致,环量分布还必须满足以下条件:

$$\int_{Rh}^{R} \Gamma(r) \, r \mathrm{d}r = \frac{H_T Q g}{V_z \omega Z} \tag{4.84}$$

113

4）叶轮剖面翼型选择

剖面翼型可选择高效低阻且抗空泡性能优良的 $NACA16_{\alpha=0.8}$ 或者 $NACA66_{\alpha=0.8}$ 翼型,他们在 80% 的弦长范围内具有均匀的压力分布。

理想流体中,$NACA16_{\alpha=0.8}$ 翼型的升力系数如下:

$$C_y = C_{yf} + C_{y\alpha}$$
$$C_{yf} = 14.75\delta_c(1 + 0.88\delta/l)/l$$
$$C_{y\alpha} = 2\pi\alpha \tag{4.85}$$

在实际流体中,$C_{y\alpha} = 5.8(1 + 0.25\delta/l)\alpha$。

用来校核空泡的吸力面上最大减压系数公式如下:

$$\frac{\Delta P}{q} = \left(1 + 1.132\frac{\delta}{l} + 0.278\frac{C_{yf}}{1 + 0.88\delta/l} + 0.131C_{ya}\right)^2 - 1 \tag{4.86}$$

$NACA66_{\alpha=0.8}$ 翼型的升力系数如下:

$$C_y = C_{yf} + C_{y\alpha} \tag{4.87}$$
$$C_{yf} = 14.75\delta_c(1 + 0.82\delta_c/l)/l$$
$$C_{y\alpha} = 2\pi\alpha \tag{4.88}$$

用来校核空泡的吸力面上最大减压系数公式如下:

$$\frac{\Delta P}{q} = \left(1 + 1.27\frac{\delta}{l} + 0.278\frac{C_{yf}}{1 + 0.82\delta/l} + 0.13C_{ya}\right)^2 - 1 \tag{4.89}$$

以上两种翼型拱度与厚度分布已经给出,只需要确定最大拱度与最大厚度。最大拱度由升力系数计算确定,最大厚度由强度计算确定。

5）叶栅稠密度 l/t 的选取

按升力设计理论,叶栅稠密度 l/t 的合理选取非常关键。如果 l/t 选取过大,即叶栅稠密度增加,则叶栅影响增大并且摩擦损失增加,水力效率必然降低;如果 l/t 选取过小,则升力系数 C_y 较大,这就要求剖面的拱度或者攻角较大,同时厚度比也较大,增加了空泡发生的危险。由于空泡易发生在叶梢处,叶梢要重点考虑空泡要求,在保证空泡数的条件下,选择较小的 l/t;叶根处则主要考虑强度的要求来选取适当的厚度及弦长以保证低阻性能。中间剖面处的弦长按下式确定:

$$l = l_h + (\bar{r} - \bar{d}) \times (l_R - L_h)/(1 - \bar{d}) \tag{4.90}$$

6）升力系数与拱度计算

水力效率、叶片数、毂径比、环量分布、剖面翼型与栅距比等参数确定后,可根据速度三角形与式(4.83)分别计算各剖面的螺距角与升力系数,再依据升力系数与拱度比的关系计算拱度比,然后得到拱度。完成计算后,每个剖面的弦长

l、螺距角 ϕ、拱度与厚度均确定,将各剖面翼型弦线中点串起来,即形成最终的叶片。

4.3.3 导叶水动力设计

导叶的功能是将叶轮出口液流周向速度的能量转化为压力,导叶水动力设计多采用流线法进行。该方法的主要流程包括导叶叶片数选择、进出口安放角的确定、弦长与骨线半径计算等。

1) 导叶片数目与间隙[20]

导叶片数一般比叶轮叶片数多,教科书上一般两者的叶片数互为质数。但近代研究试验和应用已打破这一观念。叶轮与导叶叶片数多为 4 配 7、4 配 9、5 配 9 及 5 配 11。导叶的进口边与叶轮叶片的出口边距离一般取叶轮直径的 10%,两者距离太小的话,运转不稳定,易引起振动和噪声;太大则水力损失大,效率低。

2) 进出口安放角

导叶进口安放角由导叶进口液流速度矢量方向确定,保证进流无冲击,对于后置导叶出口安放角确保液流出导叶后无旋,即沿轴向流出导叶。叶轮出口处,由于叶轮的作用,液流具有与叶轮旋转方向相同的周向速度 V_{u2},从叶轮出口至导叶进口,液流的动量矩守恒,由于轴流叶栅的 $r_2 = r_3$,则导叶进口处液流的圆周速度与叶轮出口的圆周速度相等,即 $V_{u3} = V_{u2}$,导叶进口轴面速度 V_{m3} 由流量与过流面积确定。叶轮导叶叶片剖面布置图及导叶进口三角形分别见图 4.20。并根据图 4.20 可得到导叶进口安放角 $\alpha_3 = \arctan(V_{m3}/V_{u3})$。

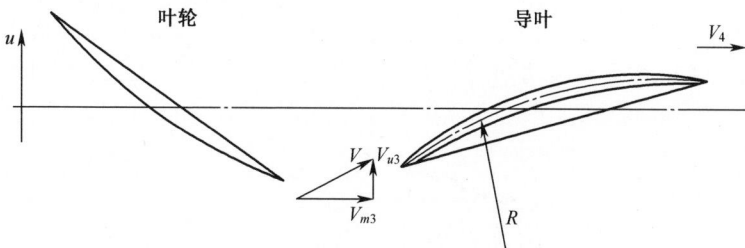

图 4.19 叶轮叶片与导叶片剖面布置图

导叶出口要求液流沿轴向,周向速度 $V_{u4} = 0$,液流角 90°,考虑到有限叶片数的影响,叶片出口安放角应略大于 90°,一般取 92°~95°。

确定了进叶片出口安放角后,选择合适的栅距比,控制叶栅过流通道扩散度在 10° 以下。根据栅距比确定的弦长 l,计算导叶骨线圆弧半径,加厚后形成翼型,各剖面弦长中点对齐串成三维导叶片。

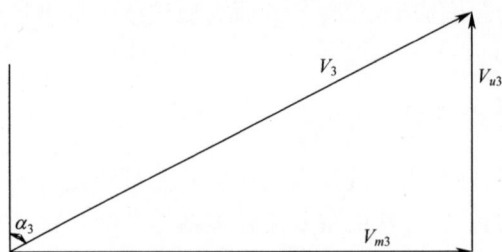

图 4.20　导叶进口速度三角形

4.4　喷水推进混流泵水动力设计[21、22]

导叶式喷水推进混流泵是随着喷水推进技术在高性能船舶上的应用需求日益广泛而发展成熟的一种泵型,具有大流量高扬程的特点。混流泵内液流除轴向运动外还存在径向运动,既有升力做功也有离心力做功,平面直列叶栅的翼型升力理论无法计算径向流动的离心力,不能应用于混流泵叶轮的设计。无论升力还是离心力,其做功形式均表现为出口与进口液流速度矩 $V_u r$ 的增量,混流泵水动力设计多围绕此特征进行。

4.4.1　导叶式混流泵叶轮工作原理及流态分析

如图 4.21 所示,研究混流泵叶轮内一条从进口到出口的轴面流线,出口处半径明显大于进口处半径,意味着液流从进口到出口的轴面运动,既有轴向速度 V_Z,也有径向速度 V_r。对于液流能量增量 $\Delta(V_u r)$ 的,与轴流泵单纯依靠周向速度 V_u 增加不同,混流泵做功同时具有 V_u 与半径 r 增加的原因,V_u 增加靠升力做

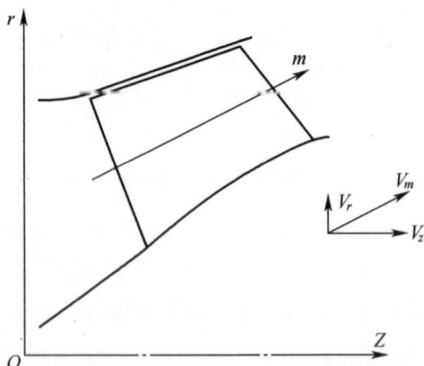

图 4.21　导叶式混流泵叶轮轴面流动示意图

116

功,r增加离心力做功。说明了混流泵扬程的产生是离心力与升力同时作用的结果,这也是混流泵扬程高于轴流泵的内在机理。

4.4.2 导叶式混流泵轴面流道设计方法[23、24]

导叶式混流泵轴面流道是开展叶轮与导叶水动力设计的基础,流道形状和性能对泵水动力与结构有重要影响。流道由叶轮流道、导叶流道和喷口三部分组成的。在导叶流道中,实质上含有导叶片区域流道和过渡流道两部分。这些部分构成一个连续、完整的体系。

流道的最主要尺寸是叶轮前吸入口直径 D_0,为喷水推进泵的特征尺寸,是泵流量系数、扬程系数计算的特征参数;流道外缘线最大直径决定了推进装置的布置安装空间,内毂轮廓除了考虑水动力性能外,还受到轴承、密封装置安装和润滑冷却等要求的限制。流道几何形状初步决定了装置的水动力、机械性能和经济性,流道设计必须统筹协调、全盘考虑,整体设计。

导叶式喷水推进混流泵流道(图 4.22)的主要参数包括进口直径 D_0、喷口直径 D_j、轮缘最大直径 D_{smax}、轮毂最大直径 D_{hmax},叶轮区流道外缘线倾角 α 与流道面积变化规律。其中进口直径与喷口直径由喷水推进主参数优化确定,轮缘最大直径和轴向长度 L 由推进装置装船条件决定,轮毂最大直径受轴系安装与运行空间制约,这样流道设计需要去定的主要参数为流道外缘线倾角与面积变化规律。

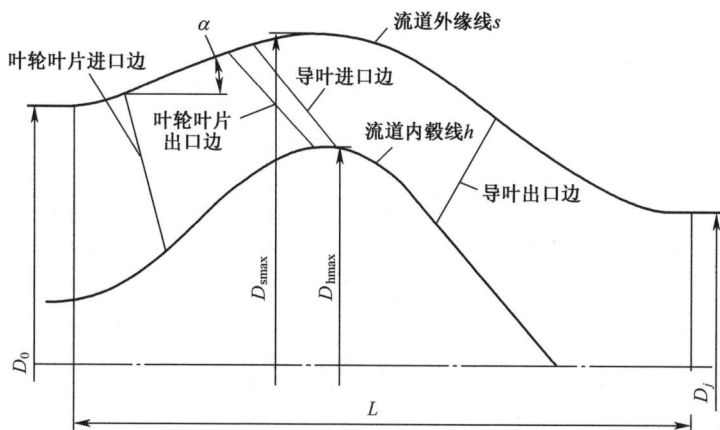

图 4.22 导叶式混流泵轴面流道图

1) 叶轮区流道外缘线倾角 α。

混流泵叶轮的子午流道是倾斜的,叶梢处流线称为外缘线,叶根处流线称为内毂线。外缘线一般为带一定倾角的直线。根据叶片泵欧拉方程(4.25):

$$H_{T\infty} = \frac{1}{g}(u_2 \cdot V_{u2} - u_1 \cdot V_{u1})$$

根据混流泵叶轮叶片进出口速度三角形(图 4.23),有

$$V_{u2} = u_2 - u_1 + V_{u1} + \Delta W_u$$

代入式(4.25)可得

$$\begin{aligned}
H_{T\infty} &= \frac{1}{g}[u_2(u_2 - u_1 + V_{u1} + \Delta W_u) - u_1 \cdot V_{u1}] \\
&= \frac{1}{g}[u_2(u_2 - u_1) + u_2\Delta W_u + (u_2 - u_1)V_{u1}] \\
&= \frac{u_2(u_2 - u_1)}{g} + \frac{u_2\Delta W_u}{g} + \frac{(u_2 - u_1)V_{u1}}{g}
\end{aligned} \qquad (4.91)$$

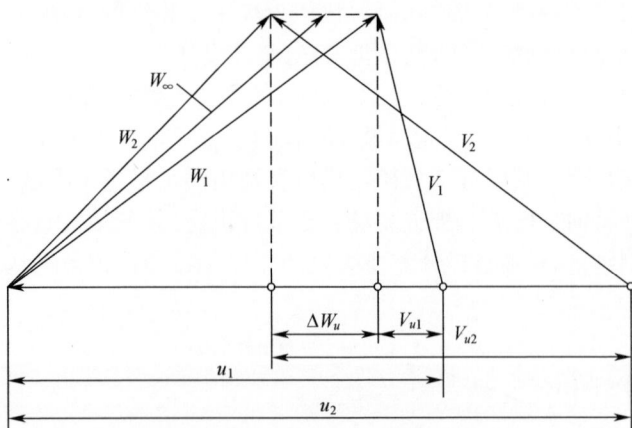

图 4.23　混流泵叶轮进出口速度三角形

当倾角 $\alpha = 0°$ 时,泵结构型式为轴流式,$u_2 = u_1$,扬程 $H_{T\infty} = u_2\Delta W_u/g$。当 $\alpha = 90°$ 时,泵结构型式为离心式,主要是离心力做功,升力基本不做功。当 $0 < \alpha < 90°$ 时,叶轮为混流式,α 小则升力做功比值重,反之离心力做功占比大。对于比转速 $n_s = 400 \sim 500$ 的喷水推进混流泵,对轮缘最大直径 D_{smax} 有限制,其倾角 α 一般在 $10° \sim 25°$ 之间,比转速低者宜取大值。

2) 流道面积变化规律

流道从泵进口到叶轮出口(导叶进口)区域,在不考虑叶片排挤影响的前提下,如果采用收缩流道,则叶轮的过流能力受到限制;采用扩散流道,不仅增加扩散损失,增大导叶区域的收缩度,而且会增加泵体积与重量,因而叶轮段宜尽可能采用等速流道。从叶轮出口(导叶进口)至喷口段,因导叶前为等面积流道并

且流道整体收缩,此段区域必需收缩,为减小收缩损失,应均匀收缩以提高效率。

主参数选择中确定了泵进口直径,间接确定了进口(0 处) 面积 A_0,根据面积变化规律,导叶进口(3 处) 面积 $A_3 = A_0$;对于导叶出口处面积,考虑到导叶区域流道的收缩,导叶出口处面积(4 处)$A_4 = (0.6 \sim 0.8)A_0$,视导叶片数确定(导叶片 7 叶时,面积取 $0.6A_0$,11 叶时取 $0.8A_0$)。图 4.24 为沿轴线子午流道最佳过流面积范围图。从 1 经 a、b 至 c 应是一条光顺的过流面积曲线,只有经过精心设计才能确保好的水力性能。

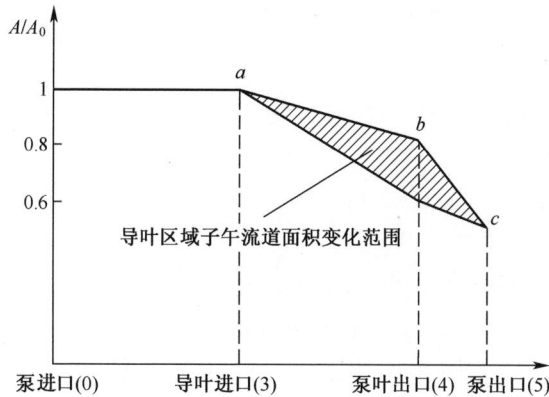

图 4.24　子午流道最佳过流面积范围图

3) 轮缘与轮毂最大直径

前已述及,轮缘与轮毂最大直径关系到轴系设计与装船约束条件,这样这两个参数均有个最佳范围。笔者设计实践与国际知名喷水推进公司商用流道的统计结果表明,轮缘最大直径 $D_{smax} = (1.1 \sim 1.35)D_0$,过大装船性能差,过小则做功能力不足。轮毂最大直径 $D_{hmax} = (0.75 \sim 0.95)D_0$,轮毂直径过大则过流面积小,影响水动力性能,过小则影响轴系设计。D_{smax} 与 D_{hmax} 是相互影响和制约的。

4.4.3　混流泵一元设计理论及方法

确定了轴面流道后,根据等过流面积原则划分五到七条轴面流线(包括轮缘和轮毂两条) 即可对各条流线根据流线法开展一元设计,得到展开图后进行叶片加厚与绘型,形成三维叶片。

1) 叶片进口安放角计算

假设进口无预旋,即 $V_{u1} = 0$。根据速度三角形可计算进口安放角 β_1:

$$\tan\beta_1 = V_{m1}/u_1 \tag{4.92}$$

轴面速度：

$$V_{m1} = Q/F\eta_v\varphi \tag{4.93}$$

式中：F——过流断面面积（m^2）；

φ——排挤系数，根据进口边叶片厚度与安放角计算。

2）叶片出口安放角计算

叶片出口安放角根据扬程计算，无穷叶片数理论扬程：

$$H_{T\infty} = (1 + p) H/\eta_h \tag{4.94}$$

上式中有限叶片修正系数：

$$p = \psi r_2^2/(zM_{st}) \tag{4.95}$$

式中：ψ——经验系数；$\psi = 0.6 \times (1+\beta_2/60)^{\frac{r_2^2}{zM_s}}$

z——叶片数；

M_s——子午流线静矩（m^2）；

根据欧拉方程，$H_{T\infty} = (V_{u2\infty}u_2 - V_{u1}u_1)/g$

忽略进口周向诱导速度，即 $V_{u1} = 0$，则：

$$V_{u2\infty} = H_{T\infty}g/\omega r_2 \tag{4.96}$$

$$V_{u2\infty} = (1 + p) H_Tg/\omega r_2 = (1 + p) Hg/\omega r_2\eta_h \tag{4.97}$$

$$\beta_2 = arccot(V_{m2}/(u_2 - V_{u2})) \tag{4.98}$$

式（4.98）中，轴面速度 V_{m2} 算法与 V_{m1} 相同。

3）流线展开图

根据各流线进出口安放角以及轴面形状，采用圆弧流线法可确定各流线平面展开图如图 4.25 所示。

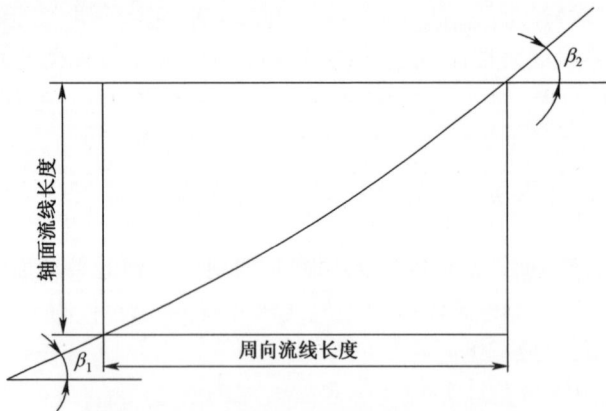

图 4.25 根据进出口角确定的流线展开图

根据图 4.25 可开展叶片绘型，即将平面翼型包络到三维空间，形成三维扭

120

曲曲线,从叶根到叶梢将各空间曲线串联后,即生成三维叶片。对于导叶,设计方法与叶轮类似,由于导叶不旋转,没有牵连速度,计算处理更方便。

4.4.4 混流泵叶轮可控速度矩设计方法

一元设计理论方法建立在无穷叶片数与沿过流断面轴面速度均布两个假定并结合经验基础上的,设计计算简单,效果则依赖于设计者的经验,往往需要经过一轮以上的设计与试验修正才能达到设计目标。MARIC 在一元设计方法的基础上,结合混流泵做功的特点,抓住速度矩这一综合升力与离心力做功的特点,创建了喷水推进混流泵可控速度矩三元设计理论与方法,在工程设计中取得满意效果。下面对此法作基本介绍。

1) 基本假设

引用两类相对流面的概念,并作以下假设:

① 假设 S_2 流面为中心流面,S_1 流面为回转面。即假设存在一个中心流面 S_{2m},其形状与叶片骨面一致,其上流动参数可以看作叶片通道内各 S_1 流面流动参数的周向平均值。

② 假设不稳定流动水流参数周向平均值与稳定流动数值非常接近。由此派生出转轮内相对流动定常。

③ 假定水为不可压缩理想流体。

这样,就把一个叶轮内三元流场的求解,分解为互相关联(或耦合)的三个一元问题来求解。

2) 坐标系

在叶轮内的流体流动问题中,选用适当的坐标系对于求解是有很大帮助的。一般的叶片泵机械,其叶轮都是以某一角速度 ω 绕某固定轴旋转的。除了启动、停车和工况变动的情况外,一种工况对应于一个常数的角速度 ω。根据叶轮绕某个固定轴旋转的特性,选用圆柱坐标系来描述叶轮几何形状和内部流场,通常取柱坐标系(r、θ、z)的 z 轴重合于叶轮的旋转轴,使 θ 角的增加方向与叶轮的旋转方向一致。为了更方便地运用两类流面理论,引入了正交曲线坐标系(m、n、θ),其中 m 轴为回转面 S_1 流面与平均 S_2 流面的交线在子午面上的投影;n 轴为子午面上 m 的正交线,θ 轴与叶轮转向一致,见图 4.26 所示。

3) 叶片可控速度矩设计基本方程

在基本假设与两类坐标系下,应用流体力学经典方程建立了 S_2 流面上沿与流线 m 正交的 n 曲线上的速度梯度方程与 S_1 流面上相对速度沿周向的速度梯度方程,这两个方程为可控速度矩设计理论的基本方程。其中 S_2 流面上沿与流

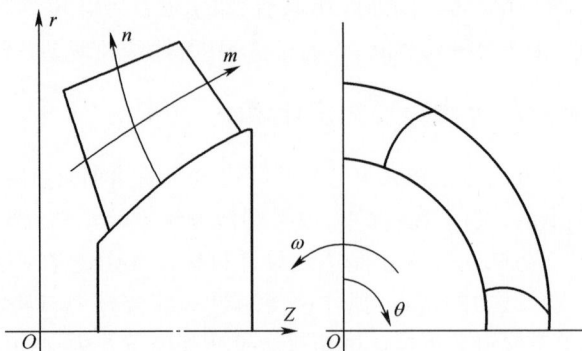

图 4.26　坐标系

线 m 正交的 n 曲线上的速度梯度方程如下：

$$
\begin{cases}
\dfrac{\partial V_m}{\partial n} = aV_m + b + \dfrac{c}{V_m} \\[2mm]
a = \dfrac{1}{R_c} \\[2mm]
b = \dfrac{\cot\gamma}{r\sin\beta}\dfrac{dV_ur}{dm} \\[2mm]
c = \dfrac{d\,(gH_R)_{in}}{dn} + \dfrac{W_u}{r}\dfrac{\partial V_ur}{\partial n}
\end{cases}
\tag{4.99}
$$

S_1 流面上相对速度沿周向的速度梯度方程如下：

$$
\frac{\partial W}{\partial \theta} = \frac{1}{W}\frac{d\,(gH_R)_{in}}{d\theta} - \sin\beta \cdot \cos\beta \cdot \sin\alpha \cdot W + r \cdot \sin\beta\left(2\omega \cdot \sin\alpha - \frac{dW_u}{dm}\right)
$$

$$\tag{4.100}$$

式(4.99)与(4.100)体现了速度矩 V_ur 分布、子午流线曲率半径 R_c、叶片排挤角 γ（叶片和流面间的真实夹角）[2]、安放角 β、子午流线倾角 α（图 4.22）以及叶轮进口能量 gH_R 对速度分布的作用。解第一个方程能得到平均 S_2 流面上的速度场，有了此速度场，结合叶片方程，即可求出叶片骨面形状。在第一个方程的基础上，求解第二个方程，可求出沿周向的速度场，这样结合前述连续性方程，可解出泵叶轮内的三元速度场，然后将这两个方程迭代求解，直至设计的叶片满足泵水动力性能要求。

4) 速度矩分布

在升力面理论模型中，把附着涡连续分布在叶片骨面上。这种涡分布，又称为束缚涡分布、环量分布，也是叶片载荷分布。受升力面理论模型启发，在 S_2 流

122

面基础上作平均中心流面 S_{2m}，并假定 S_{2m} 流面形状与叶片骨面一致，其上流动参数可看作 S_1 流面的周向平均值后，也可在平均流面 S_{2m} 上给定三元速度矩分布，其物理本质上与叶片骨面上束缚涡分布、环量分布、载荷分布是一样的。此涡分布在平均 S_{2m} 流面上，称之为速度矩或者动量矩更确切。

平均 S_{2m} 流面上三元可控速度矩分布，可写成以下形式：

$$V_u r = f(m, n, \theta)$$

投影到子午面上，是正交曲线坐标 m、n 的函数，即

$$V_u r = f_1(m, n)$$

工程处理中，如同升力面理论涡分布分为沿叶片展向和沿弦向一样，将 S_{2m} 流面上的速度矩分布分解成沿子午流线 m 和沿与 m 正交的曲线 n（或者准正交的直线 q）上的分布。

叶轮叶片速度矩分布包括叶片进出口边与沿子午流线的速度矩分布。一般先确定出口边的速度矩分布，再根据出口边的速度矩分布确定进口边的速度矩分布，最后根据进出口边的速度矩分布确定沿子午流线的速度矩分布。

① 出口边速度矩分布确定方法。

沿出口边的速度矩分布形状为抛物线型，其数学表达式为 $(V_u r)_2 = aq^2 + bq + c$，水力效率较高的中间流线区域速度矩值较大，叶梢处较小，叶根处最小，最大速度矩值取为平均速度矩的 $1.05 \sim 1.1$ 倍（图 4.27）。同时出口边的速度矩分布必须满足能量方程：

$$gQH = 2\pi\omega \int_h^s V_m (V_u r)\ r \sin \alpha\ dq \qquad (4.101)$$

式中：q——叶片出口边，方向由叶根指向叶梢；

α_1——流线与出口边 q 的夹角；

h——轮毂；

s——轮缘。

根据这些条件，可计算确定出口边的速度矩分布方程式的系数 a、b 与 c，从而确定分布方程。

② 进口边上的速度矩分布。

叶轮叶片进口边的速度矩由叶轮旋转诱导产生。其大小根据一些混流泵叶轮内流场实测统计确定，进口边叶梢处绝对速度圆周分量：

$$V_{u1} = (0.06 \sim 0.11) V_{u2}$$

比转速高者取小值。

③ 叶轮沿子午流线的速度矩分布。

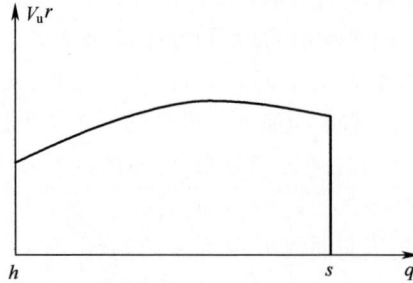

图 4.27 出口边速度矩分布

叶片进出口边的速度矩分布确定后,得到了沿子午流线的速度矩的边值。为减少损失,进口边的速度矩需要满足来流无冲击,出口边满足库塔条件,这两个条件在数学上表现为进出口边上的 $V_u r$ 沿流线的梯度应为零。根据以上约束条件可以确定沿子午流线的速度矩分布规律如图 4.28 所示。

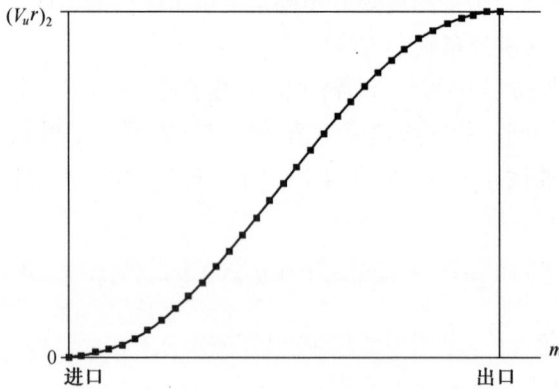

图 4.28 沿子午流线的速度矩分布

5) 叶片方程

设计问题的实质是根据性能要求,确定泵的流道和叶轮的叶片几何形状。叶片方程就是依据速度场确定叶片形状的方程。必须使叶片与速度矢量相切,即

$$\boldsymbol{W} \cdot \nabla S = 0 \qquad (4.102)$$

在圆柱坐标系 (r, θ, z) 中,叶片曲面方程形式为

$$S(r, \theta, z) = \theta - f(r, z)$$

则 $\nabla S = \partial S/\partial r \cdot \boldsymbol{e}_r + \partial S/r\partial \theta \cdot \boldsymbol{e}_\theta + \partial S/\partial z \cdot \boldsymbol{e}_z$

$$= - \partial f/\partial r \cdot \boldsymbol{e}_r + 1/r \cdot \boldsymbol{e}_\theta - \partial f/\partial z \cdot \boldsymbol{e}_z \qquad (4.103)$$

124

而相对速度矢量可以展开为

$$W = W_r \cdot e_r + W_\theta \cdot e_\theta + W_z \cdot e_z \qquad (4.104)$$

所以
$$W \cdot \nabla S = - W_r \frac{\partial f}{\partial r} + W_\theta \frac{1}{r} - W_z \frac{\partial f}{\partial z} = 0$$

$$W_r \frac{\partial f}{\partial r} + W_z \frac{\partial f}{\partial z} = W_\theta \frac{1}{r}$$

$$= \frac{\omega r - V_\theta}{r}$$

$$= \omega - \frac{V_\theta r}{r^2}$$

即
$$W_r \frac{\partial f}{\partial r} + W_z \frac{\partial f}{\partial z} = \omega - \frac{V_\theta r}{r^2} \qquad (4.105)$$

式(4.105)为圆柱坐标系下,叶片曲面方程式。

在正交曲线坐标系中,叶片曲面方程形式为

$$S(m, n, \theta) = \theta - F(m, n)$$

$$\nabla S = \frac{\partial S}{\partial m} e_m + \frac{\partial S}{\partial n} e_n + \frac{\partial S}{\partial (u)} e_\theta$$

$$= \frac{\partial S}{\partial m} e_m - \frac{\partial F}{\partial n} e_n + \frac{1}{r} e_\theta$$

$$W = W_m e_m + W_n e_n + W_\theta e_\theta$$

$$W \cdot \nabla S = - W_m \frac{\partial F}{\partial m} - W_n \frac{\partial F}{\partial n} + W_\theta \frac{1}{r} = 0$$

由于回转流面上法向速度为零,即 $W_n = 0$,则

$$- W_m \frac{\partial F}{\partial m} + W_\theta \frac{1}{r} = 0$$

$$\frac{\partial F}{\partial m} = \frac{W_\theta}{W_m} \frac{1}{r}$$

$$S(m, n, \theta) = \theta - F(m, n) = 0,则$$

又因
$$\theta = F(m, n)$$

$$\frac{\partial F}{\partial m} = \frac{\partial \theta}{\partial m}$$

所以
$$\frac{d\theta}{dm} = \frac{W_\theta}{r V_m}$$

$$dθ = \frac{u - V_u}{rV_m}dm$$

$$θ = \int \frac{r^2ω - V_u r}{V_m r^2}dm + θ_0 \qquad (4.106)$$

式(4.106)即为正交曲线坐标系下叶片曲面方程。

6) 叶轮可控速度矩设计思路

喷水推进混流泵叶轮可控速度矩设计方法的本质是使设计的叶轮的几何形状与速度场相吻合,从而提高泵的综合性能,其核心是速度矩分布,途径是速度梯度方程的求解。速度梯度方程直接牵涉到流道与叶片几何形状、速度矩分布等,间接与叶片厚度、损失等参数相关,所有这些参数均与泵外特性参数相关,可控速度矩设计方法由设计参数入手。

首先根据设计参数进行流道设计,一般分 5 条流线后研究速度矩分布,在此基础上进行概念设计(一元设计)从而得到叶片的初始形状,此过程包含了滑移系数、叶片进出口安放角、水力效率等参数的计算。接着根据叶片初始形状得到叶片的几何要素,结合速度分布求解平均 S_2 流面上的速度梯度方程,得到周向平均速度场,根据此速度场及叶片方程绘制叶片骨面。随后根据强度计算确定叶片厚度,绘型后得到叶片几何形状,在此基础上求解 S_1 流面速度梯度方程,得到泵内三元速度场,根据三元速度场迭代计算滑移、损失等问题,直至满足设计要求。叶轮设计流程如图 4.29 所示。

4.4.5 导叶可控速度矩设计方法

混流泵导叶的可控速度矩设计方法的前提条件、采用的坐标系与叶轮一致,设计方法与叶轮相同。由于不转动及导叶进出口流场与叶轮不同,其核心方程、速度矩分布以及叶片方程与叶轮的有所差异。

1) 可控速度矩基本方程

S_{2m} 流面上沿与流线 m 正交的 n 曲线上的速度梯度方程及 S_1 流面上沿周向的速度梯度方程分别见式(4.107)与式(4.108):

$$\frac{\partial V_m}{\partial n} = \frac{1}{V_m}\frac{d(gH_D)_{in}}{dn} - \frac{V_u}{rV_m}\frac{\partial(V_u r)}{\partial n} - \frac{V_m}{R_c} + \frac{\cot r}{\sinφ}\frac{1}{r}\frac{d(V_u r)}{dm} \qquad (4.107)$$

$$\frac{\partial V}{dθ} = \frac{1}{V}\frac{d(gH_D)_{in}}{dθ} + V\sinφ\cosφ\sinα + r\sinφ\frac{dV_u}{dm} \qquad (4.108)$$

以上两式中,gH_D——导叶进口能量;$φ$——安放角;其余符号意义与式(4.99)、(4.100)相同。

126

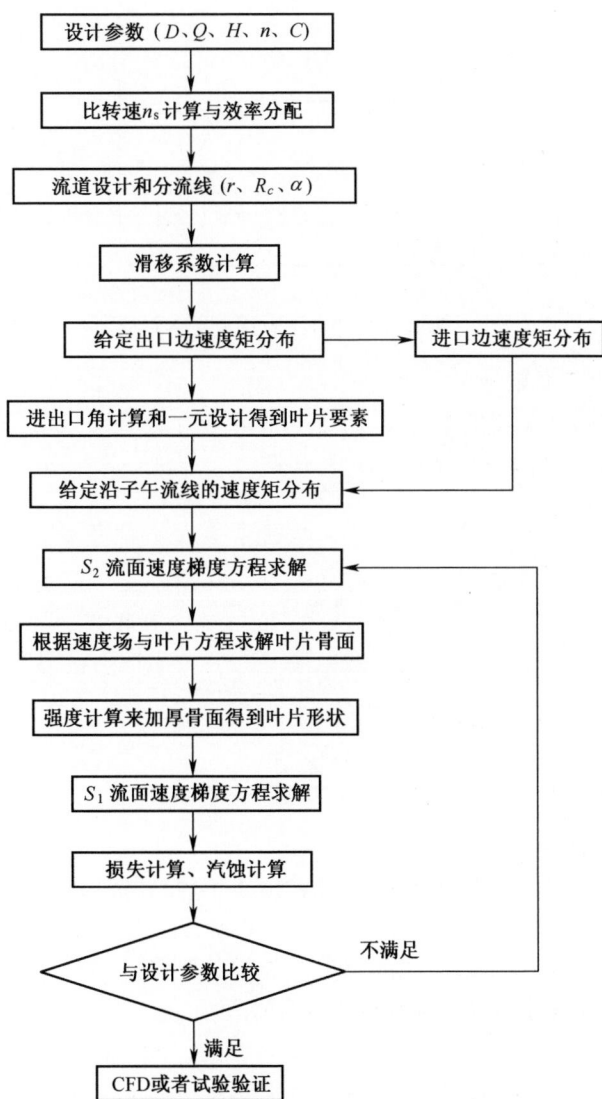

図 4.29 可控速度矩法叶轮设计流程图

2) 导叶速度矩分布

与叶轮相似,导叶速度矩分布也是通过确定进出口边的速度矩分布与沿子午流线的速度矩分布得到整个叶片的速度矩分布。

① 进口边速度矩分布。

导叶进口边各点的速度矩与叶轮出口边各对应点的实际速度矩基本相同(非无穷叶片数的),因而其速度矩分布曲线形状大致如图 4.30 所示。

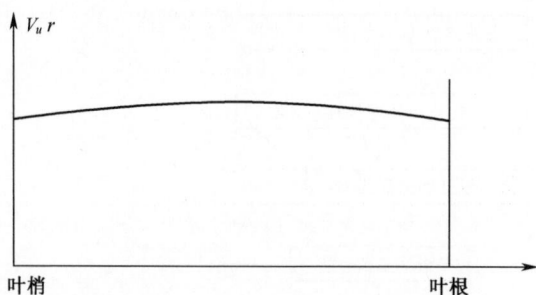

图 4.30　导叶进口速度矩分布

② 出口边速度矩分布。

导叶出口边实际速度矩为零，考虑到导叶叶片数有限，偏折不足，计算速度矩为负，其分布如图 4.31 所示。

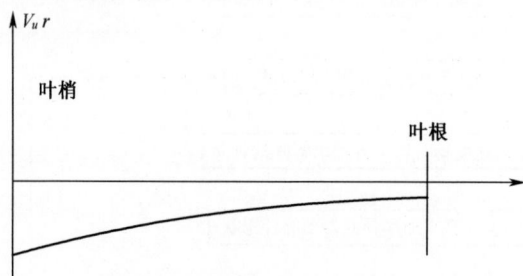

图 4.31　导叶出口速度矩分布

③ 沿子午流线的速度矩分布。

导叶进出口边的速度矩分布确定后，沿子午流线的速度矩分布在叶片进出口边的值就确定了。为提高效率，速度矩分布确保进口无冲击，出口边满足库塔条件，即出口边上的 $V_u r$ 沿流线的梯度应为零。根据这些条件可以确定导叶片沿子午流线的速度矩分布规律如图 4.32 所示。

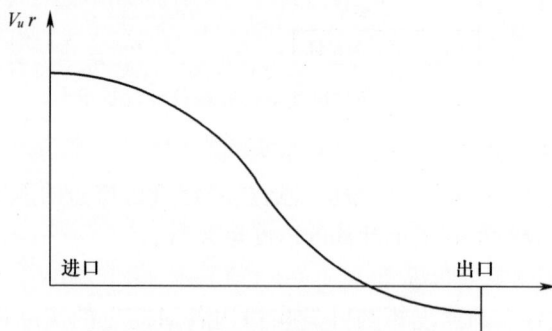

图 4.32　导叶沿子午流线速度矩分布

128

在速度梯度方程与速度矩分布的基础上,参照叶轮设计计算方法思路,可完成导叶可控速度矩设计。

4.5 喷水推进前沿泵型

随着当今舰船对低噪声性能要求的与日俱增以及新型高速舰船的不断发展,在传统泵型的基础上催生了两种喷水推进新泵型,一种是喷水推进收缩流泵,另外一种是前置导叶喷水推进泵。

4.5.1 喷水推进收缩流泵

1) 收缩流泵概述

21 世纪以来,随着新型高速船舶对喷水推进装置的结构尺度与重量要求的进一步增加,国际喷水推进专业公司在混流泵与轴流泵的基础上,开发了一种喷水推进新泵型—喷水推进收缩流泵。基本原理是将混流泵与轴流泵结构相结合,即泵外缘线为轴流泵的,轮毂线为混流泵的(图 4.33)。这种结构在轴流泵的基础上增加了离心力的作用,扬程高,导叶段配合喷口收缩需要,从进口到出口半径减小,即内毂线型与混流式相近,从面积角度看,流道整体为收缩型,称之为喷水推进收缩流泵。该泵型实现了大流量高扬程低比转速,使喷水推进技术与多样化的船型发展趋势相适应。

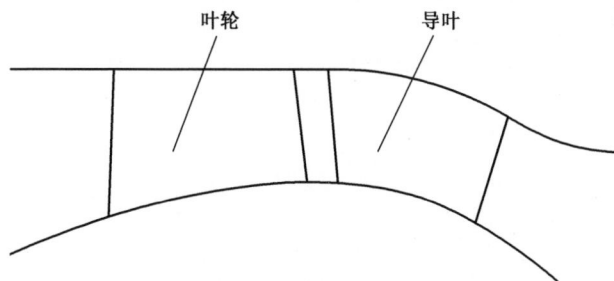

图 4.33 喷水推进收缩流泵轴面图

2) 收缩流泵工作原理

从图 4.33 可见,在收缩流泵轴面图叶轮区域,外缘线倾角为零,与轴流泵叶轮的相同,内毂线存在一定倾角,因而收缩流泵叶轮存在离心力做功,叶根剖面离心力做功比例最大,往叶梢区域离心力做功比例逐渐减小,至叶梢剖面为零,即叶梢剖面完全为升力做功。导叶区域,轴面流道形式与混流泵完全相似,两者导叶片的功能原理完全相同,将叶轮后水流的周向诱导速度转化为静压。

3）收缩流泵设计

收缩流泵具有混流泵的水动力特性,工作原理也相似,既有离心力做功也有升力做功。速度矩设计方法综合了离心力与升力做功,应用三元可控速度矩法能开展喷水推进收缩流泵的水力设计,目前 MARIC 应用该方法初步实现了Φ300 水力模型泵效率 84%,汽蚀比转速 1500 的技术指标,深化工作正在进行中[25-27]。

4.5.2　前置导叶喷水推进泵

4.5.2.1　前置导叶泵概述[28]

前置导叶泵是近年来喷水推进技术为适应潜艇对低噪声推进器的需求而迅速发展的前沿泵型,是目前新型喷水推进研究领域令人瞩目的焦点。MARIC2002 年就开展了这方面的研究试验工作[29]。其设计思想的革命性在于:将导叶(定子)置于叶轮(转子)前,提供推进器所需扬程的反预旋(pre-swirl),并取消后置导叶,使推进器结构更紧凑,均整叶轮前来流,减小振动和噪声[30、31]。

常规喷水推进器通常由进口流道、泵壳体、前支架、叶轮、导叶(现称后置导叶)和喷口等组成,图 4.34 是一种常规外置式喷水推进器结构示意图。

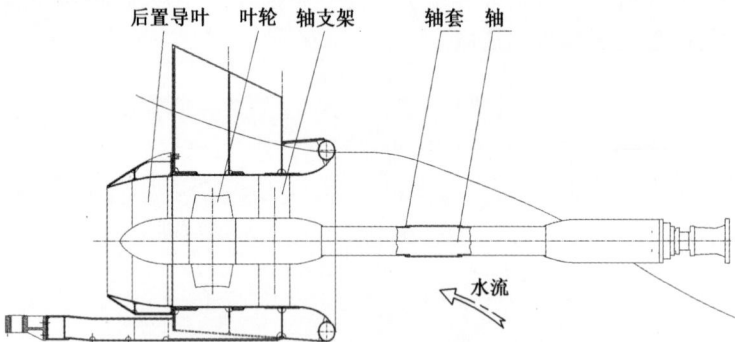

图 4.34　常规外置式喷水推进器结构示意图

前置导叶泵是将导叶置于叶轮前,图 4.35 是其结构示意图。

4.5.2.2　前置导叶泵工作原理

前置导叶泵导叶、叶轮叶栅布置与水流质点的速度三角形如图 4.36 所示。

导叶布置在叶轮前是前置导叶泵的主要构型特征。前置导叶的功能是在叶轮前诱导与叶轮旋转方向相反的周向诱导速度,诱导速度的大小和分布由泵的扬程和负荷分布决定,叶轮旋转工作时回收导叶诱导的周向速度并达到所需扬

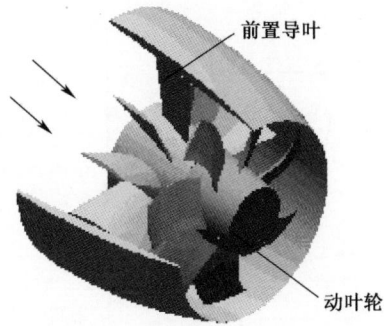

图 4.35　前置导叶泵结构示意图

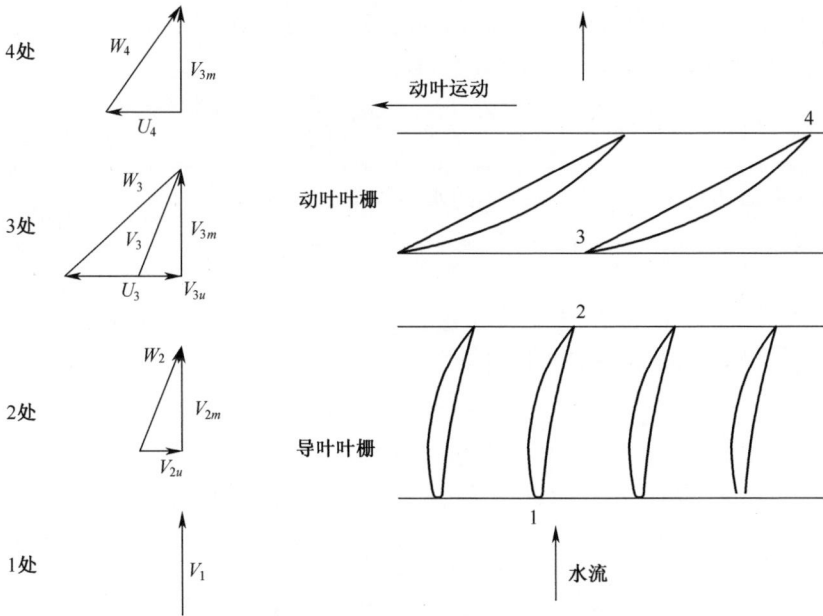

图 4.36　前置导叶泵导叶、叶轮叶栅布置与水流质点的速度三角形

程,叶轮出口(泵出口)无旋,使水力损失最小化,因而泵出口水流周向速度的大小是评判设计优劣的一个重要指标;前置导叶泵出流无圆周速度,故无须后置导叶整流,整体结构紧凑。

以前置导叶轴流泵为例,沿流线方向的静压分布如图 4.37 所示。

上述静压分布的推导如下,基本假设包括:

① 泵内的流体为理想流体;

② 水流无径向流动,即 $Vr=0$;

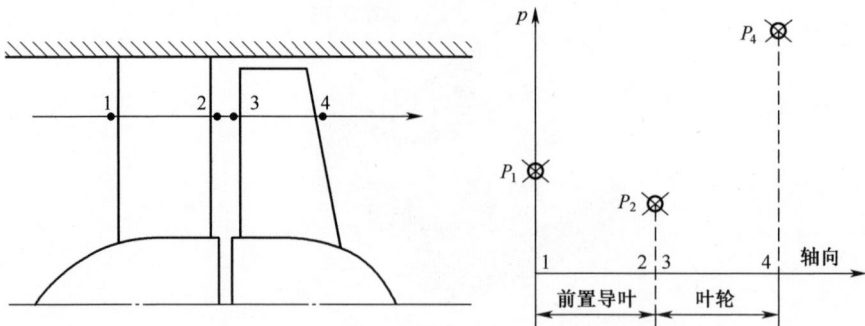

图 4.37　前置导叶泵沿流线方向的静压分布

③ 叶轮前后的轴面速度相等,即轴向诱导速度为 0。

1) 对前置导叶泵导叶列伯努利方程

$$Z_1 + \frac{P_1}{\gamma} + \frac{V_1^2}{2g} = Z_2 + \frac{P_2}{\gamma} + h_{1-2} + \frac{V_2^2}{2g} \qquad (4.109)$$

其中 Z 为位能,从点 1 到点 2 的水力损失计为 h_{1-2}

因为
$$V_2^2 = V_{2m}^2 + V_{2u}^2 \qquad V_1 \approx V_{2m} \qquad (4.110)$$

故
$$P_2 = P_1 - \frac{\rho}{2} \cdot V_{2u}^2 - \gamma \cdot h_{1-2} \qquad (4.111)$$

2) 对前置导叶泵叶轮列相对运动的伯努利方程

$$Z_3 + \frac{P_3}{\gamma} + \frac{W_3^2 - U_3^2}{2g} = Z_4 + \frac{P_4}{\gamma} + \frac{W_4^2 - u_4^2}{2g} \qquad (4.112)$$

在液体的绝对运动中能量 E 是位能、压能和动能之和,即

$$E = Z + \frac{P}{\gamma} + \frac{V^2}{2g} \qquad (4.113)$$

$$Z_3 + \frac{P_3}{\gamma} = E_3 - \frac{V_3^2}{2g} \qquad\qquad Z_4 + \frac{P_4}{\gamma} = E_4 - \frac{V_4^2}{2g}$$

将上面两式代入(4.112),可得:

$$E_3 - \frac{V_3^2}{2g} + \frac{W_3^2 - U_3^2}{2g} = E_4 - \frac{V_4^2}{2g} + \frac{W_4^2 - U_4^2}{2g}$$

进出口液体能量的增值即理论扬程:

$$H_T = E_4 - E_3 = \frac{W_3^2 - W_4^2}{2g} + \frac{U_4^2 - U_3^2}{2g} + \frac{V_4^2 - V_3^2}{2g} \qquad (4.114)$$

而由方程(4.113)可知:

$$H_T = E_4 - E_3 = (Z_4 - Z_3) + \frac{P_4 - P_3}{\gamma} + \frac{V_4^2 - V_3^2}{2g} \qquad (4.115)$$

令式(4.114)等于式(4.115),得

$$\frac{W_3^2 - W_4^2}{2g} + \frac{U_4^2 - U_3^2}{2g} + \frac{V_4^2 - V_3^2}{2g} = (Z_4 - Z_3) + \frac{P_4 - P_3}{\gamma} + \frac{V_4^2 - V_3^2}{2g}$$

对于轴流泵叶轮, $U_3 = U_4$, $Z_3 = Z_4$, 考虑到从点3到点4的水力损失 h_{3-4}, 可得

$$\frac{P_4 - P_3}{\gamma} = \frac{W_3^2 - W_4^2}{2g} - h_{3-4} \qquad (4.116)$$

$$P_4 = P_3 + \frac{\rho}{2}(W_3^2 - W_4^2) - \gamma \cdot h_{3-4} \qquad (4.117)$$

综上可得前置导叶喷水推进轴流泵沿流线方向的静压公式:

$$\begin{cases} P_2 = P_1 - \dfrac{\rho}{2} \cdot V_{2u}^2 - \gamma \cdot h_{1-2} \\ \\ P_4 = P_3 + \dfrac{\rho}{2}(W_3^2 - W_4^2) - \gamma \cdot h_{3-4} \end{cases} \qquad (4.118)$$

可以看出,与后置导叶泵相比,前置导叶泵叶轮进口处压力下降较大,空泡数减小,给叶轮的抗空泡设计增加了难度。但经前置导叶整流,作为转动部件的叶轮进流更均匀,压力脉动小,有利于降低推进器水动力噪声和激励力。

4.5.2.3 前置导叶泵的军事应用前景

与后置导叶泵相比,前置导叶泵具有以下优点和特点:

① 前置导叶均整来流,叶轮进流均匀,压力脉动小,水动力噪声及激励力小;

② 泵出口无周向速度,无须设置后置导叶,在保证效率的同时结构紧凑。

潜艇泵喷推进器是前置导叶泵的主要应用领域[32][33]。推进器噪声是潜艇主要噪声源之一,降低推进器噪声已成为提高潜艇声隐身及隐蔽性能的有效手段。推进器噪声控制经历了由普通螺旋桨,到低噪声的五叶桨、七叶大侧斜螺旋桨,再发展到泵喷推进器几个阶段。应用研究表明,泵喷推进可降低潜艇辐射噪声、提高低噪声临界航速,已成为安静型核潜艇推进方式的首选和发展趋势。公开资料分析显示,国际上近期服役或正在建造的核潜艇绝大部分采用了前置导叶泵喷,如英国"机敏级"(图4.38)、法国"凯旋级"(图4.39)和美国"弗吉尼亚级"(彩图4.40)等。前置导叶泵作为泵喷推进的核心部件,在构型布置和低噪声特性上表现出了独特优势,受到各海军强国的极大关注。

图 4.38　英国"机敏级"

图 4.39　法国"凯旋级"

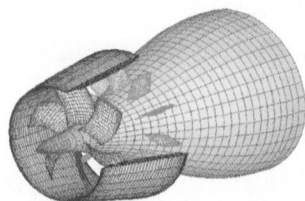

图 4.40　美国"弗吉尼亚级"(前置导叶泵示意图)

此外,猎/扫雷舰、护卫舰、驱逐舰等新一代水面舰船对水下辐射噪声提出了更高的要求,对低噪声推进器的需求日益迫切,前置导叶泵的低噪声特性适应上述需求,军事应用前景广阔。

前置导叶泵轴向尺寸小、重量轻,在空间尺寸和重量限制严格的两栖车辆上具有广阔的军事应用前景。

4.5.2.4 前置导叶泵水动力设计

在4.5.2.2节中建立的前置导叶泵的流态、水流质点运动的数学模型是探究前置导叶泵设计方法的理论基础,也是设计方法的依据。

下面从比转速 n、直径 D、毂径比、栅距比等方面,对前置导叶泵的水动力设计展开探讨。

1) 比转速 n_s

根据经典的叶片泵理论,按比转速由小到大,叶片泵可分为离心泵、混流泵与轴流泵。一般而言,离心泵的比转速为 $40 \sim 350$,混流泵的比转速为 $250 \sim 600$,轴流泵的比转速为 500 以上,并且比转速越高,扬程越低。

应用于潜艇泵喷推进器的前置导叶泵,根据主参数选择及系统损失计算可知,其流量大、扬程低,比转速一般在 1000 以上,属于轴流泵范畴。

2) 叶轮特征直径 D

传统的后置导叶轴流泵叶轮直径的确定方法一般采用鲁德涅夫推荐的公式确定,即叶轮直径根据轴面速度来确定,轴面速度:

$$V_Z = (0.06 \sim 0.08)(n^2 Q)^{1/3} \tag{4.119}$$

在不考虑叶片排挤的条件下,根据液流的连续性条件,轴面速度:

$$V_Z = \frac{4Q}{\pi D^2 (1 - d_h^2/D^2)} \tag{4.120}$$

在给定设计参数的条件下,根据式(4.119)与(4.120)计算可确定叶轮直径。

此方法适用于对流量系数要求不高的轴流泵,不适用于对装置体积严格控制的喷水推进前置导叶泵。由于叶轮直径 D 关系到前置导叶泵的型号规格并且牵涉到汽蚀性能,采用前述"喷水推进混流泵可控速度矩设计"部分中关于流道特征尺寸的研究成果更合适。即叶轮直径:

$$D \geqslant \frac{0.3016}{(1 - \bar{d}^2)^{0.25}} \cdot \sqrt[4]{\lambda_1 + \frac{\lambda_2}{\sin^2 \beta_{1\wedge}}^3} \sqrt{\frac{QC}{n}} \tag{4.121}$$

式中 λ_1——叶轮叶梢进口速度比其平均值增加的修正系数;

   Λ_2——叶栅汽蚀修正系数;

   $\beta_{1\wedge}$——叶轮叶梢处入口角;

Q——泵的流量(m^3/s)；

n——叶轮转速(r/min)；

C——泵的汽蚀比转速；

$\bar{d}$——毂径比。

众所周知，推进器效率、空泡、噪声特性均与叶轮特征直径 D 直接相关，且上述特性相互制约，叶轮直径 D 需根据设计目标权衡考虑最终确定。

3）毂径比 $\bar{d}$

毂径比 $\bar{d} = d_h/D$ 为叶根处轮毂直径 d_h 与叶梢处轮缘直径 D 的比值，其值与比转速密切相关。在叶梢直径确定的条件下，毂径比直接决定了过流面积的大小，因而关系到轴面速度进而影响叶片安放角。对于低比转速轴流泵，其流量较小，扬程较高，此时宜增加毂径比，一方面提高叶根剖面做功能力，另一方面保证从叶根到叶梢各剖面叶片安放角合理，避免叶片过分扭曲；而对于高比转速泵，其流量大，扬程低，减小毂径比能增加过流面积，降低轴面速度，有利于汽蚀性能。

对于传统的后置导叶轴流泵，轴流泵模型毂径比与比转速关系见表 4.2。彩图 4.41 为统计的毂径比与比转速关系曲线，其中曲线 Ⅰ 为从我国优良的轴流泵的统计数据得到，曲线 Ⅱ 为从日本轴流泵的统计数据得到，曲线 Ⅲ 为巴比尔所提出的曲线，曲线 Ⅳ 为普弗莱德尔提出的。

表 4.2　统计的毂径比与比转速关系表

n_s	500	600	700	800	900	1000	1100
$\bar{d}$	0.50~0.63	0.46~0.59	0.44~0.546	0.40~0.53	0.37~0.50	0.35~0.48	0.33~0.46

由于前置导叶泵为高比转速轴流泵，其比转速一般为 1000~1500，借鉴后置导叶轴流泵的毂径比统计数据，并考虑喷水推进前置导叶泵特殊的应用环境及与载体的适配性，其毂径比应选在 0.3~0.4，比转速高者往低值方向取，反之往高值方向取。

4）叶片数选取

对于传统的后置导叶泵，在不考虑噪声的条件下，通常认为叶轮叶片数与比转速关系密切，即叶轮叶片数根据比转速选取，泵比转速低者，其扬程高，需要较多的叶片数做功，反之者叶片数少。后置导叶泵叶片数与比转速关系的统计规律见表 4.3。

表 4.3　后置导叶泵叶轮叶片数与比转速的关系表

n_s	500	700	1000	1400
z	5~6	4~5	3~4	3

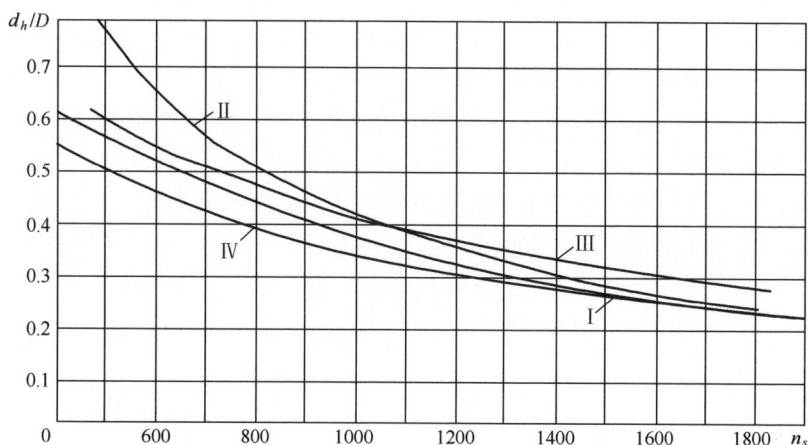

图 4.41 毂径比与比转速关系曲线

从理论上分析,传统后置导叶泵的叶轮与导叶叶片数目的匹配方法可应用于前置导叶泵。对于比转速超过 1000 的前置导叶泵,若以追求效率为首要目标,则叶片数取 3~4 叶为宜;而对于潜艇泵喷用前置导叶泵,降低噪声和激振力是其首要目标,研究低噪声螺旋桨的发展历程,前置导叶泵叶轮叶片数需大幅增加至 7 叶或以上,以抑制推进器低频噪声。

为减小轴向长度,导叶的叶片数目一般较叶轮叶片数目多,并且与叶轮叶片数互质以避免共振,从目前统计数据来看,导叶叶片数一般在 7~13 叶之间。

5) 环量分布

假设泵出口流体中没有周向速度分量,根据前置导叶泵欧拉方程,列出扬程与环量的关系:

$$H_T = \frac{n_0}{g} \cdot z\Gamma_0$$

对于不同半径处:
$$H_T(r) = \frac{\omega}{2\pi g} \cdot \Gamma(r)$$

式中:n_0 为转速;z 为叶片数;Γ_0 为单个叶片的环量。

环量是泵扬程的另一种表征形式,叶片环量分布即代表各部位的负荷和做功能力,其分布形式对泵的水动力、空泡与噪声性能具有决定性影响。

图 4.42 给出了几组典型的沿径向环量分布形式。

曲线 1——根部环量分布系数较小,随着直径增大逐步增大,考虑叶梢间隙的影响,梢部略有下降。该环量分布形式以提高效率为首要目标。

曲线 2、3、4——根部和梢部环量分布系数下降显著,表明其根部和梢部负荷大幅下降,该类环量分布形式以抑制毂涡和梢涡空泡为出发点。其中曲线 2 和 4 在梢部区域曲率进一步平缓,为从减小梢部负荷梯度的角度出发,提出的抑制梢涡空泡的措施。

在设计过程中,叶片负荷分布的剧烈变化可能引起径向速度梯度,进而形成二次流,会对水动力效率、空泡和噪声性能产生极为不利的影响,而应予以高度关注。

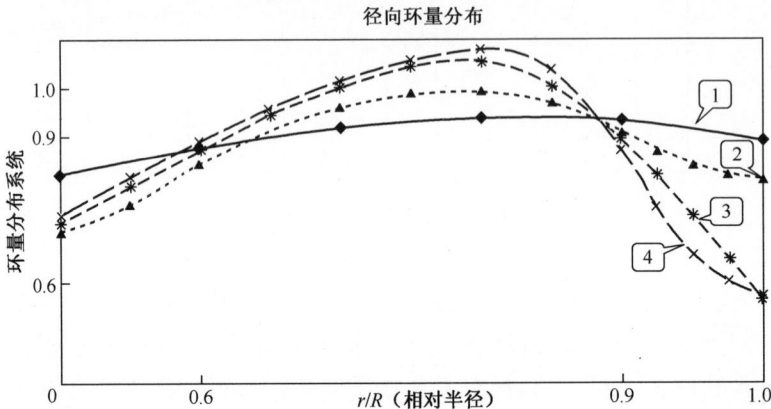

图 4.42　沿径向环量分布形式

6) 侧斜选取

对潜艇泵喷,前置导叶泵在艇后非均匀的伴流场中,叶轮旋转一周,叶片各半径剖面的来流攻角随着导叶后伴流的时刻变化,导致叶轮叶片上承受周期性变化的力,这种非定常载荷会使叶轮产生激振力。理论和试验研究发现,良好的侧斜分布可以使叶轮各半径剖面不同时进入不均匀流场,从而有效降低前置导叶泵叶轮产生的激振力,不仅有利于降低前置导叶泵本身的直发声,而且可减小激振力所引发的艇体振动及辐射噪声。

侧斜分布的选择要结合伴流场的各阶谐频分量一起考虑,使侧斜分布与伴流场相互配合,得到较好的减振、降噪效果。

7) 前置导叶水动力流线设计方法

从图 4.36 中可见,对于导叶进口,由于导叶不旋转,其叶栅为静止叶栅,没有牵连运动,液流相对运动与绝对运动重合。导叶进口水流无旋,水流方向为轴向,其大小与流量 Q 相关,在不考虑轴面速度沿径向分布不均匀的条件下(在工程上具有足够的精度),进口速度:

$$V_1 = Q/A\tau_1 \tag{4.122}$$

式中：A——过流截面积；

τ_1——进口处叶片厚度引起的阻塞系数；

导叶进口液流角 $\alpha_1 = 90°$（图 4.43）。

对于导叶出口，与导叶进口相比，导叶出口处不仅有轴向速度 V_2，还有导叶叶栅诱导的周向速度 V_{u2}，由于水流的连续性，$V_{z2} = V1 = Q/A\tau_2$，周向速度的大小与环量 Γ 及理论扬程 H 密切相关，根据轴流泵叶轮的欧拉方程，在不考虑进口周向诱导速度的条件下，有

$$H_T = uV_{u2}/g = \Gamma\omega/(2\pi g)$$

$$V_{u2} = H_T g/u = \Gamma\omega/(u2\pi)$$

轴向速度与周向速度的合成即为导叶出口液流速度 V_2，其方向由导叶出口液流角 $\alpha_2 = \arctan(V_{z2}/V_{u2}) = \arctan(Qu/A\tau_2 gH_T)$ 确定。在确定了泵直径、毂径比、叶片数目的前提下，根据泵外特性参数，可精确计算出前置导叶液流进出口速度大小与方向。

前置导叶栅距比 l/t：栅距比 l/t 是推进泵设计的重要参数之一，对水动力性能影响很大。对于后置导叶，l/t 关系到导叶的扩散程度、摩擦阻力及整流到位与否，这两者均与损失（效率）相关；对于前置导叶，栅距比关系到摩擦阻力与所产生的预旋是否恰到好处，使叶轮有较稳定的来流，因而前置导叶栅距比在影响损失的同时，决定了叶轮与导叶的匹配是否最佳，进而影响噪声性能。

因噪声控制需要，在前置导叶叶片数确定的情况下，栅距 t 已经确定了，因而研究栅距比在本质上是研究弦长 l。弦长 l 较大时，对水流的导向性较好，能使水流出口角度与导叶出口安放角基本一致，但摩擦损失增加；反之，摩擦损失较小，但水流实际出口角小于导叶出口安放角，为保证预旋，导叶出口安放角需要加大。因而导叶弦长 l 与出口安放角存在最佳匹配问题，保证预旋并使损失最小是目的，可以通过 CFD 技术进行正反问题迭代设计达到。

前置导叶骨线半径与厚度：在确定了前置导叶进出口安放角与弦长后，接下来需要确定导叶骨线圆弧半径与厚度分布。此处假定导叶出口安放角与出口液流角一致，实际情况是安放角较液流角略大，根据下图可知，导叶骨线圆弧圆心角 $\beta \approx \alpha_2$，则骨线圆弧半径。

$$R = l/\sin(\beta/2)/2$$

圆弧翼型的安置角为 $\beta/2$（相对轴向）或者 $90°-\beta/2$，相对周向。至此圆弧翼型骨线的参数全部确定，接下来需要加厚以形成叶片。

导叶加厚牵涉到两方面的问题，一是结构强度，二是水动力性能。对于强度问题，需要通过结构计算来确定，一般通过保证一定的剖面面积来满足；对于水动力性能问题，通常选择沿骨线厚度变化来满足，最简单方法是在确定最大厚度

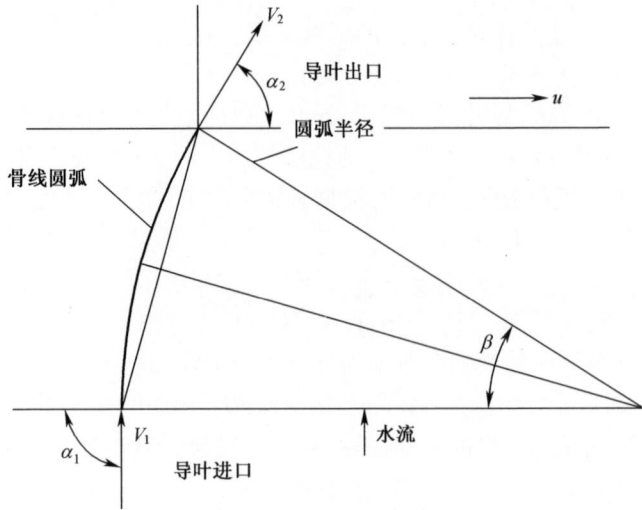

图 4.43　导叶圆弧骨线几何图

的基础上,选择水动力性能优秀的翼型厚度分布规律。

8) 叶轮升力设计法

经过多年的理论探索与设计实践,常规的后置导叶轴流泵叶轮的升力设计理论与方法目前很成熟,但对于多叶片数且比转速很高的前置导叶轴流泵的叶轮,用升力设计需要解决三方面的问题。首先是叶轮叶栅进出口条件与后置导叶的叶轮相去甚远,设计必须考虑到进口有前置导叶诱导的圆周分速度,出口要求无旋。其次,由于要兼顾噪声,叶片数很多,而泵扬程很低,如何选择栅距比 l/t 很关键。最后,即使对于比转速 1000 以上的传统后置导叶轴流泵,升力法设计中的一些经验系数仍然有待优化,对于前置导叶轴流泵叶轮,更是需要进一步研究加以发展完善。

从图 4.36 前置导叶泵导叶、叶轮叶栅布置与水流质点的速度三角形分析,在不考虑损失的条件下,叶轮进口绝对速度 V_3 与导叶出口绝对速度不仅大小相等,而且方向相同,即:

$$V_3 = V_2$$

由此派生出两者周向与轴向分速度均相同,即:

$$V_{u3} = V_{u2} ,\ V_{z3} = V_{z2}$$

由于叶轮的旋转,叶轮进口处液流不仅有相对运动 W_3,还有牵连运动 $u = 2\pi r n/60$,两者的合成即为液流的绝对运动 V_3,根据速度矢量 u、V_{z3}、V_{u3},可作出叶轮进口速度三角形,见图 4.44 叶轮进口部分。

140

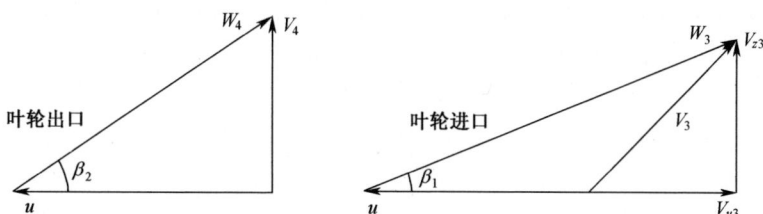

图 4.44　叶轮进出口速度三角形

从叶轮进口速度三角形可见,相对速度周向分量为牵连速度 u 与绝对速度周向分量之差,由于两者方向相反,不考虑方向的话,为两者的代数和,即:

$$W_{u3} = u + V_{u3}$$

相对速度轴向分量与绝对速度轴向分量大小相等,方向也相同,即:

$$W_{z3} = V_{z3}$$

叶片进口安放角:

$$\beta_1 = \arctan(V_{z3}/(u + V_{u3})) = \arctan(Q/A\tau_3(2\pi rn/60 + gH_T/u))$$

对于叶轮出口,理论上要求叶轮出口液流无旋,所以出口绝对速度只有轴向分量,没有周向分量,考虑到连续性条件,有

$$V_4 = V_{z3}$$

同时,叶轮旋转产生的牵连速度 u 需要被相对速度所平衡,即:

$$W_{u4} = u = 2\pi rn/60$$

叶轮出口相对液流角:

$$\beta_2 = \arctan V_4/u = \arctan(60Q/A\tau_4 2\pi rn) \tag{4.123}$$

这样,根据输入条件中的流量 Q、扬程 H、转速 n、效率 η 等外特性参数,可精确分析计算出导叶、叶轮叶栅进出口液流的平均速度及液流角。

与导叶相比,由于叶轮存在旋转运动,因而叶轮内的流态更复杂,叶轮的栅距比对泵性能的影响比导叶的更大。

根据轴流泵的翼型升力理论,当泵的外特性参数、结构参数及环量分布系数确定后,升力系数 Cy 与栅距比 l/t 之积基本确定。这样各剖面的水动力性能取决于栅距比。当 l/t 取得过大时,叶栅影响增加及水流摩擦损失也增加,导致水力效率降低;l/t 取得过小时,则剖面升力系数增加,使得拱度、攻角与厚度比均较大,易导致空泡发生。与后置导叶泵的叶轮相比较,前置导叶泵的叶轮进口压力低,更容易发生空泡。值得注意的是,低噪声喷水推进前置导叶轴流泵由于叶片数很多,扬程又很低,给弦长的选取增加了很大的难度。如果弦长取得较长,叶栅影响较大,加上堵流及摩擦,效率很难保证;如果弦长取得较短,考虑到强度问题,厚度必须增加,厚度比增大,容易空泡且流场均匀性较差,噪声性能较差。因而低噪声前置导叶轴流泵设计难度非常大,需要在效率与噪声之间平衡,除了环量外,另一个关键点就是弦长 l 的选取。

弦长 l 选取的一个基本原则是,在叶梢处由于空泡易发生,l 的选取主要考虑空泡要求;叶根处则主要从考虑强度的要求出发,选取适当的叶片厚度及弦长以保证低阻性能。中间剖面可以考虑采用后置导叶泵叶轮弦长的确定方法。

前置导叶泵水动力设计除上述介绍升力线法外,螺旋桨基于势流理论发展的升力面法、面元法等三元设计方法在喷水推进泵设计领域也开展了应用。目前有研究人员从工程设计角度出发,尝试开发一种推进泵与螺旋桨设计相融合的设计方法——设计 S_2 流面,暂不考虑 S_1 流面(周向)不均匀性。设计思路上综合现有的轴流泵、混流泵设计思路,数学物理模型上整合混流泵三元可控速度矩模型和螺旋桨升力面(涡格法)模型。

该方法将继承混流泵三元可控速度矩设计的数学物理模型,与轴流泵的周向速度设计相比,速度矩设计能正确描述旋转收缩/扩张流道中的流动。因此,以可控速度矩方法的 S_2 流面速度梯度方程为核心搭建斜流泵(也称混流泵)设计方法。

混流泵三元速度矩设计方法中,S_1 流面速度梯度方程并不影响骨面形状,其作用是根据骨面形状及厚度分布,计算三元流场进而估算损失、滑移等,评估性能。前置导叶推进泵叶片数一般较多,相比于混流泵,其周向不均匀度较小。从快速性和准确性综合考虑,暂不考虑 S_1 流面速度梯度方程。

在骨面的求解问题上,借鉴螺旋桨升力面设计采用涡格法的处理方法,将骨面离散成一系列网格,进而建立马蹄涡系,并求解涡系在骨面各网格处的诱导速度,进而计算骨面网格的安放角。计算涡格涡线诱导速度的常用公式,毕奥—萨瓦公式指出,诱导速度与涡线和目标点之间的方向矢量大小有关,因此在涡格法的物理模型推导过程中已经考虑了侧斜、纵斜对叶片诱导速度的影响。计算过程中,需与 S_2 流面速度梯度方程结合,以物面边值条件为约束,经过迭代达到设计速度矩分布。

按涡格法的通常做法,将叶片厚度以放置于骨面上的源、汇分布代替,在骨面两侧计算厚度引起的诱导速度,借此可以将厚度影响也整合到骨面设计中。

设计方法开发过程中,视开发具体情况而定,可以加入子午线方向速度矩分布的自由度,让设计人员可以更好地控制叶片的载荷分布。

142

4.6 导管桨是高比转速喷水推进轴流泵[17]

4.6.1 导言

20世纪80年代外置式喷水推进装置在中国问世后,就有造船界的人员提出轴流泵和导管桨同异的疑问。随着潜艇喷水推进(泵喷)的研究开发,到底是用桨还是用泵的概念和方法来设计泵喷,又成为热点。因而弄清喷水推进轴流泵和导管桨的关系已迫在眉睫。

早在1998年10月在阿姆斯特丹召开的皇家造船工程师学会关于喷水推进新发展的国际会议上,由T. L. Allison等发表的《用于喷水推进泵设计的现代化手段及该领域内的近期发展》[8]一文已明确指出轴流式泵喷和相关导管桨的关系。1985年中国MARIC开发的外置式喷水推进组合体,在国际上引起造船界的关注。为此,王立祥、张新撰写了《喷水推进轴流泵与导管桨》一文发表在《船舶工程》上[34],经论证后明确指出导管桨是高比转速轴流泵。

本节就从水动力性能上详细推导两者的关系,阐明将导管桨纳入喷水推进轴流泵范畴的理论依据。

喷水推进轴流泵和导流管螺旋桨,都是推动舰船或水上载体航行的推进装置,喷水推进轴流泵可分为内藏式(图1.7)和外置式(图4.45)两种,导管螺旋桨(图4.46)与外置式喷水推进轴流泵相比较[35],除没有导叶处,其余的结构两者基本相同。

为了说明导管桨与喷水推进轴流泵的关系,有必要回顾一下历史。

1926年德国工程师柯特(Kort)在内河88.2kW拖船上,进行喷水推进试验,其系统布置如图4.47所示。

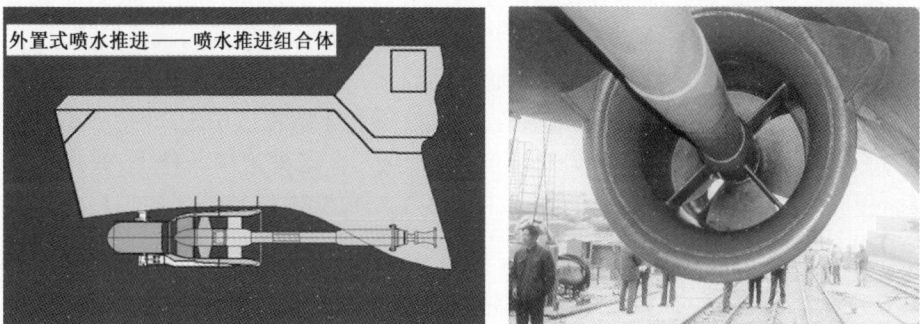

图4.45 外置式喷水推进轴流泵

不久柯特便放弃这种长管道,因为试验证明短管道效率更高,后来短管道发展成有名的柯特导管桨。

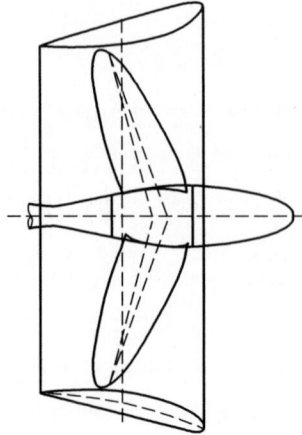

图 4.46　导管螺旋桨

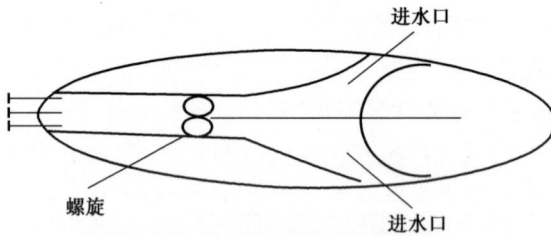

图 4.47　早期的喷水推进装置

1998 年 10 月在阿姆斯特丹召开的皇家造船工程师学会关于喷水推进最新发展的国际会议文集中,J. L. Allison 等[36]指出:"早期喷水推进器的轴流泵是从相反的过程得到的,即把开式螺旋桨放入导管,使推进器家庭出现我们所知的轴流式泵喷和相关的导管桨,也产生了今天众多喷水推进器的内藏式轴流泵"。

由此可以看出,导管桨是喷水推进技术发展的产物,它属于喷水推进泵的范畴,值得指出的是,开式螺旋桨放入管道内,在受约束的水流中工作,边界条件变了,还用螺旋桨的设计思路和方法就值得商讨了,在这种边界条件下,采用轴流泵的设计思路和方法相对更为合理,下面从不同角度探讨导管桨和轴流泵的内在关系,寻求导管桨新的设计思路和方法。

4.6.2　导管桨是不加装导叶的轴流泵

从轴流泵的速度三角形[3,20](图 4.48)可知,利用相对运动的伯努利方程或动量矩定律均可推导出泵的基本方程式—欧拉方程：

$$H_T = \frac{uV_{u2} - uV_{u1}}{g} = \frac{u(V_{u2} - V_{u1})}{g} \qquad (4.124)$$

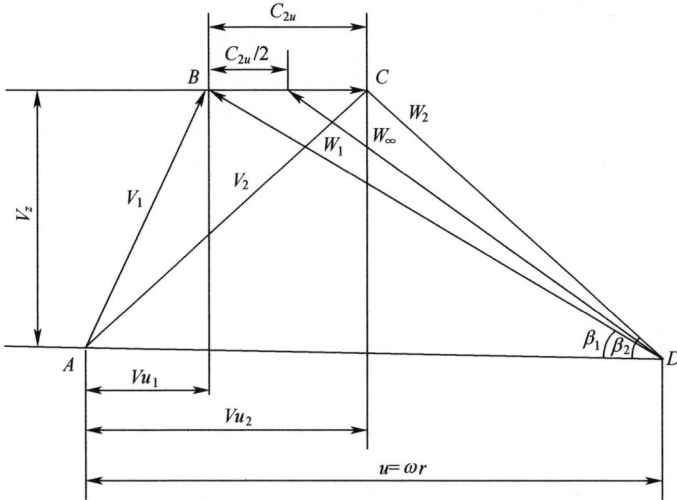

图 4.48　轴流泵的速度三角形

在轴流泵中一般 $V_{u1} = 0$，即水流进入叶片时无预旋，则有：

$$H_T = uV_{u2}/g = uC_{2u}/g \qquad (4.125)$$

式中：H_T 为理论扬程，m 水柱；

图 4.49 为轴流泵叶轮及导叶的速度三角形。

其中，V_1、V_2 分别为叶轮叶片进出口处的绝对速度；V_3 为导叶进口处的绝对速度；V_∞ 为无限叶片数叶轮的绝对速度（角标 ∞ 表示叶片数无限多）；W_1、W_2 分别为叶轮叶片进出口的相对速度；W_∞ 为无限叶片数叶轮的相对速度；u 为圆周速度，$u = \omega r$；V_{u1}、V_{u2} 分别为叶轮叶片进出口处绝对速度的圆周分量；V_z 为轴面速度，是绝对速度在轴面上的投影量；β_1、β_2 分别为叶轮叶片进出口处相对液流角；α_3、α_4、α_k 分别为导叶进出口处和无限叶片数时绝对液流的液流角；C_{2u} 为周向诱导速度（m/s）。式（4.124）和（4.125）表明轴流泵的理论扬程是由周向诱导速度 C_{2u} 产生的。

从图 4.48 和图 4.49 可知，在轴流泵中，水流离开叶轮时，还以 C_{2u} 的切向速度做旋转运动，如果让旋转的水流从喷口直接喷出，水流的旋转动能就全部损失掉。为了提高效率，在轴流泵叶轮后面安放了专门设计的导叶，用以将液流的旋转动能转化为压力能。

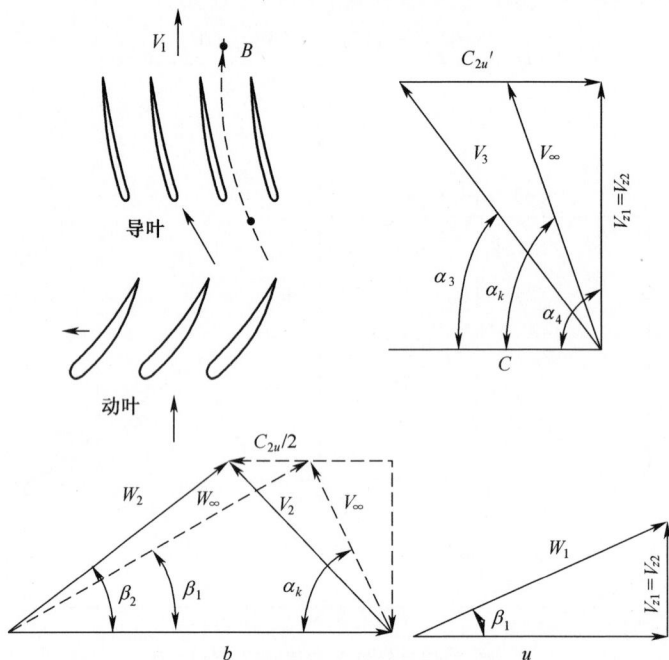

图 4.49　轴流泵叶轮及导叶的速度三角形

　　轴流泵对应的比转速 n_s 的范围一般在 500~2000 之间[37]，这只是大概的范围，后面还会讨论到，轴流泵的比转速的范围上限可达到 3000 左右。

　　比转速 n_s 的表达式为

$$n_s = 3.65 \frac{n\sqrt{Q}}{H^{3/4}} \tag{4.126}$$

式中：Q 为流量，m^3/s；H 为扬程，m 水柱；n 为转速，r/min。由式（4.125）和式（4.126）可知，在流量和转速保持不变的情况下，扬程高比转速低，扬程低比转速高，扬程高低直接与周向诱导速度有关，周向诱导速度 C_{2u} 大相对扬程高。同时必须看到 C_{2u} 又与旋转动能损失有关，即 C_{2u} 大，导叶需要将旋转速度动能转化为压力能的能力要大，C_{2u} 小则反之。进而言之，低比转速轴流泵导叶回收旋转动能损失的能力相对较强，高比转速轴流泵导叶回收旋转动能损失的能力较小。

　　大量水力模型试验证明[3]，对于 $n_s = 1000$ 左右的轴流泵，导叶将旋转动能转化为压力能的能力大约占总压的 10%，随着比转速的增加，这种能力下降。

　　导叶在回收能量的同时会带来相应的损失，如形状损失、摩擦损失和阻塞损失等。高比转速轴流泵的扬程相对较小，C_{2u} 相对较小，导叶回收能量的能力相对也较小，但导叶带来的各种损失不会有太多的减少，可能导致安装导叶后总效率反而降低，所以高比转速轴流泵是否需要加装导叶，需进行认真分析。比转速达到 2500 以上后，应视具体情况考虑是否需要加装导叶，导管桨就是如此，它是不加装导叶的轴流泵。

4.6.3 喷水推进轴流泵与导管桨的设计机理对比

喷水推进泵设计，追求的是流量系数 K_Q 和扬程系数 K_H；导管桨设计，追求的是推力系数 K_T 和扭矩系数 K_N，K_T 和 K_N 直接与进速系数 J 有关。

普通螺旋桨设计追求的是叶片上的推力，其特征表达参数主要是推力系数 K_T 和进速系数 J。导管桨作为推进器，沿用螺旋桨的表达方式，其特征参数也是进速系数 J 和推力系数 K_T。

导管桨由于在桨叶外加装了导管，形成了固壁流道，它能聚积扬程，精确地界定流量，具备了泵的宏观特征，那它必定能用泵的特征主参数——流量系数 K_Q 和扬程系数 K_H 来表示。这样，推演并建立进速系数 J、推力系数 K_T 与流量系数 K_Q、扬程系数 K_H 的定量关系式就很有必要。

导管桨的进速系数 J：

$$J = V_A / nD \tag{4.127}$$

式中：V_A 为叶轮进口前水的平均进速；n 为桨叶转速；D 为桨叶的直径。

叶片泵的流量系数 K_Q，是由相似准则的斯特劳哈数演变过来的，其表达式为

$$K_Q = Q / nD^3 \tag{4.128}$$

式中：D 为叶轮的直径。

对照图 4.50 导管桨进流图，对进速系数 J 与流量系数 K_Q 的定量关系式，可从下面的推演中获得，即：

$$K_Q = \frac{Q}{nD^3} = \frac{1}{nD} \cdot \frac{Q}{D^2} = \frac{1}{nD} \cdot \frac{1}{D^2} \left[V_A \frac{\pi}{4} (D^2 - d^2) \right]$$
$$= \frac{1}{nD} \left[V_A \frac{\pi}{4} (1 - \overline{d}^2) \right] = \frac{\pi}{4} (1 - \overline{d}^2) \frac{V_A}{nD} = \frac{\pi}{4} (1 - \overline{d}^2) J \tag{4.129}$$

式(4.129)就是导管桨的流量系数 K_Q 与进流系数 J 的定量关系式，其中 $\overline{d}$ 为叶轮毂径比。

导管桨的推力系数 K_T，其表达式为

$$K_T = T / \rho n^2 D^4 \tag{4.130}$$

式中：T 为桨叶推力，ρ 为水的密度，n 为桨叶转速，D 为桨叶直径。

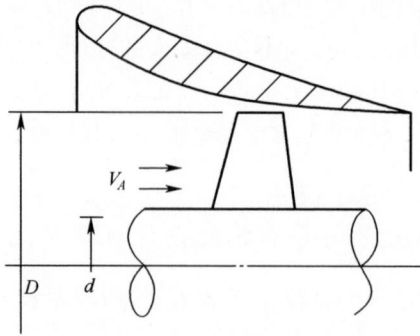

图 4.50 导管桨进流

叶片泵的扬程系数 K_H，是相似准则的欧拉数演变过来的，其表达式为

$$K_H = H/n^2 D^2 \tag{4.131}$$

式中，H 为泵的扬程，亦可解释为导管桨叶旋转产生的扬程；n 为桨叶转速；D 为桨叶直径。

既然导管桨能聚积扬程，精确地界定流量，则桨叶所做的有用功率应是 $\rho g Q H$。导管桨工作时，桨叶上受到推力 T，反过来桨叶以同样大小方向相反力 T 作用在水上，使水以 V_A 速度运动，此时水的有用功又可表示为 $T V_A$。这是导管桨做功的二种表达式，大小相等，即

$$T V_A = \rho g Q H \tag{4.132}$$

将式(4.129)、式(4.130)和式(4.131)代入式(4.132)可得

$$K_T \rho n^2 D^4 V_A = \rho g K_Q n D^3 K_H n^2 D^2$$

$$K_T \frac{V_A}{nD} = g K_Q K_H, K_T J = g K_Q K_H \tag{4.133}$$

$$K_H = \frac{K_T}{g} \cdot \frac{J}{K_Q}$$

将式(4.129)代入式(4.133)最后可得

$$K_H = \frac{4}{g \pi (1 - \bar{d}^2)} K_T \tag{4.134}$$

式(4.134)就是导管桨的扬程系数与推力系数定量关系式。这样，当知道了导管桨的进速系数 J 和推力系数 K_T，按下式就可求出导管桨的流量和扬程，即

$$\begin{cases} Q = \dfrac{\pi}{4}(1 - \bar{d}^2) J(nD^3) \\ \\ H = \dfrac{4K_T}{g \pi (1 - \bar{d}^2)} (nD)^2 \end{cases} \tag{4.135}$$

148

反过来,当知道导管桨的流量 Q 和扬程 H 后,利用式(4.135)也能方便地获得导管桨的推力系数以及进速系数。既然导管桨的进速系数和推力系数与轴流泵的扬程系数和流量系数有内在的联系,因而两者在设计机理上是相通的,在设计上都采用环流理论。这样用轴流泵的设计思路来设计导管桨是可行的。

4.6.4 导管桨的比转速

叶片泵在最佳工况条件下叶轮特征尺寸和叶片形状与比转速存在着对应关系,导管桨也同样遵循这些内在规律。这样,建立导管桨比转速的概念并进行比转速计算就十分必要了。

将式(4.135)代入式(4.126),可获得导管桨的比转速。

$$n_s = 3.65 \frac{n \sqrt{\frac{\pi}{4}(1 - \bar{d}^2) J(nD^3)}}{\sqrt{\left(\frac{4K_T}{g\pi(1 - \bar{d}^2)}\right)^3} \sqrt[4]{(nD)^6}} \cdot \frac{J}{K_Q} = 897.534 (1 - \bar{d}^2)^{\frac{5}{4}} J^{\frac{1}{2}} K_T^{-\frac{3}{4}}$$

$$(4.136)$$

式中: J 和 K_T 为导管桨最佳效率处的进速系数和推力系数, $\bar{d}$ 为导管桨的轮毂比。

利用式(4.136),对系列设计型谱中 $N_O.19 + K_\alpha 3 - 65$、$N_O.19.4 + K_\alpha 4 - 70$ 等导管桨的比转速进行了计算,计算结果如下:

(1) 普通导管桨比转速 n_s 在 1600～3500 之间;

(2) 带前置导叶的导管桨比转速 n_s 在 2700～3800 之间;

(3) 带后置导叶的导管桨比转速 n_s 为 1100 左右。

计算结果进一步表明导管桨是高比转速轴流泵,经比较还发现,导管桨与同样比转速的轴流泵相比效率要低,因而提高导管桨的性能存在着较大空间。

4.6.5 结论

翻阅所有关于导管桨的文献资料,都没有相应的理论推导和详细的设计方法介绍,只有为数不多的导管螺旋桨系列试验及设计图谱介绍。文献[38]对导管桨的工作原理作了探讨,但忽略了尾流中水流的旋转,不考虑周向速度的回收,因而没有导叶,得出的结果显然比较粗糙,尚可用以定性地分析导管螺旋桨的性能。另外,叶轮和导管的配合间隙取得太大,所有这些致使效率下降。

既然导管桨是高比转速轴流泵,就可借鉴叶片泵的理论体系、设计方法以及成熟的经验来完善导管的研究和设计。有两条途径可走:第一条途径是按导管桨的设计思路,先确定进速系数,推力系数和扭矩系数,再通过式(4.135)计算得到流量、扬程等泵的参数,按轴流泵的设计方法设计叶轮或者有必要时设计导叶;第二条途径是完全按喷水推进泵的设计思路和方法,优化选取推进泵的主要参数后,再按轴流泵的设计方法进行设计。上述两条途径都可用螺旋桨升力面理论来进行力特性的预测和评估,这样既能进行流量、扬程等性能的宏观调控,又能进行流场和压力分布微观细节的把握。这是结合了导管桨和轴流泵各自设计长处,形成的一种新的工程应用设计思路和方法。

4.7 本章结语

本章讨论的是喷水推进泵系统。对喷水推进泵的类型和特殊性做了介绍。在设计理论方面介绍了一元设计理论、二元设计理论和三元设计理论;讨论了液体在泵内流动的运动学,推导出了推进泵水动力基本方程——欧拉方程。然后对喷水推进轴流泵和喷水推进混流泵的水动力设计作了初步的介绍。

在本书第1章"概论"中,已对喷水推进装置的组成做了明确交代,指出推进泵是该装置的主体。在本书2.1节中,已明确喷水推进舰船总体性能把控和喷水推进泵的设计是喷水推进的两大技术关键。《喷水推进技术及工程设计》这本书,探讨的重点是喷水推进舰船总体推进性能的把控理论和方法,即喷水推进理论及喷水推进主要参数优化选择技术。为便于读者能深入对喷水推进总体性能的把控,对组成喷水推进装置的主要分系统,包括推进泵系统做了一定程度的介绍,但其深度是有限的。

由于喷水推进泵系统是喷水推进装置的主体,对推进泵详细的设计理论和方法另有专著进行探讨。感兴趣的读者可查阅《喷水推进及推进泵设计理论和技术》(Design theory and technology of waterjet propulsion and propulsion pump),该专著详细论述了喷水推进轴流泵环量理论设计方法;喷水推进混流泵三元可控速度矩设计理论和方法;前置导叶喷水推进轴流泵、低比转速喷水推进轴流泵设计方法等内容。

参 考 文 献

[1] 王立祥. 船舶喷水推进[J].船舶,1997(3):45-52.

[2] 关醒凡. 现代泵理论与设计[M].北京:中国宇航出版社,2011.

[3] 丁成伟. 离心泵与轴流泵[M].北京:机械工业出版社,1981.

[4] 张克危. 流体机械原理[M].北京:机械工业出版社,2006.

[5] Wu,C.H.,A General Theory of Three—Dimension Flow in Subsonic and Supersonic Turbomechines of Axial, Radial,and Mixed-Flow Type[J]. NACA TN 2604,1952:1-90.

[6] 查森.叶片泵原理及水力设计[M].北京:机械工业出版社,1988.

[7] 袁寿其,施卫东,刘厚林.泵理论与技术[M]. 北京:机械工业出版社,2014.

[8] 曾松祥,王立祥.轴流泵的设计处理[C].船舶喷水推进及轴流式推进泵论文集.上海:中国船舶工业集团公司第七〇八研究所,1992:145-161.

[9] 张新.喷水推进混流泵水动力学设计原理[R],MARIC 内部资料,2006.5

[10] 斯捷潘诺夫 A J. 离心泵和轴流泵理论、设计和应用[M]. 徐行健译.北京:机械工业出版社,1980.

[11] 丁成伟.离心泵和轴流泵原理及水力设计[J].机械工业出版社.1981.

[12] 关醒凡.现代泵技术手册[M].北京:中国宇航出版社,1995.

[13] 潘森森,彭晓星. 空化机理[M].北京:国防工业出版社,2013.

[14] 潘中永,袁寿其. 泵空化基础[M]. 镇江:江苏大学出版社,2013.

[15] Tan D Y, Miorini R L, Keller J. et al. Proceedings of the Eighth International Symposium on Cavitation [C]. Singapore:2012.

[16] Tan D Y, Miorini R L, Katz J, et al. 29th Symposium on Naval Hydrodynamics, August 26-31, 2012 [C]. Gothenburg, Sweden: 2012.

[17] 金平仲,王立祥,洪亥生,等. 喷水推进轴流泵设计[J]. 水泵技术,1976,(4):1-40.

[18] 金平仲,曾松祥,沈奉海,等. 轴流泵的变环量设计方法[J]. 水泵技术,1985,(2):14-20.

[19] 张新. 轴流泵设计中的环量分布与轴面速度分布[J].水泵技术,1984(1).

[20] 施卫东,吴苏青,张德胜等. 叶片数对高比转数轴流泵空化特性的影响[J].农业机械学报,2013.

[21] 蔡佑林,王立祥,张新.混流泵叶轮三元可控速度矩的设计[J].流体机械,2005,33(11):13-15.

[22] 蔡佑林,焦松,王立祥,刘建国.应用可控速度矩设计法设计的喷水推进混流泵试验研究[J].流体机械,2010,38(9):1-4.

[23] 蔡佑林,夏立明,刘建国.喷水推进混流泵流道主参数确定方法与验证[J].船舶,2014(2):58-61.

[24] 卢金铃,席光,祁大同.三元叶轮子午流道和叶片的优化方法[J].西安交通大学学报,2005,39(9):1021-1025.

[25] 张志远,王立祥,蔡佑林.叶片数对喷水推进低比转速轴流泵叶轮水动力性能的影响[J].船舶,2015.26(1):20-24.

[26] 张志远.低比转速喷水推进轴流泵设计方法研究[D].北京:中国舰船研究院,2015.

[27] Youlin Cai, Sheming Fan, Zonglong Wang, Ning L, et al. Proceedings of the Twenty-seventh (2017) International Ocean and Polar Engineering Conference [C], June 25 – 30, 2017. San Francisco, CA, USA: 2017.

[28] 王立祥,朱为民,王泽群.带前置或后置导叶的轴流泵性能试验研究[C],第五届亚洲流体机械国际会议论文集,1997.10,P207.

[29] 吴刚.前置导叶喷水推进轴流泵的研究与设计[D].北京:中国舰船研究院,2005.

[30] 默广斌.喷水推进轴流泵噪声初探[J].机电设备,1997(3):14~16.

[31] 姚惠之,沈泓萃,朱锡清.潜艇前置导叶增效降噪试验机理分析研究[J].船舶力学,Vol.7, No.2, 2003.4.

[32] 王天奎,唐登海.泵喷推进器—低噪声的核潜艇推进方式[J].现代军事,2006(7):52-54.

[33] 刘业宝.水下航行器泵喷设计方法研究[D].哈尔滨:哈尔滨工程大学,2013.

[34] 王立祥,张新.喷水推进轴流泵与导管桨[J].船舶工程,2008(1):26-29.

[35] 王立祥,王泽群.喷水推进组合体——一种新颖的船舶节能推进操纵装置[J].船舶,1999(2):11-16.

[36] Allison J L, Changben Jiang, Stricker J G, et al. Proceedings of the International conference on waterjet propulsion latest developments, The Royal Institution of Naval Architects [C]. Amsterdam, The Netherlands: 1998.

[37] 李世煌.叶片泵的非设计工况及其优化设计[M].北京:国防工业出版社,1986.

[38] 王国强,盛振邦.船舶推进[M].北京:国防工业出版社,1985.

第 5 章　喷水推进管道系统

5.1　喷水推进管道系统概述

5.1.1　喷水推进管道系统的定义与组成

喷水推进管道系统通常是指水流从载体(包括水面和水下)外进入喷水推进器直至离开所流经的全部管路的总和[1]。根据喷水推进器的组成,通常可以划分为进口流道(inlet-duct)段、喷水推进泵段和喷口(nozzle)段。第 4 章已经对喷水推进泵进行了详细介绍,本章只讨论进口流道和喷口以及边界层影响系数等内容。

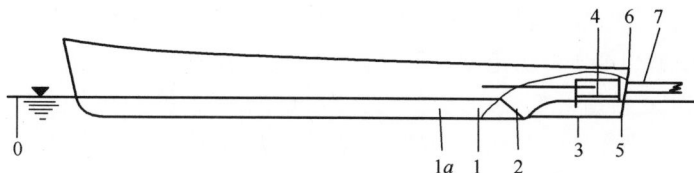

图 5.1　喷水推进管道系统站位定义

0—自由来流;1a—伴流速度剖面;1—进口坡缘切点;2—进口喉面;
3—叶轮进口;4—叶轮导叶界面;5—导叶出口;6—喷口;7—喷口射流收缩断面。

水面载体喷水推进管道系统的布置站位,我们沿用 ITTC(国际拖曳水池会议)的定义[2,3],如图 5.1 所示。1a 站一般定义为 1 站前距离等于进口宽度的位置,此处通常作为喷水推进管道系统动量和能量流的起始计算点或测量点;7 站是喷口射流的最小收缩断面,由于现在的喷水推进装置喷口末端都设计成圆柱形,因此 6 站和 7 站处的截面相差微乎其微,且 7 站面积不易测量,所以通常将 6 站喷口作为管道系统动量和能量流的终止计算点或测量点。这个从 1a 站到 6 站的流管控制体,绝大部分都是由喷水推进装置实体边界围成的,仅存在 1a 站后一块区域至 2 站船体底部是虚拟流管,而这段虚拟流管正是当前喷水推进管道系统研究的热点和难点。

水面载体喷水推进装置除上述的平进水口的管道系统,还有一种冲压式进口,主要用于水翼艇和个别侧壁式气垫船,尽管现在应用极少,但后面还会作一般介绍,本章讨论的重点是使用最多的平进水口的管道系统。

由于水下载体的管道系统和水面载体相比较来说较为简单,且360°周向进流比较均匀,因此本章仍主要以水面航行体的管道系统为介绍内容。但水下航行体的管道系统具有内外流场,可以结合推进器和航行体相互作用和统一流场的理论开展进一步研究。

5.1.2　国内外研究进展情况

根据第3章喷水推进理论分析,我们知道在设计航速和喷水推进泵流量确定后,影响系统效率 η_c 主要有速比 k 和管道损失系数(K_1、K_2、K_3)两个因素。速比由喷口面积决定,管道损失系数则是由喷口损失和进口流道损失共同组成,一般情况下进口流道损失占比较大。因此喷水推进管道系统对推进效率影响较大。

近几十年,喷水推进技术得到飞速发展,其中一个方面就是得益于管道系统关键技术的研究取得了突破,大幅提高了喷水推进的推进效率。具体表现如下。

首先是试验技术上得到了根本性的提升。KAMEWA公司(现在是Rolls-Royce公司的一部分)20世纪80年代起在开式循环水槽上进行喷水推进装置试验研究,其中就包括进口流道的专项试验。以此获得的技术优势使其曾经占据大功率喷水推进装置80%的市场份额上[4]。KAMEWA研究出来的进口流道线型,现在可以从多个小型公司的产品上看出仿制的痕迹。而没有试验设施的喷水推进公司也是想方设法和试验机构合作,如Lips公司(现在是WARTSILA公司的一部分)就曾经和澳大利亚海事学院的空泡水筒合作开展试验研究以验证CFD的计算结果[5]。荷兰海事研究所(MARIN)有个很有名的独立学者Van Terwisga,是喷水推进装置和船体相互作用研究领域的专家,曾担任过两届ITTC喷水推进专家委员会主席[6,7],图5.1就是来源于第23届专家委员会提交的会议报告。在国内,率先开展进口流道试验研究的是中国船舶科学研究中心和上海中国船舶与海洋工程设计研究院(MARIC),早期采用的是在风筒中进行吹试的方法。21世纪初,MARIC建成喷水推进泵综合性能试验台,并在其一个扩展台位上开展了进口流道试验研究,并采用LDV(激光测速仪)对流道入口前的虚拟流管进行了测试。MARIC还在即将建成的带自由液面的循环水槽上设计了专用的进口流道试验台架。

其次是CFD技术的日渐成熟,提高了对进口流道设计水平。KAMEWA公司的水动力研究中心有专门的人员开展CFD的研究工作,从其研究报告看,在低进速比时,损失系数计算结果和试验结果差异略大,但高进速比时的计算结果

154

和试验结果比较吻合[8]。Lips 公司则有一位非常出名的 CFD 研究专家 Bulton，发表了大量的论文，甚至其博士论文也是聚焦于喷水推进装置 CFD 研究上[9]。在国内，开展进口流道 CFD 研究比较早的有武汉理工大学的丁江明[10]和海军工程大学的刘承江等人[11]，MARIC 近年来也在进口流道设计优化中采用了 CFD 技术[12,13]。但总体上来说，CFD 技术目前尚无法取代水力模型试验，计算方法仍需要和模型试验的对比验证中获得改善。

5.2 喷水推进系统的管道损失

前面已经讨论过，减少管道损失，提高系统效率 η_c 是提高整个喷水推进效率的关键之一。

管道损失是指水流进入管道系统后直到从喷口喷出为止的管道内部各种损失，它使水流的总能量降低。由于设置喷水系统而引起的外部阻力变化。通常把它计入船艇阻力增量，不属于管道损失考虑的范围。

管道损失与管道布置的形式有关，不同的船艇有不同的具体管道布置，但总可以把它视为某些特征管段的组合；总的能量损失可以认为是各个管段局部损失叠加的结果，而同一类型船艇的管道系统则具有共同的特征。

5.2.1 典型喷水船艇的管道系统

5.2.1.1 水翼艇

它可能是喷水推进船艇中最复杂的一种管道系统；图 5.2 为一艘典型的水翼艇推进系统示意图。

从图 5.2 可以看出，水翼艇的喷水推进管道系统从进口到出口依次为：进口格栅、进水管、带转向的导流片弯管、扩散管、船体弯管、泵进水弯管、泵出水管和喷口。水流流经管道各部分所产生的能量损失可以用扬程损失来代表。这些扬程损失分别是：格栅损失、进水口损失、带导流片弯管损失、泵吸水口分叉管损失、出水弯管弯头损失、收缩损失和喷口损失。上述是根据实艇情况而列出，当然应视具体设计处理的不同而有所差别。例如，分叉管是指流道分叉进入双吸离心泵吸口的那一段，或者是由一个进水口分别供应两台推进泵的分流叉管，对于由一个进水口供应一台混流泵的管道则没有分叉管。又如，出水弯管是指离心泵出口的转向弯头，若采用导叶式混流泵或轴流泵其转动轴线与喷流方向一致，则没有这段弯头。

5.2.1.2 侧壁气垫艇

侧壁气垫艇的管道系统通常都装在侧壁内再弯向转动轴线，典型的管道布

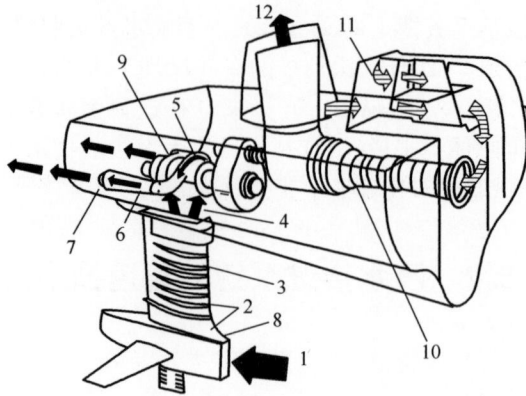

图 5.2 "图库姆卡里"水翼艇推进系统示意图

1—进水口;2—带转向导流片的弯管;3—扩散管;4—船体弯管;5—泵进水弯管;
6—出水管;7—喷口;8—进口格栅;9—喷水推进泵;10—燃气轮机;11—进气口;12—排气口。

置如图 5.3 所示。该管道系统包括进口格栅、进口、扩散管、双向弯管、泵进水弯管、推进泵工作段、收缩管和喷口。气垫艇一般是由一个进水口供水给一台推进泵。在大型侧壁气垫艇上推进泵和喷口都设置在侧壁内,因此,采用混流泵或轴流泵作为推进用泵是适宜的。离心泵则由于径向尺寸大且喷射方向与动力机轴

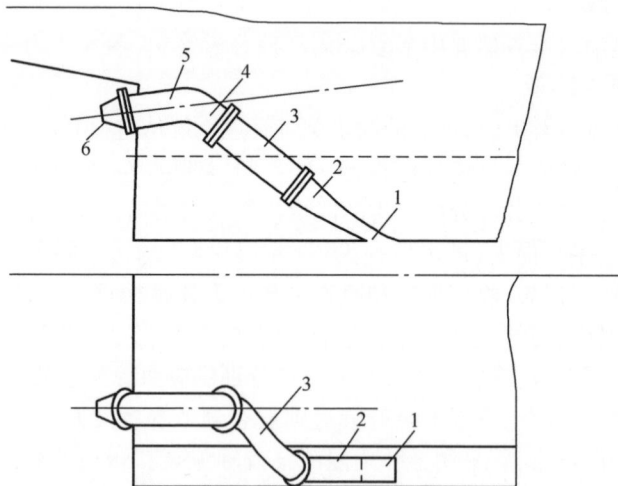

图 5.3 侧壁气垫艇的管道系统

1—进水口;2—扩散管;3—双向弯管;4—泵进水弯管;5—推进泵;6—喷口。

线成直角而很难放置在侧壁内。小型气垫艇推进泵通常置于侧壁之上的船体内，进口布置在气垫范围内，进口必须放置相应的阻气设施。

5.2.1.3 滑行艇或排水型高性能船

滑行艇的管道系统可以说是喷水推进艇中最简单的一种，它一般是由格栅、进水口、泵进水弯管、推进泵和喷口等部分组成，如图 5.4 所示。该系统布置紧凑，管道短，几乎一进入艇体后就到达水泵推进器部分。内河浅水喷水推进艇在进口处均设置进口流线型格栅，以防止航道中漂浮物和河底卵石、水草等进入而打坏叶轮。排水型高性能船艇的管道系统与滑行艇基本相同[14]。

5.2.1.4 内河拖轮

内河拖轮的喷水推进管道一般包括格栅、进水口、弯管段、轴支架、叶轮、导叶、直管段和喷口，如图 5.4 所示。有的船上利用整流器兼作轴承支座，则可不必再安装轴支架。

从上面四种典型的管道系统来看，各种船艇的管道布置形式均不完全相同，就连进水口也是各有特点，无法通用，应视各艇具体情况分别计算其管道损失。

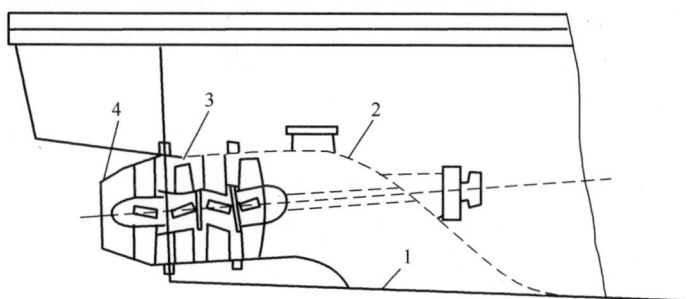

图 5.4 滑行艇的管道系统
1—进水口；2—泵进水弯管；3—推进泵；4—喷口。

5.2.2 产生管道损失的原因和分类

一般地说，管道系统内的能量损失是以两种不同形式出现的。一是在直管段的沿程均匀产生能量下降，它是由于在流动过程中液体分子之间及与管壁之间产生摩擦，为克服沿程摩擦而引起的能量损失称为沿程阻力损失；另一种是在流程的局部地区，因流道轮廓外形或流动方向的急剧变化而产生的流体能量下降。例如，流道突然收缩，突然扩大，出现弯头以及在流道中安装阀门、格栅、轴支架等使之发生堵塞和涡流现象，从而引起能量损失，这类损失可称为局部损失。这两种损失统称为管道损失，产生的共同原因为液体具有粘性的缘故。

粘性是由于流体分子之间相互作用引起的,它使流体在运动时产生切向应力。如图5.5所示,假想在两平板之间充满液体,其板距为 h,实验证明中间各层流体运动速度按线性分布;当 A 平板以速度 v_0 相对于 B 平板运动时存在着切向力 F;若平板面积为 S,则切应力 $\tau = \dfrac{F}{S}$;切应力 τ 和运动速度梯度成正比,即 $\tau = \mu \dfrac{\mathrm{d}v}{\mathrm{d}y}$,该式通常称为牛顿切应力公式,其中比例系数 μ 称为动力粘性系数或绝对粘性系数。在流体力学中 μ 经常与流体密度 ρ 结合在一起,以 μ/ρ 的形式出现,其比值定义为运动粘性系数,并用 v 表示之,$v=\mu/\rho$。

管道损失除了与管道形状及管道中的障碍物有关外,还与管壁的粗糙度有关。在水力学手册上都有管壁粗糙度对摩擦系数影响的修正曲线。

管道内的流动状态对管道损失有影响,图5.6所示的甲和乙分别表明两种流动状态的流速分布。在层流状态时(甲),管内流速分布呈抛物线形;在紊流状态时(乙),管内流速分布呈对数曲线或指数曲线形。在紊流状态下,除了贴近管壁处的层流次层以外,在截面的大部分范围内,流速均与最大值相接近。理论和实验都证明层流时的能量损失比紊流时为小,前者与流速一次方成正比,而后者与流速的1.75~2.0次方成正比。

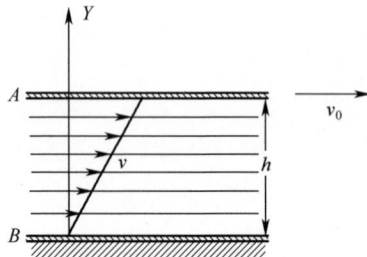

图 5.5 流体运动切应力示意图

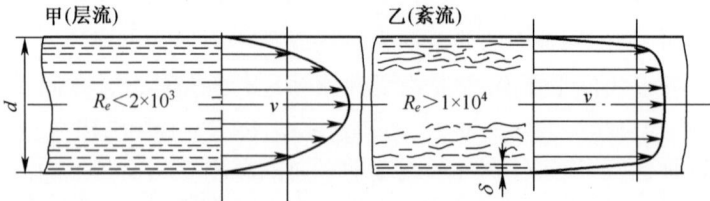

图 5.6 两种流态的流速分布图

对于流动状态,常用雷诺数 R_e 来判别,雷诺数视讨论的对象而有不同的表

158

达式,对于管道,$R_e = \dfrac{Vd}{v}$,式中:V 为管道内平均流速;d 为管道直径;v 为运动黏性系数。

当 $R_e \geqslant 2320$ 时,流动状态为层流。

当 $R_e > 10000$ 时,流动状态为紊流。

按一般实船的规模和水流参数范围,实船上的管道流动均属紊流范围。

在研究管道损失时,喷水推进泵这一段可不计在内,因为通常在做水泵性能试验时,水泵测压点之间包括泵叶轮及其导叶在内的管道损失均已计入在水泵效率之内。由于喷水推进泵的连接管道在不同类型的船上是各不相同的,所以在做喷水推进泵水力模型性能试验时,扬程测量只包括动叶和导叶部分及其两端的一定长的直管长度,而不包括弯头部分,这是喷水推进泵和陆用泵测试上不同之处。

5.2.3 估算管道损失的方法和资料

如前所述,各种船艇的喷水推进管道布置是各不相同的。对于高性能船艇,需要通过试验来求得主要部件的管道损失系数,但是在船艇的方案设计阶段,常用简单的公式或母型船的试验资料来进行初估管道系统阻力损失,因此本节专门介绍这些方法和资料。由于国内外资料不很完善,发表的数量也不多,而一般水力学上的管路资料对喷水推进管道也不尽合适,仅把近年来收集到的资料介绍给读者参考。

5.2.3.1 直管段的摩擦损失

由于粘性水流与管道壁相互作用而产生的摩擦阻力沿整个管道长度都是存在的。当圆管内的平均流速 V 为已知时,损失水头将和管道的长度 l 成正比;另一方面,管道直径 d 值愈大,则损失愈小,直管压头损失可表示为

$$H_f = \lambda \frac{l}{d} \cdot \frac{V^2}{2g} \tag{5.1}$$

式中:λ 为无因次的水力摩擦系数,它与液体流动状态和液流边界面的种类有关。

如果用水力半径 R 来代替管子直径 d,则可将上式推广到断面为任意形状的等速流压头损失公式;水力半径 R 为水流断面积与湿周长之比;圆形管道的水力半径 $R = \dfrac{d}{4}$,以 $d = 4R$ 代入式(5.1)得

$$H_f = \lambda \frac{l}{4R} \cdot \frac{V^2}{2g} \tag{5.2}$$

当流动状态处于层流时,认为和管壁粗糙度对阻力没有影响,因为管壁粗糙度的凸粒被层流最靠近壁的薄层所覆盖,而此壁层流速相对很低,不影响其他层次的流态,此时取 $\lambda = \dfrac{64}{R_e}$。当流动处于紊流状态时,液体分子除沿轴向流动外,还强烈地向周向和径向串动,管壁粗糙度将对阻力产生影响,此时可取 $\lambda = 0.11\left(\dfrac{K_e}{d} + \dfrac{68}{R_e}\right)^{\frac{1}{4}}$。式中 K_e 为当量颗粒粗糙度,对于不同的材料和不同的锈蚀程度有不同的值:对焊接钢管,$K_e = 0.15 \sim 0.10$;对镀锌铁管,$K_e = 0.15 \sim 0.50$[13]。

如果管道粗糙度被层流次层所盖及,并且水流流过时不发生分离,则管道被认为技术上光滑,此时摩擦系数可按勃拉齐乌斯公式[5]计算:

$$\lambda = \frac{0.3146}{\sqrt[4]{R_e}} \quad (\text{当 } R_e = 2.3 \times 10^3 \sim 10^5) \tag{5.3}$$

或按 $\Pi \cdot K \cdot$ 康达科夫公式计算:

$$\lambda = \frac{1}{(1.8 \cdot \lg R_e - 1.5)^2} \quad (\text{当 } R_e = 3 \times 10^3 \sim 3.2 \times 10^6) \tag{5.4}$$

直管段的摩擦损失系数也可按柯尔白洛元克(Colebrok)公式估算[5]。

$$\frac{1}{\sqrt{\lambda}} = -2 \cdot \lg\left[\frac{\varepsilon}{3.7d} + \frac{2.51}{R_e\sqrt{\lambda}}\right] \tag{5.5}$$

式中:λ 为摩擦系数;ε 为表面粗糙度。

式(5.5)中 λ 是一个隐函数,不易计算,故可查图5.7。此图称为莫迪图谱(Moody diagram)。

直管段的摩擦损失也可用式(5.6)估算

$$H_f = \frac{f_1^2 l V^2}{R^{\frac{4}{3}}} \tag{5.6}$$

式中:f_1 为粗糙度系数(常取 $f_1 = 0.012$);R 为平均水力半径。

如果管道的横截面在整个长度是变化的,此时损失可按瑞西(Щези)公式估算[5]。

$$H_f = \frac{l V^2}{C^2 R} \tag{5.7}$$

式中:$C \dfrac{1}{f_1} R_r^{\frac{1}{6}}$ 是瑞西系数;

f_1 为粗糙度系数,常取 $0.01 \sim 0.015$;

$$R_r = \frac{4F}{\Pi}$$

160

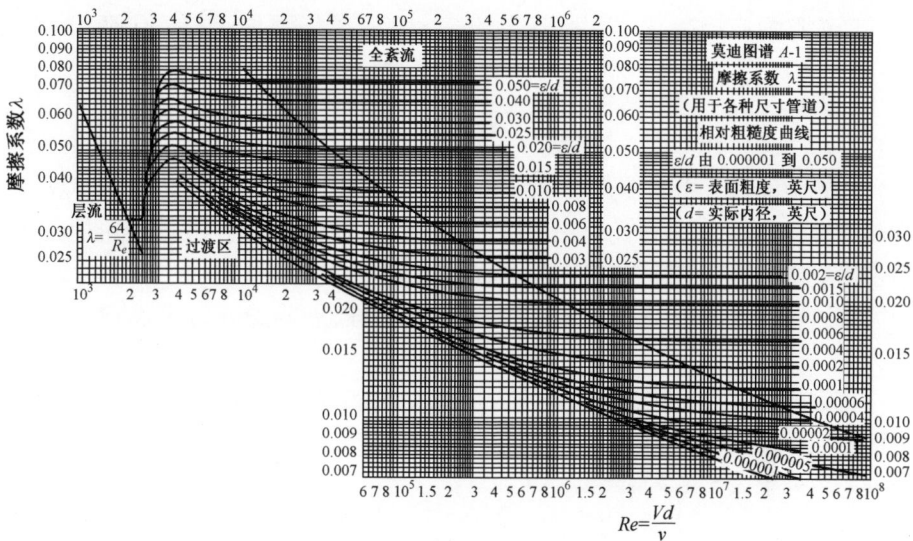

管材种类		表面粗糙度 ε 值 / 英尺	
		范围	设计值
黄铜		0.00005	0.000005
铜		0.000005	0.000005
水泥		0.001~0.01	0.004
铸铁	无涂层	0.0004~0.002	0.008
铸铁	浸沥青	0.0002~0.0006	0.004
铸铁	衬水泥	0.000008	0.000008
铸铁	衬沥青	0.000008	0.000008
铸铁	离心浇铸	0.00001	0.00001
电镀铁管		0.0002~0.0008	0.0005
铸铁		0.0001~0.0003	0.0002
焊接钢		0.0001~0.0003	0.0002
铆接钢		0.003~0.03	0.006
非金属光滑材料		0.00008	0.00008
木质槽管		0.0006~0.003	0.002

图 5.7 莫迪图谱和相应表格

F 为典型截面面积；

Π 为截面周长；

$V = \dfrac{Q}{F}$ 为平均流速。

5.2.3.2 弯管损失

弯管中的损失主要来源于旋涡和水流管壁分离。它与管道转角的度数、弯管曲率半径大小、前后段的面积比例以及弯管截面形状等有关。最大的阻力产生于管道内壁的弯道突缘处，因为在这里最容易发生旋涡和水流分离(图5.8)。加大管道转弯处的曲率半径，改善水流转弯条件，可减少分离区域，降低水力损失。

弯管的水力损失随着转角的增大而增大，随着平均相对曲率半径 r_k/d_r 的减少而增加(r_k 为平均弯曲半径，d_r 为出口截面直径)。当弯角 $\theta = 90°$ 时，局部水力损失系数列于表5.1。

表5.1 局部水力损失系数

r_k/d_r	0.2	0.4	0.6	0.8	1.0	1.2	1.4	1.6	1.8	2.0
$\xi\,90°$	0.131	0.138	0.158	0.206	0.294	0.440	0.661	0.977	1.108	1.978

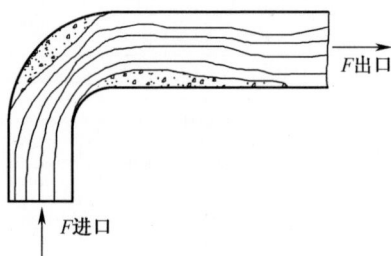

图5.8 管道弯管时水流分离示意图

维斯巴赫提出下述90°弯头计算公式[5]

当 $0.4 \leqslant d_r/r_k \leqslant 2$ 时，$\xi\,90° = 0.131 + 0.160(d_r/r_k)^{3.5}$ (5.8)

若当弯角 θ 不等于90°时，可按下式近似求其损失系数：

$$\xi_\theta = \xi_{90°} \cdot \frac{\theta}{90°} \tag{5.9}$$

对于平缓弯头($\theta < 90°$)的损失系数 ξ_θ，也可用文献[5]克里格尔(Kpurep)的对数图表及其辅助图5.9(a)、(b)求出该值。该图上有两条随 d_r/r_k 而变化的曲线：Ⅰ是按试验测量点绘出的，它表示直角弯头最大的 $\xi\,90°$ 值；Ⅱ是按 $\xi\,90°$ 平均试验值绘出的。在计算中使用图表时，应首先按计算值 d_r/r_k 从图5.9(a)的

曲线Ⅱ上求出 $\xi 90°$ 值,然后从图 5.9(b), $\alpha = f(\theta)$ 曲线上求得对弯管不等于 $90°$ 时的修正值,再按 $\xi 90°$ 乘上修正系数 α 即可。

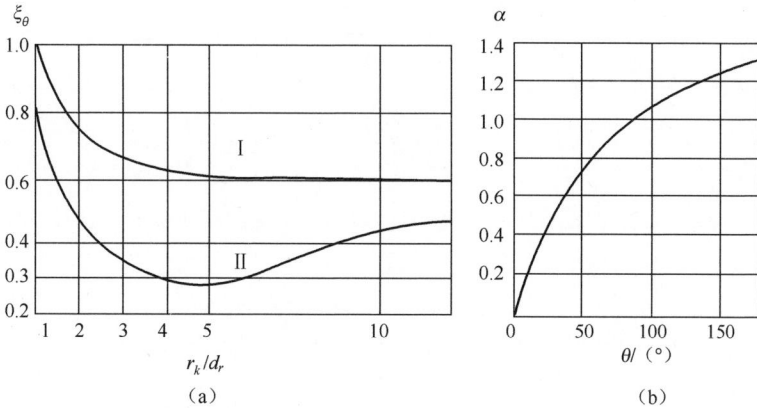

（a）　　　　　　　　　　　　　　　（b）

图 5.9　决定弯曲圆管局部损失系数的图表

5.2.3.3　扩散管损失

扩散管是指流体从较小截面积流向较大截面积的管段,扩散段使流速从高速降到低速,水流容易产生旋涡和分离,阻力损失较大,对突扩段尤其如此。当扩散角加大时,损失的增大与静压头的纵向梯度有关,当梯度很大时,会发生水流与管壁的分离以及产生旋涡。不同截面积形状的扩散管其压头损失系数 ξ_k 可按文献[1]推荐的公式估算。

$$\xi_k = K\left(\frac{n-1}{n}\right)^2 \tag{5.10}$$

式中: $n = F_2/F_1(F_1$—进口截面积; F_2—出口截面积); K 为截面形状系数。图 5.10 所示为各种截面形状的扩散管系数 K 与扩散角 Φ 的关系。从图上可看出圆形扩散管的损失最小。得到扩散管压头损失系数 ξ_k 后,则扩散管压头损失为

$$H_k = \xi_k \cdot \frac{(V_1 - V_2)^2}{2g} \tag{5.11}$$

式中: V_1 为进口截面处流速; V_2 为出口截面处流速。

圆锥形扩散管损失系数 ξ_k 也可用表 5.2 所推荐的数值[1],但其压头损失为

$$H_k = \xi_k \cdot \frac{V_1^2}{2g} \tag{5.12}$$

163

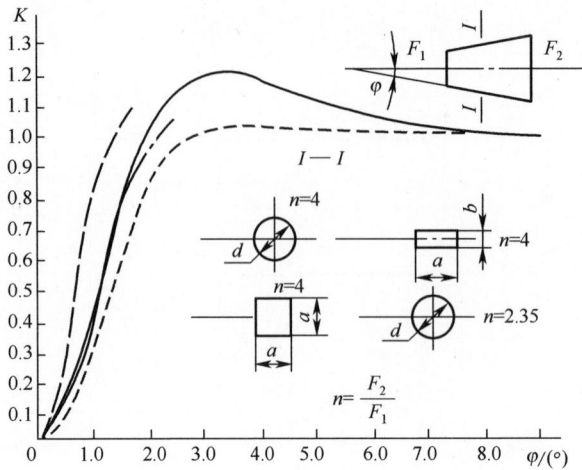

图 5.10　不同截面扩散管内相对损失与扩散角关系图

表 5.2　圆锥形扩散管损失系数 ξ_k

D/d	圆锥体角度 θ								
	4°	6°	8°	10°	15°	20°	30°	45°	60°
1.1	0.004	0.004	0.0045	0.0055	0.009	0.013	0.022	0.03	0.035
1.2	0.015	0.015	0.015	0.017	0.025	0.030	0.065	0.090	0.110
1.4	0.035	0.035	0.040	0.045	0.070	0.100	0.170	0.250	0.290
1.6	0.050	0.050	0.055	0.065	0.100	0.160	0.270	0.380	0.420
1.8	0.068	0.068	0.072	0.084	0.130	0.200	0.320	0.480	0.550
2.0	0.080	0.080	0.085	0.100	0.170	0.250	0.400	0.550	0.650
2.5	0.095	0.095	0.110	0.130	0.200	0.300	0.500	0.700	0.800
3.0	0.120	0.120	0.130	0.150	0.240	0.350	0.560	0.800	0.900

注:D 为出口段直径,d 为进口段直径

5.2.3.4　收缩管损失

收缩管内的流动是一个增速和降压过程,水流不易产生分离,阻力损失较小。收缩管压头损失为

$$H_s = \xi_s \cdot \frac{v_2^2}{2g} \tag{5.13}$$

式中:v_2——小口径管端流速;

　　　ξ_s——收缩管损失系数,见表 5.3[1]。

164

5.2.3.5 格栅损失

为了避免杂物进入喷水泵而导致转动叶轮和整流叶片的损伤,在喷水推进船艇的进水口处往往装有防护格栅,这在对有卵石河床的浅水航道中航行的船艇尤为必要。格栅一般用纵向流线型栅条做成,并用适当数量的横向加强筋条连接,横向加强筋条断面的迎向应尽量与进口流线一致。格栅损失系数 ξ_s 可用下式确定[1]:

表 5.3 格栅损失系数

θ / d/D	4°	6°	8°	10°	15°	20°	30°	45°	60°
0.910	0.028	0.019	0.014	0.011	0.0076	0.0057	0.0039	0.0026	0.0020
0.833	0.046	0.031	0.023	0.019	0.0120	0.0093	0.0063	0.0042	0.0032
0.715	0.066	0.044	0.033	0.027	0.0180	0.0130	0.0090	0.0060	0.0046
0.625	0.076	0.051	0.038	0.030	0.0200	0.0150	0.0100	0.0069	0.0053
0.556	0.081	0.054	0.041	0.032	0.0220	0.0160	0.0110	0.0074	0.0057
0.500	0.084	0.056	0.042	0.034	0.0230	0.0170	0.0110	0.0077	0.0059
0.455	0.086	0.057	0.043	0.034	0.0230	0.0180	0.0120	0.0078	0.0060
0.400	0.087	0.058	0.044	0.035	0.0230	0.0180	0.0120	0.0079	0.0061
0.334	0.089	0.059	0.044	0.035	0.0240	0.0180	0.0120	0.0081	0.0062
0.250	0.089	0.060	0.045	0.036	0.0240	0.0180	0.0120	0.0081	0.0062
0.200	0.089	0.060	0.045	0.036	0.0240	0.0180	0.0120	0.0082	0.0063

$$\xi_g = K\left(\frac{n-1}{n}\right)^2 \tag{5.14}$$

式中: $n = F_x/F_{x1}$ (F_x 为未安装格栅时通道面积; F_{x1} 为安装格栅后通道最小水力面积);

$$K = 0.6$$

式中: K 为常值,未考虑栅条截面影响,似嫌不妥。

文献[5]推荐格栅损失系数用下式确定:

$$\xi_g = K_p\left(\frac{s}{s+b}\right)^{1.6}\left(2.3\frac{l}{b} + 8 + 2.9\frac{b}{l}\right)\sin\alpha \tag{5.15}$$

式中: K_p ——栅条横截面系数;

对矩形杆条, $K_p = 0.504$;

对圆弧边缘矩形杆条, $K_p = 0.318$;

对圆弧边缘流线型杆条,$K_p = 0.182$;

b——格栅间隙宽度(m);

l——栅条长度(m);

s——栅条厚度(m);

α——进口水流与栅条交角(°)。

5.2.3.6 阻塞损失

在喷水推进管道系统中有轴管、轴支架、蝶阀等装置阻塞水流顺利通过;水流实际通过的面积 A_z 小于管道的截面积 A,在相同流量下流速必然增加,同时在阻塞处将产生水流分离与旋涡,阻塞损失便随之发生。根据试验资料得到的阻力损失系数 ξ_z 可见表 5.4[5]。

表 5.4　阻力损失系数

A_z/A	0.60	0.70	0.80	0.90	0.95	1.0
ξ_z	0.55	0.332	0.183	0.061	0.025	0

轴架撑脚形成的阻塞损失系数也可用下式估算:

$$\xi_z = \frac{zt}{2D} \tag{5.16}$$

式中:t——撑脚最大厚度(m);

z——撑脚数量;

D——管道直径(m)。

当管道中装置蝶阀形成阻塞时,其损失系数可用下式估算:

$$\xi_z = \frac{t}{D} \tag{5.17}$$

式中:t——阀瓣厚度(m);

D——管道直径(m)。

上式为蝶阀完成打开时的损失系数。

5.2.3.7 进口损失

进水口的形状和位置取决于船型和喷水推进系统的形式。对于进水口的设计应予充分注意,因为进水口损失总是大于其他任何管段区域的损失,而且在高速时进口端可能会产生空泡。设计时应当使进口在各种航行条件下都能向喷水推进泵提供充足的水流,同时不致在进口的任何部位产生涡流和空泡,而且还应使进口的内部损失和外部阻力尽量减少。

按结构形状,喷水推进器的进水口可以分为两类:一类是进水口的进口平面和船舶运动方向基本平行,称为静压型进口或称为平进口;另一类是进水口的进口平面和船舶运动方向相垂直,称为全压型进口或称为戽斗式进口。

当没有其他比较可靠的数据资料时,下面介绍的资料可作为喷水推进器进口损失初步估算之用。

1) 静压型进口(平进口)

影响平进口性能的参数有倾斜角度 α,宽深比 W/d,进口形状及进口速度 V_s 和进流速度 V_0 之比[15、16],上述诸值的含义参见图 5.11。应当知道,进流速度 V_0 并不等于船速,因为它受到边界层的影响。通过对气垫船大量试验数据所做的分析表明,倾斜角 $\alpha = 5° \sim 7°$,$\dfrac{W}{d} = 3 \sim 5$,进口的分流口呈曲线型时具有最佳的性能,这种进口的损失系数以 V_s/V_0 为函数示于彩图 5.11 中[1]。

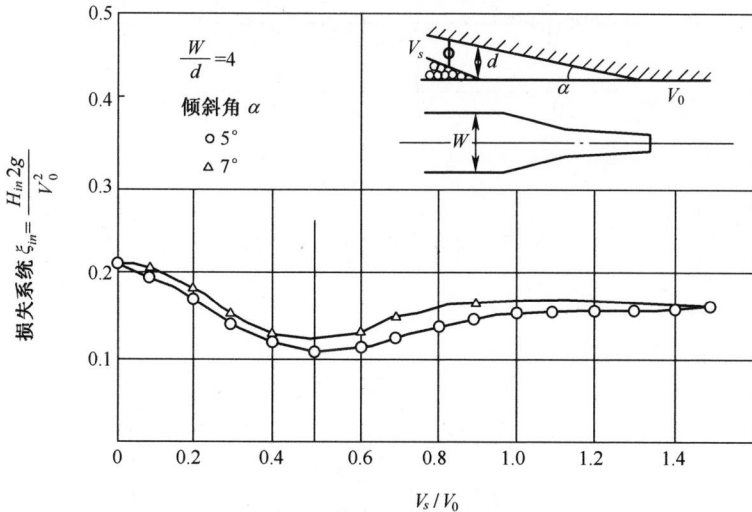

图 5.11 平进口的进口损失系数图

圆形进水口和长方形进水口与来流成 α 角时的压头损失系数示于图 5.12 和彩图 5.13 中[1],它是通过整理进水管的试验结果而得到的;但实船上的进水口边缘常常做成圆角,以便于进流,其进口损失值比图表上的值要略小些。

图 5.14 是由苏联巴辛等人根据滑行艇进水口系列模型和实艇试验获得的,可供滑行艇设计参考[1]。

图 5.15 为水翼艇的静压型进水口,它的特征是喷口升高不大,有较大的曲率半径弯头,进水口和整个进水段较长。这在相当宽广的速度范围内,保证了不大的损失系数。但这种静压型进水口限制了水翼艇的适航性,当遇到波浪时,吸水口容易露出水面,导致空气吸入,使推进泵流量及扬程下降。这种进水口型式

仅适用于波浪不大的内河水翼艇[1]。

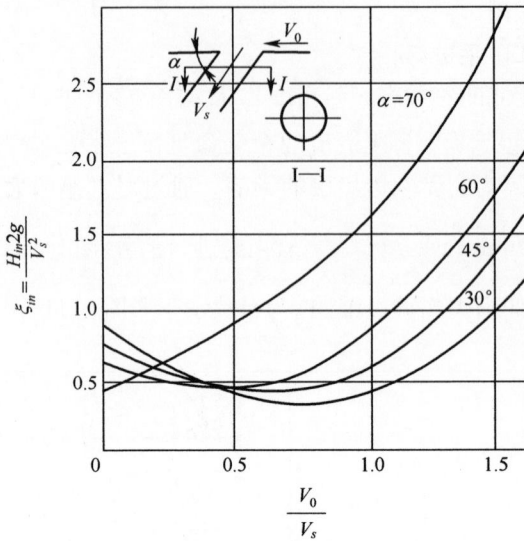

图 5.12　圆形进水口管道水力损失图

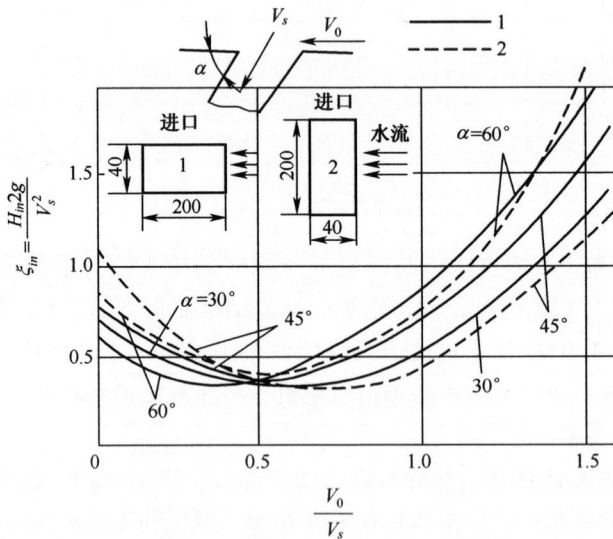

图 5.13　长方形进水口管道水力损失图

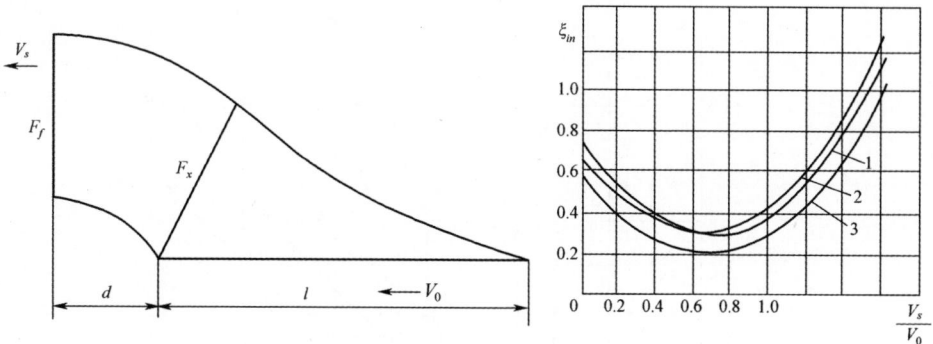

1—$\dfrac{l}{D}$=2.25；　　　　2—$\dfrac{l}{D}$=3.0；　　　　3—$\dfrac{l}{D}$=4.5；

（l—进水口长度；b—进水口宽度）

图 5.14　滑行艇进水口水力损失

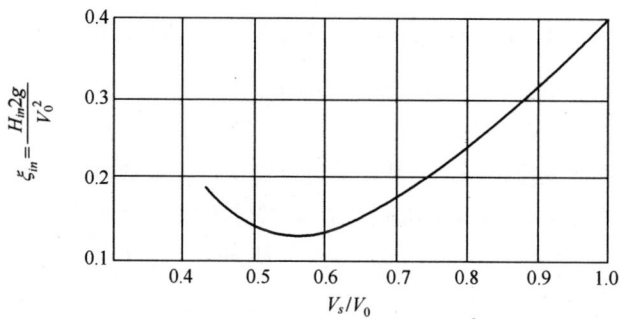

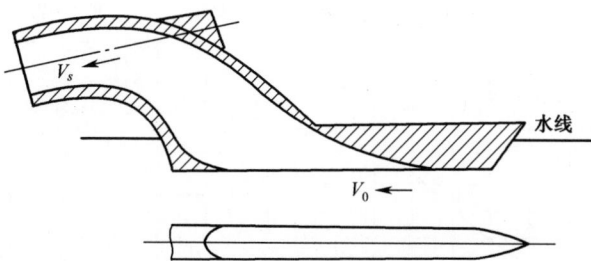

图 5.15　水翼艇静压型进水口及进口水力损失系数

2) 全压型进口(戽斗式进口)

海上水翼艇常常把吸水口布置在水翼支柱下端,它是典型的全压型进水口。图 5.2 为水翼艇的进口布置图。水翼艇进口后端的拐角处常装有整流导叶,其目的是为了减少拐弯转角损失,使水流流畅地进入推进泵。

169

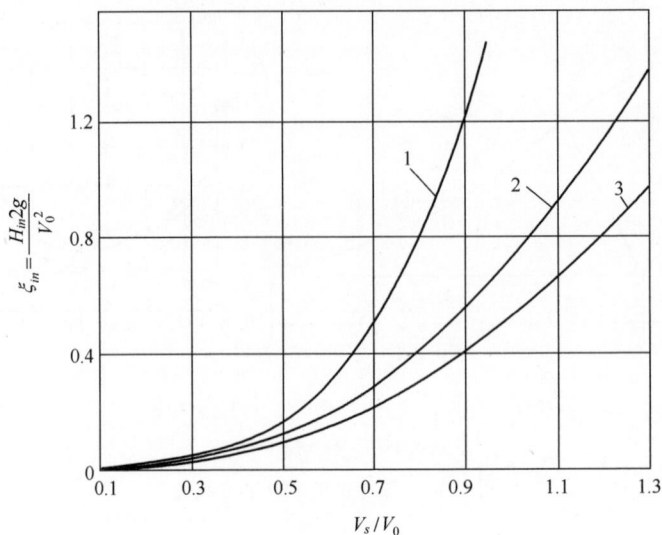

图 5.16　45°支柱倾角全压型进水口水力损失系数

$1—\dfrac{F_x}{F_s} = 0.475$;$2—\dfrac{F_x}{F_s} = 0.650$;$3—\dfrac{F_x}{F_s} = 0.940$ 。

　　由水翼艇喷水推进模型试验获得的进口管道损失系数可见图 5.16,它是从进口前端到工作叶轮前有两组全压测量管来测得压力值的方法得出的损失系数。图中 F_x 为进口处截面积,F_s 为叶轮前测压处截面积。当 $V_s/V_0<0.5$ 时,具有各种支柱倾角的进水器系列试验所确定的水力损失系数 ξ_{in} 示于图 5.17 中,图中右边的曲线为进水口的压头损失系数,进水器总的压头损失系数为两者叠加[5]。

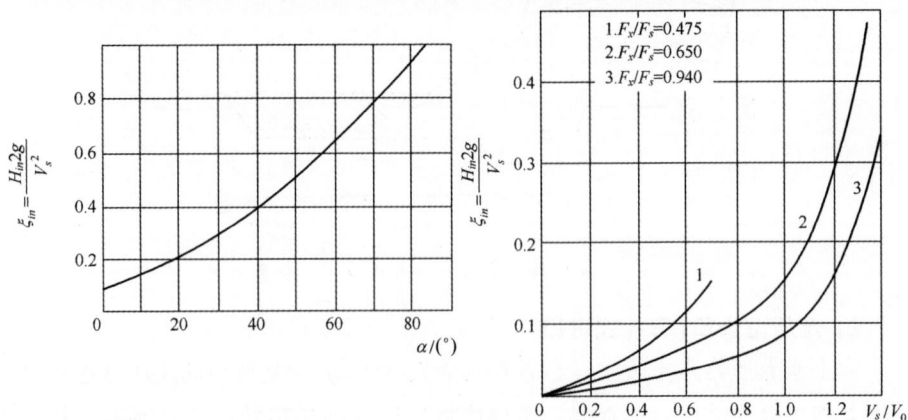

图 5.17　水力损失系数与支柱倾角的关系

我们一般定义图 5.1 中断面 1 到断面 3 的水力损失作为进口流道的水力损失,有时也用断面 1a 代替断面 1。断面 1a 和断面 1 的距离常取为进口流道的宽度,当然断面 1 或断面 1a 的真实形状可由上小节中的虚拟流管来截取的。下面讨论进口流道的水力损失:

$$\xi_{in} = \frac{2gH_{in}}{V_3^2} \tag{5.18}$$

式中:ξ_{in} 是进口流道水力损失系数;H_{in} 是进口流道水力损失;V_3 是进口流道出口速度,就是图 5.1 中 3 站处的速度。

不采用 V_0 来衡量是因为系泊状态时船速可以为零,不适宜作为上式的分母。而系泊状态时,进口流道也应该有一个损失系数。

图 5.18 是典型的随进速比 IVR_R 变化的损失系数曲线。从曲线可知,当 IVR_R 接近 1 时损失最小,偏离 1 时损失逐渐加大。所以,只从进口流道的单项研究来看,喷水推进装置应使设计工况运行在 IVR_R 接近 1 为好。其实目前喷水推进装置应用最广泛的 30kn~40kn 范围,IVR_R 普遍在 1.4~1.6,这就需要在设计时做好综合权衡。有关 IVR 和 IVR_R 的定义 5.3 节中会详细介绍。

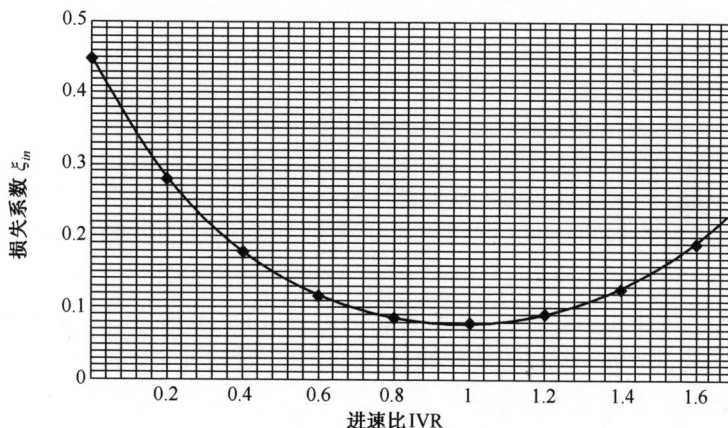

图 5.18 随 IVR_R 变化的损失系数曲线

5.3 进口流道水动力性能优化

5.3.1 进口流道的功能

进口流道作为喷水推进管道系统的起始段,其功能主要是向喷水推进泵输送充足、均匀、高能效、低空化的做功介质(淡水或海水)。充足的流量才能产生所需的推力;均匀的来流将使喷水推进泵高效平稳运行;高能效是指航行体外的水流以较小的能量损失到达喷水推进泵;低空化是指尽量避免流道内由于流体分离或局部低压所产生的水体空化。这些都涉及喷水推进器的大推力、高效率、低噪声、抗空化等重要特性,因此进口流道对喷水推进的总体性能关系重大。

5.3.2　进速比 IVR 及对进口布局的影响

在研究进口流道水动力性能前,我们必须先定义一个很重要的术语:进速比 IVR。

按 21 届 ITTC 喷水推进专家委员会推荐的用于喷水推进的符号定义,$IVR = V_{in}/V_0^{[2]}$。但在 23 届 ITTC 会议中有段说明"文献中有许多符号用来标明进水口工作点,还有许多定义以进流速度比的形式表现[3]。此处建议把名词术语标准化,只用 ITTC 原先建议的符号,如 IVR 或者其倒数(用 IVR_R 来表示)。在定义中另一个改进就是当采用平均进速比时,指明其所在的站号,也有把站号放在进水口喉部"。

我们此处采用 IVR_R。

$$IVR_R = \frac{V_0}{V_3} \tag{5.19}$$

V_0 是自由来流速度,即图 5.1 中 0 站处的速度,也就是航行体的航速。V_3 是喷水推进泵的进口速度,即图 5.1 中 3 站处的速度,也是进口流道的出口速度。

当 IVR_R 大于 1 时,对应的是航速较高的情况,水流进入进口流道是一个减速过程,同理,压力总体上是上升的,这相当于高进速比时,水流是自己冲上来的,而且还形成了堵塞的效果。

图 5.19 就是高、低 IVR_R 对应的典型进口流道流动示意图。低 IVR_R 时,吸水范围较大,极易发生空化和流动分离的区域是唇部的流道内侧,此时是外侧水流需绕过唇尖进入;高 IVR_R 时,来流仅靠沿船底的小部分高速水流即足够,极易发生空化的区域是唇部的流道外侧,此时则是过量的水流需要从唇部内侧绕到外侧。这两个现象就要求设计中要给予唇部足够大的圆角,以避免两种绕流形成的空化和流动分离。另一个容易发生流动分离的是高 IVR_R 下的入口斜坡处,在高航速应用的设计中,此处斜坡应降低斜升角和假定过渡圆角半径。

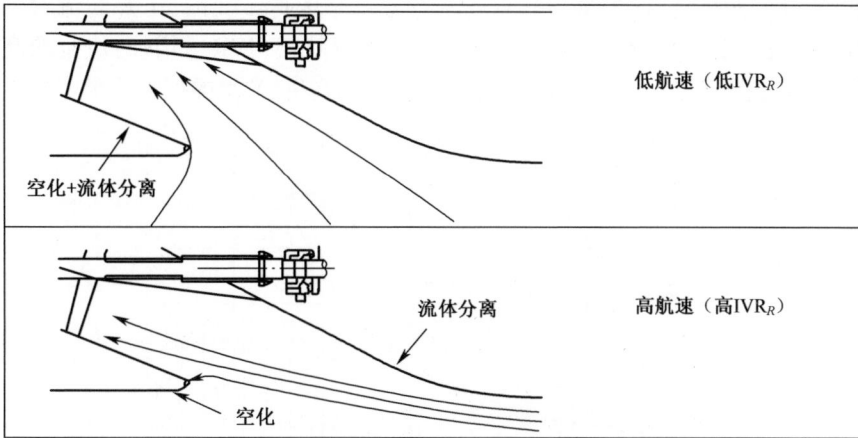

图 5.19　高、低 IVR_R 对应的典型流动情况示意图

5.3.3　速度场和压力场

　　研究速度场和压力场的目的,其一是要让进口流道的出流尽量均匀,以提高下游喷水推进泵率;其二尽量让水流流经进口流道时不发生流动分离和空化,减少损失,提高进口流道效率[17、18]。

　　有关喷水推进进口流道速度场和压力场的 CFD 数值计算和模拟分析,将在第 10 章喷水推进器性能的数值预报技术中详细讨论。

5.3.4　虚拟流管

　　所谓虚拟流管,是指船底下进口流道前即将流进流道的那部分水所形成的虚拟区域,在图 5.20 中已用边界示出。根据国内外多年来的研究成果,流管的截面基本上成半椭圆形,而且这个流管的宽度为进口流道宽度的 150%~200%,

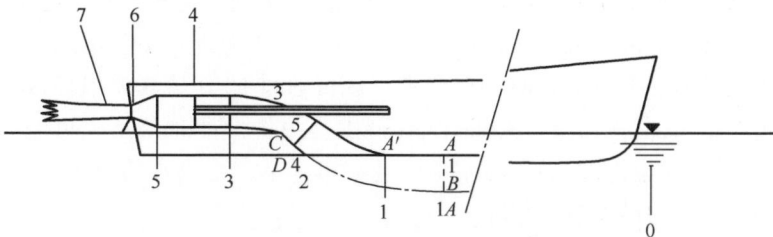

图 5.20　喷水推进管道及虚拟流管图

0—自由来流;1A—获流剖面;1—进口流道上壁与船底切点;2—进口流道喉口;
3—喷水推进泵进口剖面;4—推进泵叶轮出口剖面;5—推进泵导叶出口剖面;
6—推进泵喷口出口剖面;7—喷射流收缩剖面。

航速(IVR_R)变化时,这个流管的宽度基本上也是保持不变的,主要是流管的高度发生变化,也就是"椭圆"的短轴会变化。随着航速(IVR_R)增加,流管的高度将变小,如彩图 5.21 所示,其中 D 为虚拟流管的高度,Y 为虚拟管的半宽。

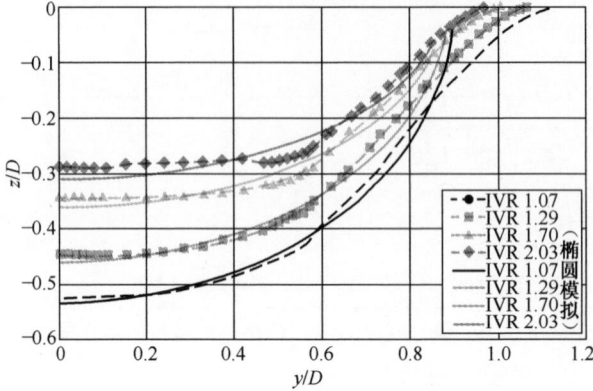

图 5.21　虚拟流管的半横截面

这些知识在喷水推进船总体设计时将会很有用,因为船上多台喷水推进装置之间的轴线距离需要合理设置,才能保证不会发生"抢水"问题。在螺旋桨和喷水推进混合推进的船舶上,也需要借助这些知识来合理布置螺旋桨和喷水推进装置之间的相对位置。

当 IVR_R 小于 1 时,对应的是航速较低的情况,水流进入进口流道是一个加速过程,根据伯努利方程,压力总体上是下降的,这相当于我们生活常识中吸水的概念。所以笼统分析的结果是低进速比更易发生空化。

5.3.5　多台推进器的抢水问题

在单体船或多体船尾部布置喷水推进装置时要注意进口流道的抢水问题。在每个片体内一般会布置一~四台喷水推进泵,当出现布置多台喷水推进泵时,两邻近喷水推进泵进口流道在船宽方向应保留足够的距离,以免出现抢水现象,造成进流不足而使推力下降的不良后果。这可通过 CFD 仿真模拟计算分析得出最小布置距离,但在初步方案设计中(特别是报价设计时),不大可能做如此计算,工程设计经验告诉我们,两喷水推进泵布置不产生抢水的原则为:轴线间距应不小于二倍的最大进口宽度。

对于桨和泵混合推进,必须对艉部线型和桨、泵的布置进行详细的 CFD 流场计算分析和模型试验,摸清相互干扰情况,优化布置,防止不利干扰的出现,其中包括桨和泵的抢水问题。

5.3.6　进口流道吸气问题

在多体船上,两个船体之间的槽道在航行中很容易兜风充气,这不利于喷水推进进口流道的布置。因为如果进口流道在航行中吸气,将引起喷水推进泵运转不稳定,产生振动噪声,还会导致吸收功率和发出推力的下降。图 5.22 为多体船喷泵布置对错的示意图。

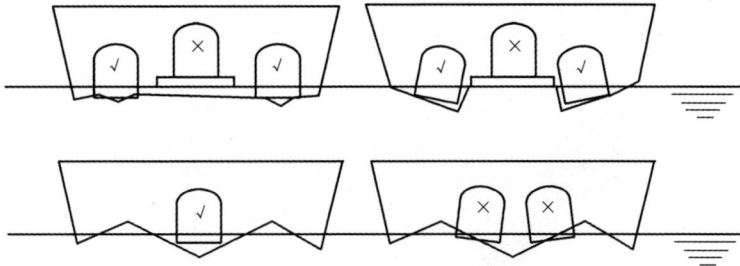

图 5.22　进口流道在多体船上的布置

5.3.7　进口流道线型设计

喷水推进进口流道根据不同载体、不同船型、不同艉部约束条件、不同制造材质、不同功率范围,其结构形式各有千秋,线型也有千变万化。但其流道线型设计有其共同的要求,即低阻、无空化、进流通畅且流场均匀度好[19、20]。

图 5.23 是一张典型的喷水推进平进口进水流道侧视和俯视轮廓图。其中,D 为标称直径、L 为进口流道总长、h 为轴线高度、B 为进水口最大宽度、l 为进水口长度、β 为进口流道中心线与水平线的切线夹角。上述这些参数是表示进口流道特征的主要几何因子[21、22]。

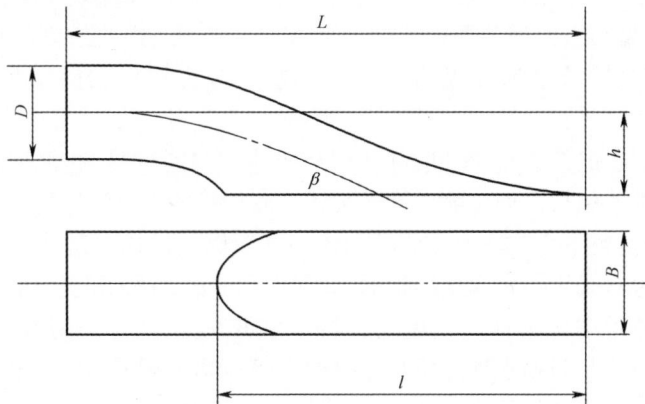

图 5.23　喷水推进平进口流道剖面图

175

其中标称直径 D 和轴线高度 h,基本由主要参数选择和舰船的总布置决定。与其他几何因子参数一起将直接决定进口流道的形状和性能。L/D 和 B/D 两个无因次量的选取十分重要。直接影响到进口流道的水动力性能。一般平进口进水流道 L/D 在 4.0 以上,在布置条件许可的情况下,L/D 可取到 6.0 左右,较大的 L/D 对提高系统效率有利。B/D 的取值范围在 1~1.2 之间,随着 IVR 的不同略有改变。

为降低流道损失和避免出现空泡[23],流线倾角 β 一般在 25°~30°之间,25°为较理想的倾角[24]。图 5.24 为平进口进水流道三维图。

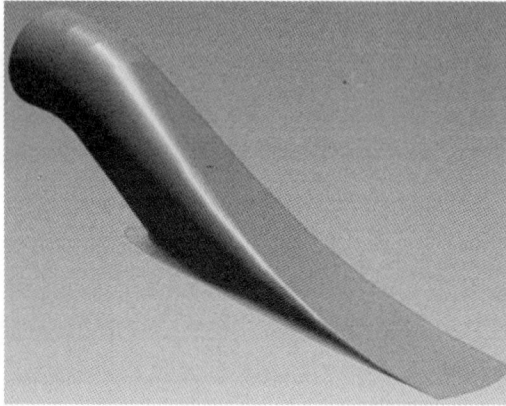

图 5.24　平进口进水流道三维图

5.3.8　进口流道的材料、格栅及防腐

根据目前市场上的应用情况,大型喷水推进装置(单机功率 5MW 以上)的进口流道基本上采用船厂建造的模式,当然其线型由喷水推进装置厂商设计并提供的;而小型喷水推进装置(单机功率 1MW 以下)进口流道则是和喷水推进泵组装在一起供货的。而中型喷水推进装置(单机功率 1~5MW)两种模式都有采用。

由船厂建造的进口流道一般都选用和船体相同的材料,通常是焊接性能良好的船用钢板或铝板。而由喷水推进装置厂商供货的进口流道材料以铸造铝合金居多,因为这类中小功率产品的泵壳体和操舵倒航机构也是采用铸铝合金居多。特殊的也有采用铝板焊接结构的,如澳大利亚的 Doen 和美国的 NAMJet。

在进口流道中普遍推广采用复合材料(GRP 或 FRP)的是瑞典的 MJP 公司。其标准模式是与喷水推进泵相连接的弯管段均采用 GRP,这样可以将喷水推进泵和进口流道结构绝缘开来,大大降低了发生电化腐蚀的风险。当然,MJP

也可以提供整体式的复合材料进口流道。

因为喷水推进器的叶轮和导叶体等部件通常都是采用双相不锈钢,而且大中型喷水推进装置的壳体和操舵倒航机构也常采用双相不锈钢,这就和采用船用钢和船用铝的船体形成了电化腐蚀的风险。而进口流道刚好处于这两者之间,所以电化腐蚀的可能性很大,不同厂商的产品在进口流道上采用的防电化腐蚀方法和措施也是多种多样的。

防电化腐蚀的阴极保护方法,无外乎两种:外加电流系统和牺牲阳极块。由于外加电流系统对用户的使用和维护要求比较高,所以采用布置牺牲阳极块的方法更普遍。

图 5.25 是大中型喷水推进装置典型的牺牲阳极布置图,其中进口流道中布置了两处牺牲阳极块,一处是螺栓连接于轴保护管下方,一处是通过悬索挂于叶轮壳体和进口流道尾段之间的夹层空腔里。

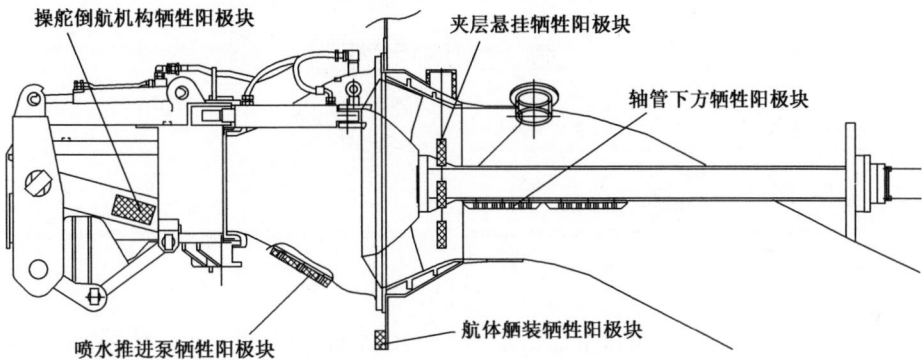

图 5.25 大中型喷水推进装置牺牲阳极布置图

小型喷水推进装置通常直接在铸造的进口流道内壁铸出内凹的槽穴,牺牲阳极块通过螺栓固定在槽穴内,如图 5.26 所示。这种方式流道内无凸出物,对进流影响小。

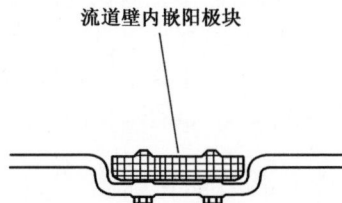

图 5.26 内嵌牺牲阳极块示意

177

较小的喷水推进装置,更易吸入石块或网绳等异物引起运行故障,特别是在那些运行浅水、滩涂和内河的情况下。但壳体和叶轮都采用双相不锈钢材料的大功率喷水推进装置(进口直径通常大于 850mm)一般不推荐装用进口格栅。

格栅[25]条分纵向和横向的,一般都设计加工成接近流线型以减少损失。由于横向格栅条很难做到和水流方向一致,特别不可能兼顾不同航速对应的不同进速比工况。所以在权衡兼顾效率时应尽量减少横向栅条。为了减短纵向格栅条的长度以增加刚度,格栅经常被设计成不和船底平齐,而是更偏向进口流道的管壁法向,如图 5.27 所示。

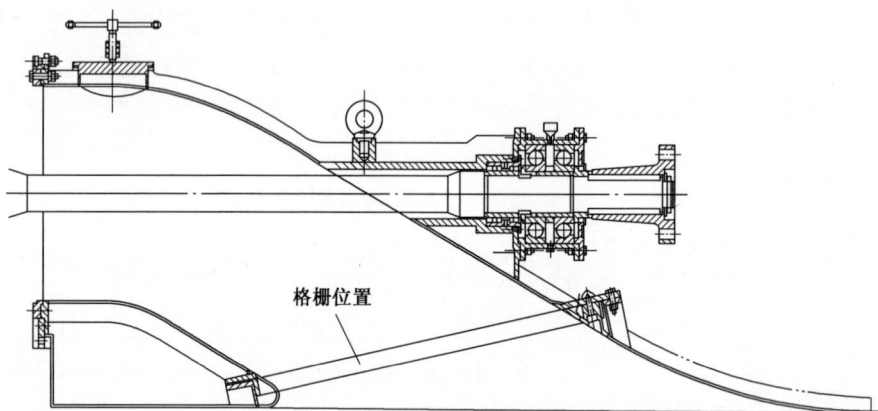

图 5.27　不与船底平齐的格栅布置

格栅设计和安装不当还可能带来副作用。例如,曾发生过栅条断裂脱落,随水流吸入泵内,卡在叶轮和导叶之间,使叶轮和导叶受到很大损伤。

在河道或湖泊运行的喷水推进装置,常常遇到水草堵塞到进口格栅处影响正常工作,而需停下来通过打开进口流道上的检查孔来进行处理,或派潜水员去掏草。因此很多喷水推进公司都在此类喷水推进装置上专门设计了便捷的除草机构,图 5.28 是新西兰的 Hamilton 公司的类似设计。

不使用时,由于弹簧力的作用,除草耙靠在进口流道的斜坡壁上。需要除草时,通过推动把手使除草耙向下运动,穿出下方进口处的格栅条以达到把堆积在格栅条上的水草推出去的目的。与图中除草耙 7 根耙条对应的格栅共 8 条纵向栅条,无横向栅条。增加除草机构后,进口损失增加较多,会影响航速。

5.3.9　外置式喷水推进装置的进口流道

外置式喷水推进属浸没式喷水推进装置。对内藏式喷水推进装置,由于存在

178

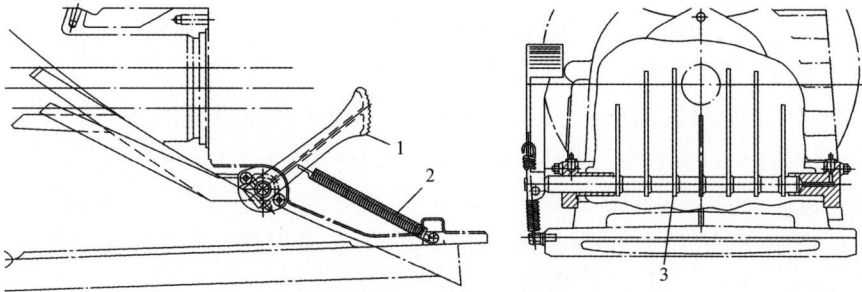

图 5.28　除草机构
1—把手;2—弹簧;3—除草耙。

摩擦损失,进口流道越长,其水力损失也将越大;进口流道越长,其内部所携带的水的重量越重。目前包括进口流道在内的内藏式喷水推进装置内部所携带水的重量已经接近装置自身的干重。因此尽量缩短甚至取消进口流道,就成为科技工作者提高喷水推进效率的一个探索方向,这促成了外置式喷水推进装置的诞生。

20世纪80年代初,国内MARIC率先在这方面取得了突破,在世界上首次研制成功外置式喷水推进装置,因创新性的组合舵,而将其命名为"喷水推进组合体"[26]。成功装船应用的喷水推进组合体还于1989年获得了布鲁塞尔第38届尤里卡世界创造发明博览会银质奖。在这种新型喷水推进装置中,进口流道作为独立零部件已经不存在,它已经融入船体尾部隧道式线型中。即使从水流的流场上进行比较,这种进口流道的下边界也真正地消失了(彩图5.29)。

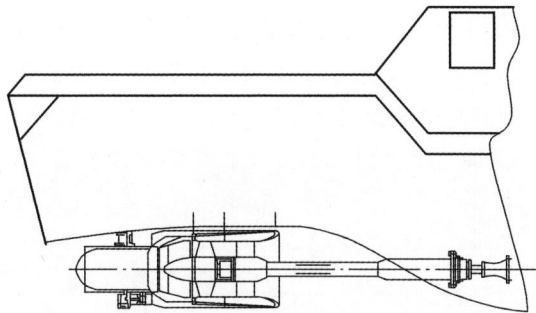

图 5.29　外置式喷水推进装置

MARIC开发的外置式喷水推进装置,目前应用的主要是低航速(略大于10kn)、重负荷的浅水船领域,体现的优点是系柱拖力大、推进效率高。在实际应用的胜利油田浅海多用途供应船上,12.9kn航速时推进效率超过了60%。经分析表明,设计状态下,水流的加速都发生在进入推进泵以后,这就遏制了浅水

179

效应产生的艉吸,使得推进和操纵性能大幅改善。而在喷水推进泵前的隧道内,水流和船底的伴流速度相比还略有降低(幅度在20%以内),从前面介绍的进口流道损失曲线看,它落在一个比较高效的范围。

在国外直到最近几年,才有实船开始应用外置式喷水推进器,它的生产商是德国福伊特(Voith)公司。其应用标的是一条21m的海上风电场保障船,由英国BMT Nigel Gee公司设计。福伊特公司把它的外置式喷水推进装置称作线性喷射器(Linear Jet),该船装备两台900kW的线性喷射器,试航时最高航速达31kn。福伊特宣称其产品特别适合于20~25kn至40kn的航速范围,确实和传统内置式喷水推进装置有所差别(图5.30)。

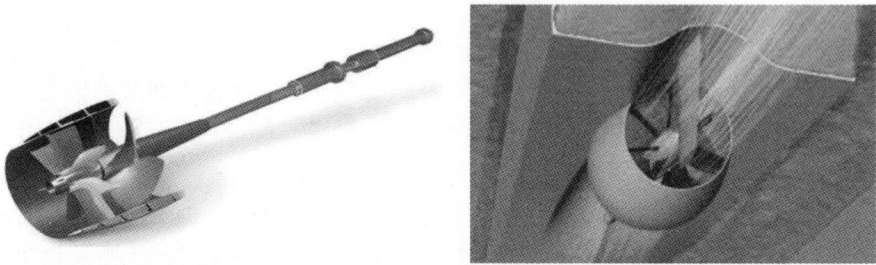

图5.30　福伊特公司线性喷射器及船底隧道匹配图

国外另外一家开展外置式喷水推进装置研究的是罗尔斯·罗伊斯(Rolls-Royce)公司在美国收购的Bird-Johnson公司。该公司把它的这种产品划属于浸没式喷水推进装置,系列品牌命名为AWJ-21^{TM}。该研究成果虽然并未实船应用,但已经在美国DDX1000型全电力推进驱逐舰的中间试验艇AESD(缩尺比:1:4)上试用,推进器台数共计两台,每台300kW功率。AWJ-21^{TM}采用的是混流泵,而Linear Jet采用的是轴流泵(图5.31、彩图5.32)。

图5.31　中间试验艇AESD及AWJ-21^{TM}推进装置

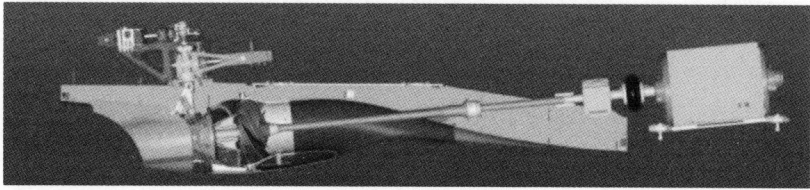

图 5.32　AWJ-21^{TM}外置式推进装置的剖视布置

5.4　喷　　口

5.4.1　喷口的功能与布置

喷口的功能在于产生适合设计要求的喷射速度,以确保设计的推力、轴功率和推进效率。因此喷口的末段通常都设计成过渡到圆柱形的平直段,这样喷射速度就可以用流量除以喷口面积来计算。如果喷口末端是锥形的,则喷射速度需要在喷口外的最小收缩断面处来计算,这样就给设计工作带来难题了。

据说 William Hamilton(Hamilton 公司创始人)用他早期的喷水推进装置在新西兰的一条浅水急流河中做试验时,他把喷口抬升到水面以上,船顷刻间突然向前冲,提高了航速。从那以后该公司的产品都设计成喷射到空气中。目前绝大多数的产品都采用了这种方法(5.3.4 节介绍的外置式除外),考虑到启动时需避免吸空,一般轴线是不高于船舶轻载时的水线。

安装在尾板上的喷水推进装置低速航行时,尾板周围并未完全脱水,这时喷口喷射流将引起尾板附近的船尾区域形成回流和压力降低,导致船体阻力增加。而且从船底和两舷脱离尾板的水流还会冲击到泵体或操舵倒航机构上,形成附体阻力。这些因素也是喷水推进装置低速时推进效率低的原因之一,表现形式就是喷水推进装置的推力减额较大。

随着航速的增加,尾封板就逐渐过渡到完全脱水,从船底和两舷脱离尾板的水流就随着较高速度的惯性飞向船后方,这时候喷口射流的副作用就完全消失了。从降低进口流道的高度和长度以减少损失的缘由出发,航速越高的船,喷口轴线可以布置得更低一些。例如,设计航速达 45kn 的美国濒海战斗舰,其 I 型单体舰整体喷水推进装置静态时全部淹没,而 II 型三体舰也仅剩操舵倒航油缸露在水面上,但完全可保证设计点运行时喷口出流是完全喷射到空气中的。

5.4.2　工程化设计

因为喷口大小的改变,可以改变喷水推进泵的运行工况。例如,对于通常的

181

喷水推进轴流泵,喷口减小,则意味着运行流量减小,扬程增加,功率增大。流量运行点的改变还会引起空化性能的变化。MARIC 曾经对一条喷水推进滑行艇因为喷水推进泵发生空化而无法越峰,后来通过在现场用水泥和环氧树脂把喷口糊小,成功越峰,最大航速大幅提升。通过把运行点偏向小流量工况,使推进泵的汽蚀余量减小而改善了空化性能。

所以,喷口是产品系列化的重要一环。例如,KAMEWA 大功率喷泵 SII 系列每个型号都有 8 个喷口尺寸可供选择,因为 KAMEWA 该型产品喷口是和导叶体铸成一体的,所以要求同一个铸件要留足够余量以满足加工成不同尺寸的喷口。而 MJP 的同类型产品中,喷口和导叶体是分离的,所以不同喷口可以单独铸造成型。

在喷水推进船舶上,喷口段是很短的,也可以认为喷口段主要只包括喷口。只有在配备离心泵的水翼艇上,出口段包括一段把水流导向后喷的弯管。

喷口的作用是确保喷出水流速度以提供推力,因为水泵产生的压能需通过喷口转换成动能。通常喷口断面的面积小于进水口和水泵出水口的面积,从而使水流增速后喷出。

喷口的直径 D_j 或面积 A_j 是在选择主要参数时选定的。如前所述,喷口面积确定后,整个喷水系统的主要参数就已确定。泵叶轮出口处的直径 D_p 和面积 A_p 是由泵的设计参数所决定。A_p 和 A_j 的比值称为收缩比。这个比值允许变化的范围较大,通常服从于 A_p 和 A_j 的通盘考虑。收缩比太大会导致较多的管道收缩损失。从 A_p 到 A_j 的距离也要加大,特别是在有出口弯道时。这时就在研究变动 A_p 或改变 A_j 以便权衡得失后再作选择。但这种情况是很少发生的。

下面主要讨论与喷口设计有关的问题:

1)喷射的方向

当喷射的方向为水平时,则 $V_j = V_0 + \Delta V$。当 V_j 与水平方向成 α_j 角时,则速度矢量关系见图 5.33。

V_{ja}——绝对喷速;

ΔV——V_{ja} 的水平分速;

V_{jr}——喷速的垂向分速;

T_j——相对推力,等于 $\rho Q V_j$;

T_r——航行时的来流冲力,等于 $\rho Q V_0$;

T_a——绝对推力,等于 $\rho Q V_{ja}$;

T——水平推力,等于 $\rho Q \Delta V$;

T_v——垂向推力,等于 $\rho Q V_{j\sin\alpha_j}$。

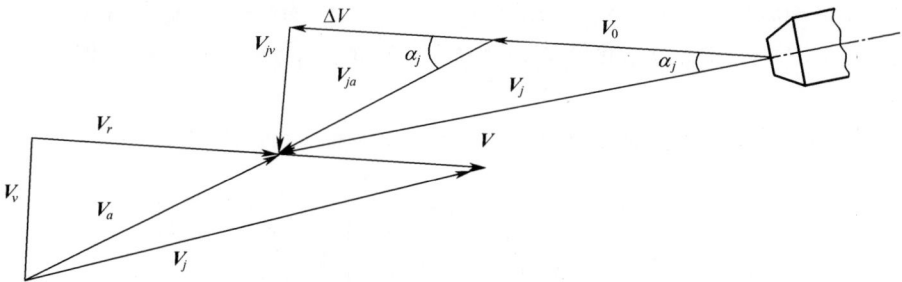

图 5.33　喷水推进系统喷速与推力矢量图解

从图上可看出,推进所需的推力为

$$T = T_j\cos\alpha_j - T_r = \rho QV_j\cos\alpha_j - \rho QV_0 = \rho Q(V_j\cos\alpha_j - V_0) \quad (5.20)$$

垂直方向推力:
$$T_v = \rho QV_j\sin\alpha_j \quad (5.21)$$

T_v 对于浮航的船舶来说意义是不大的。但对于流体动力支持的船如水翼艇、滑行艇等来说,有一定的益处。

设 K 为船的升阻比,且在设计点附近保持不变。则因 T_v 而减少的阻力为

$T_v \cdot \dfrac{1}{K} = \rho QV_j\sin\alpha_j/K$。阻力的减少意味着有效推力的增加:

$$T_0 = T + T_v/K = \rho Q\left[V_j\left(\cos\alpha_j + \frac{\sin\alpha_j}{K}\right) - V_0\right] \quad (5.22)$$

显然,要使 T_0 有最大值,只有 $\cos\alpha_j + \sin\alpha_j/K$ 达到最大值时,亦即要求 $\tan\alpha_j = 1/K$。

因此水翼艇和滑行艇最佳的喷水方向角 $\alpha_j = \arctan(1/K)$。据文献[5]的估计,这个喷射方向的利用可使推进效率得益 2%~4%。

当然,当 T_r 的作用是增加艇纵倾,但这可以在整体设计时一并考虑进去。

2) 喷口的形状

喷口有两种形状,一种是外收缩型,这是大部分喷口的形状;另一种是内收缩型,见图 5.34。内收缩型喷口喷出的水流是环形的,它用于毂径大的泵。

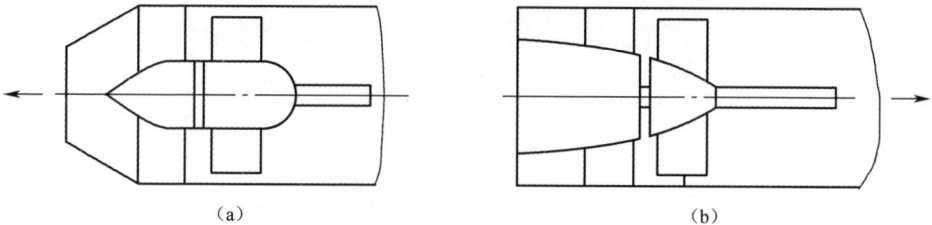

（a）　　　　　　　　　　　　　　（b）

图 5.34　喷口形状简图

（a）外收缩型;（b）内收缩型。

183

内收缩型喷口很少应用的主要原因在于环形喷口尺寸比外收缩型喷口大得多,从而使转向装置和倒车机构都较大,这在质量上和艉部布置上都会带来困难。

外收缩型喷口有各种形状,见图 5.35。这些都是实际采用过的形式。

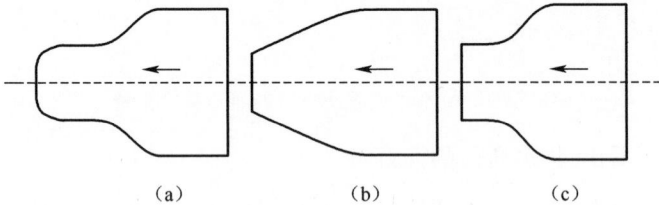

图 5.35　各种喷口的形状

喷口形状最重要的影响是使喷口的有效面积发生变化。在图 5.34 上喷口(a)及(b)都会使喷出水流产生一定的收缩。此时脱离喷口的水流并不垂直于喷口断面,因此喷出速度 V_j 与喷口面积 A_j 的乘积不等于流量,使喷口有效面积不能以喷口断面积计算。在图 5.35 的(a)和(b)上,实际的流量应为收缩处面积 A_c 与该处流速 V_j' 的乘积。显然 $A_j' > A_c$,而 $V_j' > V_j$。

由于 V_j 是决定系统主要参数的重要因素,当有效喷口面积由 V_j 变为 V_c 时,整个系统的参数都要发生变化:流量下降,扬程增大。从而使工况偏离设计点,得不到预期的性能。

合理的喷口设计应当在直径过渡时采用双纽曲线[1]。

$$(x^2 + y^2)^2 = \alpha^2(x^2 + y^2) \qquad (5.23a)$$

或　　　　　　　　　　$$\rho^2 = \alpha^2 \cos 2\theta \qquad (5.23b)$$

式中:α 为横坐标上最大值。

根据文献[12]的风洞试验结果,取双纽曲线的一段作为喷口形状的过渡曲线,则实际上水力损失很小,初估可以忽略不计。图 5.36 上 AB 段代表喷口曲线的形状。

要使喷口处射流平直,从 A 点到 C 点应为平行轴线的平直段。喷口截面积即可代表有效喷口面积 A_j,则喷口形状曲线在喷口处必须满足 $\dfrac{\mathrm{d}y}{\mathrm{d}x} = \dfrac{\mathrm{d}^2 y}{\mathrm{d}x^2} = 0$ 的条件。

在用轴流泵和混流泵作为推进泵的船上,利用喷口曲线过渡段安置部分导叶(见图 5.36 中的点划线),可以缩短整个装置的长度,提高总效率。喷口出口处内壁要注意无圆角,在浇铸的喷口上出现的圆角要加工成直角锐口,以免喷水

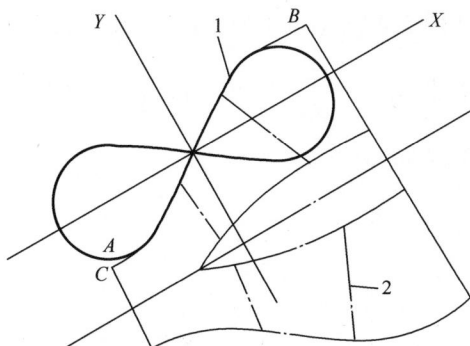

图 5.36　喷口曲线的形状与双纽曲线

1—双纽曲线;2—导叶位置。

时让水流沿圆角散射,增加损失。

前面所讨论的推力或水泵扬程都是设定在水流离开导叶时已无旋转运动。如果不装导叶或导叶设计不良,则在喷口处还有剩余的水流旋转。此时推力要减低,减低的程度与剩余的旋转动量矩有关。

在剩余水流旋转较强时,在小尺寸喷口截面积处会发生旋转水流把流道阻塞的现象。这是因为假设水流离导叶而到喷口时,其动量矩不变。则旋转角速度 ω_j 要比导叶处的角速度 ω_v 增大 $\left(\dfrac{r_v}{r_j}\right)^2$ 倍。r_v 和 r_j 分别为导叶处和喷口处的半径。这些情况都会使喷水推进系统得不到所需的推力,所以消除喷口处的旋转水流,亦即改进轴流泵和混流泵的导叶设计是很重要的。

3) 可调面积喷口

迄今为止,喷水推进船上主要采用的是固定面积喷口。但有无必要采用可调面积喷口,哪些船上可以采用可调面积喷口需要逐一分析。

(1) 固定面积进水口的船舶。

对于水翼艇和气垫艇来说,过阻力峰点是一个严重的问题,特别是水翼艇。由于推进器的设计(螺旋桨或推进泵)要兼顾越峰工况,往往使得最大航速时,主机不能发挥全功率,亦即主机轻载。上节中提到,为兼顾不同工况,进水口面积往往比全速航行所需要的大。这样在起飞过阻力峰点时,可以有足够的进流。此时流量和全速时相近。由于喷口面积固定,喷速也和全速时的 V_j 相近,但起飞时的航速仅是全速的一半左右,因此速比会大到 3~4。效率必然较低。这对越峰是很不利的。此时若能把喷口面积加大,则可吸收更大功率增加推力。到

185

全速时再收缩喷口,使喷速加大,与较高航速相适应。采用可调面积喷口来提高越峰点推力的原理如图 5.37 所示。图上的虚线表示加大喷口后的工况。由式(3.66)可知系统特性曲线 $H = \dfrac{Q^2}{2gA_j^2} + (K_1 - \beta)\dfrac{V_0^2}{2g}$。当 A_j 变大为 A_j' 时,H' 显然小于 H。故虚线在泵系统曲线之下。

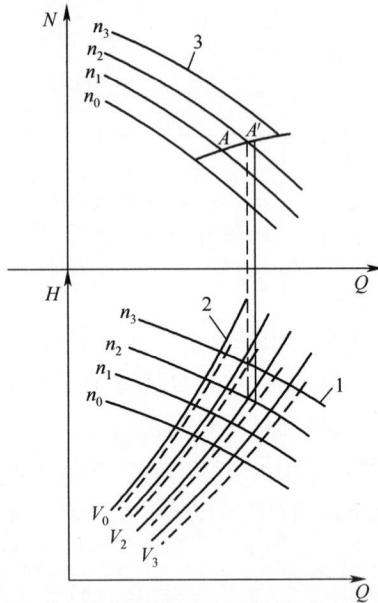

图 5.37 可调面积喷口对特性曲线影响

1. H—Q 曲线;2. 系统特性曲线;3. N_e—Q 曲线

在该图的功率曲线上,原工作点 A 正好在主机限制特性曲线上。喷口改变后,由于流量增加,工作点由 A 移到 A',从而工作转速和吸收功率均有增加,推力也相应加大。这可以说明可调喷口对越峰点的作用。这个作用相当于采用可调桨,即在起飞时调小螺距,起飞后加大螺距。

对于阻力峰点不显著的滑行艇和无峰点的排水型船舶来说,可调喷口是不必要的。对拖船来说,由于它的航速低,流量大,喷口面积也大,故难以实现可调喷口面积的方案。

(2) 可调面积进水口的船舶。

当进水口面积调大时,如果喷口固定,流量虽可增加,但以增到高速时的流量为限。这是因为此时 $Q \cdot H$ 基本相同,由于 $\beta \cdot V_0^2/2g$ 一项减少,因此要求主机发出功率增大。在起飞时采用可调面积喷口的效果同上节。缺点是可调进口和

186

出口的装置机构及操纵均较复杂。

(3) 对于有两种工况的高速船舶。

这是指有多台主机的情况。当部分主机巡航时,船速低,负荷重。到全速时,如果改小巡航主机的喷口面积,能使巡航主机适应高速运行,如"美国企业"号就有这种工况。

对于所谓有加速主机的高速船也是同样情况,亦即在加速主机工作时,巡航主机带动的推进泵应配有可调面积喷口。在这种情况下,可调面积喷口的作用见图 5.38。

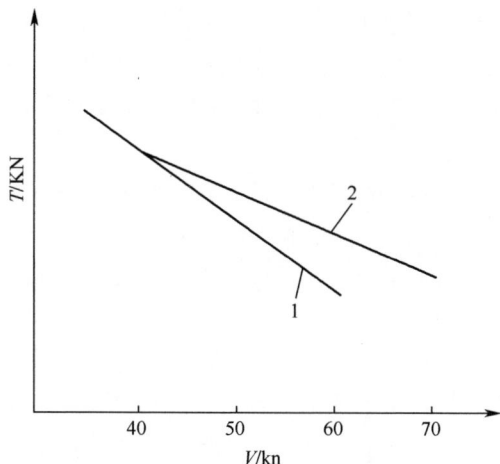

图 5.38 调小喷口时高速区推力的增加
1—固定喷口;2—调小喷口

可调面积喷口的一种设计方案见图 5.39。

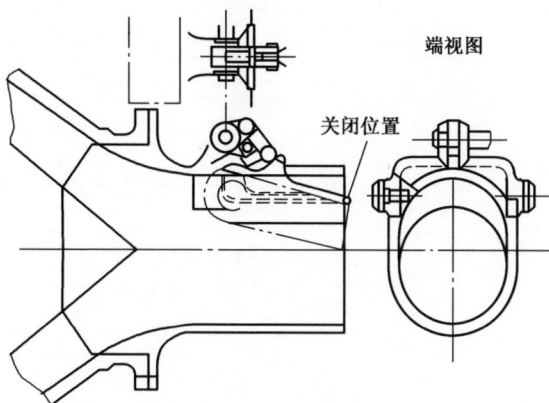

图 5.39 可调面积喷口

总的来说,可调面积喷口在某些条件下会带来益处,但也会增加喷口段的损失,并增加一套操纵。或许这也是至今很少采用可调面积喷口的原因。

5.5 边界层影响系数的计算

由近代界层理论可知,船艇在水中以 V_0 的速度运动时,在驻点以后贴近船艇的部分,水流流过船体的速度要小于船速 V_0,此即所谓界层的影响[27-29]。喷水推进艇的喷水推进泵进流口如果处于界层范围内,那么,无疑将吸收界层中的低速流[30]。由于界层的厚度与离开驻点的位置有关,以及各类船艇喷水推进泵进流口在船艇上的相对位置和形状各不相同,所以吸收界层内低速流的程度也不相同。在喷水推进理论中引入进流系数 α 来说明这种吸收低流速程度;αV_0 为进入进流口的均值化动量流速度。

从推进角度看,在流量相等的情况下,喷水推进器的推力 $T = \rho Q(V_j - \alpha V_0)$,它随着进流系数 α 的减小而增加。喷水推进的管道系统效率 $\eta_c = 2(k - \alpha)/(k^2 - \beta + K_1)$,如果选定了速比 $k = V_j/V_0$ 和管道阻力系数 K_1,那么,η_c 将无疑地随着 α 的减小而增加。

图 5.40 为一艘长 350 英尺,航速为 80kn 的喷水推进船设计方案。在不考虑进流口几何形状条件下,如若吸收近船体的 10% 界层厚度内低速流,最佳化

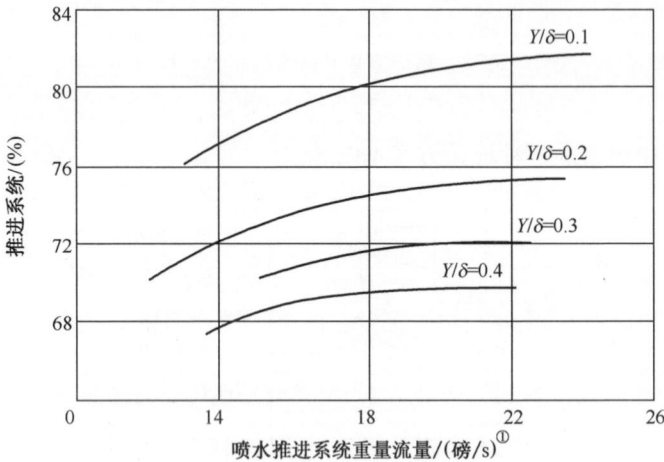

图 5.40 界层有效吸收的重要性

注:Y—进流厚度,δ—界层厚度

---

① 1 磅 = 0.4536 千克。

推进系数可达81%;如果吸收近船体40%的界层厚度内低速流,则推进系数降为70%左右。在满足流量要求的条件下,吸取10%界层厚度的要求在多数情况下不能实现,这是因为进流口宽度根据流量需要往往会大于船宽;一般在实际正常进水口条件下,进流层厚度往往大于界层厚度。

合理的进水口应使大部分界层中低速流尽可能地流入进流口,做成在艇体横向较纵向为长的进水口最能充分满足这个条件。苏联内燃机船"3 apя"号曾做过吸水口系列试验[5],在船体横向长缝形吸水口方案中得到了最佳的推进性能。

与进流系数紧密相连的还有一个均值化进流口动能利用系数 β,对它在数量上的确定,必须首先知道界层内速度分布规律。根据对界层理论的研究,常采用冯·卡曼(Von. Karman)紊流界层速度公式[5]。

$$\frac{V_y}{V_0} = \left(\frac{Y}{\delta}\right)^{\frac{1}{n}} \tag{5.24}$$

式中: n 常取为9; δ 为界层厚度; Y 为从船壳量起与速度垂直的坐标; V_y 为该处的局部速度。

边界层厚度 δ 可通过下式进行计算:

$$\delta/l = 0.01954 - 0.00138l(V_0 \cdot l) \tag{5.25}$$

式中: V_0 为船速(m/s); l 为计算边界层厚度的进口点离船艏的距离(m)。

进流口进流示意图,见图5.41。

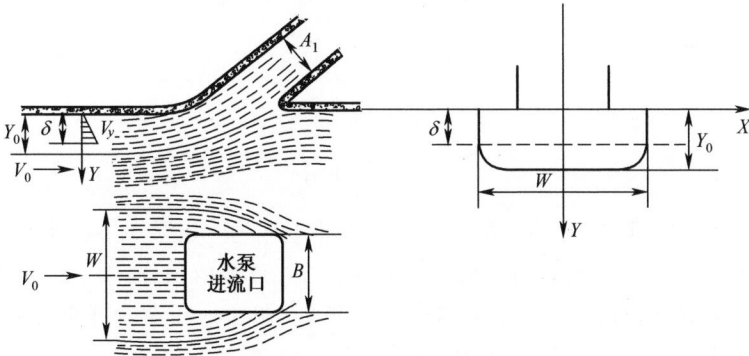

图5.41 进流口进流示意图

进流横截面可用下列方程式来描述:

$$\left(\frac{X}{\frac{W}{2}}\right)^m + \left(\frac{Y}{Y_0}\right)^m = 1 \tag{5.26}$$

式中：W 为水流进流宽度，一般均大于水泵进流口宽度 B；当 $m=2$ 时，即为半椭圆形剖面方程。

$$Y = Y_0 \left[1 - \left(\frac{X}{\frac{W}{2}} \right)^2 \right]^{\frac{1}{2}} \tag{5.27}$$

进流口处实际流量为

$$Q = \int_{A1} V_y \mathrm{d}A = \int_{-\frac{w}{2}}^{\frac{W}{2}} \mathrm{d}X \int_0^{f(x)} V_0 \cdot \left(\frac{Y}{\delta} \right)^{\frac{1}{9}} \mathrm{d}Y \tag{5.28}$$

进流口处进流动量：

$$\alpha Q V_0 = \int_{A1} V_y^2 \mathrm{d}A = \int_{-\frac{w}{2}}^{\frac{W}{2}} \mathrm{d}X \int_0^{f(x)} V_0^2 \cdot \left(\frac{Y}{\delta} \right)^{\frac{2}{9}} \mathrm{d}Y \tag{5.29}$$

进口处进流动能为

$$\frac{1}{2} Q \beta V_0^2 = \frac{1}{2} \int_{A_1} V_y^3 \mathrm{d}A = \frac{1}{2} \int_{-\frac{w}{2}}^{\frac{W}{2}} \mathrm{d}X \int_0^{f(x)} V_0^3 \left(\frac{Y}{\delta} \right)^{\frac{1}{3}} \mathrm{d}Y \tag{5.30}$$

式中：A_1 为进流口喉部横截面积。

根据流量连续性定理，通过该处的流量应与水泵的设计流量相一致。

由式（5.29）、式（5.30）、式（5.31）可得到式（3.61）和式（3.62）。

$$\alpha = \frac{1}{V_0} \cdot \frac{\int_{A_1} V_y^2 \mathrm{d}A}{\int_{A_1} V_y \mathrm{d}A} \tag{5.31}$$

$$\beta = \frac{1}{V_0^2} \cdot \frac{\int_{A_1} V_y^3 \mathrm{d}A}{\int_{A_1} V_y \mathrm{d}A} \tag{5.32}$$

上述公式均假定 $Y_0 < \delta$，亦即进流全部取自界层；如果 $Y_0 > \delta$，则应当如图 5.41 那样绘出草图，再按式（3.52）和式（3.53）式作数值积分，以求得 α 和 β。

如果能够知道流入进口的有效流层厚度 Y_0，那么 α 和 β 就可通过上述公式方便地求出了。Y_0 的决定可以参考冷凝器导流管设计[1]推荐的实用数值，即 $Y_0 = \frac{1}{3} \cdot \sqrt{A_1}$。把所确定的 Y_0 值代入式（5.28）后，当所求得的流量与水泵设计流量相等时，则 Y_0 值即为有效，否则需逐次修正 Y_0 值到流量符合为止。可利用计算机来计算 α 和 β，以代替大量的手工计算。

下面给出计算实例：

有一喷水推进滑行艇,要求喷水推进泵设计流量 $Q = 1.09\text{m}^3/\text{s}$,其进口处喉部直径 $D_1 = 0.455\text{m}$,则 $A_1 = \frac{\pi}{4}D_1^2 = 0.162\text{m}^2$。设进流厚度 $Y_0 = \frac{1}{3}\sqrt{A_1} = 0.1342\text{m}$,艇底水泵进口处进流半宽 $\frac{W}{2} = 0.375\text{m}$,且为半椭圆形分布。将全宽六等分,按式(5.28)求出各等分站处 Y 值;由于左右对称,因此 $Y_1 = Y_7$、$Y_2 = Y_6$、$Y_3 = Y_5$、$Y_4 = Y_0 = 0.1342\text{m}$。进口前端离船艏水线距离 $l = 5\text{m}$(对于滑行艇,l 即为离龙骨浸水线前端的距离),船速 $V_0 = 16\text{m/s}$。由式(5.26)得界层厚度 $\delta = 0.0846\text{m}$;因为 $Y_0 > \delta$,故需按式(5.29)、(5.30)、(5.31)进行数值积分求出 Q、α 及 β。界层内的水流速度分布按冯·卡曼公式 $V_y = V_0\left(\dfrac{Y}{\delta}\right)^{\frac{1}{9}}$ 计算,界层外的水流速度等于船速。

以下列表进行进流各等分站处的数值积分(采用梯形法)。

(1) 在 1 及 7 站断面处:

$Y_1 = Y_7 = 0$,所以进流量等于零。

(2) 在 2 及 6 站断面处:

$$Y_2 = Y_6 = Y_0\left[1 - \left(\frac{X}{\frac{W}{2}}\right)^2\right]^{\frac{1}{2}} = 0.10\text{m}; \qquad \Delta Y = 0.01\text{m}。$$

序号	Y/Y_2	Y	Y/δ	$\dfrac{V_y}{V_0} = \left(\dfrac{Y}{\delta}\right)^{\frac{1}{9}}$	$\left(\dfrac{V_y}{V_0}\right)^2$	$\left(\dfrac{V_y}{V_0}\right)^3$
1	0	0	0	0	0	0
2	0.1	0.01	0.1182	0.7888	0.6222	0.4908
3	0.2	0.02	0.2364	0.8519	0.7256	0.6183
4	0.3	0.03	0.3546	0.8911	0.7942	0.7078
5	0.4	0.04	0.4728	0.9201	0.8466	0.7790
6	0.5	0.05	0.5910	0.9432	0.8897	0.8392
7	0.6	0.06	0.7092	0.9625	0.9265	0.8918
8	0.7	0.07	0.8274	0.9792	0.9588	0.9838
9	0.8	0.08	0.9456	0.9938	0.9876	0.9815
10	0.9	0.09	1.0638	1.0	1.0	1.0
11	1.0	0.10	1.1820	1.0	1.0	1.0
12	总和 Σ			9.3306	8.7514	8.2922

序号	Y/Y_2	Y	Y/δ	$\dfrac{V_y}{V_0} = \left(\dfrac{Y}{\delta}\right)^{\frac{1}{9}}$	$\left(\dfrac{V_y}{V_0}\right)^2$	$\left(\dfrac{V_y}{V_0}\right)^3$
13	$-\dfrac{1}{2}$(首+末)			-0.50	-0.50	-0.50
14	Σ+(13)			8.8306	8.2514	7.7922
15	$\Delta Y \cdot$(14)			$\Sigma_1 = 0.0881$	$\Sigma_1 = 0.08251$	$\Sigma_1 = 0.07792$

（3）在 3 及 5 站断面处：

$Y_3 = Y_5 = 0.1265$m； $\Delta Y = 0.01265$m。

序号	Y/Y_2	Y	Y/δ	$\dfrac{V_y}{V_0} = \left(\dfrac{Y}{\delta}\right)^{\frac{1}{9}}$	$\left(\dfrac{V_y}{V_0}\right)^2$	$\left(\dfrac{V_y}{V_0}\right)^3$
1	0	0	0	0	0	0
2	0.1	0.01265	0.1495	0.8096	0.6555	0.5307
3	0.2	0.02530	0.2990	0.8745	0.7647	0.6687
4	0.3	0.03795	0.4485	0.9148	0.8368	0.7655
5	0.4	0.05060	0.5980	0.9445	0.8920	0.8425
6	0.5	0.06325	0.7475	0.9682	0.9374	0.9075
7	0.6	0.07590	0.8970	0.9880	0.9760	0.9644
8	0.7	0.08860	1.0465	1.0	1.0	1.0
9	0.8	0.10120	1.1960	1.0	1.0	1.0
10	0.9	0.11390	1.3455	1.0	1.0	1.0
11	1.0	0.12650	1.4950	1.0	1.0	1.0
12	总和 Σ			9.4996	9.0624	8.6793
13	$-\dfrac{1}{2}$(首+末)			-0.50	-0.50	-0.50
14	Σ+(13)			8.9996	8.5624	8.1793
15	$\Delta Y \cdot$(14)			$\Sigma_1 = 0.113$	$\Sigma_1 = 0.1083$	$\Sigma_1 = 0.1035$

（4）在 4 站断面处：

$Y_4 = Y_0 = 0.1342$m； $\Delta Y = 0.01342$m。

序号	Y/Y_2	Y	Y/δ	$\dfrac{V_y}{V_0} = \left(\dfrac{Y}{\delta}\right)^{\frac{1}{9}}$	$\left(\dfrac{V_y}{V_0}\right)^2$	$\left(\dfrac{V_y}{V_0}\right)^3$
1	0	0	0	0	0	0

序号	Y/Y_2	Y	Y/δ	$\dfrac{V_y}{V_0} = \left(\dfrac{Y}{\delta}\right)^{\frac{1}{9}}$	$\left(\dfrac{V_y}{V_0}\right)^2$	$\left(\dfrac{V_y}{V_0}\right)^3$
2	0.1	0.01342	0.1586	0.8450	0.6642	0.5413
3	0.2	0.02684	0.3172	0.8802	0.7748	0.6820
4	0.3	0.04026	0.4704	0.9196	0.8457	0.7777
5	0.4	0.05368	0.6344	0.9507	0.9038	0.8593
6	0.5	0.06710	0.7930	0.9746	0.9498	0.9256
7	0.6	0.08052	0.9516	0.9945	0.9890	0.9836
8	0.7	0.09394	1.1102	1.0	1.0	1.0
9	0.8	0.10740	1.2688	1.0	1.0	1.0
10	0.9	0.12080	1.4274	1.0	1.0	1.0
11	1.0	0.13420	1.5860	1.0	1.0	1.0
12	总和 Σ			9.5346	9.1273	8.7695
13	$-\dfrac{1}{2}$（首+末）			-0.50	-0.50	-0.50
14	Σ+（13）			9.0346	8.6273	8.2695
15	$\Delta Y \cdot$（14）			$\Sigma_1 = 0.1212$	$\Sigma_1 = 0.1158$	$\Sigma_1 = 0.1108$

然后，沿进流口宽度方向积分（用辛浦逊法）。

站号	SM	Σ_1	$SM\Sigma_1$	Σ_2	$SM\Sigma_2$	Σ_3	$SM\Sigma_3$
1	1	0	0	0	0	0	0
2	4	0.0881	0.3524	0.0825	0.3300	0.0779	0.3117
3	2	0.1130	0.2260	0.1083	0.2166	0.1035	0.2070
4	4	0.1212	0.4848	0.1158	0.4632	0.1108	0.4432
5	2	0.1130	0.2260	0.1083	0.2166	0.1035	0.2070
6	4	0.0881	0.3524	0.0825	0.3300	0.0779	0.3117
7	1	0	0	0	0	0	0
			$\Sigma_1' = 1.6416$		$\Sigma_1' = 1.5565$		$\Sigma_1' = 1.4806$

按式（5.29），流量 Q 为

$$Q = \int_{A1} V_y dA$$

$$= \int_{-\frac{w}{2}}^{\frac{w}{2}} dX \int_0^{f(x)} \left(\frac{Y}{\delta}\right)^{\frac{1}{9}} V_0 dY$$

$$= V_0 \cdot \frac{1}{3} \Delta \left(\frac{W}{2} \right) \Sigma_1'$$

$$= 16 \times \frac{1}{3} \times \frac{0.375}{3} \times 1.6416 = 1.094 (\mathrm{m^3/s})$$

上述计算流量 Q 与设计流量基本相符,故不再进行计算。

根据定义,按式(3.61)计算得进流系数 α 为

$$\alpha = \frac{1}{V_0} \cdot \frac{\int_{A1} V_y^2 dA}{\int_{A1} V_y dA} = \frac{1}{V_0}$$

$$\times \frac{\int_{-\frac{W}{2}}^{\frac{W}{2}} dX \int_0^{f(x)} V_0^2 \left(\frac{Y}{\delta} \right)^{\frac{2}{9}} dY}{\int_{-\frac{W}{2}}^{\frac{W}{2}} dX \int_0^{f(x)} V_0 \left(\frac{Y}{\delta} \right)^{\frac{1}{9}} dY}$$

$$= \frac{\Sigma_2'}{\Sigma_1'} = \frac{1.5565}{1.6416} = 0.9482$$

按式(3.62)均值化动能影响系数 β 为

$$\beta = \frac{1}{V_0^2} \cdot \frac{\int_{A1} V_y^3 dA}{\int_{A1} V_y dA} = \frac{1}{V_0^2}$$

$$\times \frac{\int_{-\frac{W}{2}}^{\frac{W}{2}} dX \int_0^{f(x)} V_0^3 \left(\frac{Y}{\delta} \right)^{\frac{3}{9}} dY}{\int_{-\frac{W}{2}}^{\frac{W}{2}} dX \int_0^{f(x)} V_0 \left(\frac{Y}{\delta} \right)^{\frac{1}{9}} dY}$$

$$= \frac{\Sigma_2'}{\Sigma_1'} = \frac{1.4806}{1.6416} = 0.9019$$

实际上该艇在喷水推进主要参数优化选择计算时,取 $\alpha = 0.95, \beta = 0.90$。与上述计算十分吻合。

5.6 本 章 结 语

本章讨论的是喷水推进装置的管道系统,即水从船底进水口吸入到喷口喷出,全程的沿程损失、流动状态、压力分布和速度分布等水动力性能问题。因为

喷水推进效率是系统效率和喷水推进泵效率的乘积,要提高喷水推进效率必须从提高系统效率和喷水推进泵效率着手。而进口流道的水动力性能优劣又是系统效率的主要影响因素,所以本章重点讨论进速比 IVR 对进口布局的影响、进口流道前的虚拟流管、进口流道的速度场和压力场、进口流道的线型等问题。对进口流道的流体分离预报以及降低空泡和流噪声的问题也有涉及。另外,对于喷口的布置与功能、喷口形状、可调面积喷口等也做了较详细地讨论。

参 考 文 献

[1] 金平仲,王立祥.船舶喷水推进[M].北京:国防工业出版社,1986.

[2] The International Towing Tank Conference.The Specialist Committee on Validation of Waterjet Test Proce-dures[R],Final Report and Recommendations to the 21th ITTC,1996.

[3] The International Towing Tank Conference.The Specialist Committee on Validation of Waterjet Test Proce-dures[R],Final Report and Recommendations to the 23th ITTC,2002.

[4] Aren P, Aartojarvi R, Croner P. 21st ITTC, Supplement to the report of the waterjets group[C]. Bergen and Trondheim: 1996.

[5] Verbeek R, Bulten N W H. International Conference on Waterjet Propulsion 3, The Royal Institution of Na-val Architects[C], Gothenburg Sweden: 2001.

[6] Van Terwisga, T J C. Report of the specialist committee on validation of waterjet test procedures[R].23rd ITTC, Volume II, Venice, 2002.

[7] Van Terwisga, T J C(Chairman). Report of the specialist committee on validation of waterjet test procedures [R]. 24th ITTC, Volume II, Edinburgh, Scotland UK, 2005.

[8] Liming Xia. CFD-based comparisons of various water-jet inlet duct geometries and hull installations[R]. Sweden:Rolls-Royce,2011.

[9] Bulten N W H. Numerical analysis of a waterjet propulsion system[D]. Netherlands : Eindhoven university of technology, 2011

[10] 丁江明,王永生.喷水推进器进水流道参数化设计与应用[J]. 上海交通大学学报,2010,44(10): 1423-1428.

[11] 刘承江,王永生,张志宏.喷水推进器数值模拟所需流场控制体的研究[J]. 水动力学研究与进展:A 集, 2008, 23(5):592-595

[12] 汲国瑞,蔡佑林.喷水推进进口流道倾斜角对其效率影响分析[J].舰船科学技术,2016(3):55-58.

[13] 汲国瑞,蔡佑林,李宁,等.喷水推进进口流道唇口参数对出口不均匀度和驻点位置影响分析[J].中国造船,2016,57(4):109-114

[14] Will G, Tom D, Amaratunga S, et al. IMAREST′s 10th International Naval Engineering Conference and Exhibition[C]. London UK:2010.

[15] Warn-Gyu Park, Hyun Suk Yun, Ho Hwan Chun,et al. Numerical flow simulation of flush type intake duct of waterjet[J]. Ocean Engineering , 2005 32:2107 – 2120.

[16] 张文,苏石川,冯学东,等.进水口面积对喷水推进进水流道流动性能影响[J]. 江苏科技大学学报, 2016,30(1):39-44

[17] 熊高涵,高慧. 基于 CFD 的喷水推进器进水管道流场分析[J].河南科技,2018(2):77-79

[18] 张文. 高速艇喷泵叶顶间隙与轴向间距匹配和进水流道流场特性数值模拟[D]. 镇江:江苏科技大学硕士论文,2016

［19］许慧丽,邹早建.喷水推进器进流方向对流道内流场的影响数值研究［J］.水动力学研究与进展,2018,33(2):181-187

［20］丁聪原,维杰.轴流式喷水推进泵进水流道的设计与性能评估［J］.科学技术创新,2018(8):176-177

［21］史俊,冯学东,李光琛,等.进口长度对船舶喷水推进器进水流道性能的影响［J］.船海工程,2016,45(6):81-84

［22］王永生,彭云龙,刘承江.仿生学原理在进水流道结构设计中的应用［J］.舰船科学技术,2014,36(9):80-84

［23］唐希宗,王绍增.喷水推进器进水流道空化和流动分离的模拟控制研究［J］.理论与实践,2013,33(3):20-24.

［24］李臣,束晓华,赵春生.基于流道倾角对喷水推进泵流道性能的影响研究［J］.舰船科学技术,2017,39(9):49-53

［25］王绍增,王永生,丁江明.喷水推进器进水流道及其格栅的优化设计研究［J］.船舶力学,2014,18(4):357-362

［26］王立祥,王泽群.喷水推进组合体——一种新颖的船舶节能推进操纵装置［J］.船舶,1999(2):11-16.

［27］Robert J L, Walker G J.International Conference on Waterjet Propulsion Latest Developments, The Royal Institution of Naval Architects ［C］. Amsterdam, The Netherlands:1998.

［28］张拯,王立祥.关于喷水推进装置平进口边界层影响系数估算的探讨［J］.船舶,2008(3):10-14.

［29］刘承江,王永生,古成中.船-泵相互作用对喷水推进器推进性能的影响［J］.上海交通大学学报,2016,50(1):91-97

［30］AlexanderK,Coop H,Van Terwisga T. Waterjet-hull interaction: recent experimental results ［J］.SNAME Transaction,1994,102:87-105.

第6章 喷水推进主要参数的优化与航行特性计算

6.1 概　　述

在喷水推进舰船上,推进器设计考虑的因素要比螺旋桨复杂。这是因为喷水推进的推力并不像螺旋桨那样,直接由推进器叶轮产生,而是通过喷水推进管道系统的进出口水流动量差产生推进力。这样设计任务就归结为主机、含推进泵在内的推进系统和船体三方面的平衡;推进泵的参数要在系统效率较佳的前提下,与管道系统的进口能量、系统水力损失、喷射速度头相平衡;推进系统的推力要和设计工况下船体阻力和系统附加阻力相平衡[1]。图6.1是喷水推进的设计框图。显然,决定喷水推进主要参数比决定螺旋桨推进参数更为复杂[2]。

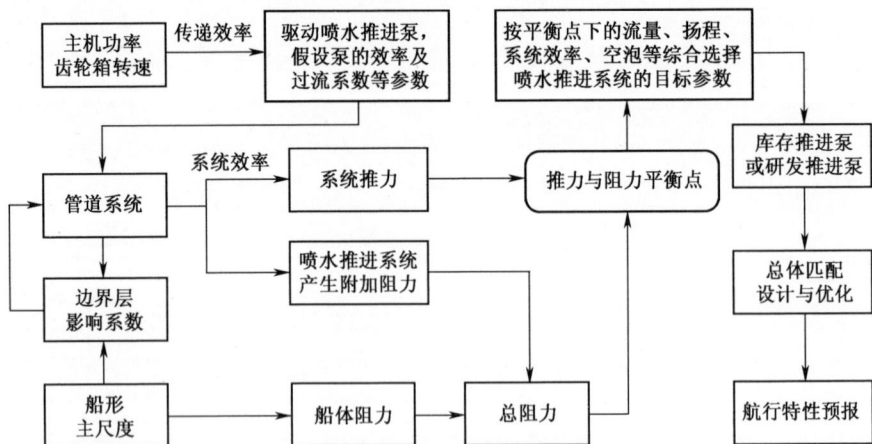

图6.1 喷水推进设计框图

在第2章中论述了喷水推进装置设计的关键技术,指出有两大类,一是在已知舰船设计输入条件下,应该选用什么样的喷水推进泵才是相对最优的;二是怎么得到所需的推进泵及相应的操控机构和自动控制系统。第一部分指的就是喷水推进主要参数的优化与航行特性计算。本章的目的就是解决关键技术,即论述喷水推进系统主要参数的优化选择原则和方法,以及喷水推进舰船航行特性的计算,并力求把喷水推进主要参数的选择做到像螺旋桨设计一样通用化、规范化,使整个过程迅速简单。

在第 3 章中讨论了喷水推进系统的最佳效率。在已知设计航速和管道水力损失系数时,给出了在最佳速比下系统所需扬程(式 3.48)为

$$H_{\mathrm{opt}} = (K_1 + \sqrt{K_1}) \frac{V_0^2}{g}$$

这个公式仅适用于最佳速比,该计算扬程与实际推进泵工作扬程数值上存在差异。此外,在推导 η_{copt} 时,管道损失系数假定为常值,也未考虑与外部阻力增量的相互关系。对于高性能船舶或其它特种船舶,选择主要参数还要兼顾诸如巡航、越阻力峰、拖带等特殊工况。这说明按最佳系统效率选择的主参数在理论上是最好的。因此,不能简单地按 H_{opt} 或 k_{opt} 公式来选择喷水推进主要参数。而且通常喷水推进船舶装配 2~4 台喷水推进装置,各种组合工况更多[3]。所以必须进行多目标参数综合优化对比择优选取相对最佳方案。

6.2　喷水推进系统控制体

由于喷水推进推力是由系统进出口水流动量差而产生的,与船体尾流场密切相关,所以必须从系统角度来考虑问题[4]。毫无疑问其中喷水推进泵是其核心,由它完成整个推进系统中能量转化;其次是整个流道系统。喷水推进泵由叶轮、导叶、壳体、喷口和轴系构成,是利用旋转叶轮把原动机的能量传递给水并用于推动载体运动的一种叶轮机械[5]。流道系统包括进流管道、出流管道(喷口),设计时通过低阻实现高效。水通过推进泵增加了能量,因此喷出的速度 V_j 大于船前进的速度 V_0。式(3.1)给出了理想推力 T_i 的数学表达式:

$$T_i = \rho \cdot Q \cdot (V_j - V_0)$$

上述这种把喷水推进器看作整体,应用动量定理分析推力的研究方法称为"动量通量法"。这是目前国际上较为流行且被普遍认可的方法,很多喷水推进船模自航试验也以此方法为依据。因此,喷水推进系统中控制体的选择和分解应准确地反应动量变化,以及各子系统之间的相互关系。为此,在 21 届 ITTC 会议报告基础上[6],于 2005 年 24 届会议上系统完整地提出了喷水推进系统控制体这一概念,对整个系统进行进一步的细分[7]。由于喷水推进控制体模型是一个复杂系统,子系统之间的相互关系和约束必须给以合理的描述,以不改变整个系统的性能,喷水推进系统控制体如图 6.2 所示。

装有喷水推进装置的整个船体系统被分解成裸船体和喷水推进系统两部分。裸船体相当于除喷水推进装置以外的全船系统,重量、重心与在运行中的整个系统相同。

喷水推进系统可以被细分为推进泵(3、5 位置之间的区域)和管道系统(1、3 和 5、6 位置之间的区域)。推进泵把机械能(输入)转化成水力能量(输出)。管道系统把需要的流量从外界引导到推进泵,然后通过喷口水流回到外界环境中。

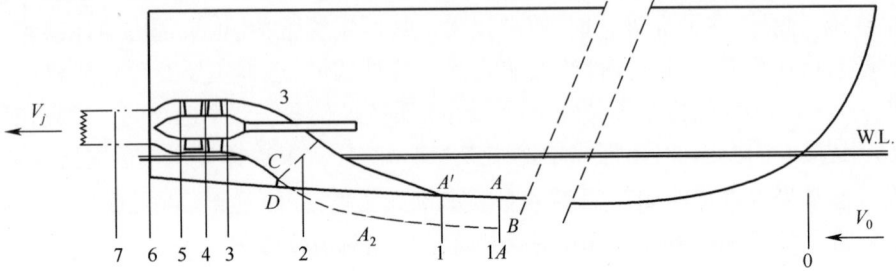

图 6.2　喷水推进系统控制体

0—自由来流;1A—获流剖面;1—进口流道上壁与船底切点;2—进口流道喉口;3—喷水推进泵进口剖面;
4—喷水推进泵叶轮出口剖面;5—喷水推进泵导叶出口剖面;6—喷水推进泵喷口出口剖面;
7—喷射流收缩剖面。

对喷水推进系统需要选择一个合适的控制体,目的是分析舰船外部流场对喷水推进装置的影响以及控制体流场的变化对舰船流场的影响。对控制体边界的选择做了以下考虑:

通过系统边界的动量、能量流应该容易测量和计算;

由喷水推进系统控制的水流,应该属于推进系统;

控制体的突出部分(图 6.2 的 ABC 部分)应该尽可能小,以避免受到外界流动干扰的影响。

选择在站 1A 和 6 之间以流管形式定义的控制体,以便最好的适应上述要求。流管系统一部分由推进装置实体的边界(固定的)来定义,一部分由实体进口 $A'D$ 前分割的流面 BC 来定义。这个分割流面(指 A_2)是在流动中的一个假想的表面,其定义为流动中没有任何质量通过该表面。

假想的获流面积 A_1(1A)是在进口斜面切点(A')略微靠前位置。选择这个位置的目的是避免由于进口的几何形状而带来的流动变形。通常定义为进口斜面切点前一个叶轮直径的位置。

200

D点由进口几何形状决定,通常指的是"外部唇边的切点"。

A_2表面的几何形状,由喷水推进装置运行工况点决定。它们可能也受外部流动影响,如在存在纵向压力梯度的情况下。

水流由喷口喷出。由于工程实现方面的原因,喷口平面(6站)作为控制体的出口以替代喷射流的最小收缩口。在大多数情况下,最小收缩口的直径与喷口直径相同。喷口直径可以精确的测量,但是喷流的最小收缩口难以测量。

区域3是喷水推进装置系统的实体管道。由喷水推进装置产生的所有作用在船体上的力,包括推进泵作用力,只能通过此区域传递,并通过推进泵体和轴传递。

6.3　基本方程式

第3章中已经详细讨论了喷水推进系统的基本方程[8],它们是如下3个基本平衡方程。

(1) 喷水推进推力与阻力的平衡方程,在考虑推力减额后的推力与船体阻力的平衡方程[9]:

$$(1 - t) \cdot \rho \cdot Q \cdot V_0 \cdot (k - \alpha) = C_A(R + R_{is}) \tag{6.1}$$

通常针对设计目标进行总体匹配设计时,不考虑加速过程以及喷水推进系统的附加阻力R_{is},此时式(6.1)可变为

$$\rho \cdot Q \cdot V_0 \cdot (k - \alpha) = R/(1 - t) \tag{6.2}$$

(2) 推进泵吸收功率与主机功率的平衡方程(式3.20):

$$\rho g \cdot Q \cdot H = N_P \cdot \eta_m \cdot \eta_0 \tag{6.3}$$

(3) 喷水推进泵扬程与系统能量的平衡方程(式3.21):

$$H = (1 + K_j) \frac{V_j^2}{2g} + (K_1 - \beta) \frac{V_0^2}{2g} + h_c \tag{6.4}$$

6.4　喷水推进主要参数优化

本章节主要讲述喷水推进主要参数的优化选择,关于推进泵及进流管道的设计可参见本书相关章节。

6.4.1　喷水推进主要参数计算步骤

方程(6.2)、(6.3)、(6.4)为求解喷水推进系统主要参数的基本方程式,这

三个方程用解析的方法无法求解,要采用迭代或逐步近似的方法[10]。因此需要编写程序进行迭代求解,迭代求解需要有初始的已知条件。

6.4.1.1 已知条件及计算假定

在开始计算时,必须给定以下已知条件:

船舶的主要参数;

主机功率 N_P,转速 n 及轴系效率 η_m;

船的阻力曲线 $R = f(V_0)$ 或 $C_A(R + R_{is}) = f(V_0)$;

船艉设计吃水,船舶设计航速 V_s;

预期的推进泵效率 η_0;

要求的汽蚀比转速或预期可达到的汽蚀比转速 C;

水位提升高度 h_c。

此外,还必须做一些计算假定和估算:

(1) 在流量 Q 和扬程 H 变化时,它们的乘积不变,即认为推进泵效率 η_0(或输出功率)不变;

(2) 根据管道系统数据库,给出管道系统(流管)损失系数 K_1,(或 K_1'', K_3) 以及喷口损失系数 K_j;

(3) 根据喷水推进船的实测数据的存量资源估算推力减额系数 t;

(4) 初步估算或假定边界层进流影响系数 α 与动能影响系数 β;

(5) 根据经验,假定推进泵轴面速度系数 e,通常 $e = 0.06 \sim 0.085$。

这其中,管道系统的损失系数 K_1(或 K_1'', K_3),以及喷口损失系数 K_j、边界层进流影响系数 α、动能影响系数 β、推力减额系数 t 是喷水推进装置与船体的相关因子,也是喷水推进装置设计必需求解的因子,其值的正确性直接影响喷水推进装置的主参数选择结果[11]。

6.4.1.2 方程组求解

设计的速比 k 在最佳速比 k_{opt} 附近,并且往往比 k_{opt} 要大些,以减少设计流量和装置进水管道尺寸。此外,如果小于最佳速比 k_{opt},系统效率 η_c 会发生陡降。因此在计算时要从 k_{opt} 开始,假定一些大于 k_{opt} 的 k 值。这是因为系统效率依赖于 k 值:

$$\eta_c = 2(k - \alpha) / [(1 + k_j) \cdot k^2 - \beta + K_1] \qquad (6.5)$$

令 $\dfrac{\partial \eta_c}{\partial k} = 0$,得最佳速比 k_{opt} 和最佳系统效率 η_{copt}。

从而可求得推进功率:

$$\text{THP} = N_p \cdot \eta_m \cdot \eta_0 \cdot \eta_c \qquad (6.6)$$

202

这个 THP 与船的有效功率 EHP 的交点即代表可达到的航速 V_0。求得 V_0 后，推力 T 和扬程 H 及流量 Q 等参数均可求出。

6.4.1.3 计算步骤

（1）有效功率计算。

根据阻力数据，计算有效功率 EHP：

$$\text{EHP} = RV_o$$

（2）设定速比 k，求解系统效率 η_c。

速比 $k = \dfrac{V_j}{V_0}$

设定一系列 k 值，代入 η_c 求解。

（3）K_1 法计算最佳速比及系统效率。

系统进口损失采用 K_1 法计算。

最佳速比 $k_{\text{opt}} \approx \alpha + \sqrt{K_1}$

系统效率 $\eta_c = \dfrac{2(k - \alpha)}{(1 + K_j)k^2 - \beta + K_1}$

（4）总效率。

总效率 $\eta_T = \eta_p \cdot \eta_m \cdot \eta_r \cdot \eta_a$

式中：η_p 为系统推进效率；η_r 为相对旋转效率；η_a 为实泵修正效率。

（5）推进功率。

推进功率 $\text{THP} = N_p \cdot \eta_T$

（6）求解设计航速 V_s。

推功率曲线 THP 与有效功率曲线 EHP 相交于点 V_s，求得交点值即为设计航速点 V_s 或 V_0。

（7）计算喷速 V_j。

喷速 $V_j = kV_0$

（8）计算扬程 H。

$$H = (1 + K_j)\frac{V_j^2}{2g} + (K_1 - \beta)\frac{V_0^2}{2g} + h_c$$

扬程系数 $\qquad\qquad K_H = \dfrac{H}{n^2 D^2}$

（9）计算流量 Q。

$$Q = \frac{\eta_p \cdot N_p}{\rho g \cdot H}$$

流量系数 $K_Q = \dfrac{Q}{nD^3}$

（10）喷水推进泵主参数的计算。

喷口面积 $\qquad\qquad A_j = \dfrac{Q}{V_j}$

喷口直径 $\qquad\qquad D_j = \sqrt{\dfrac{4A_j}{\pi}}$

盘面流速 $V_z = e \cdot \sqrt[3]{n^2 Q}$ ；e 为盘面流速系数，$e = 0.06 \sim 0.085$。

叶轮直径 $D = \sqrt{\dfrac{4Q\cos\theta}{\pi V_z [1 - \bar{d}^2]}}$ ，θ 为叶轮进口流线与轴线夹角；

装置汽蚀余量 $H_{sv} = \dfrac{P_a - P_v}{\rho g} - K_1 \dfrac{V_0^2}{2g} + \beta \dfrac{V_0^2}{2g} - h_{c1}$ ，其中 h_{c1} 为叶轮叶梢距水面高；

装置允许汽蚀余量 $H_{svmin} = \dfrac{1}{K_{HSV}}\left(\dfrac{P_a - P_v}{\rho g} - K_1 \dfrac{V_0^2}{2g} + \beta \dfrac{V_0^2}{2g} - h_{c1}\right)$

汽蚀比转速 $\qquad\qquad C = \dfrac{5.62n\sqrt{Q}}{(H_{svmin})^{3/4}}$

比转速 $\qquad\qquad n_s = \dfrac{3.65n\sqrt{Q}}{H^{3/4}}$

设计点系统损失分项计算：

进口损失 $\qquad H_{in} = K_d \dfrac{V_0^2}{2g}$ 或者 $H_{in} = \xi_{in} \dfrac{V_z^2}{2g}$

格栅损失 $\qquad\qquad H_g = \xi_g \dfrac{V_z^2}{2g}$

轴支架损失 $\qquad\qquad H_z = \xi_z \dfrac{V_z^2}{2g}$

喷口损失及喷速头 $\qquad H_j = (1 + K_j) \dfrac{V_j^2}{2g}$

来流速度头 $\qquad\qquad H_\beta = \beta \dfrac{V_0^2}{2g}$

6.4.2 主要参数选型程序及计算

根据上述内容可以编制主要参数选型计算程序，经过近 40 年的积累和创新,MARIC 已有成熟的计算程序。表 6.1 和表 6.2 是 MARIC 采用 EXCEL 编制的计算程序界面[12]。

表 6.1 为参数计算输入界面。输入相应的舰船有效马力曲线、动力功率、装置数量、轴线初步高度、进流与动能影响系数、预期的推进泵效率与转速、计算名义直径所需的盘面速度系数与毂径比等数据。其中推进泵效率与转速、盘面速度系数与毂径比可结合推进泵泵型选择优化调整。

表 6.2 为计算结果输出。得到不同速比下的推进泵泵型主参数、系统效率与损失数据、最佳速比、预计航速等数据。要综合考虑推进泵泵型设计难度、系统效率是否合适等因素,进行综合分析后将输入数据重新调整优化。

表 6.1 喷水推进主参数计算输入

序号	A	B	C	D	E	F	G
1	进流影响系数 α	0.88	推力减额系数 t	0			
2	动能影响系数 β	0.81	喷水推进装置数量	2			
3	喷口损失系数	0.03					
4	单台输入功率/(kW)	148.5					
5	输入转速/(r/min)	2167					
6	动力输入效率	0.9409					
7	泵效	0.92					
8	盘面速度系数	0.08	叶片进口角度 $r/(°)$	0			
9	毂径比	0.232					
10	液体密度 $\rho/(kg/m^3)$	1000					
11	喷口中心线距水面高 $hc/(m)$	0	叶梢距水面 hcl/m	0			
12	格栅损失系数	0.02					
13	轴支架损失系数	0					
14	进口损失系数	0.15					
15	阻力曲线点数目	7					
16	航速/(km/h)	11.98	23.96	35.93	47.93	53.93	59.91
17	有效马力/(kW)	9.56	60.62	98.5	130.58	154.72	185.64
18	K 取值范围	1.2	2				
19	K 取值范围递进	0.05					
20	流量系数比较范围	0.01					
21	扬程系数比较范围	0.01					
22	比转数比较范围	0.01					

6.4.3 喷水推进主要参数的综合优化

综合选取喷水推进泵及管道的主要参数如 Q、H、D、D_j 等,除此之外,还要兼顾到推进泵的类型、抗汽蚀性能及效率。至于整个管道系统的效率 η_c 则不是主要的因素,因为一则这个效率在所比较的范围内变化不是很大,再则推进效率不仅取决于 η_c,而且还取决于泵效 η_o,而泵效是和泵的参数有关的[13]。

综合选择主要参数的步骤,首先是把表6.2中每一组解的推进泵比转速加以分析。按第4章的介绍,叶片泵有轴流泵、混流泵和离心泵三种,各自对应一定的比转速范围。在分析时要提出合适的泵型、比转速。

表 6.2　喷水推进主参数计算输出

序号	A	B	C	D	E	F	G
1	速比 K	1.200	1.250	1.300	1.350	1.400	1.450
2	系数 K_1	0.163	0.161	0.161	0.160	0.159	0.459
3	最佳速比 kopt	1.262	1.260	1.259	1.258	1.258	1.257
4	系统效率 η_c	0.766	0.770	0.770	0.766	0.760	0.753
5	推进效率 η_{wiet}	0.704	0.709	0.708	0.705	0.699	0.693
6	推马力 THP/kW	198.843	197.999	197.899	196.958	195.445	193.541
7	航速 $V_s/(km/h)$	61.562	61.718	61.704	61.578	61.371	61.104
8	总推进效率 $P.C$	0.663	0.667	0.666	0.663	0.658	0.652
9	航速 $V_o/(m/s)$	17.101	17.144	17.140	17.105	17.047	16.973
10	喷速 $V_j/(m/s)$	20.521	21.430	22.282	23.092	23.866	24.611
11	盘面速度 $Vz/(m/s)$	13.624	12.984	12.446	11.986	11.0585	11.232
12	叶轮直径 D/m	0.322	0.307	0.294	0.284	0.274	0.266
13	喷口直径 D_j/m	0.255	0.233	0.214	0.199	0.186	0.175
14	盘面速度系数	0.080	0.080	0.080	0.080	0.080	0.080
15	流量 $Q/(m^3/s)$	1.052	0.910	0.802	0.716	0.647	0.589
16	扬程 H/m	12.463	14.398	16.345	18.303	20.270	22.244
17	流量系数 K_Q	0.870	0.870	0.870	0.870	0.870	0.870
18	扬程 H/m	0.092	0.117	0.145	0.175	0.207	0.242
19	比转速 n_s	1222.920	1020.994	871.313	756.408	665.798	592.809
20	汽蚀比转速 C	1480.978	1374.338	1289.422	1219.845	1161.633	1112.151

序号		A	B	C	D	E	F	G
21	正净吸头 H_{svmin}/m		17.166	17.225	17.233	17.208	17.159	17.092
22	进口损失 H_{in}/m		2.236	2.248	2.247	2.238	2.223	2.203
23	格栅损失 H_g/m		0.189	0.172	0.158	0.146	0.137	0.129
24	轴支架损失 H_z/m		0.000	0.000	0.000	0.000	0.000	0.000
25	喷口损失及喷速头 H_j/m		22.114	24.117	26.073	28.002	29.913	31.810
26	速流速度头 H_β/m		12.077	12.138	12.133	12.083	12.002	11.898

其次是要通过对汽蚀比转速的分析，确保选得的主要参数能满足无汽蚀运行的要求。

经过这两步选择所得到的推进泵及相应的主要参数能够保证对航行条件的匹配以及在无汽蚀条件下的较高的推进效率。

喷水推进主要参数的优化核心是推进泵泵型和流道系统运行工况的选择。

选取推进泵泵型的原则是推进泵的运行工况点，即比转速落在有利于泵效率和抗空泡性能的范围里。如果两种泵型均能满足要求而只是泵级数不同，则除比较效率外，还应当考虑外形布置尺寸、重量、便于维修等因素。这里所谈的多级泵都是指串联泵，亦即各级泵扬程相加，流量不变。有时泵型选择的余地不大，可能只存在一种泵型适用。也有把诱导轮作为第一级泵而与其他泵型构成多级泵。此时主要考虑泵的抗空泡性能[14]。特别对于水翼艇和滑行艇，过阻力峰点时的抗空泡性能最为重要，因为此时航速不高而主机负荷大，容易发生空泡而使推力剧减。当然，由于起飞时间很短，瞬时间产生第一阶段空泡也是允许的。通常在第一阶段空泡运行时间每年允许 300h 左右。因此，推进泵的选型要兼顾考虑布置、重量、比转速、效率等各方面因素，使其相对最优。

流道系统运行工况的选择就是速比 k 的综合选择，得到合适的系统综合效率。设计的速比 k 在最佳速比 k_{opt} 附近，并且往往偏大些，在计算时要从 k_{opt} 开始，假定一些 k 的数值。这是因为系统效率依赖于 k 值，通常高速船的 k_{opt} 在 1.2～1.3 之间，要综合考虑推进器尺度、抗空泡需求等因素。根据经验一般实际取值在 1.5～1.8 之间。

6.5 推进泵泵型的选择原则

由于喷水推进泵主要参数与舰船的特性、动力装置形式和布置的条件密切相关,因此这种综合选择是通过设计师依据舰船、动力系统和推进泵诸方面的条件来判定的。对于舰船设计师来说,具备一定的推进泵知识即可做出恰当的综合选择。为此在下面补充说明推进泵泵型选择的原则,以及不同泵型的应用场合和特点。

6.5.1　喷水推进泵分类

用于喷水推进的水泵主要有三种泵型:离心泵(径流泵)、混流泵(斜流泵)及轴流泵,分别对应于不同的比转速 n_s 范围,离心泵扬程高,流量低,比转速低,n_s = 40 ~ 350;混流泵流量与扬程适中 n_s = 250 ~ 600;轴流泵扬程低,流量大,n_s = 500 ~ 2000 或更高,这是个大致的范围。

6.5.2　离心泵的适用范围

典型的离心泵如图 6.3 所示,离心泵由引水管 1、工作叶轮 2、压水室 3 和出水管 4 等主要部分组成。这种泵主要是由离心力的作用抽吸液流,给叶轮内液体以压力能和速度能,并用蜗壳或导叶将其部分速度能转换成为压力能。

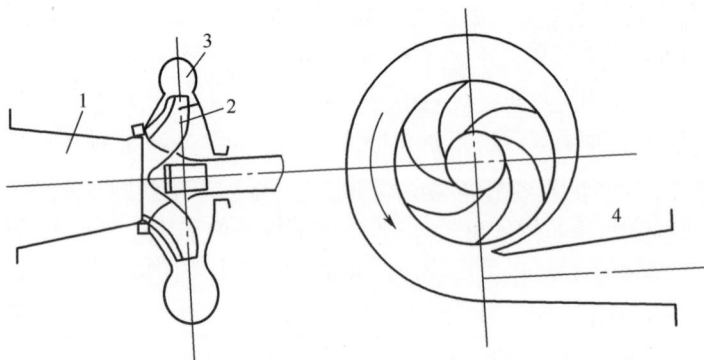

图 6.3　蜗壳式离心泵示意图

对于高航速的水翼船,蜗壳式离心泵是一种选择,1968 年卜水的美国海军水翼炮艇"图库姆卡里"TUCUMCARI(PGH-2)采用的就是这种类型的泵。水翼艇在翼航时,整个船身被托离水面,所以泵的进水口只能设在水翼上。这就造成了进水管道复杂(见图 6.4),弯头多,因此水力损失很大,为克服阻力,只有选用扬程高的离心泵,而离心泵的流量较小,为保证有足够流量来形成推力,所以必须选择双吸式离心泵来加大流量。

现代离心泵在喷水推进领域内应用还包括德国的 Schottel 泵喷推进器,见图 6.5。这种推进器有一个可旋转的蜗壳,在形式上和蜗壳式离心泵相似,但是

208

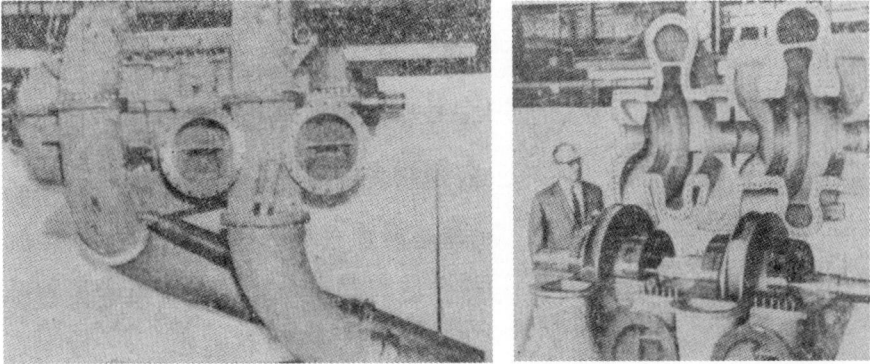
图 6.4 "图库姆卡里"的推进泵

离开叶轮的水流不是完全径向的。

图 6.6 显示了一个有轴向出口的径向流泵,可以称之为导叶式离心泵,因为它在叶轮后面是空间导叶,适用于水翼艇应用。这种泵也可以看作一个径流角度较大的混流泵。

图 6.5　Schottel 推进器外形

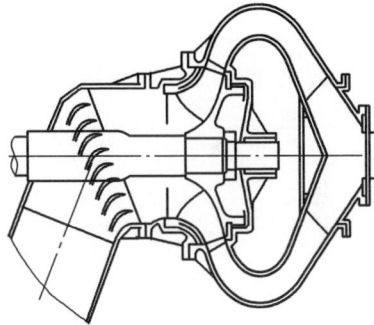

图 6.6　导叶式离心泵

离心泵型应用范围较窄,仅用于特殊条件下的喷水推进装置。

6.5.3　轴流泵的特点和适用范围

轴流泵由叶轮、导叶及泵壳等主要部分组成,如图 6.7 所示。它主要是依靠叶片翼元的升力抽吸液体,给叶轮内液体以压力能和速度能,并通过导叶的作用把旋转速度能转换为压力能。

常规单级轴流泵具有大流量、低扬程的特点,当需要高扬程时,轴向的一级就和诱导轮或另一个轴向的级串联起来使用。在航速不太高的情况下,单级轴

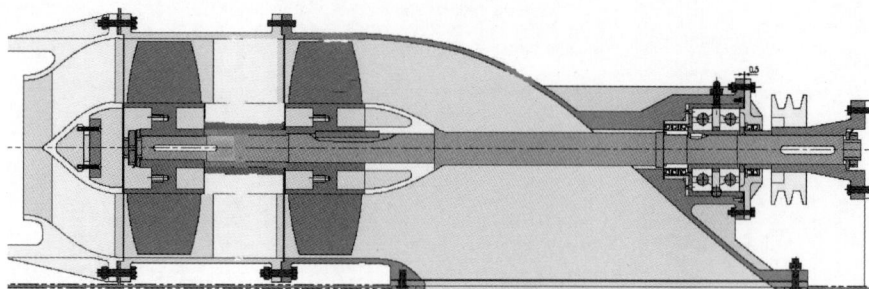

图 6.7 轴流泵示意图

流泵使用很成功,如喷水推进组合体在低速挖泥船、拖船上的应用。在此类船上充分发挥了喷水推进装置适应变工况能力强,受浅水效应不利影响较小等优点。

另一类低比转速轴流泵目前广泛应用于各类船舶上,是目前喷水推进泵泵型的主流形式与发展方向。在25届ITTC会议文件特别指出了新型轴流式喷水推进的新装置(图6.8)。

目前喷水推进市场基本被混流式喷水推进装置所垄断,研发轴流式喷水推进装置的意义重大? 文中指出,高速船船体非常瘦长,有利于降低兴波阻力、提高推进效率,但同时造成对推进系统的功率密度要求不断提高。图6.9展示了混流泵和轴流泵在尺寸上的差异。

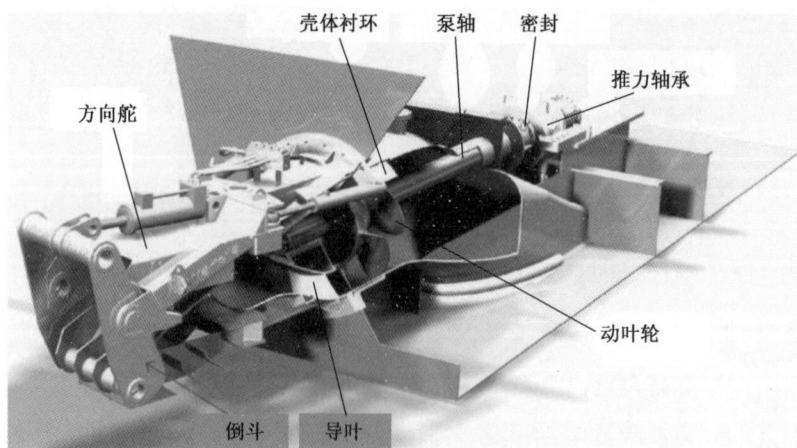

图 6.8 新型轴流式喷水推进装置

在相同的进口直径、相同推力的条件下,轴流泵的尾板法兰直径显著小于混流式喷水推进泵,减小范围可达 36%～50%。因此在给定的尾板面积情况下,可以布置更多的轴流式喷水推进装置,或在相同推力下需要更小的尾板面积,此时可以显著降低高速船的兴波阻力。

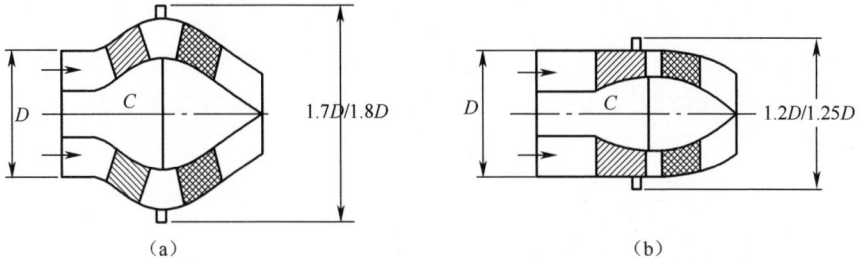

图 6.9　混流泵(a)和轴流泵(b)尾板法兰最大直径的差异

2007 年 Wärtsila-Lips 公司的 Bulten 和 Verbeek 介绍了新研发的轴流式喷水推进装置,其空泡特性在相同效率的情况下远远高于该公司的混流式喷水推进装置。在 CFD 计算和试验验证的基础上,形成低比转速轴流式喷水推进产品[15-17]。

美国海军目前正在研究大型高速舰船用轴流式喷水推进装置。2007 年 Fung 等人研发了一型高速运输舰,采用不同的艉舰线型,用来测试采用不同推进方式下的快速性。这些推进方式包括:轴流式喷水推进、混流式喷水推进、吊舱推进和传统螺旋桨推进。在阻力试验中显示,采用轴流式喷水推进装置的船型性能最优,自航试验中,在高航速条件下喷水推进效率高于螺旋桨,在低速条件下螺旋桨效率高于喷水推进。图 6.10 为装备 4 台喷水推进装置的船模自航试验。

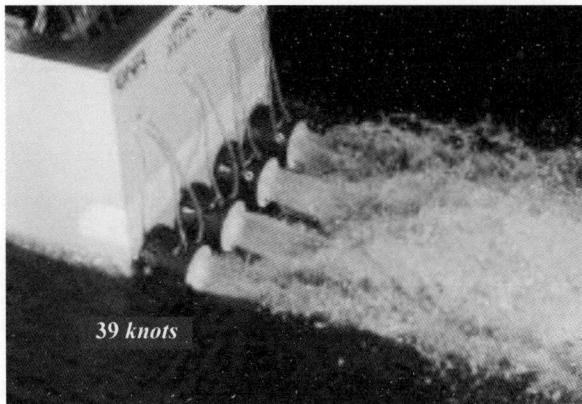

图 6.10　船模自航试验

6.5.4 混流泵的应用情况

混流泵是介于离心泵与轴流泵之间的一种泵型。其工作原理是由离心力和叶轮叶片翼元升力的综合作用抽吸并压出液体,给叶轮内的液体以压力能和速度能,进而通过导叶或蜗壳,将其一部分速度能转换为压力能。混流泵视其转换周向速度能为压力能的结构不同而有蜗壳式和导叶式两种,导叶式混流泵为核心的喷水推进装置如图 6.11 所示,它有很多优点,所以作为推进用的混流泵多采用这种泵型。

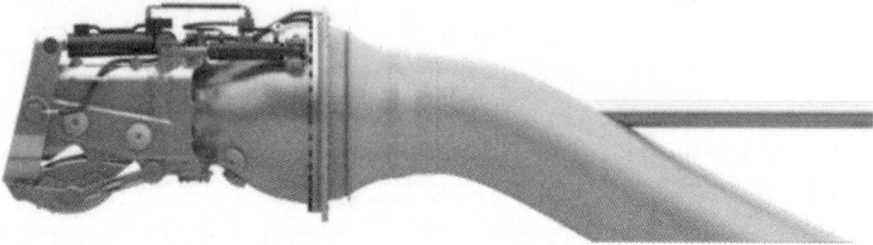

图 6.11　混流式喷水推进装置

导叶式混流泵是世界知名喷水推进公司大型喷水推进装置的主要泵型。KAMEWA 公司近期研发的 SⅢ 系列喷水推进装置,在研发过程中运用了 CFD 与物理模型试验相结合的新技术,同时考虑适装性减小了叶梢锥度,使新研喷水推进装置在推进泵效率、空泡裕度、外形尺寸、质量等均较 SⅡ 系列有较大提升[18]。

6.5.5 诱导轮泵的应用情况

诱导轮泵是一种不同于以上三种类型的特殊形式的泵型,该泵型应用范围也较窄。诱导轮泵的发展起源于火箭发动机。最初的诱导轮泵由 Bell Aircraft 制造,即现在的 Bell Aerospace Textron,大概是 3 英寸的直径。它和一个小型船舶螺旋桨相似,有非常好的螺距分布和非常高的盘面比(重叠的叶片)。诱导轮通常串联于主泵之前,作为主泵叶轮的一个辅助增压泵,使主泵叶轮处在所需要的预压下运行,从而避免出现空化现象。图 1.10 是一个带诱导轮的轴流式喷水推进泵叶轮组合,从图可知,诱导轮实际上是一个大盘面比的轴流式叶轮,它除自身必须有良好的抗空化能力外,还一定能通过主泵所要求的流量,让两者合理匹配,使诱导轮与主泵的组合能达到最佳状态,这是诱导轮设计必须保证的条件。如果诱导轮自身不产生空化,它产生的预压又能使后面的主泵也不发生空化,那么整台泵组的空化性能就可以由诱导轮的空化性能来确定。文献[25]详细介绍了诱导轮的设计原理及其在喷水推进泵上的应用情况。

6.6 喷水推进舰船的航行特性计算及航速预报

6.6.1 航行特性计算步骤

和螺旋桨推进曲线类似,喷水推进航行特性是用来表示各种转速(或功率)下功率(或转速)、推力与航速的关系。计算时通常需要推进泵的特性。计算步骤如下:

第一步,根据推进泵的特性曲线(通常是水力模型),换算至不同转速 n(或功率 N_e)下的扬程 H 与流量 Q、效率 η_0 与流量 Q 的关系曲线,即 $H=f(n($ 或 $N_e)$、$Q)$、$\eta_0=f(n($ 或 $N_e)$、$Q)$。

第二步,计算不同航速下的系统特性曲线,其计算公式为

$$H = \frac{1}{2g}\left(\frac{Q}{A_j}\right)^2 + \Sigma\Delta h - \beta\frac{V_0^2}{2g} + h_c \tag{6.7}$$

式中:A_j——推进器喷口面积;

$\Sigma\Delta h$——各项系统水力损失之和;

h_c——推进器水位提升高度。

第三步,将不同转速(或功率)下推进泵扬程与不同航速下系统特性(水力损失)的平衡点作为计算依据,以求得不同转速(或功率)下对应的航速、推力和推进泵轴功率(或转速)。

第四步,根据计算结果进行喷水推进航行特性预报。

上述计算流程可参见图6.12。通过上述计算,得到航行特性所含的各航速 V 条件下的喷水推进泵转速 n、功率 N_e、流量 Q、扬程 H、推进泵泵效 η_0、必需汽蚀余量 NPSHr、装置汽蚀余量 NPSHa 等数据。

6.6.2 主要参数匹配优化方法

在给定的进口管道名义直径和输入功率条件下,每个系列的可优化参数包括:

与进速比 IVR(IVR=V_i/V_0),V_i 为叶轮进口流速。有关的进口流道型式,根据计算的进速比,选择对应工况条件下合适的进口损失,使系统的进口损失最小;

与喷速比 $k=V_i/V_0$ 密切相关的喷口直径,通过喷口的不同来改变推进泵运行工况点,使系统的喷速比最优,进而使系统效率最佳;

与进速比、喷速比有关的水动力核心部件——推进泵(包括叶轮及与之匹

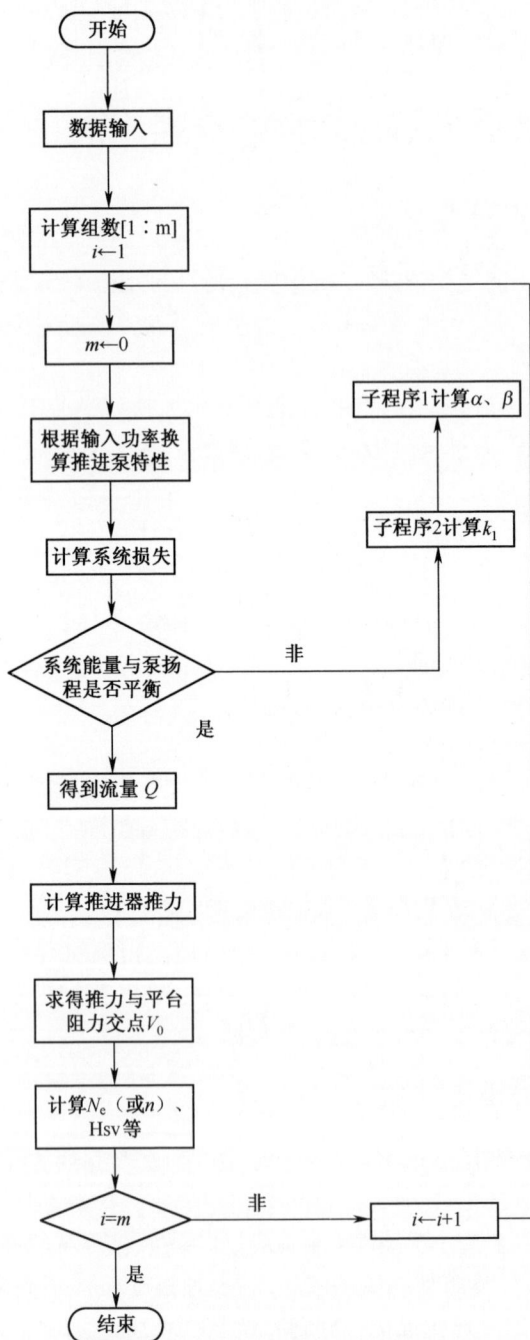

图 6.12 喷水推进航行特性计算流程

配的导叶体),选择在一定螺距角变化范围内对应工况最优的系列叶轮,使系统效率最优,推进泵运行在高效工况区域,整个装置达到最佳推进效率。

6.6.3 推力减额计算处理

推力减额定义为式(3.64),该式可表达为:

$$T_0 = T(1 - t')$$ (6.8)

式中:t'为喷水推进船的推力减额系数,以有别于螺旋桨船的t。

根据上述公式的定义,对于任何喷水推进舰船来讲,推力减额总是存在的。但推力减额系数t'却并不像常规舰船那样可以参考近似公式,而是必须根据具体的进口流道情况,通过试验或计算确定。根据螺旋桨舰船推力减额的定义,其为阻力的增量,或称为由螺旋桨推进器引起的附加阻力。在采用平进口或冲压进口的喷水推进舰船上,舰船前后的压力分布基本没改变,所以不会直接产生前后附加的压力差。但由于喷水推进泵的抽吸,在进口的下方可能会造成局部的低压区,会引起舰船艉部的升沉变化。这部分变化与舰船高速航行的动升力相比较可以理解为高阶小量。此外,由于进口流道前方水流速度的变化,可能会改变船舶的部分摩擦阻力,使舰船的总阻力发生变化。

喷水推进舰船的推力减额分数t'选取遵循以下规律:

精确的喷水推进舰船的推力减额分数t'应通过CFD技术分析、喷水推进装置自航试验、阻力试验、实船测试试验数据等综合确定,在不具备条件的情况下可通过估算并结合实践经验初步选取;

喷水推进舰船的推力减额分数t'与航速/长度傅氏数密切相关,还与船舶长宽比L/B密切相关。

图6.13可作为喷水推进舰船推力减额分数t'估算的依据[19],根据经验可按傅氏数0.5、傅氏数1.0分3段选取:

在傅氏数0~0.5区间,由于推力减额分数t'区域覆盖较宽,一般建议长宽比(单体船)较小的选取较大值,长宽比较大的选取较小值,并结合经验预留余量;

在傅氏数0.5~1.0区间,此时推力减额分数t'一般为负值,保守计算可取0;

在傅氏数大于1.0的区间,一般建议长宽比(单体船)较小的选取较大值,长宽比较大的选取较小值,并结合经验预留余量。

鉴于目前国际上没有成熟的计算方法来预报这种相互影响,由于喷水推进舰船航速绝大部分均在30kn以上,故在初步计算时可取推力减额因子-0.02或者取为0。

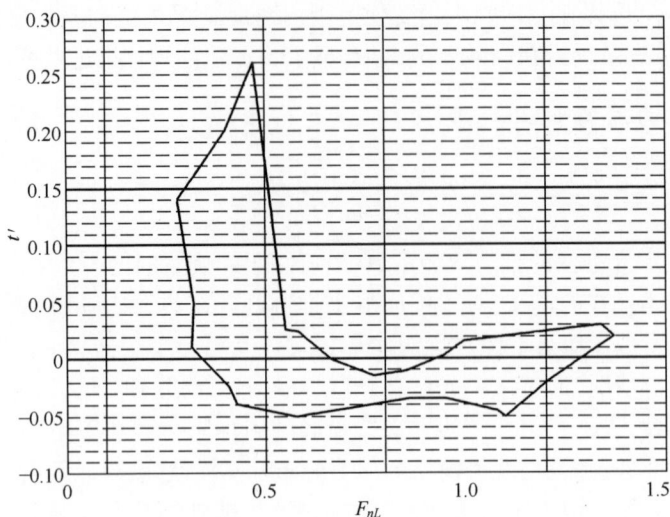

图 6.13 F_{nL} 与 t' 关系曲线

6.6.4 空泡限制线的确定

与螺旋桨一样,喷水推进装置叶轮也会产生空泡,所以喷水推进装置也有空泡限制线,设计时必须满足推进装置不发生空化的条件,与螺旋桨不同的是喷水推进装置随船速增加其抗空化能力也加强。

众所周知,螺旋桨叶片上某点的局部空泡数为

$$\sigma = \frac{P_a + \rho gh - P_v}{1/2\rho U^2} \tag{6.9}$$

式中:P_a——大气压力;

g——重力加速度;

h——叶片上该点离水面距离;

P_v——水的汽化压力;

ρ——水的密度;

U——叶片进流方向的合成速度。

对喷水推进而言,推进泵叶片上某一点的局部压力超过汽化压力的剩余压力为

$$P_{sv} = P_a + \rho gh - P_v - \rho gh_1 + \beta \rho v_0^2/2 \tag{6.10}$$

因此,泵叶片上该点的局部空泡数为

$$\sigma = \frac{P_a + \rho gh - P_u - \rho gh_1 + \beta \rho V_0^2/2 - \rho V_s^2/2}{1/2\rho \omega^2} \tag{6.11}$$

216

式中:h_1——进水口至泵叶轮段的损失;

　　β——为来流动能影响系数;

　　V_0——船速;

　　V_s——推进泵叶轮前管内的平均流速;

　　ω——推进泵中叶片进流方向的合成速度。

比较式(6.9)和式(6.11)可以看出,推进泵叶片上的剩余压力比螺旋桨叶片上要多出($-\rho gh_1 + \beta\rho V_0^2/2 - \rho V_s^2/2$)这一项。对于高速舰船由于来流冲压的利用值很高,使得这一项为正值,因此,喷水推进具有比螺旋桨更强的抗空泡能力。航速越高,喷水推进泵所能利用的冲压就越大。螺旋桨则正相反。这就是高性能舰船多采用喷水推进的重要原因之一。

而针对装置空化,主要从水泵领域汽蚀相关技术进行计算分析。主要指标为汽蚀余量(国外也称净正吸高),以 NPSH 来表示,并有有效汽蚀余量和必需汽蚀余量和临界汽蚀余量之分[20]。

必需汽蚀余量是指液流进入泵后,在未被叶轮增加能量之前的压力降,主要是由流速的变化和水力损失引起的,其值主要由叶轮进口几何形状和流速决定。必需汽蚀余量是推进泵本身具有的性能参数,它的数值的大小,在一定程度上反映推进泵抗空泡能力的好坏。以 $NPSH_r$ 来表示。

有效汽蚀余量,主要针对喷水推进装置而言,也称装置汽蚀余量。是指液体自进口流道 1 站处经进口流道到达推进泵叶轮前,所剩余的高出汽化压力的那部分能量。可用 $NPSH_a$ 或者 H_{SV} 来表示:

$$\mathrm{NPSH}_a(H_{sv}) = \frac{p_0 - p_v}{\rho g} + \beta \frac{V_0^2}{2g} - \zeta \frac{V_{in}^2}{2g} - h_{c1} \tag{6.12}$$

式中:P_0——大气压力;

　　P_v——汽化压力;

　　β——动能影响系数;

　　ζ——进口损失系数;

　　V_0——船速;

　　V_{in}——进口管道平均流速;

　　h_{c1}——叶轮叶梢距水面高度。

为了不发生空化,必须满足以下条件:

$$\mathrm{NPSH}_a(H_{sv}) \geqslant \mathrm{NPSH}_r$$

为了使推进装置有一定的空泡裕度,通常取 1.10~1.15 的安全裕度,即:

$$\mathrm{NPSH}_a(H_{sv})/(1.10 - 1.15) \geqslant \mathrm{NPSH}_r \tag{6.13}$$

对应高速船使用情况,一般有 3~5kn 左右的速度裕度。

临界汽蚀余量指当装置 $NPSH_a$ 降低至使流管内某点液体压力等于对应温度时的汽化压力,开始产生空泡时的临界状态汽蚀余量。它是通过汽蚀试验而得[21]。

计算推进装置在不同吸收功率和不同航速下的装置汽蚀余量,并与推进泵必须汽蚀余量派别比较,得到不同功率下无空泡运行航速点,将不同点连起来,就得到空泡限制线。如图 6.14 所示。

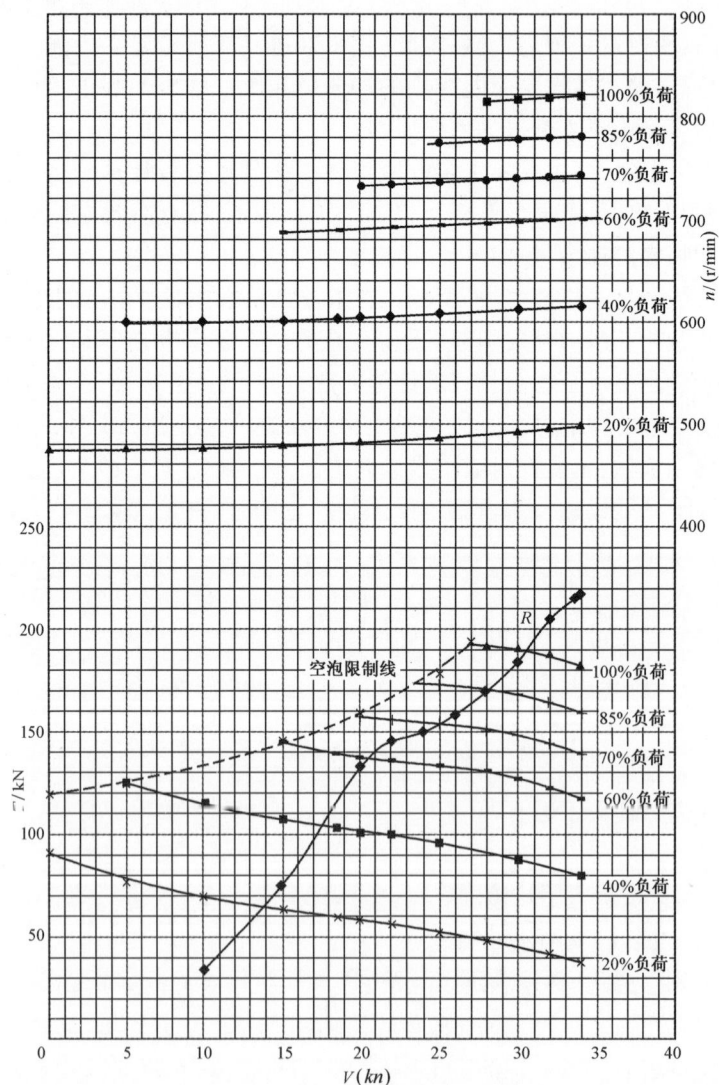

图 6.14　航行特性计算曲线

6.6.5 航行特性计算及航速预报

根据上述内容可以编制航行特性计算及航速预报程序,表 6.3 和表 6.4 是采用 EXCEL 程序编制的计算程序界面。

表 6.3 航行特性计算输入

泵台数	传递效率	模型泵转速	模型叶轮直径	动量影响	动能影响	喷口损失	介质密度			
	η_b	$n/(\min)$	Dm/m	系数 α	系数 β	系数 K_j	$\rho/(kg/m^3)$			
3	1	1450	—	0.9	0.81	0.02	1025			
叶梢距水面	水位提升	实泵叶轮	喷品直径							
hc_1	hc/m	直径 D /m	D_j/m							
0	0	—	—							
项目名称	高速船	水力模型	SLMX							
性能曲线组数 15(按流量从小到大依次下排)阻力曲线组数 14							进口损失曲线		功率组数 2	
流量 Q	扬程 H	功率 N_e	NPSH	泵 效	航速	阻 力	13		使用功率 P_d	
/(m³/s)	/(m)	/(kW)	/(m)	η_p	/(kn)	/(kN)	IVR_R	损失系数	/(kW)	
0.354	18.2	75.7	4.33	0.84	30	559.5	0	0.32	—	
0.364	18.1	75.8	4.48	0.85	31	618.8	0.2	0.20	—	
0.374	17.8	76.0	4.63	0.86	32	660.5	0.4	0.12		
0.384	17.3	75.9	4.78	0.86	33	690.5	0.6	0.08		
0.394	17.1	75.8	5.07	0.87	34	714.6	0.8	0.06		
0.405	16.8	75.7	5.10	0.88	35	738.6	1	0.07		
0.415	16.4	75.3	5.13	0.88	36	768.6	1.2	0.09		
0.425	16.0	74.8	5.29	0.89	37	810.2	1.4	0.12		
0.435	15.7	74.6	5.44	0.90	38	869.5	1.6	0.16		
0.445	15.3	74.3	5.64	0.90	39	952.3	1.8	0.21		
0.455	14.7	73.6	5.83	0.89	40	1064.4	2	0.27		
0.465	14.2	72.7	6.00	0.89	41	1211.8	2.3	0.39		
0.475	13.7	71.6	6.15	0.88	42	1400.2	2.5	0.49		
0.484	13.1	70.5	6.26	0.88	43	1635.7				
0.506	11.9	67.8	6.41	0.87						

表 6.4　航行特性计算输出

P_s/kW=	—	D_j/m=	—	V/kn=	38.217	n/ (r/min)	587.116	Q /(m³/s)	15.8766	
H/m=	49.150	T/kN=	887.562	η_{wj}	0.684	NPSH	18.385	Hsv/min	21	
V_0/kn	n/ (r/min)	T/kN	Q/ (m³/s)	H/m	η_p	NPSH$_r$ /m	NPSH$_a$ /m	η_{wj}	Ca	JVR
15.000	584.821	1116.168	14.633	52.738	0.912	16.442	9.958	0.338	2251	4.180
18.000	585.118	1075.576	14.754	52.388	0.914	16.577	11.039	0.391	2088	3.513
20.000	585.325	1060.562	14.846	52.167	0.916	16.711	11.827	0.428	1986	3.181
22.000	585.520	1045.597	14.943	51.950	0.918	16.868	12.665	0.464	1893	2.911
25.000	585.751	1010.493	15.096	51.594	0.921	17.106	14.004	0.510	1763	2.588
28.000	585.900	973.971	15.254	51.163	0.923	17.318	15.451	0.550	1646	2.335
30.000	585.992	958.433	15.366	50.821	0.923	17.472	16.486	0.580	1575	2.195
32.000	586.110	944.661	15.482	50.452	0.923	17.653	17.583	0.610	1508	2.073
35.000	586.421	920.650	15.664	49.850	0.923	17.985	19.352	0.650	1413	1.918
38.000	587.051	889.920	15.862	49.199	0.923	18.358	21.279	0.682	1326	1.789
40.000	587.694	868.076	16.001	48.750	0.922	18.607	22.649	0.700	1275	1.714
P_s/ kW=	—	D_j/ m=	—	V/kn=	37.657	n/ (r/min)	575.426	Q/ (m³/s)	15.573	
H/m=	47.160	T/(kN)	849.252	η_{wj}	0.685	NPSH	17.681	Hsv/min	21.057	
V_0/ kn	n/ (r/min)	T/ (kN)	Q/ (m³/s)	H/m	η_p	NPSH$_r$ /(m)	NPSH$_a$ /(m)	η_{wj}	Ca	JVR
15.000	573.149	1067.827	14.351	50.614	0.912	15.801	10.012	0.343	2176.28	4.0999765
18.000	573.450	1028.386	14.475	50.273	0.914	15.942	11.084	0.397	2020.78	3.4461591
20.000	573.656	1013.529	14.568	50.058	0.916	16.079	11.867	0.434	1923	3.121402
22.000	573.846	998.706	14.666	49.844	0.918	16.235	12.697	0.471	1834.1	2.8568046
25.000	574.062	964.106	14.819	49.486	0.921	16.463	14.025	0.517	1710.15	2.5402346
28.000	574.203	928.475	14.979	49.047	0.923	16.672	15.465	0.557	1596.99	2.2925384
30.000	574.300	913.173	15.094	48.700	0.923	16.830	16.840	0.587	1529.11	2.1560767
32.000	574.434	899.220	15.210	48.333	0.923	17.017	17.591	0.617	1464.62	2.036845
35.000	574.801	875.631	15.395	47.729	0.923	17.356	19.360	0.657	1372.17	1.8849838
38.000	575.533	845.629	15.597	47.084	0.922	17.723	21.286	0.689	1287.89	1.7588538
40.000	576.233	824.367	15.739	46.640	0.922	17.968	22.654	0.707	1239.1	1.6861579

表 6.3 为计算程序输入区,输入一些通过主参数得来的包括叶轮直径与喷口直径在内的初步数据、以及设计的推进泵参数、舰船阻力数据、流道水动力损失曲线等,通过调整系列叶轮水动力模型、或叶轮直径、或喷口直径、或流道水动力模型可以得到最优的匹配结果。

表 6.4 为计算结果输出区,包括各设计航速下的推进器相关参数,以及不同航速下产生的推力和推进泵的相关参数、速比等数据。根据数据可以分析重新匹配优化。

航行特性计算结果通常以曲线图表示,横坐标为航速,纵坐标为推力和转速,以输入功率为参变量,见图 6.14。

6.6.6 实船预报精度影响因素

根据 KAMEWA 大量的模型试验结果,傅汝德数对 t' 的影响很大(参见图 6.13)。在较低的速度范围内($F_{nL}<0.55$)t'有较大的变化,且多为正值;而在高速段 t' 的变化较小,且多为负值。

KAMEWA 曾对 145m 长的喷水推进渡轮 MDV3000 的推进性能进行了实船测试,根据测得的轴功率计算出推进器所产生的推力,将它和预报的船体阻力相比,得到如表 6.5 所示的喷水推进推力减额系数 t'。

表 6.5 喷水推进推力额系数 t'

$V/(\text{kn})$	t'
~25	−0.058
~42	−0.123
~44	−0.098

如何能精确测量推力减额和如何精确知道对实船来讲上述各种分量的值,都极大影响预报的正确性和精度。KAMEWA 在这方面的策略是通过研究这些分量,来得到如何优化推进系统,其中 KAMEWA 水动力研究中心的模型试验是很重要的。为了预报实船的性能,KAMEWA 通过用模型试验确定推力减额相类似的方法,创建了基于实船试验确定相关因子的数据库,相关因子 t'(也可理解为近似推力减额)被定义为

$$t' = (T_s - R_s)/T_s \tag{6.14}$$

这里 R_s 是实船阻力,它是通过船模试验水池得来的。在测量输入功率和航速时的 KAMEWA 推进装置的推力 T_s,是按照 KAMEWA 的标准方法计算的。

用这样的方法正如所期望的那样,与用模型试验得到的推力减额有类似的

情况,即所得到的几组相关因子随船速而变化,但离散度较小。由于离散原因 KAMEWA 在预报时通常加入一个小百分数的裕度。

相关因子 t' 包含了各种可能的不确定性因素,比如:

① 船体阻力的预报精度;

② 推进器模型泵试验换算到实泵的结果;

③ 喷水推进器内部的涡和旋转影响;

④ 进口流道的水力损失和尺度效应影响;

⑤ 实船的伴流分数变化影响。

如果计算过程符合实际情况,那么这种相关因子方法可使预报中的不确定性减到最小,但并不能改善对上述各种因素的掌握。由于这个原因,KAMEWA 作了很多努力去减少包括伴流分数预报在内的这些因素的误差。

6.7 喷水推进装置系列化型谱

6.7.1 建立喷水推进装置系列化型谱的意义

喷水推进技术研究与工程实用存在着依存关系。从喷水推进技术的发展史可知,喷水推进的基础理论研究,是促进喷水推进技术发展的根基;喷水推进技术研究是推动喷水推进工程应用的基石。喷水推进工程应用与喷水推进技术研究的择重面不同,工程应用研究偏重于应用的实效,也就是实用效果。舰船工程设计周期不可能很长,因而在选用喷水推进装置时,优选速度和供货周期放在了极其重要的位置。这就需要把喷水推进技术研究成果浓缩成一种可供设计人员快速优选的蓝本,这种蓝本就是喷水推进装置系列型谱,它具有如下特性:

(1) 科学性:喷水推进装置系列型谱,它必须以研究成果为依据,按相似准则进行科学的型谱编制,因而按型谱选取的型号,技术参数和转化成的设计图纸是科学可靠的。

(2) 先进性:随着研究成果的不断出新,型谱资料必须快速更新,反映最新研究成果。应用型谱选用的喷水推进装置,具有先进的参数和性能。

(3) 实用性:喷水推进装置系列型谱,应具有很强的实用价值,其型谱的系列在推进泵种类,功率范围,航速范围等均有广泛的包容性和优化潜能,让设计人员应用时能得心应手。

(4) 快速性:所谓快速性是指设计师在舰船方案设计时,按船东的要求和设计输入条件,能极快地利用型谱对喷水推进装置进行优化对比,确定相对最佳的设计方案,这是其一。其次由于厂商有了喷水推进型谱,系列化和通用化的工作可得到实施,因而可在相对短的时间内对船厂能提供成熟的喷水推进装置。

由此不难看出,建立喷水推进装置系列型谱,可将科研成果与工程应用紧密地结合起来。让科研成果尽快转入到工程应用,而工程应用的效果,又有力地推进喷水推进技术的新发展。所以两者具有不可分割的依存关系,互相依赖又互相推动更新和发展。

6.7.2　建立喷水推进装置系列化型谱的必要条件

前面已经提到喷水推进装置系列型谱,它必须在对喷水推进基础理论和喷水推进技术进行研究和试验的基础上进行。所以建立型谱的必要条件:

(1)必须具有长期从事喷水推进技术研究,设计生产和试验的资历,具有较扎实的喷水推进理论基础、设计能力和试验能力的单位或集团。

(2)必须要有一定规模和试验精度的闭式水力模型试验台,能进行推进泵水力模型外特性试验和汽蚀试验。从发展的角度考虑,还必须具有水动力噪声的测试能力和力特性性能的测试能力。国内目前 MARIC 的喷水推进国防科技重点实验室已具备这种能力。

(3)具有丰富的水力模型库和数据库。

(4)具有喷水推进实船试航的测试数据和存量资源。

(5)具有喷水推进装置设计和生产能力。

6.7.3　系列化型谱构建的基本方法

6.7.3.1　喷水推进泵水力模型数据库平台

将喷水推进研发流程中涉及的喷水推进泵水力模型的主要物理参数、喷水推进泵水力模型三维型值数据、喷水推进泵水力模型特性参数、喷水推进泵水力模型试验数据、力特性试验数据和实船应用数据作为喷水推进泵水力模型数据库的管理内容,并作为构架喷水推进泵水力模型数据库平台的功能模块,进行各功能模块的设计开发。

从整个喷水推进研发流程可以看出,喷水推进泵水力模型数据库平台各模块并不是独立的,相互关系见图 6.15。

喷水推进泵水力模型数据库平台功能模块组成分析

(1)喷水推进泵水力模型的主要物理参数模块。

主要包括叶轮直径和叶片数、导叶直径和叶片数、毂径比、叶片翼型、盘面比、叶栅稠密度、弦长分布,不同毂径比流线处的厚度比、拱度比、螺距角分布、螺距分布等。

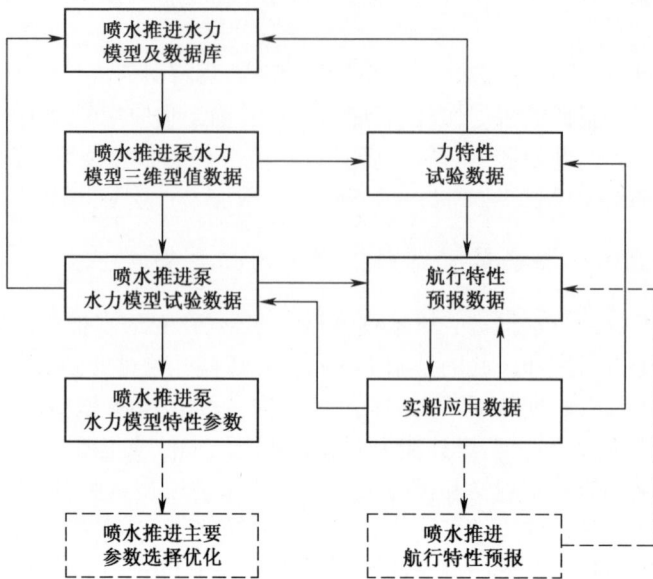

图 6.15　喷水推进泵水力模型数据库平台功能模块关系

（2）喷水推进泵水力模型三维型值数据模块。

主要包括叶轮直径和叶片数、叶片翼型、叶轮旋向、各流线上各分度下所得的空间坐标值、叶片包角等。

（3）喷水推进泵水力模型特性参数模块。

主要包括叶轮直径、额定转速、额定流量、扬程、额定功率、流量系数、扬程系数、功率利用系数和效率、比转速、汽蚀比转速。这是为了便于掌握喷水推进泵水力模型库的总体情况而制定。

（4）喷水推进泵水力模型试验数据模块。

喷水推进泵水力模型试验数据主要包括额定转速下一定流量范围内的扬程、功率、效率以及汽蚀余量。

根据行业习惯，将模型试验曲线绘制在一张曲线图上，横坐标为流量，纵坐标为扬程、功率、效率以及汽蚀余量，其中效率单位为%。

（5）力特性试验数据模块。

力特性试验数据主要包括在给定来流速度，各转速下所测的推力、功率、构件受力状态和应力分布等。

（6）航行特性预报数据模块。

航行特性预报数据根据水力模型计算和/或力特性试验数据计算而得。

航行特性预报的数据有两种方法,一种是传统的计算方法,假定喷水推进泵不同转速 n,在不同的航速 V 条件下,根据水力模型试验数据计算推进泵所需的功率 Ne、流量 Q、扬程 H、推进泵泵效 η_0、必需汽蚀余量 $NPSH_r$、装置汽蚀余量 $NPSH_a$。

另一种是当今国际上喷水推进主流的计算预报方法,假定喷水推进泵不同功率 Ne,在不同的航速 V 条件下,根据水力模型试验数据计算推进泵所需的功率轴转速 n、流量 Q、扬程 H、推进泵泵效 η_0、必需汽蚀余量 $NPSH_r$、装置汽蚀余量 $NPSH_a$。

(7)实船应用数据模块。

实船应用数据模块主要包括获得在给定船舶设计状态下,喷水推进泵各转速下的轴功率、所达航速,以及船舶阻力相关数据。

6.7.3.2 系列型谱划分技术

喷水推进型谱的划分主要根据装用平台、装置型式和功率(尺寸)而定。

(1)应用平台的划分。

根据喷水推进的应用平台,大致可分为 3 类:应用最广泛的高速舰船、有特殊使用要求的两栖战车、登陆艇和低速重负荷舰船。

水面舰艇是最早应用喷水推进技术的平台(图 6.16)。应用初期主要追求高航速与操纵性,随着声隐身要求的不断提高,水面舰船应用低噪声喷水推进的前景更加广阔。目前喷水推进舰艇最大吨位达 4000t 级,最高航速达 57kn,单台推进装置最大功率 30MW 级。

图 6.16 美国濒海战斗舰喷水推进与平台

随着舰船航速的不断提高,航态、船体支持力的构成,以及船体相对水表面的位置均会发生明显变化(见图6.17)。为适应这种不同航态变化,以得到最好的航行性能,在船型上应进行适当地分类。目前可以采用喷水推进的船舶,除了常规排水量单体船型外,还有单体圆舭型、深 V 型、双体型、多体型、半滑行型、滑行型、槽道型、水翼艇,这些高性能船舶将喷水推进作为首选推进方式。

| 小水线面船 | 穿浪型船 | 滑行船 | 水翼船 | 侧壁气垫船 |

图 6.17　喷水推进与不同平台

上述载体平台采用的喷水推进装置安装型式主要有两种:小型喷水推进装置采用整体插入式安装至船舶;大型喷水推进装置按分系统安装至船舶。喷水推进装置的尺寸和功率范围是由小到大全覆盖的(图6.18、图6.19)。

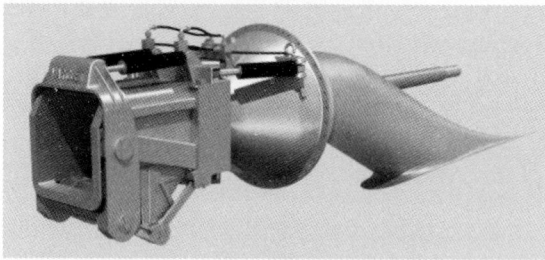

图 6.18　大型喷水推进装置

图 6.19　中小型喷水推进装置

对于两栖车辆来说(图6.20),喷水推进装置相比传统螺旋桨系统有许多优势,包括低速机动性、浅水可操作性,低速时的高推力。两栖车辆的首要考虑是紧凑性和质量,喷水推进器的功率密度是一个关键的技术指标,因而通常采用紧凑性好、质量较轻的轴流式喷水推进器,且进口流道通常采用超短低阻的型式,这与高速船上的流道区别较大。这种平台的喷水推进操舵倒航机构必须考虑平台陆上机动战技指标要求,通常利用车体尾部狭小空间来定制。受限于两栖车辆狭小的布置空间,喷水推进装置的尺寸通常在600mm,功率在1000kW以下。

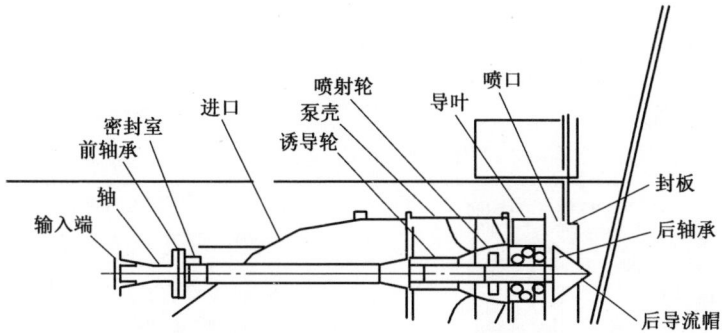

图 6.20 两栖平台喷水推进装置

对于低速重负荷舰船来说,尾部线型的合理设计能使喷水推进充分发挥作用,这种船舶喷水推进装置和船体密切配合,两者间的相互影响程度更大,匹配要求更高。船体尾部线型必须确保有足够水量供给喷水推进装置。为此,利用船体尾部的隧道线型形成喷水推进进口流道,同时也需考虑到横摇时船体两侧不会进气。喷水推进装置的尺寸一般在2500mm以下,功率可达5000kW左右,通常称之为喷水推进组合体(见图6.21)。

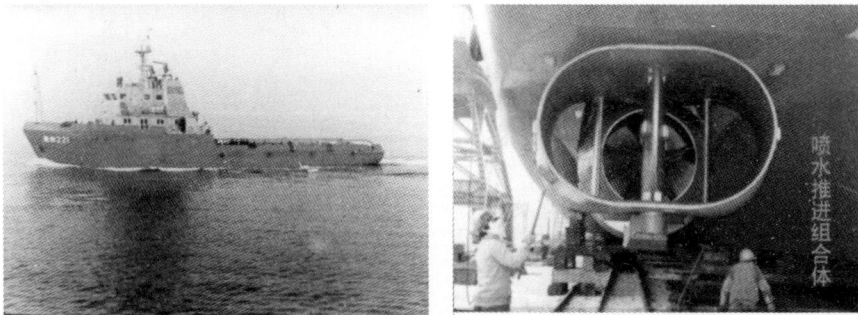

图 6.21 喷水推进组合体

(2)泵型的划分。

根据喷水推进装置的安装布置形式,分为内置式和外悬式两种形式。而根据所采用的推进泵泵型,则主要有轴流式和混流式之分,见图6.22。另外还有极少应用的离心式。通常航速相对较低的用轴流式,航速较高的用混流式。随着技术的发展,一种具有混流特性的轴流式喷水推进后来居上(低比转速轴流泵),由于其突出的优点,无论在高航速还是较低航速,均能发挥较高的推进性能。

227

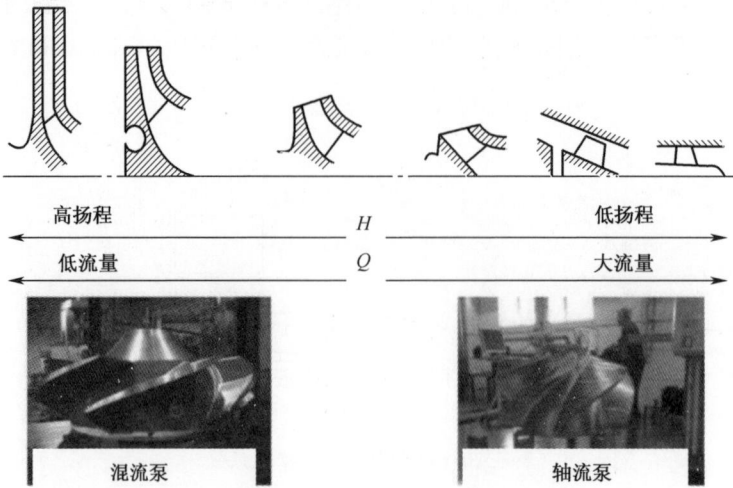

图 6.22　推进泵泵型特点

（3）功率范围的划分。

根据 KAMEWA 喷水推进公司的产品系列[18]，基于产品特点，形成了三大系列产品，分别为小型的 *FF* 系列和 *A* 系列，中型和大型的 S Ⅲ 系列见图 6.23。其中小型的名义尺寸在 600mm 以下，对应功率 2000kW 以下；中型的名义尺寸

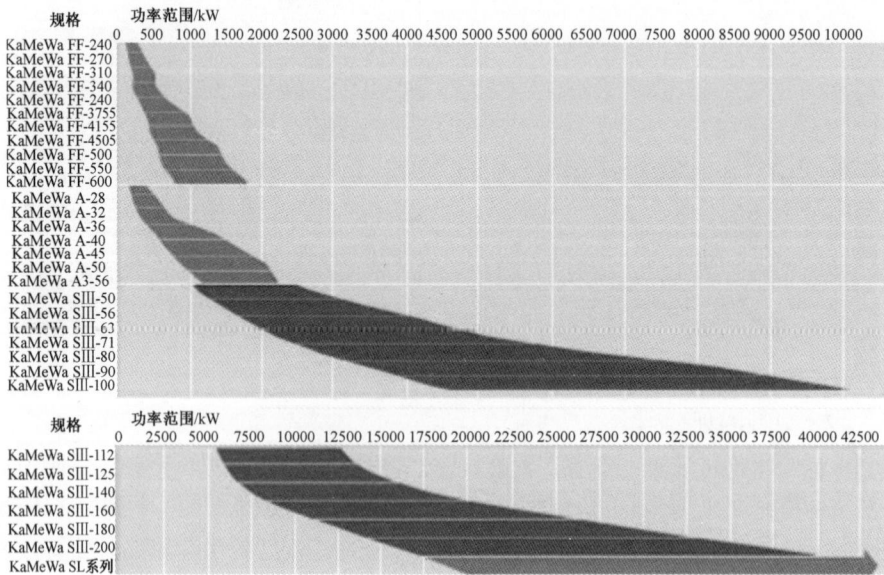

图 6.23　KAMEWA 喷水推进功率划分

在 600~1000mm 之间。对应功率在 2000~10000kW 之间；而大型的名义直径在 1000mm 以上,对应功率在 10000kW 以上。这些功率的适用范围基于喷水推进装置船舶的航速在 30kn 以上。

根据 Lips 公司新近开发的轴流式喷水推进装置系列和产品规划[22],小型喷水推进装置基本不涉足,中型的名义尺寸在 450~910mm 之间,对应功率在 1400~5700kW 之间;而大型的名义直径在 1000mm 以上,对应功率在 7000kW 以上。这些功率的适用范围基于喷水推进装置船舶的航速在 45kn 以上见表 6.6。

表 6.6 Lips 公司功率划分表

规　格	最大功率/kW	规　格	最大功率/kW
LJX/WLD450	1400	LJX/WLD1200	10000
LJX/WLD510	1800	LJX/WLD1300	11800
LJX/WLD570	2250	LJX/WLD1400	13700
LJX/WLD640	2900	LJX/WLD1500	15700
LJX/WLD720	3600	LJX/WLD1620	18300
LJX/WLD810	4500	LJX/WLD1720	20700
LJX/WLD910	5700	LJX/WLD1880	24700
LJX/WLD1000	7000	LJX/WLD2020	28500
LJX/WLD1100	8500	LJX/WLD2180	33000

根据 MJP 喷水推进公司的规划,中型的名义尺寸在 450~850mm 之间,对应功率在 1500~6000kW 之间;而大型的名义直径在 950mm 以上,对应功率在 8000kW 以上。根据分析,这些功率的适用范围基于喷水推进装置船舶的航速在 45kn 以上[23]见表 6.7。

表 6.7 MJP 公司喷水推进功率划分表

规　格	功率/kW
450	1500
550	2500
650	3000
750	4000
850	6000
950	8000
1100	10000
1350	13000
1550	150000

根据 Hamilton 喷水推进公司的产品规划,共有 3 个产品系列,分别为小型的 HM 和 HJ 系列,其名义尺寸在 210~810mm 之间。对应功率在 280~3500kW 之间;中型的 HT 系列,名义尺寸在 810~1000mm 之间。对应功率在 4000~5500kW 之间[24]见彩图 6.24 和彩图 6.25a、6.25b。

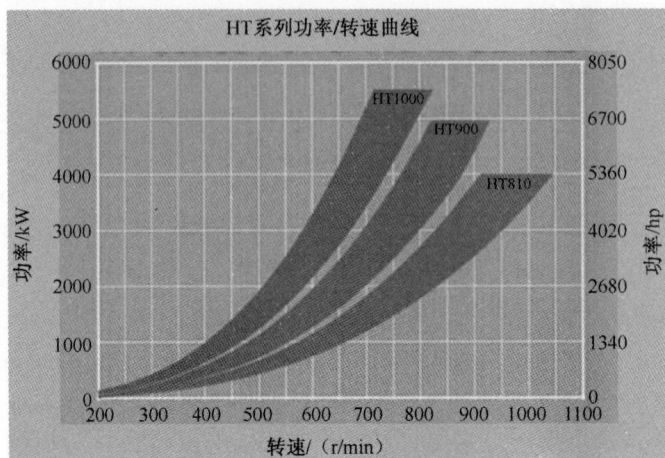

图 6.24 Hamilton 喷水推进功率划分

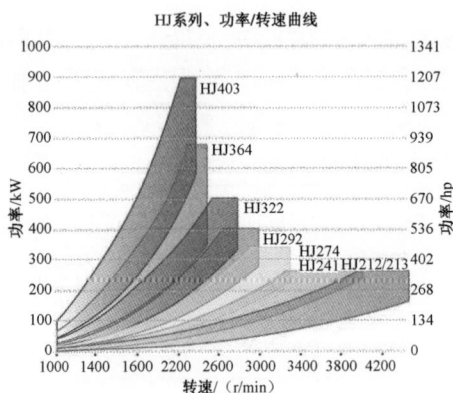

型号	最大功率 (kW/hp)[①]	转速 (最大值)
HJ212/213	260/350	3950/4500
241	260/350	3250/4000
274	330/440	2930/3300
294	400/540	2550/3000
322	500/570	2550/2800
364	570/900	2300/2500
405	900/1200	2240/2400
输入转速受限于空化—在同等输入功率下, 低速较为理想		

图 6.25a Hamilton 喷水推进功率划分

①1hp=745.699W。

HM系列功率/转速包络图

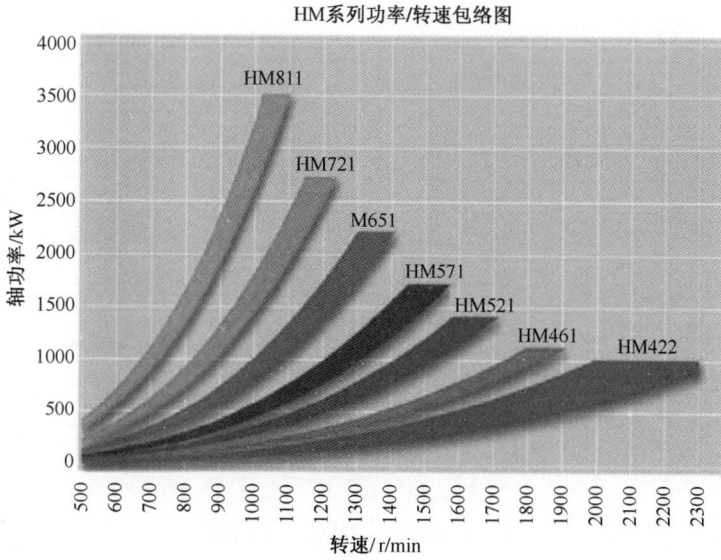

图 6.25b　Hamilton 喷水推进功率划分

将国外各喷水推进公司的系列进行统计并绘制曲线,如图 6.26 所示。

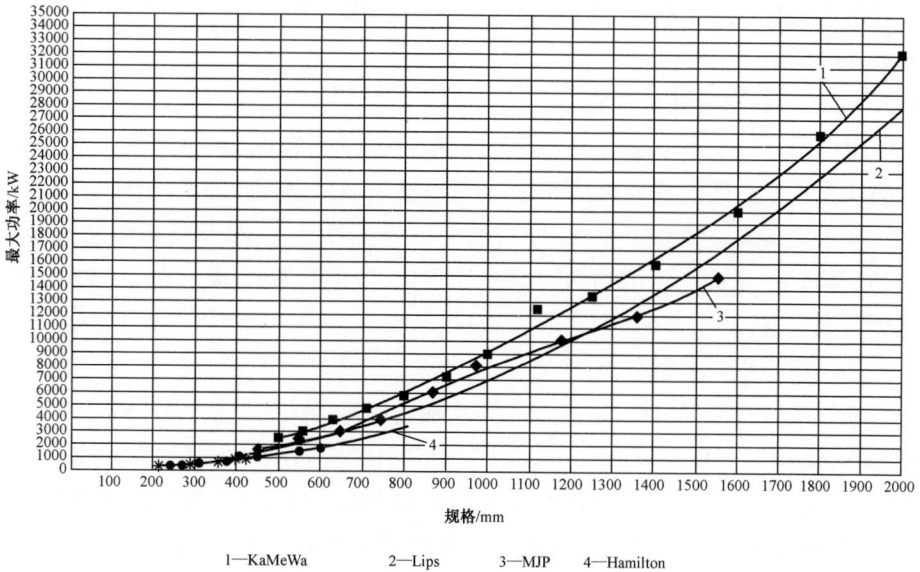

1—KaMeWa　　　2—Lips　　　3—MJP　　　4—Hamilton

图 6.26　功率与系列规格统计

根据曲线,可以得到如下喷水推进系列曲线。

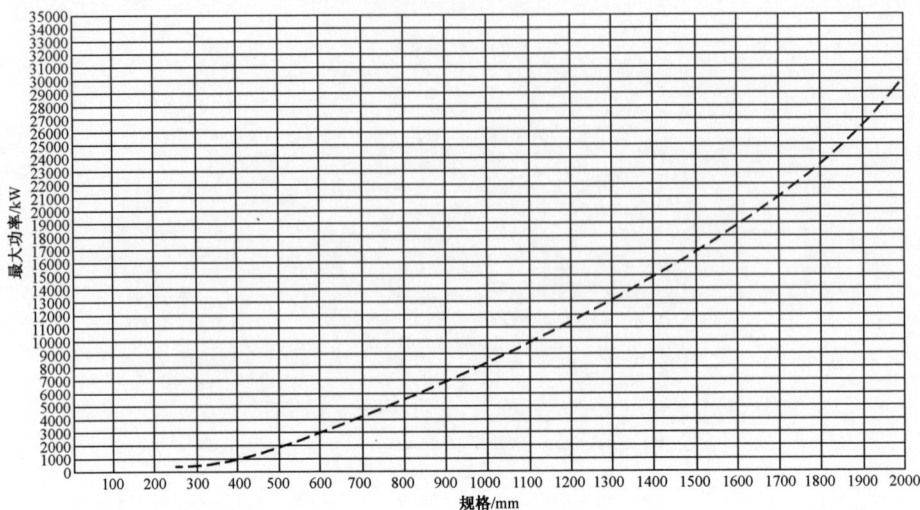

图 6.27 功率与系列规格规划曲线

从图 6.27 中可以得出,小型的名义尺寸在 500mm 以下,对应功率 1800kW 以下;中型的名义尺寸在 500~900mm 之间,对应功率在 1800~7000kW 之间;而大型的名义直径在 1000mm 以上,对应功率在 8000kW 以上。这些功率适用于高航速舰船。

6.7.3.3 系列构建基本方法

根据对国外喷水推进公司产品分析,结合国内喷水推进产品开发技术,在进行喷水推进产品系列规划与计算时,通过下述手段来进行产品系列构建:

在给定名义直径和舰船要素(航速与水线长等参数,即进流条件及运行工况的影响)下,通过一定范围内喷口直径参数、流道参数、叶轮螺距角参数的分档调节来实现。

(1)喷口直径参数分档。

通过喷口直径的变化,来实现对喷水推进额定工况的调整。KAMEWA 公司的喷水推进产品 SII 系列中见表 6.8,为最大限度的满足系列化通用化水平,设定了 8 个喷口直径,且喷口直径的变化范围为 59%~64.2% 进流管道名义直径,以实现与动力输入匹配的最大范围化。MJP 喷口直径的变化范围为 0.6~0.65 倍进流管道名义直径。

表 6.8   KAMEWA SⅡ系列喷口参数表

系列代号	40	45	50	56	63	71	80	90	100	112	125	140	160	180	200
喷口取值	236	266	295	330	372	419	472	531	590	661	737	826	944	1062	1180
	239	269	299	335	376	424	478	538	597	663	747	836	956	1075.5	1195
	242	272	303	339	381	430	484	545	605	678	756	847	968	1089	1210
	245	276	306	343	386	435	490	551	612	686	766	857	980	1102.5	1225
	248	279	310	347	391	440	496	558	620	694	775	868	992	1116	1240
	251	282	314	351	395	446	502	565	627	703	784	878	1004	1129.5	1255
	254	286	318	356	400	451	508	572	635	711	794	889	1016	1143	1270
	257	289	321	360	405	456	514	578	642	715	803	899	1028	1156.5	1285
				345						720					

这样一个喷口的调节变化是合理的,因为:进流管道进速比 IVR $= V_{in}/V_0$(进口流道出口流速),这主要与进流管道线型有关,通常应用于高速船进流管道,其水动力性能优良的 IVR 通常在 0.6~0.7 间。

推进器喷速比 $k = V_j/V_0$,通常应用于高速船最佳速比在 1.3~1.4 左右,但综合考虑装船性能及经济性等因素,将选用的推进器规格取得略小一些,故此时 k 常用范围在 1.6~2.0 左右。

定义推进器变速比为 $UVR = V_j/V_i$
则其常用范围为 $UVR = k/IVR = 1.6~2.0/0.6~0.7$
$UVR = 2.28~3.33$
由 $V_{in} = Q/(\pi/4D_{in}^2)$
$V_j = Q/(\pi/4D_j^2)$
$UVR = V_j/V_{in} = (D_{in}/D_j)^2$
$D_j = D_{in}/UVR^{1/2}$
$D_j = D_{in}/(2.28 ~ 3.33)^{1/2}$
$D_j = (0.55 ~ 0.66)D_{in}$
综合分析,喷水推进系列构建时喷口直径调节取值范围定义在 $(0.55 ~ 0.66)D_{in}$ 范围内。

(2)流道参数分档。

进水流道作为内外流场的连接过流通道,其内部流动状态直接影响系统效率,此外也影响到装置运行抗空化能力。流道线型必须保证出流均匀、流动分离小、流动损失小、抗空化能力强、流道内水重小等性能要求。如图 6.28 所示,流道的布置与设计涉及的整体参数有流道出口直径、流道高度、流道进口长、流道进口宽、流道总长、流道倾斜角,此外还有局部参数直段长、弯曲半径、轴径、过渡区长、过渡区角度、斜面半径和唇口区形状(包括唇口的直径、长度和高度等)。

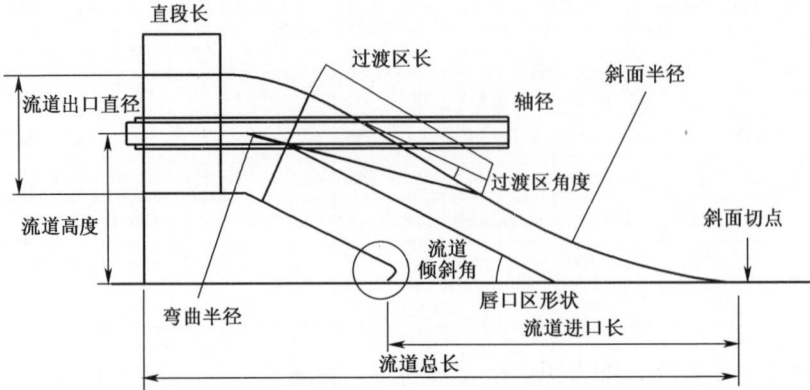

图 6.28　进水流道参数

作为船体和推进泵的连接体,进水流道的流动特性与进速比 IVR 和流道倾斜角两者密切相关。由前述知,流道的运行工况参数主要是进速比 IVR。针对高速船,流道内流速小于船速,即进速比小于 1,整个进流系统内流动为减速增压,流道系列规格可将 IVR 值分段建立系列数据库。其中流道倾斜角与流道 IVR 之间密切相关,是流道整体构型的核心参数。每一对应的 IVR,建立一个最佳流道倾斜角的流道数据。在给定喷水推进规格前提下,通过喷水推进器设计点流量得到 IVR,以此得到最佳流道倾斜角的流道。根据国内外喷水推进技术使用经验,常用的流道倾斜角范围为 25°~35°,每隔 2.5°设一个流道,共计 5 个。

(3) 叶轮螺距角参数分档。

对于喷水推进技术的系列化,无需针对主机型号专门设计对应的喷水推进器,只需通过齿轮箱来实现主机和喷水推进器的运行匹配,除了前述的通过喷口来调节喷水推进器运行工况外,还可以通过调整叶轮的螺距角,来改变喷水推进器的功率特性。需要说明的是,为了保证通用性,叶轮壳体、导叶体、叶轮轮毂和叶型等均保持不变。由于仅调整叶片相对于轮毂的角度,并没有改变叶片本身的形状,虽然此时由于叶轮进口边的进流攻角,以及叶片出口边的出流与导叶片进口边的配合与理想值略有偏离,但基本不影响水动力性能。通常每个系列的叶轮至少在 5 个左右,螺距角每档变化值在 0.5°~1°,具体根据系列基本叶轮特性定。通过与喷口参数的组合调节优化,形成每一系列均能与动力系统的匹配(见彩图 6.29)。

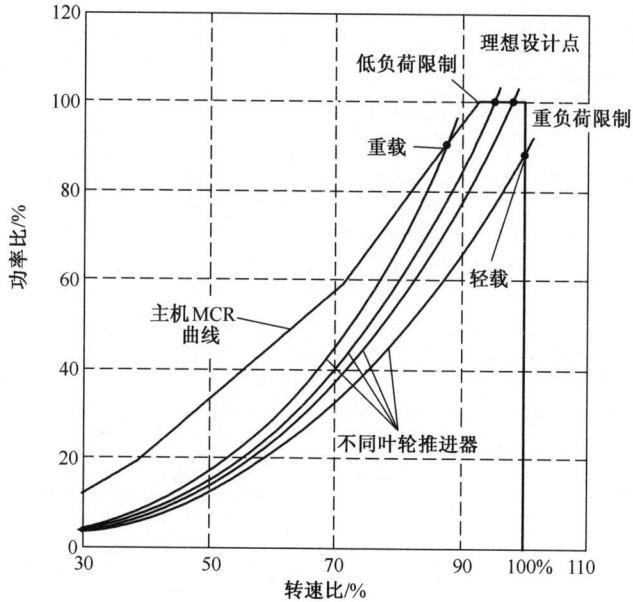

图 6.29 推进与动力匹配

6.7.4 MARIC 喷水推进装置系列化型谱简介

MARIC(中国船舶及海洋工程设计研究院)经过四十余年的努力,已形成自身的喷水推进装置系列化型谱。分成三大系列,见图 6.30~6.32:

(1)喷水推进轴流泵系列,即 MARIC Jet ZL 系列;

(2)喷水推进混流泵系列,即 MARIC Jet HL 系列;

(3)喷水推进组合体—浸没式喷水推进系列,即 MARIC Jet ZH 系列。

这三个系列的型谱绘制如下:

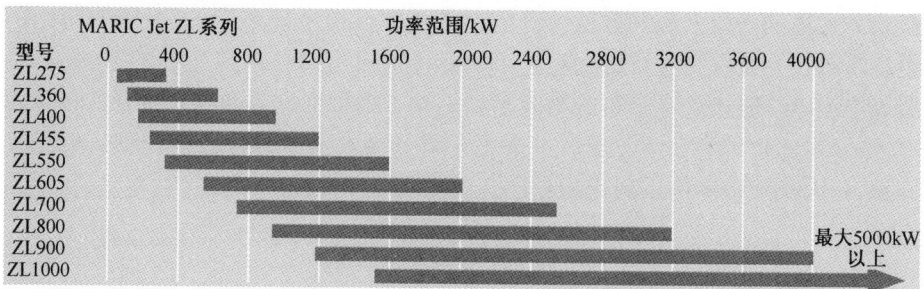

图 6.30 MARIC Jet ZL 系列

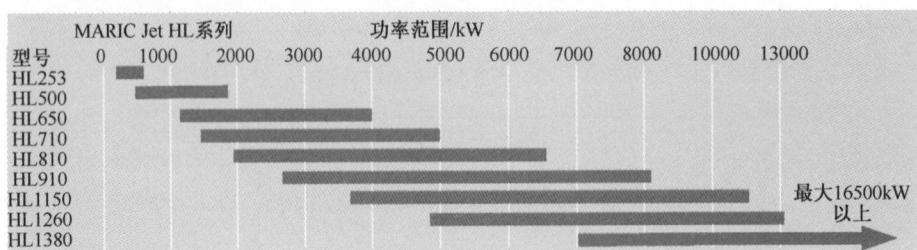

图 6.31 MARIC Jet HL 系列

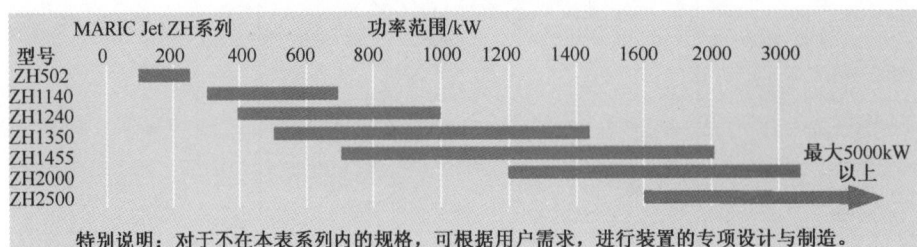

特别说明： 对于不在本表系列内的规格，可根据用户需求，进行装置的专项设计与制造。

图 6.32 MARIC Jet ZH 系列

6.8 本章结语

除了第 3 章喷水推进的理论是本书的基石外，本章喷水推进主要参数的优化与航行特性计算是本书的核心，既有理论探讨又涉及到工程设计。喷水推进的理论、喷水推进泵系统、喷水推进管道系统几章都是为喷水推进主要参数的优化做铺垫的。本章解决的是喷水推进两项关键技术中的第一项，即从船舶总体性能出发，在已知的输入条件和约束因素之下，以船、机、泵的匹配和相互影响为主线，如何优化出相对最佳的喷水推进主要参数和能达到的推进指标。这里面涉及到大量的理论分析和数值计算问题。喷水推进主要参数的优化选择计算，是以求解 3 个方程为基础的，这 3 个方程只能用迭代和逐步逼近的方法求解。所以 MARIC 通过近 30 余年的努力编制完善了喷水推进主要参数优化的计算程序，本章对此也作了介绍。最后本章还介绍了喷水推进装置系列化型谱的相关知识，国内外喷水推进系列化型谱的现状。

236

参 考 文 献

[1] 金平仲. 船舶喷水推进[M]. 北京:国防工业出版社,1986.

[2] 王国强,盛振邦. 船舶推进[M]. 北京:国防工业出版社,1985

[3] Bowles J B, Blount D L, Schleicher D M, et al. International Conference of Waterjet Propulsion 4, The Royal Institution of Naval Architects ,2004[C]. London, UK: 2004.

[4] Allison J L,Changben Jiang,Stricker J G,et al. Proceedings of the International conference on waterjet propulsion latest developments,the royal institution of naval architects,22-23 October 1998 [C]. Amsterdam, The Netherlands:1998.

[5] 丁江明. 喷水推进器推进性能研究[D]. 武汉:海军工程大学,2009

[6] The International Towing Tank Conference. The Specialist Committee on Validation of Waterjet Test Procedures[R],Final Report and Recommendations to the 21th ITTC,1996.

[7] The International Towing Tank Conference. The Specialist Committee on Validation of Waterjet Test Procedures[R],Final Report and Recommendations to the 24th ITTC,2005.

[8] 王立祥. 喷水推进及喷水推进泵[J]. 通用机械,2007(10):12-15

[9] Terwisga T V. Proceedings of the 4th International Conference on Fast Sea Transportation[C]. Sydney,Australia:1997.

[10] 金平仲. 喷水推进主要参数的确定[J]. 中国造船,1978(1):80-91

[11] 刘业宝. 水下航行器泵喷推进器设计方法研究[D]. 哈尔滨:哈尔滨工程大学,2013.

[12] Will G, Tom D, Amaratunga S, et al. IMAREST's 10th International Naval Engineering Conference and Exhibition[C]. London UK:2010.

[13] 王立祥. 喷水推进技术的新发展[G]//船舶喷水推进及轴流式推进泵论文集. 上海:中国船舶工业总公司第七研究院第七〇八研究所,1992

[14] Moon-Chan Kim,Ho-Hwan Chun,Hyun Yul Kim, et al. Comparison of waterjet performance in tracked vehicles by impeller diameter[J]. Ocean Engineering, 2009,36:1438 - 1445.

[15] Bulten N. Doha International Maritime Defence Exhibition and Conference[C]. Doha, Qata:2008.

[16] Bulten N, Rob Verbeek. 9th International Conference on Fast Sea Transportation [C]. Shanghai, China: 2007.

[17] David R. Lavis, Brian G. Forstell , John G. Purnell. 9th International Marine Design Conference, May 16 -19,2006[C]. Ann Arbor, Michigan:2006.

[18] KAMEWA. 产品样本资料. https://www. rolls-royce. com/products-and-services/marine/product-finder/propulsors/waterjets/steelwater-jets. aspx

[19] Dang J, Liu R, Pouw C,et al. Third International Symposium on Marine Propulsors, May 2013[C]. Tasmania, Australia: 2013.

[20] David Y Tan, Rinaldo L. Miorini,et al. Proceedings of the ASME 2012 Fluids Engineering Summer Meet-

ing July 8-12,2012[C]. Rio Grande, Puerto Rico: 2012.

[21] Allison J. Marine water-jet propulsion [J]. SNAME Transactions ,1993, 101:275-335.

[22] LIPS. 产品样本资料 . http://www. wartsila. com/en/propulsors /wartsila-waterjets /waterjet.

[23] MJP. 产品样本资料 . http://www. marinejetpower. com.

[24] Hamilton. 产品样本资料 . http://www. hamiltonjet. com.

第7章 喷水推进方向舵与倒航斗系统

7.1 概　　述

舰船的操纵依靠操舵与倒航系统来实现。

常规螺旋桨船的方向舵一般都布置在桨的尾流之中,其转向力除与转舵角度大小有关外,还与来流速度有关,如来流速度为零,操舵不会产生转向力。这就是常规螺旋桨船航速越高操纵性越好的主要原因。至于倒航,一般靠螺旋桨反转,倒航力小,且几乎无舵效[1]。

喷水推进船的操纵靠方向舵和倒航斗来实现,它们都处于喷水推进泵喷出的高速流之中,靠折射喷流方向产生转向力或倒航力,原则上与航速无关。在舰船驻航(无航速)时,只要喷口有喷流,舰船仍然具有优异的转向性能和倒航性能。这就是喷水推进操纵性优于螺旋桨推进的主要原因[2]。

喷水推进的操纵是通过操舵倒航机构将喷射水流偏转与反折来实现的,并且操舵倒航机构是联合在一起的,因为考虑到从喷口喷出的水流相对操舵倒航机构有较大的流速,故使舰船转向和倒车靠偏折喷射水流更为有利。实际上喷水推进舰船也是这样设计的。

喷水推进装置推进系统的管道在进出段互换后提供的推力很小,所以这类船舶的倒航不能依赖推进泵的逆转来实现,但可通过反折喷射水流的方向来达到倒航的目的。

操舵倒航机构设计的好坏,还影响喷水推进装置本身的性能,设计不当可能会抵消喷水推进的优点。因此,应从舰船或载体整体设计上考虑操舵倒航机构的设计。

7.1.1 喷水推进操纵原理

对于装载一台或多台喷水推进装置的舰船,其转向和倒航都是通过操舵倒航系统来实现的,该系统包括方向舵和倒航机构(俗称倒航斗)。喷水推进装置的优点是:推力可从全速正车经零速再到全速倒车进行变化(无级调速,见7.2.5),而喷水推进装置仍然正车运转,不必像螺旋桨要反转产生倒车力[3]。

当舰船需要转向操舵时,整套操舵倒航机构都绕一个垂直轴旋转,在水平面上偏折喷射水流,产生一侧向推力,使船舶转向(见图7.1)。当需要倒航时,倒航机构通过倒航液压缸的推拉,倒航斗上下颚同方向舵两侧板组成反射通道,反射喷口喷射的水流方向,对倒航机构产生向后的作用力,使舰船减速甚至倒航。

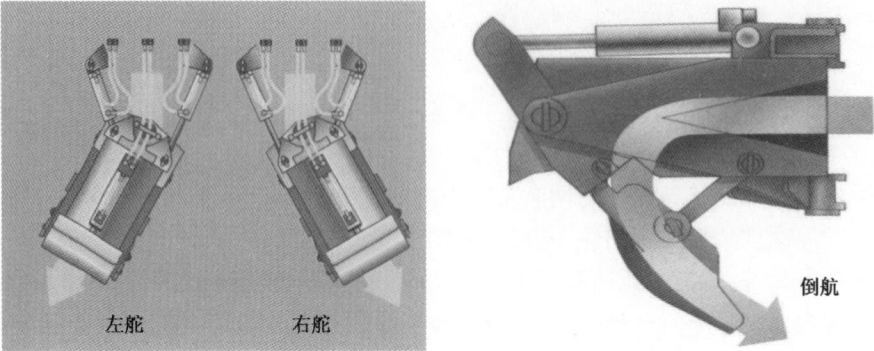

图 7.1 操舵倒航机构操纵原理

7.1.2 操纵系统类型

将舰船倒航和转向的设备联合在一起处理,这是喷水推进在操纵设备上的主要特点。

喷水推进装置根据装船位置分为内藏式和外置式。内藏式喷水推进装置最为常见,它通常装配集成式操舵倒航机构,方向舵为箱型舵,倒航斗驱动方式多为四连杆机构,集成安装在方向舵上。方向舵通过定位销固定在喷水推进器的导叶体或喷口的支耳上。国际几大喷水推进生产商主流产品的操舵倒航机构都是这种型式。

图 7.2 是 KAMEWA S II 系列喷水推进装置的操舵倒航机构,通过销轴连接在导叶体上的两只支耳上[4]。舰船航行时,方向舵通过顶部两只液压缸的作用,使其沿销轴中心向左右舷转动(±30°),改变喷流方向,以操纵舰船转向。倒航斗通过上、下颚的张开将喷射水流转折向前并下倾 30°,水流向前下方喷射,这样舰船的行驶状态将由正车变为倒车[3]。

相同类型操舵倒航机构还有瑞典 MJP 公司的产品(见图7.3)[5],瑞典 MJP 公司原为 KAMEWA 公司的配套铸造厂,后来自己独立研制喷水推进装置,沿用 KAMEWA 的成熟技术,又与俄罗斯和意大利的有关研究所合作,研究和采用了不少新的技术和专利,使产品的设计更完善、更精巧,表现出很强的生命力和市场竞争力。

240

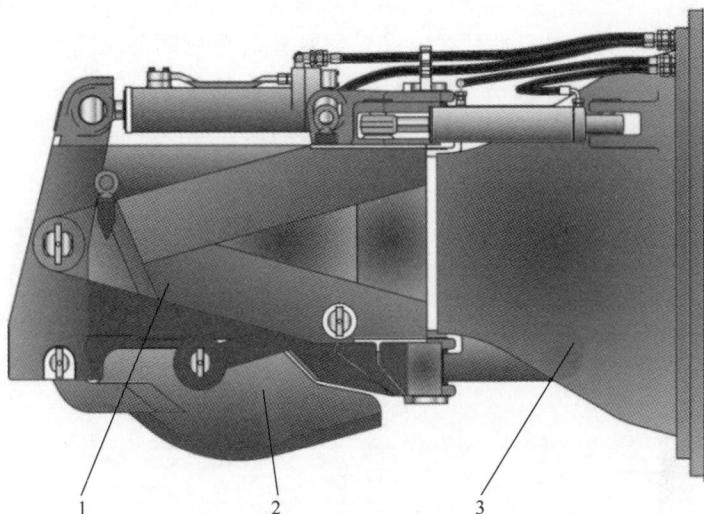

图 7.2　KAMEWA S 系列的操舵倒航机构

1—操舵机构;2—倒航机构;3—导叶体。

与 KAMEWA SⅡ系列喷水推进装置的操舵倒航机构相比,MJP 采用更为紧凑的机械结构[4],相同功率的喷水推进装置的操舵倒航机构的轴向长度要比 KAMEWA SⅡ系列的短。这样既可以减轻设备重量,又便于推进装置在船艉板上布置,避免两台推进装置的操舵倒航机构在大操舵角相向操舵时干涉。

图 7.3　MJP 操舵倒航机构

另一种操舵倒航机构常用于中小型喷水推进装置,与集成式操舵倒航机构不同,方向舵和倒航斗是相互分离的。方向舵为球形舵,设计精巧,布置在喷水推进泵的喷口后面,通过操舵油缸推拉舵柄改变方向舵的舵角;倒航斗通常为双通道式(亦有称为蝶式),喷射水流进入倒航斗后分成两股水流偏向前下方喷出,获得倒车力。采用这种操舵倒航机构最多的是 Hamilton 公司[5]。新西兰 Hamilton 公司是中小喷水推进器制造商,提供 150~3000kW 之间的系列喷水推进装置(见图 7.4)[6]。

图 7.4　Hamilton 操舵倒航机构

　　MARIC 是国内从事喷水推进最早、研发能力最强、生产能力最大的单位。图 7.5 是 MARIC 设计的应用于内河船的操舵倒航机构。

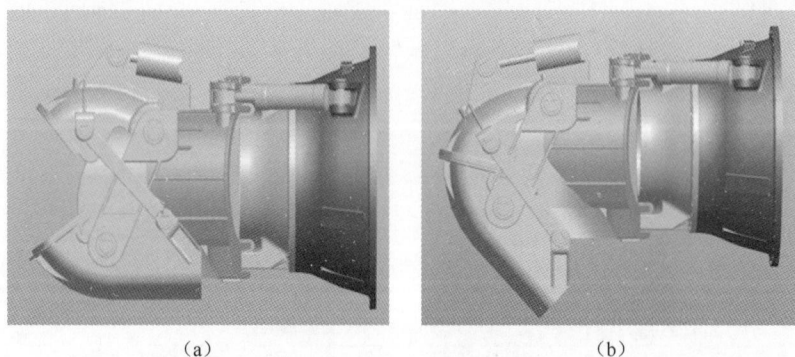

(a)　　　　　　　　　　　　　　(b)

图 7.5　MARIC 的操舵倒机构
(a)正航;(b)倒行。

　　此外,还有一些特殊的操舵倒航型式,但操纵原理都相同,通过偏折来流获得操舵力和倒航力。图 7.6[6] 中(a)图为水门式操舵倒航机构,方向舵为箱型舵,倒航时两个水门关闭,水流偏折向前下方反射,获得倒航力。目前美国 Namjet 公司采用此种操舵倒航机构;(b)图为紧凑布置的操舵倒航机构,由于船舶可布置的艉板特别狭窄,故设计此传动机构将两个方向舵并联,转向时同步运动。

242

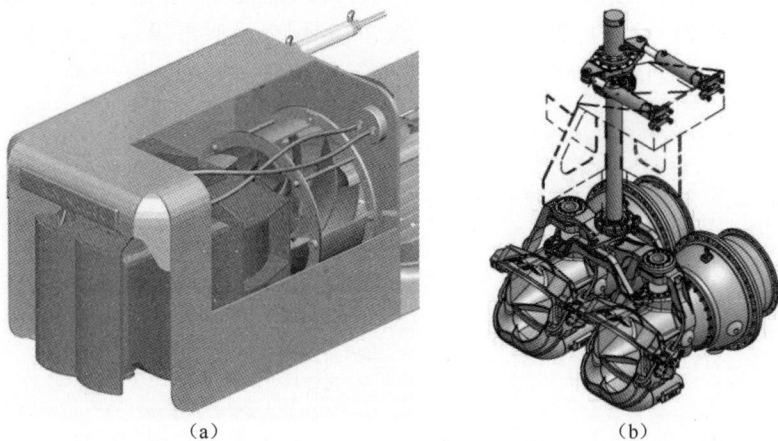

(a)　　　　　　　　　　　(b)

图 7.6　特殊型式操舵倒航机构

　　上述介绍的操舵倒航机构都适用于内藏式喷水推进装置。除此之外，MARIC 还有一种外置式喷水推进装置，有操纵性能佳、浅水效应影响小、适应变工况能力强等技术特点，它一般用于隧道线型的舰船。布置在外置式喷水推进器上的操舵倒航机构我们称为喷水推进组合舵[7]（见图 7.7）。

图 7.7　喷水推进组合体

　　喷水推进组合舵是用于喷水推进的新型操纵装置（见图 7.8）。这种操纵装置是由类似于转动导流管的转动舵壳和中舵叶组成的组合舵。当舵壳和中舵叶同步转动而偏折推进泵的喷射水流，就形成正航时的变向舵力。倒航时靠中舵叶向外弦偏转直至和转动舵壳形成仅向外弦一侧反射喷流的闭合腔体，这时组合舵仍可操舵以控制船的航向。利用组合舵闭合的程度，以控制反射流和向后喷流的流量，达到在不改变主机运转工况下无级调节船的航速，其效果可与可调

243

桨媲美。在任何航速下舵上始终存在进流,因而微速航行时也具有变向舵力,这是常规桨与舵所不及的,故船舶操纵性极佳;利用双机双泵异步操纵,还可使舰船具有实现原地回转和横移的功能[8]。

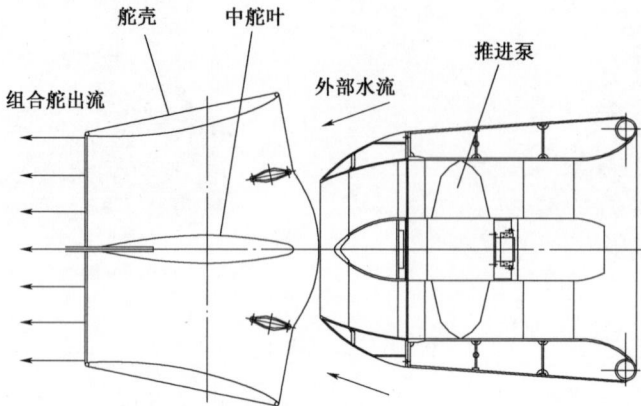

图 7.8　喷水推进组合舵的工作原理

7.1.3　操纵系统构成

喷水推进操纵系统[9]主要有三种型式的操舵倒航机构。

1) 集成单通道式操舵倒航机构

集成单通道式操舵倒航机构主要由方向舵、倒航斗上颚、倒航斗下颚组成,由液压缸驱动,参见图 7.9。方向舵进水端稍宽,通过定位销连接在导叶体上,以便在有效的角度内偏折喷射水流。定位销与导叶体的上、下支座相连。在方向舵顶部的左右侧设有两个操舵液压缸支座,用以支撑液压缸的一端,液压缸的另一端与导叶体上的液压缸支座相连。倒航斗是折叠型的,安置在方向舵底部的凹槽内,由上颚和下颚靠两个倒航液压缸和连杆机构组装而成。倒航斗通过上颚和下颚的张开(倒航)和闭合(正航)进行工作。倒航斗上颚通过销轴与方向舵顶上的倒航液压缸连接。

在舰船全速正航时,倒航斗上颚与方向舵的底部齐平。当倒航时,喷射流将被转折向前下方,产生倒航推力。当倒航斗在某一使喷流的推力与倒航推力平衡的位置就可达到零推力。

2) 双通道式操舵倒航机构

双通道式操舵倒航机构由方向舵、双通道倒航斗、操舵直杆、操舵臂组成,并由操舵液压缸及倒航液压缸驱动,见图 7.10。操舵液压缸通过活塞杆的伸缩推

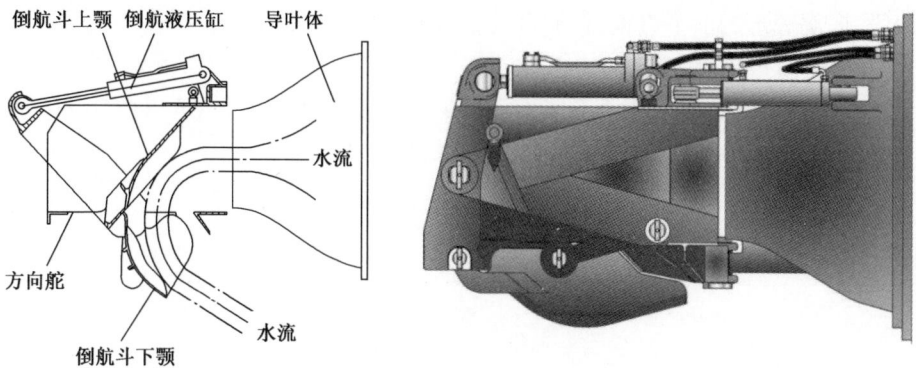

图 7.9　集成式操舵倒航机构的组成

动操舵臂带动方向舵的转动,引导从喷口喷出的水流以不同的角度喷出,获得变向舵力,实现操舵功能;倒航液压缸通过活塞杆的伸出和缩回,收起或放下倒航斗,放下时引导水流由双通道向前下方喷射,实现倒航功能;升起时实现正航功能。操舵液压缸和倒航液压缸布置在舱内,便于维护和保养。

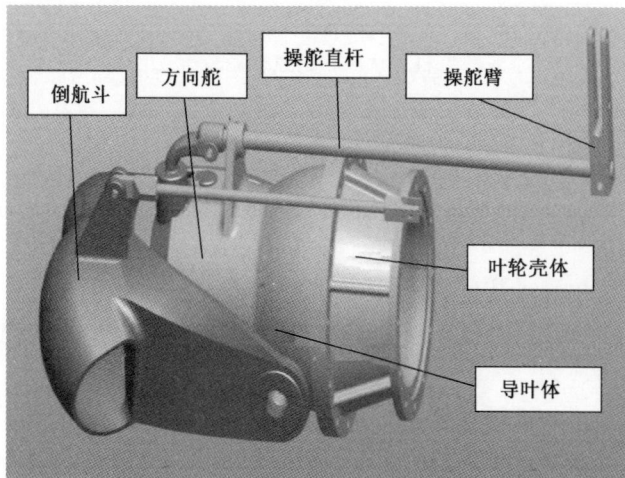

图 7.10　双通道式操舵倒航机构的组成

　　主要部件有方向舵和倒航斗。方向舵由定位销轴安装在导叶体上,通过操舵曲柄、操舵直杆、操舵臂与操舵液压缸的活塞杆相连。操舵液压缸安装在船舱内,通过操舵液压缸活塞杆的伸缩,带动操舵臂、操舵直杆和操舵曲柄转动,实现方向舵的左右旋转,以实现船艇的转向。倒航斗通过暗销固定在导叶体上,由倒车直杆与倒航液压缸相连。通过倒航液压缸的驱动,倒航斗将喷出的水流分成两股,向艉底部的前下方偏折,避开艉封板和推进泵进水口。

3) 喷水推进组合舵

喷水推进组合舵是用于喷水推进船舶的新型操纵装置,组成见图 7.11。该组合舵的工作原理在 7.1.2 中已作介绍,这里不再重复。

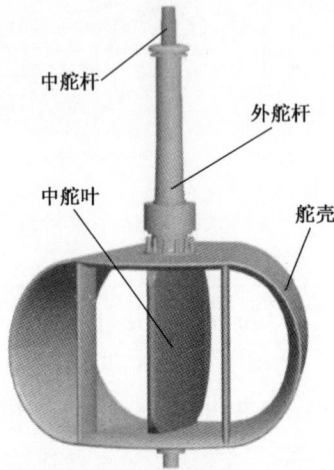

图 7.11 喷水推进组合舵的组成

7.1.4 方向舵和倒航斗的布局

方向舵和倒航斗的布局,只能跟随喷水推进泵的布置而决定,当然在推进泵轴线布局时,必须会考虑干涉的问题,舵和斗取舍是操纵设计的重点。

对于仅配置单推进装置的舰船,若该推进器发生故障将导致全船失去机动力,因此该方案的可靠性很差[10]。所以,对于现代舰船来说安装两台推进装置是最基本的配置要求。

高速舰船所需的推进功率很大,因此一般需要装用多台发动机,这一因素也促成高速舰船采用多台推进器的配置。下面以高速三体船为例介绍常见的配置方案。

1) 配置方案一"1+1"模式

图 7.12 所示的三体船在中央船体上安装了两套喷水推进装置,这种配置是最基本也是最典型的布置。对应于高速双体船,这种模式就是在左右片体上各布置一套喷水推进装置。从图 7.12 中也可以看出,一般三体船两艉的两个小片体吃水很浅,不可能布置喷水推进装置。

图 7.12　安装了两套喷水推进装置的三体船

目前世界上在一条船上布置偶数台的应用案例中,6 台喷水推进装置是数量最多的布置方案,见图 7.13[4]。

图 7.13　安装了 6 套喷水推进装置的双体渡轮

这种偶数布置,在驾控台上一般都是对应到两个控制手柄,一个控制手柄控制侧布置的喷水推进装置。当然需要时,可以通过功能切换,把所有喷水推进装置集中到一个手柄(一般默认是右手柄)控制。

2) 配置方案二"2+1"模

图 7.14 所示的是澳大利亚 Austal 公司生产的一艘高速三体高速客渡轮[4]。采用四台功率为 8200kW 的主机带动 Rolls-Royce 公司设计生产的 2 台 125S Ⅱ型和 1 台 180 B Ⅱ型喷水推进装置,航速 40.4kn。从图片中可以看到三台喷水推进装置都位于中间片体尾部,三台喷口中心线是按照中间高,两边低的方法叠置的,其中左右两台可以操舵倒航,中间一台喷水推进器作为助推器没有带操舵倒航机构。这样的布置是为了解决中间主体艉板安装空间有限的矛盾。

对于图 7.14 中的配置方案,因为中间一台喷水推进装置不带操舵倒航机构,作为加速推进泵使用。因为它是车客渡船,除了小比例的时间用于进出港采用低速模式,绝大部分运转时间是两个港口之间的高速航渡模式。但对于军用舰船来说,使用工况可能相对复杂,可以在中间一套喷水推进装置上也加上操舵倒航机构,这样舰船就有更灵活的作战和使用工况,并增加了可靠性和冗余度。图 7.15 就是配备三套带操舵倒航机构喷水推进装置的韩国"尹永夏"级近海巡防舰[11]。

图 7.14　安装三套喷水推进装置的三体高速渡轮

图 7.15　安装三套带操舵倒航机构喷水推进装置的舰船

248

3) 配置方案三"2+2"模式

图 7.16 和图 7.17 为美国海军近年研制的采用高速三体船型的濒海战斗舰,在中央船体上布置了四套喷水推进装置,外侧两套的型号为 LJ150E(吸收功率 7200kW),内侧两套的型号为 LJ160E(吸收功率 22000kW)。

图 7.16　三体濒海战斗舰尾视图

图 7.17　三体濒海战斗舰实航照片

三体濒海战斗舰四套喷水推进装置都是带操舵倒航机构的,内侧两套和外侧两套都可以单独使用。其实由于喷水推进操舵倒航机构的操纵性远远好于螺旋桨船,四套喷水推进装置中只要外侧两套带操舵倒航机构已可满足舰船操纵性要求。如三体濒海战斗舰的姊妹型——单体濒海战斗舰同样布置四台喷水推进装置,但中间两套不带操舵倒航装置(见图 7.18)。该舰如用两套喷水推进装置进行巡航采用外侧两套。

图 7.18　美国单体濒海战斗舰的四台喷水推进装置

7.2 喷水推进操纵特性

7.2.1 应舵性能

喷水推进舰船的应舵性能是指操舵瞬间航向改变的响应速率,也就是驾驶员一操舵,舰船航向立即得到改变的能力。这对航行于内河航道的船舶十分重要。因为内河航道水面宽度有限且航道曲折多弯,加之航船较为密集,所以对舰船瞬间应舵能力要求很高,否则容易产生碰擦现象或撞船撞岸事故。

对于螺旋桨推进船舶,在上述内河航道航行,航速很难开快,航速低舵效肯定差,所以应舵性能也差[12]。

对于喷水推进舰船,由于方向舵始终处于高速喷射水流中,无论那种方向舵结构,都有极高的舵效,其应舵性能较螺旋桨舵要好很多。

简而言之,应舵性能就是舰船对操舵的变向响应速率,一般指小舵角的舵效。

对喷水推进舰船而言,改变航向的操舵角在5°左右即可。由于方向舵始终处于高速喷射水流中,应舵速度快,产生的转向力矩大,所以应舵性能特别好。

具有螺旋桨推进舰船驾驶经验的人初次驾驶喷水推进船,都有一种感觉:航向很难把握,一动舵舰船很快改变航向,这时舵角很小。于是又反向操舵,使得舰船不断变向,搞得驾驶员手忙脚乱。其实问题出在操舵的方法不对,用操螺旋桨推进的方法在运作,操舵角过大,导致喷水推进舰船以极快的速度变向。这就说明喷水推进舰船的应舵性能比螺旋桨船好很多。这样的驾驶员,只要讲清原理和操作方法,几分钟内就能适应操舵情况,驾驶自如,并称赞这种船的驾驶性能好。

喷水推进舰船的应舵性能远好于螺旋桨推进,这样就能确保保持直线航行的航向稳定性和操舵时易于转向的机敏性。

7.2.2 回转特性

船舶的回转特性是指操舵后(一般是大舵角),舰船处于稳定转圈的回转直径的大小,直径越小回转性能越好。图1.4中给出的照片十分明确地表现出了什么是回转特性。这是一艘侧壁式气垫船,该船分别采用螺旋桨舵和喷水推进两种不同方式进行回转试验,桨加舵在38kn时的回转直径为200m;而采用喷水推进的回转直径在43kn时只有120m,航速高不少,回转直径反而减少40%。这就说明喷水推进舰船的回转性能的优越。如果采用方向舵和倒航斗联合操纵,可以一倍船长原地回转[11]。

7.2.3 倒航性能

就水流相对船体的流动情况而言,舰船倒航时喷水推进和常规螺旋桨推进有显著的不同。倒航时两种推进方式的水流相对于船体方向的差别如图 7.19 所示。常规推进时推进器的进流和去流与船体外部流动是一致的;而喷水推进推进系统流道内的流动和船体外部流动是相反的,只在喷流经倒航机构反射后才和船体外部流动汇合。喷水推进舰船倒航时,由于喷射水流有较急剧的转折而使水流能量损失较大。

倒航性能的优劣通常用倒航推力与正航推力的比值来衡量。喷水推进船的倒航推力一般为正航推力的 35~45%,好的可达到 50%左右。

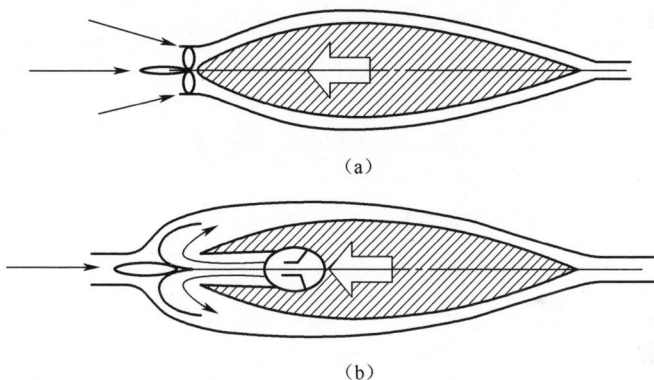

(a)

(b)

图 7.19　倒航时相对水流流动的比较
(a)螺旋桨推进;(b)喷水推进船。

由于喷水推进在倒航时主机和推进泵不需换转向,仅靠倒航机构就可以实现倒航,所需操作时间较少,且主机和推进泵也能发挥较大的功率,这是它优于常规螺旋桨推进的特点。总的来说,喷水推进的倒航性能优于一般螺旋桨推进。

7.2.4 横移和斜移性能

喷水推进是利用推进泵喷出高速水流的反作用力推动水上载体前进,并通过操舵倒航机构分配和改变喷流方向实现船舶操纵。因此喷水推进的操纵力是一个矢量力,也是一个不受外界船速等变化影响的主动力,而螺旋桨推进的操舵力是一个被动力,这是喷水推进比螺旋桨推进的操纵性好的原因,配备两台以上(含两台)喷水推进装置就可以独立地完成舰船横移、斜移和原地回转等运动。

1) 横移

舰船只作横向平行运动称为横移。

(1) 原理。

要实现纯粹横移,一是要消除纵向分力,二是要消除回转力矩。以两台喷水推进装置的布置为例,要消除纵向分力,只能是一台装置处于正航状态,另一台装置处于倒航状态,还要确保两台喷水推进装置产生力要大小相等;要消除回转力矩,就是确保两台喷水推进装置产生力的方向要通过舰船的回转中心。从操舵方向上,都是向外侧操舵,左舷喷水推进装置操左舵,右舷喷水推进装置操右舵。横移的方向由正倒车决定,如图7.20所示为向右横移,则是左舷正车,右舷倒车;如需向左横移,则是左舷倒车,右舷正车。

图 7.20 向右横移原理图

(2) 控制策略。

从控制策略上看,一是舵角,二是转速。这是确保两个力大小相等的方法。

舵角要根据不同船型决定调节方案,例如四台推进器,①全部用上;②使用内侧两台;③使用外侧两台,都要采用不同的舵角。舵角的理论计算公式如下:

$$\tan\theta = \frac{B}{2L} \tag{7.1}$$

式中:θ——理论计算横移舵角;

B——两舷推进器的平均轴线距离;

L——操舵倒航机构距舰船回转中心的距离。

其中B,当左右各布置一台喷水推进装置时,就是这两台喷水推进装置的轴线距离。若是多于两台的偶数,则需要根据产生推力大小进行加权平均计算。

由于喷水推进装置倒车的效率小于正车的效率,仅为50%左右,因此要达到正车的推力和倒车的推力相等,则需要设置倒车推进装置的转速要高于正车推进装置的转速。

(3) 与舷侧推联合控制策略。

和单纯喷水推进横移相比,主要是舵角有所变化,舵角越大,产生的横向力

252

越大。但必须保证喷水推进装置的合力对舰船回转中心产生的回转力矩与艉侧推产生的回转力矩平衡。如图 7.21 中, $F = F_1 + F_2$; $F_1 \times L_1 = F_2 \times L_2$ 。 F 是总的侧向力, F_1 是喷水推进装置产生的侧向力, F_2 是艉侧推产生的侧向力。 L_1 是喷水推进侧向力至舰船回转中心的距离, L_2 是艉侧推至舰船回转中心的距离。

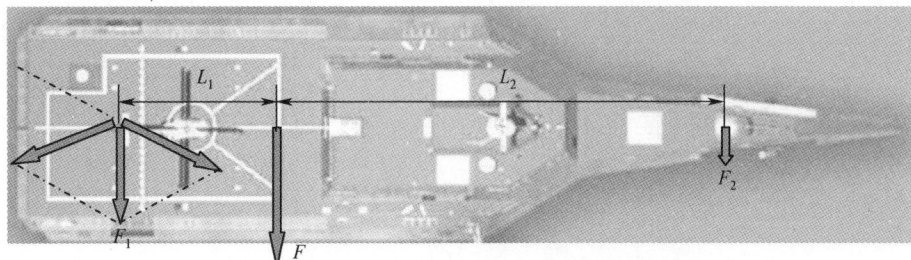

图 7.21　喷水推进装置与艉侧推联合横移原理图一

图 7.21 所示的是左舷喷水推进装置正车,右舷喷水推进装置倒车;图 7.22 则正好相反。假如两张图中的舵角是相等的,由于图 7.22 中喷水推进装置侧向合力点离回转中心较远,力臂较长,所以回转力矩也较大。为与之平衡,图 7.22 中艉侧推产生的侧向力就必须比图 7.21 中要大。

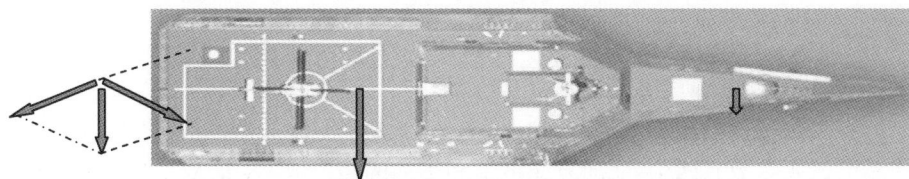

图 7.22　喷水推进装置与艉侧推联合横移原理图二

从控制策略上看,左右舷的转速比例同上述的横移控制策略,以保证消除纵向力。而舵角、喷水推进装置的转速大小(左右根据正倒车不同而成比例同增减)、艉侧推的转速、图 7.21 或图 7.22 方式的选择都是控制的要素点。

总体设计上,首先应根据喷水推进装置的功率和船型尺寸确定艉侧推的选取功率,这取决于为使船横移需要总的侧向力的大小。若满舵角喷推产生的横向力已足够大(这种情况应该占绝大多数情况),那么应采用图 7.21 的联合横移原理,以尽量减少艉侧推的功率。

2) 斜移

舰船在执行离靠码头、低速搜救任务时需要精确操控、定向航行。斜移(见图 7.23)是指船的运动轨迹为斜向的平行移动,控制系统通过控制主机转速、操舵倒航机构的倒斗位置和舵角可以实现船舶的360°斜移。

将船舶的运动方向分为图7.23所示的四个区域来讨论船舶斜移的控制策略。船艉位置不变就是要在船舶形心处的回转力矩为零,确保两台喷水推进装置产生的力的方向要通过舰船的回转中心。从操舵方向上看,两台推进装置的舵角应始终保持通过船舶形心 A 点的舵角 θ 且方向相反。例如,左侧推进装置操左舵角 θ,那么右侧推进装置操右舵角 θ。

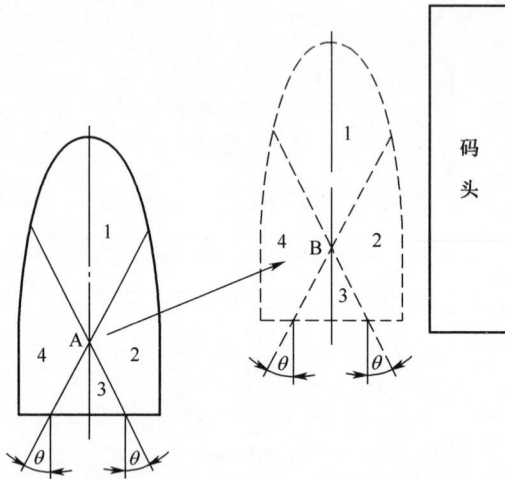

图 7.23 舰船斜向运动区域分布图

在分区域讨论控制策略前,先来介绍一下控制的输入条件(见图7.24)。本功能的输入参数有两个:航向 γ 角度值和手柄的档位值。γ 值从左侧-180°到右侧180°的范围,手柄共分5个档位。举例说明,当手柄打到航向 γ=30°,手柄输入一档的位置,舰船会以设定的一档航速,向30°的方向斜移运动。为了统一手柄各档位的斜移运动速度,以主机怠速 n_0、倒航机构为全正航时状态下,单台喷水推进装置发出的推力 F_0 为手柄一档的推进力设置,后续档位根据各自区域的转速曲线计算。

(1)区域一斜移原理。

区域一方向的控制策略采用固定倒航斗的位置,通过调整左右主机的转速实现舰船在区域一方向内的斜向运动。区域一方向内运动时,两台推进装置都需保持全正车状态,依靠左右机转速的不同调节航向 γ。推力与转速成二次方关系,可表示如下:

右侧推进装置推力 $\qquad f_R(n_R) \propto n_R^2$ (7.2)

左侧推进装置推力 $\qquad f_L(n_L) \propto n_L^2$ (7.3)

254

式中:下标 R 和 L 分别表示右侧与左侧。

由图 7.24 区域一,运用正弦定理可得

$$\frac{f_R(n_R)}{\sin(\theta - \gamma)} = \frac{f_R(n_R)}{\sin(\theta + \gamma)} = \frac{F_0}{\sin(\pi - 2\theta)} = \frac{F_0}{\sin 2\theta} \quad (7.4)$$

由式(7.4)得:

左机推力 $\qquad f_L(n_L) = \dfrac{\sin(\theta + \gamma)}{\sin 2\theta} F_0 \qquad\qquad (7.5)$

右机推力 $\qquad f_R(n_R) = \dfrac{\sin(\theta - \gamma)}{\sin 2\theta} F_0 \qquad\qquad (7.6)$

联合式(7.5)和式(7.10),推导左右机转速比 k。

左右机转速比 $\qquad k = \dfrac{n_L}{n_R} = \sqrt{\dfrac{\sin(\theta + \gamma)}{\sin(\theta - \gamma)}} \qquad (7.7)$

航向角 γ 在区域一内的范围是:$\gamma \in (-\theta, \theta)$,当 $0 \leqslant \gamma < \theta$ 时,$k \geqslant 1$,则 $n_R = n_0$

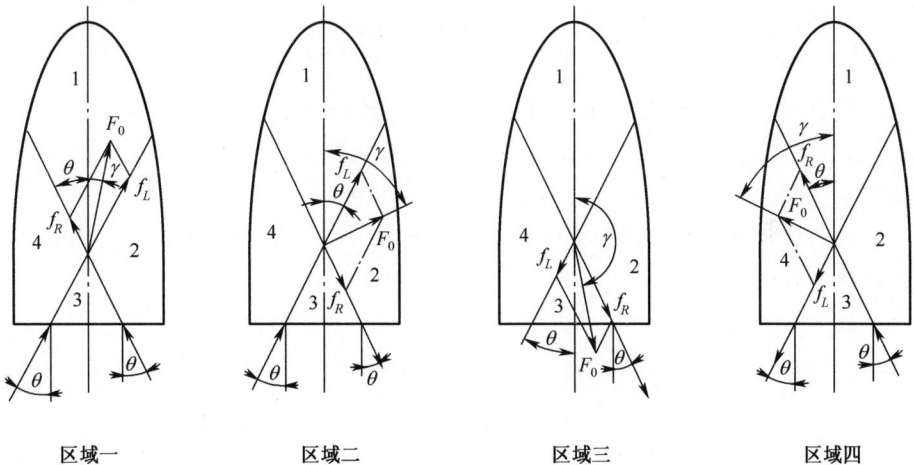

区域一 　　　　区域二 　　　　区域三 　　　　区域四

图 7.24　船舶斜移运动受力示意图

$$n_L = \sqrt{\frac{\sin(\theta + \gamma)}{\sin(\theta - \gamma)}} \cdot n_0 \quad (7.8)$$

当 $\theta < \gamma < 0$ 时,$k < 1$,由于不能存在低于主机最低转速的情况,故在这种工况下设定:

$n_L = n_0$,即左侧主机转速为怠速。

$$n_R = \sqrt{\frac{\sin(\theta - \gamma)}{\sin(\theta + \gamma)}} \cdot n_0 \qquad (7.9)$$

（2）区域二方向内斜移原理。

区域二方向内斜移时与船舶横移的控制策略相似，也可以说舰船向右横移是船舶朝区域二方向斜移的特殊情况。舰船在区域二方向内斜移时，左侧操舵倒航机构处于全正车状态，右侧操舵倒航机构处于全倒车状态。根据图7.24区域二，运用正弦定理可得

$$\frac{f_R(n_R)}{\sin(\gamma - \theta)} = \frac{f_L(n_L)}{\sin(\pi - \theta - \gamma)} = \frac{f_L(n_L)}{\sin(\theta + \gamma)} = \frac{F_0}{\sin 2\theta} \qquad (7.10)$$

由式(7.4)，得：

$$f_L(n_L) = \frac{\sin(\theta + \gamma)}{\sin 2\theta} \cdot F_0 \qquad (7.11)$$

$$f_R(n_R) = \frac{\sin(\gamma - \theta)}{\sin 2\theta} \cdot F_0 \qquad (7.12)$$

由于倒航效率为正车效率的50%，故对式(7.12)进行效率修正：

$$f_R(n_R)' = \frac{2\sin(\gamma - \theta)}{\sin 2\theta} \cdot F_0 \qquad (7.13)$$

联合式(7.11)和式(7.13)，推导左右机的转速比k：

$$k = \frac{n_L}{n_R} = \sqrt{\frac{\sin(\gamma + \theta)}{\sin(\gamma - \theta)}} \qquad (7.14)$$

航向角γ在区域二内的范围是：$\gamma \in [\theta, \pi - \theta]$，将已知参数$\gamma$角和$\theta$角代入式(7.14)，得到$k$值后进行判定：

如果$k \geqslant 1$，则在推进一档内：

$$n_L = \sqrt{\frac{\sin(\gamma + \theta)}{2\sin(\gamma - \theta)}} \cdot n_0$$

$$n_R = n_0 \qquad (7.15)$$

反之，如果$k < 1$，则在推进一档内：

$$n_L = n_0$$

$$n_R = \sqrt{\frac{2\sin(\gamma - \theta)}{\sin(\gamma + \theta)}} \cdot n_0 \qquad (7.16)$$

（3）区域三斜移原理。

舰船朝区域三方向内斜移时，两台推进装置都要采取倒航状态。根据图7.24区域三，运用正弦定理可得

$$\frac{f_R(n_R)}{\sin(\theta + \pi - \gamma)} = \frac{f_L(n_L)}{\sin(\theta - \pi + \gamma)} = \frac{F_0}{\sin(\pi - 2\theta)} \tag{7.17}$$

整理式(7.17)可得:

$$\frac{f_R(n_R)}{\sin(\theta - \gamma)} = \frac{f_L(n_L)}{\sin(\theta + \gamma)} = -\frac{F_0}{\sin 2\theta} \tag{7.18}$$

由式(7.18)可得:

$$f_L(n_L) = \frac{\sin(\theta + \gamma)}{\sin 2\theta} F_0 \quad f_R(n_R) = \frac{\sin(\gamma - \theta)}{\sin 2\theta} F_0$$

对上面两式加倒航效率修正:

$$f_L(n_L)' = \frac{2\sin(\theta + \gamma)}{\sin 2\theta} \cdot F_0 \tag{7.19}$$

$$f_R(n_R)' = \frac{2\sin(\gamma - \theta)}{\sin 2\theta} \cdot F_0 \tag{7.20}$$

左机与右机的转速比 k 表示为:

$$k = \frac{n_L}{n_R} = \sqrt{\frac{\sin(\gamma + \theta)}{\sin(\gamma - \theta)}} \tag{7.21}$$

航向角 γ 在区域三内的范围是: $\gamma \in [\pi - \theta, \pi + \theta]$。当 $\pi - \theta \leqslant \gamma < \pi$ 时, $k \geqslant 1$,则在推进一档内:

$$n_L = \sqrt{\frac{\sin(\gamma + \theta)}{\sin(\gamma - \theta)}} \cdot n_0 \tag{7.22}$$

$$n_R = n_0$$

当 $\pi \leqslant \gamma \leqslant \pi + \theta$ 时, $k < 1$,则在推进一档内:

$$n_L = n_0$$

$$n_R = \sqrt{\frac{\sin(\gamma - \theta)}{\sin(\gamma + \theta)}} \cdot n_0 \tag{7.23}$$

(4) 区域四斜移原理。

舰船朝区域四方向内斜移可以看成是区域二方向内斜移的反动作。左侧操舵倒航机构处于全倒车状态,右侧操舵倒航机构处于全正车状态。根据图7.24区域四,运用正弦定理可得

$$\frac{f_R(n_R)}{\sin(\gamma + \theta)} = \frac{f_L(n_L)}{\sin(\gamma - \theta)} = -\frac{F_0}{\sin 2\theta} \tag{7.24}$$

由式(7.24)可得

$$f_L(n_L) = \frac{\sin(\gamma - \theta)}{\sin 2\theta} \cdot F_0 \tag{7.25}$$

257

$$f_R(n_R) = \frac{\sin(\gamma + \theta)}{\sin 2\theta} \cdot F_0 \tag{7.26}$$

由于倒航效率为正车效率的50%,故对式(7.26)进行效率修正:

$$f_R(n_R)' = \frac{2\sin(\gamma + \theta)}{\sin 2\theta} \cdot F_0 \tag{7.27}$$

联合式(7.25)和式(7.27),推导左右机的转速比k:

$$k = \frac{n_L}{n_R} = \sqrt{\frac{\sin(\gamma - \theta)}{\sin(\gamma + \theta)}} \tag{7.28}$$

航向角γ在区域四内的范围是:$\gamma \in [\pi + \theta, 2\pi - \theta]$。将已知参数$\gamma$角和$\theta$角代入式(7.28),得到$k$值后进行判定:如果$k \geq 1$,则在推进一档内:

$$n_L = \sqrt{\frac{\sin(\gamma - \theta)}{2\sin(\gamma + \theta)}} \cdot n_0 \tag{7.29}$$

$$n_R = n_0$$

如果$k < 1$,则在推进一档内:

$$n_L = n_0$$

$$n_R = \sqrt{\frac{2\sin(\gamma + \theta)}{\sin(\gamma - \theta)}} \cdot n_0 \tag{7.30}$$

综上所述,斜移四个象限的控制策略汇总见表7.1。

表 7.1 舰船斜移控制策略汇总

航行区域	倒航斗状态		左机转速		右机转速	
	左	右	$k \geq 1$	$k < 1$	$k \geq 1$	$k < 1$
一	正车	正车	$\sqrt{\dfrac{\sin(\theta + \gamma)}{\sin(\theta - \gamma)}} \cdot n_0$	n_0	n_0	$\sqrt{\dfrac{\sin(\theta - \gamma)}{\sin(\theta + \gamma)}} \cdot n_0$
二	正车	倒车	$\sqrt{\dfrac{\sin(\gamma + \theta)}{2\sin(\gamma - \theta\gamma)}} \cdot n_0$	n_0	n_0	$\sqrt{\dfrac{2\sin(\gamma - \theta)}{\sin(\gamma + \theta\gamma)}} \cdot n_0$
三	倒车	倒车	$\sqrt{\dfrac{\sin(\gamma + \theta)}{\sin(\gamma - \theta)}} \cdot n_0$	n_0	n_0	$\sqrt{\dfrac{\sin(\gamma - \theta)}{\sin(\gamma + \theta)}} \cdot n_0$
四	倒车	正车	$\sqrt{\dfrac{\sin(\gamma + \theta)}{2\sin(\gamma - \theta)}} \cdot n_0$	n_0	n_0	$\sqrt{\dfrac{2\sin(\gamma + \theta)}{\sin(\gamma - \theta)}} \cdot n_0$
注:转速比指左机与右机转速比k						

7.2.5 无级调速

喷水推进的无级调速功能是靠倒航斗机构来实现的。倒航斗机构全部收起时,喷水推进装置喷口喷出的水流全部向后喷射,推力向前,舰船正航,这就是正车工况,见图 7.25(a)。如果倒航斗全部张开时,喷水推进装置喷口喷出的水流被倒航斗引导全部向前下方喷射,推力向后,舰船倒航,这就是倒车工况,见图 7.25(c)。如果倒航斗部分张开,一部分水流向后喷射,一部分水流向前喷射,当两部分水流的作用力抵消时,舰船零速,我们称喷水推进装置此时为驻航工况,见图 7.25(b)中间。

以上三个工况间,整个倒航斗的张开和收起是一个连续的过程,所以喷射流产生的正、倒车推力的变化也是连续的,这就是喷水推进装置实现舰船无级调速的原理。

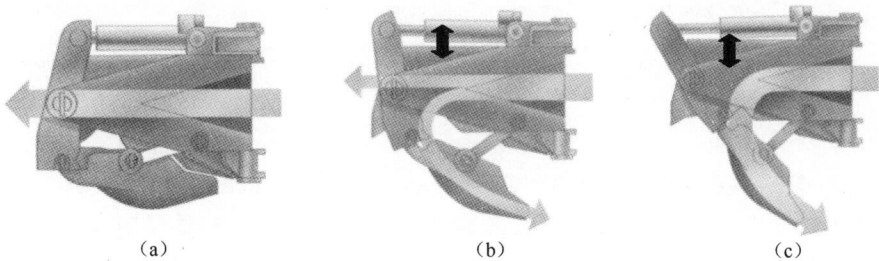

(a)   (b)   (c)

图 7.25 无级调速示意图
(a)正车;(b)零速(驻航);(c)倒车。

7.2.6 动力定位性能

动力定位是一种不用锚系而保持舰船或水中载体在水面或水下自动准确定位的能力。抛锚定位是被动静态定位,动力定位是主动动态定位。

对于螺旋桨推进舰船或水中载体,由于舵系不具备动力定位功能,因而只能靠锚系抛锚来实现定位。由于受到锚链长度的限制,在深水区域实现定位就有困难,加之抛锚工序复杂,对应急定位要求难以实现。所以对螺旋桨推进舰船或水中载体,只能加装动力定位装置和系统,才能具备动力定位功能。无疑这增加了舰船的造价,还占用了有限的布置空间。

对于喷水推进舰船或水中载体情况就完全两样。本节前面已经介绍和讨论了喷水推进的操纵特性,喷水推进装置方向舵和倒航斗的联合操作,使舰船或载体的应舵性能、回转性能、倒航性能远远超过螺旋桨船,更重要的它还具有原地回转、横移、斜移以及无级调速功能。所有这些特殊功能就能很方便地实现船舶或水中载体的动力定位。

动力定位能高效地实现民用船舶动态控制或工程船舶的海上作业,如挖泥、起重、钻井等;对军用舰船而言,提高射击、导弹发射的命中精度。动力定位是现代舰船必不可缺的重要功能。

7.3　喷水推进操纵系统水动力设计

7.3.1　水动力分析

喷水推进装置喷口喷出的水流冲击操舵倒航机构,形成了与操舵倒航机构有关的水流流动和作用力的主要基础。与喷水推进器有关的水流流动和作用力与操舵倒航机构有关的各水流和作用力之间的相互关系是水动力分析的重点。因此,接下来将这两部分分开处理。

将操舵倒航机构看作一个整体,分析其流体动力情况。经过操舵倒航机构的水流能量既没有增加亦没有减少。然而纵向及侧向分量的分布有所变化,故在操舵倒航机构上造成相应的作用力分量[8]。

矢量喷口数学模型建立的参考坐标系采用右手随船坐标系,坐标系原点在船体水线面中心线船中处(5 站是船舯,0 站是尾垂线,10 站是首垂线),x 轴水平向艏为正;y 轴水平向右舷为正;z 轴向下为正。

符号含义如下:

u,v,w	0 点(除非另注下标),沿 x,y,z 方向的速度分量(m/s)
U	总速度,$U^2 = u^2 + v^2 + w^2$
X,Y,Z	船体上作用力的分量,沿 x,y,z 方各为正(N)
ρ	水的密度(kg/m³)
v	水的运动粘性系数(m²/s)
δ_{RU}	倒航机构角度,全速前进时为 0(°)
δ_{SU}	操舵机构角度,在船中位置时为 0(°)
Q	体积流量(m³/s)

下标以及缩写词:

NOZ	喷口
INLET	进口
F–A	全速前进
F–B	全速倒航

RU   倒航机构

SU   操舵机构

WJ   喷水推进器

SPRAY   喷溅水流

喷水推进装置中的喷水推进器(后称喷水推进器),净推力 X_{WJ} 可根据下列公式算出:

$$X_{WJ} = (\rho Q_{INLET} U_{INLET}) - (\rho Q_{NOZ} U_{NOZ}) \qquad (7.31)$$

当倒航机构倒航斗处于正航位置,即 $\delta_{倒航斗} = 0°$ 时,喷水推进器喷射的水流不会碰到操舵倒航机构,故进口处的流量 Q_{INLET} 和出口处的流量 Q_{NOZ} 是相等的,即 $Q_{NOZ} = Q_{INLET}$,则式(7.31)可进一步表达为

$$X_{WJ} = \rho Q_{INLET} \times (U_{INLET} - U_{NOZ}) \qquad (7.32)$$

当倒航斗处于正航位置时,假定任何喷溅水流是在方尾处被水平地向侧向偏折,对左舷方向舵角则喷向右舷(对右舷方向舵角则喷向左舷),x 方向作用力如下:

$$X_{-F-A} - X_{WJ} = \rho Q_{NOZ} U_{NOZ} - \rho Q_{SU} U_{SU} \cos\delta_{SU}$$

y 方向作用力如下:

$$Y_{F-A} = \rho Q_{SU} U_{SU} \sin\delta_{SU} - \rho Q_{SPRAY} U_{SPRAY} U_{SPRAY}$$

为了计算方便,假设操舵倒航机构入口处无喷溅水流时 $Q_{N02} = Q_{SU}$:

$$X_{-F-A} - X_{WJ} = \rho Q_{NOZ} U_{NOZ}(1 - \cos\delta_{SU}) \qquad (7.33)$$

$$X_{F-A} = \rho Q_{NOZ} U_{NOZ} \sin\delta_{SU} \qquad (7.34)$$

Y 方向的力就是操舵倒航机构的操舵力。

当倒航斗处于全速倒车时,大部分喷射流通过操舵倒航机构相应地偏折,余下一部分形成喷溅水流。假定相同体积的水流通过操舵倒航机构,而喷溅水流在方尾处被水平地向侧向偏折。

对左舷方向舵角则喷向右舷(对右舷方向舵角则喷向左舷);所产生的作用力 X 可提供如下:

$$X_{-F-B} - X_{WJ} = \rho Q_{NOZ} U_{NOZ} - \rho Q_{SU} U_{RU} \cos\delta_{SU} \cos\delta_{RU}$$

作用力 Y 可提供如下:

$$Y_{F-B} = \rho Q_{RU} U_{SU} \sin\delta_{SU} \cos\delta_{RU} - \rho Q_{SPRAY} U_{SPRAY}$$

假设在喷溅水流为零时:

$$X_{-F-B} - X_{WJ} = \rho Q_{NOZ} U_{NOZ}(1 + \cos\delta_{SU} \cos\delta_{RU}) \qquad (7.35)$$

$$Y_{F-B} = \rho Q_{NOZ} U_{NOZ} \sin\delta_{SU} \cos\delta_{RU} \qquad (7.36)$$

式(7.35)表征的是操舵倒航机构在全速倒车下的倒车力,式(7.36)表征的是操舵倒航机构在全速倒车下的操舵力。

7.3.2 方向舵水动力设计[13]

上节对适用于喷水推进船舶操纵机构的水动力性能已作了详细的分析和推导,可知操舵力与喷射水流喷入舵内的流量和操舵机构的旋转角度有关。原则上根据船速的大小分为中低速船和高速船两种类别来处理方向舵的水动力设计问题。中低速船舶,指航速在 8kn~20kn 范围内,航行在内河或沿海浅水航道,其船体线型多数较丰满,船体本身航向稳定性较差而操纵性的要求却很高,在方向舵的设计上要充分考虑航向稳定性的功效;高速船,大多航速在 25kn 以上,高速航行时方向舵多数完全脱离水面,通过偏折推进泵喷射的水流达到舵效。由于舰船高速航行时,推进泵喷出的水流速度很高,只要方向舵偏转较小的角度就可以达到较好的舵效,操舵效率高。

常规方向舵主要有以下两种形式。

1) 箱型舵

顾名思义,箱型舵按其名称所述舵的形状如同箱子一般,它一般为长方形的箱体结构,如图 7.26(a)所示。通过箱型舵的偏转即可实现推力方向的改变,实现舰船操舵功能。如果喷水推进装置采用箱型舵方案,则推进器的喷口一定要内缩于箱体的里面,以使从喷口喷出的水流更多地参与操舵动作。箱型舵的最大优点是结构简单、成本低。但是重量大、外部轮廓大,适用于功率较大的推进器,若功率较小的推进器采用此装置,则操舵倒航效率低。这种结构的操纵装置也把倒航机构与箱体集成在一起,成为操舵倒航机构。

(a)   (b)

图 7.26　箱型舵(a)与球面舵(b)

以推进泵喷口直径 D_j 为已知参数,根据方向舵的水动力理论及 MARIC 多年的箱型舵设计经验,创建出方向舵的水动力设计方法。

表征方向舵形状的几何特征主要有以下参数:舵长 L_1、L_2、舵宽 W、舵高 H、

舵开口角度 θ、δ。上述特征参数都与推进泵的喷口直径 D_j 有关,箱型舵几何参数与喷口 D_j 的关系参见表 7.2。

表 7.2 箱型舵尺寸与喷口尺寸关系表

箱型舵尺寸	数值	箱型舵尺寸	数值
L_1	$2.2{\sim}2.6D_j$	L_2	$1.9{\sim}2.4D_j$
W	$1.09{\sim}1.11D_j$	θ	$20°{\pm}2°$
H	$1.15{\sim}1.2D_j$	δ	$70°{\sim}75°$

L_1 是箱型舵定位销中心至舵末端的长度,方向舵的长度越长,小舵角的舵效越好。但是舵长不能无限制增加,要结合推进器在船体尾部实际的布置空间来综合考虑。如果在狭窄的船尾板平行布置两台喷水推进器,轴系间距小,为了防止两台操舵机构相向操舵发生碰撞,就必须限制 L_1 的长度;

L_2 是箱型舵定位销中心至暗销中心的长度,暗销是倒航机构安装在箱型舵上的固定零件。L_2 大小与倒航机构实际布置的位置相关;

W 和 H 是箱型舵的宽和高,取略大于喷口直径即可,保证足量的高速水流进入舵内参与操舵,具体数值参见表 7.2;

θ 角的设置是为了使箱型舵在操舵时,尤其是大舵角操舵时,让更多的喷射水流进入箱型舵。根据经验,θ 角一般设为20°左右比较合适;

δ 角是调整箱型舵入口处上下板形状的参数,它的设定要参考推进泵喷口的线形,一般设为 $70°{\sim}75°$ 较为合适。

2) 球面舵

球面舵:如图 7.26(b)所示,这种主动舵采用独特的半球形结构,与箱型舵不同,它取消了从喷口的圆形过渡到矩形所需的独立过渡段,其出口由球形调节结构构成,通过舵轴与球面舵顶部法兰连接传动,实现球面喷口转动。这种舵效率高,结构紧凑,加工工艺简便,常用于小推力喷水推进器。与箱型舵不同的是,与球面舵配用的倒航机构常用双通道(蝶形)倒航斗,布置在球面舵的正后方,通过摇臂与船体固定,与球面舵是分离的。根据方向舵水动力分析,将球面舵的各个几何参数与推进泵喷口直径 D_j 关联,球形舵几何参数与喷口 D_j 的关系参见表 7.3。

表 7.3 球面舵尺寸与喷口尺寸关系表

球面舵尺寸	数 值	球面舵尺寸	数 值
L_1	$0.8 \sim 0.9D_j$	L_2	$0.4 \sim 0.6D_j$
W	$1.6 \sim 1.7D_j$	H	$1.15 \sim 1.2D_j$
θ	$15° \pm 2°$	δ	$60° \pm 2°$
D_0	$1.03 \sim 1.11D_j$		

注:表格中物理量的取值范围为常用值,涉及具体项目设计时,按此表格取值后应根据实际约束条件再次验证

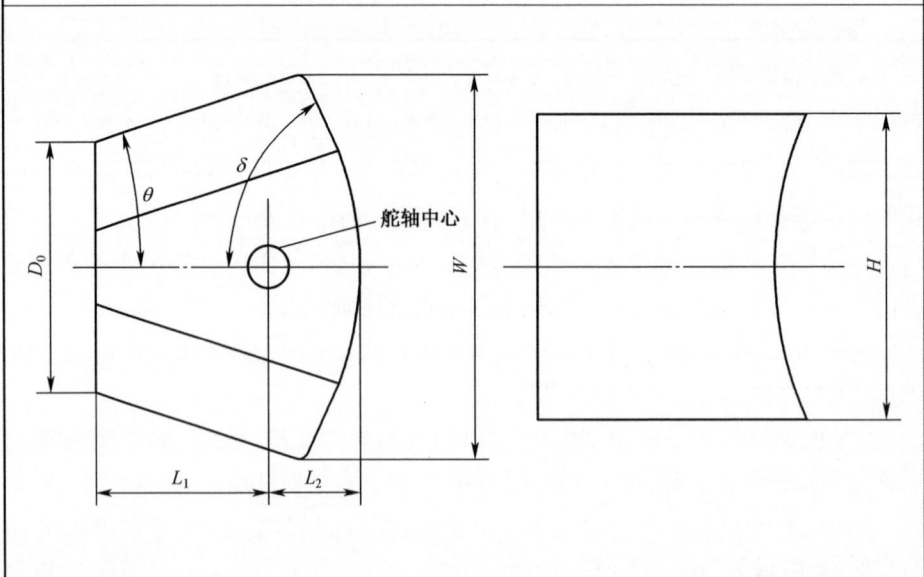

L_1 是球面舵舵轴中心至舵喷口末端的长度，L_1 的长度与小舵角的舵效相关。但是舵长不能无限制增加，要考虑球面舵后面蝶形倒航斗的布置位置，一般取值在 $0.8 \sim 0.9 D_0$ 较为合适；

L_2 是球面舵舵轴中心至舵前端的长度；

W 是球面舵的最大宽度，设计时要考虑不要与倒航斗摇臂的布置干涉，一般取值 $1.6 \sim 1.7 D_0$，选取原则：确保左右 30° 舵角时，喷口喷流能全部喷入球面舵内；

H 是球面舵的高，取略大于喷口直径即可；

θ 角是为了使球面舵在操舵时，尤其是大舵角操舵时，让更多的喷射水流进入舵内。根据经验，θ 角一般设为 15° 左右比较合适；

δ 角是调整球面舵入口处上下板形状的参数，它的设定要参考推进泵喷口的线形，一般设为 60° 左右较为合适；

D_o 是球面舵喷口尺寸，此处设为喷口直径 D_j 的 $1.03 \sim 1.11$ 倍，不会阻挡正航时推进泵喷射的水流。

7.3.3 倒航机构水动力设计

与方向舵配套的倒航机构主要分为两种机构形式：

（1）与箱型舵配套的倒航机构一般为一种四连杆机构，由倒航斗上颚、倒航斗下颚和连杆等组成，称为"一型倒航机构"，见图 7.27(a)。

（2）与球形舵配套的倒航机构一般为双通道倒航斗机构，由倒航斗、连杆等组成，称为"二型倒航机构"，见图 7.27(b)。

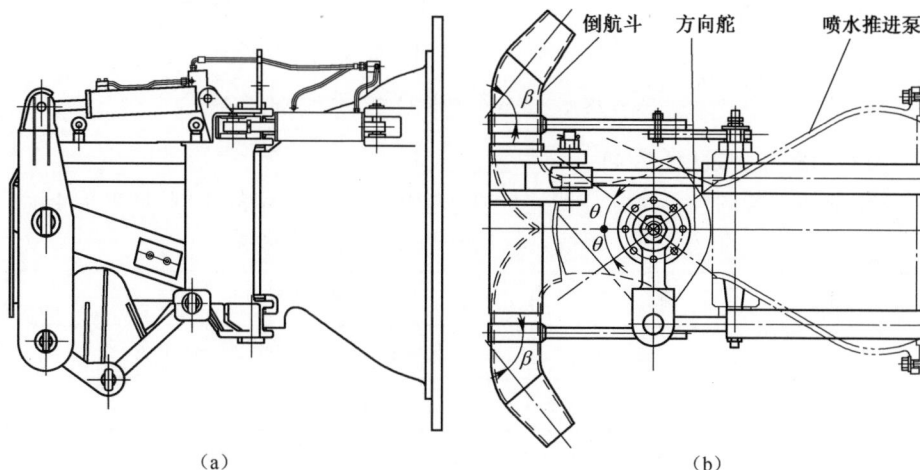

（a）   （b）

图 7.27　倒航机构四连杆机构形式

根据推进泵的结构形式,箱型舵选择"一型倒航机构"。包括倒航斗上颚1,倒航斗下颚2,方向舵4和连杆3,执行四连杆机构运动的是倒航液压缸5,6为转动销的防松块。倒航斗上颚1的上端和倒航液压缸5的缸杆端铰接,倒航斗上颚1的下端和倒航斗下颚2的上端连接,连杆3连接方向舵4和倒航斗下颚2的下端,倒航斗上颚1和方向舵4连接,倒航斗上颚1、倒航斗下颚2、连杆3和方向舵4组成可运动的四连杆机构。四连杆机构中,倒航斗上颚1为主动件,倒航斗下颚2和连杆3为从动件,方向舵4为固定件。见图7.28。

四连杆机构其特征在于,倒航斗上颚1、倒航斗下颚2、连杆3和方向舵4在四连杆机构中的尺寸比例为 $a:b:c:d = 1:(0.735\pm0.037):(1.087\pm0.054):(1.681\pm0.084)$。在倒航机构全速正车状态下,倒航斗上颚1与倒航斗下颚2的夹角 θ 为 $116°\pm5°$,倒航斗下颚2与连杆3的夹角 δ 为 $118°\pm5°$。倒航斗上颚1与方向舵4连接的销轴的旋转角度范围为 $0\sim45°$。

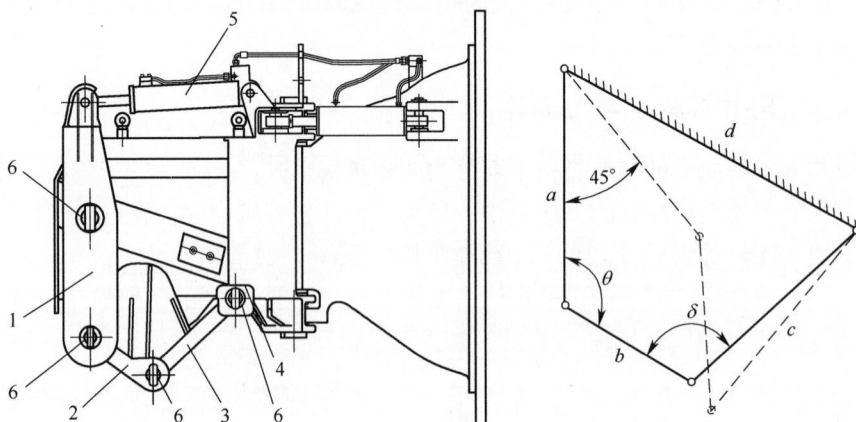

图7.28 一型倒航机构的四连杆机构

1) 倒航斗上颚(表7.4)

倒航斗上颚的外形尺寸与四连杆机构中的 a 值呈一定的比例,见表7.4。

表7.4 倒航斗上颚部分尺寸选择参考表

上颚尺寸	数 值	相关参考尺寸
X	$\sim a$	方向舵舵高 H、方向舵油缸布置位置
L	$1.3\sim1.7a$	方向舵内部长度布置限制
W	$0.94\sim0.98W_{方向舵}$	$W_{方向舵}$—方向舵内部宽度

266

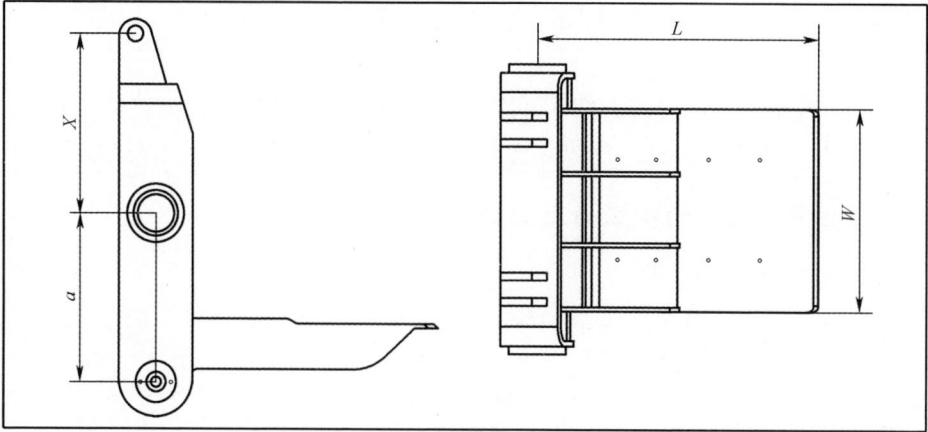

设计时基本依据表7.4的常用范围取值。上颚的宽度 W 取其上限,倒航流道的间隙损失小,倒车效率高。

2) 倒航斗下颚(表7.5)

表征倒航斗上颚的几何特征主要有以下参数:b:倒航斗下颚摇臂的长度;θ:倒航斗上颚垂线与摇臂的角度;γ:倒航斗下颚出口面与水平面的角度;W:倒航斗下颚两侧板之间的距离。

表 7.5 倒航斗下颚部分尺寸选择参考表

上颚尺寸	数 值	相关参考尺寸
b	$(0.698 \sim 0.772)a$	—
θ	$111° \sim 121°$	—
γ	$20° \sim 30°$	根据舼封板位置和倒车力要求等因素调整
W	$1.03 \sim 1.1 W_{方向舵}$	$W_{方向舵}$—方向舵内部宽度

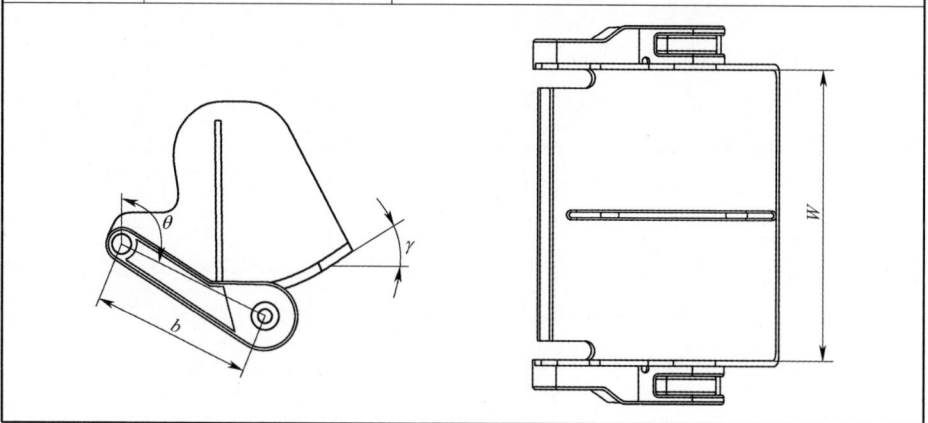

267

7.4 结 构 设 计

通过操纵系统的水动力设计可以估算出操舵倒航结构的几何尺寸,在进行结构设计之前,要充分论证操纵机构在操舵倒航运动中受到的操纵力和力矩。

7.4.1 操纵机构的操纵力及力矩

1) 操舵力

当舰船需要转向操舵时,整套操舵倒航机构都绕一个垂直轴(定位销)旋转,在水平面上偏折喷射水流,产生一侧向推力,该推力即操舵力 F_s,操舵力 F_s 在定位销轴处形成操舵力矩 M_s,见图7.29。

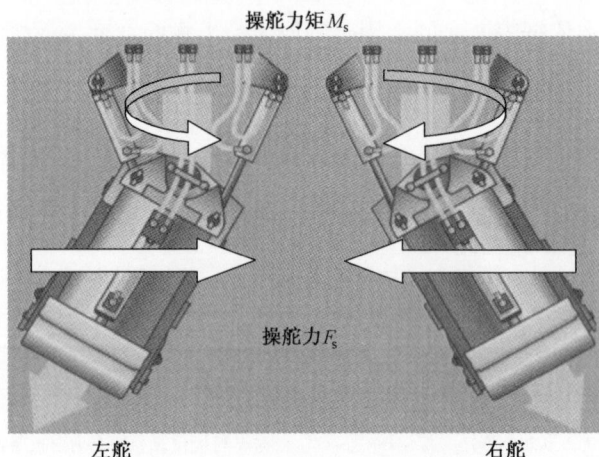

图 7.29　操舵机构受力和力矩示意图

喷水推进装置喷口喷出的高速水流冲击操舵倒航机构,这形成了操舵力和操舵力矩的主要基础。利用流体动力学的动量定理来计算喷水推进器所产生的操舵力和操舵力矩,计算坐标系采用随动坐标系。在运动状态下,考虑动量并涉及速度时,采用随船坐标系是合适的。

如果不考虑操舵倒航机构的水力损失,可把它看作一个黑盒。经过操舵倒航机构的水流能量既没有增加亦没有减少,因此进出操舵倒航机构水流的总动量没有改变,然而纵向及侧向分量的分布有所变化,故在操舵倒航机构上产成相应的作用力分量,即操舵力 F_s 可表示为

$$F_s = rQ_{su}U_{su}\sin\alpha \tag{7.37}$$

式中:F_s——操舵力(N);

　　　$Q_{方向舵}$——进入操舵倒航机构内水流的流量(m^3/s);

　　　$U_{方向舵}$——进入操舵倒航机构内水流的速度(m/s);

　　　α——操舵倒航机构绕定位销旋转的角度(°)。

2) 操舵力矩

推进泵喷射的水流进入操舵机构后,受到舵板的偏折后动量发生变化产生操舵力,操舵力绕定位销轴产生操舵力矩。操舵机构内水流的运动情况符合流体力学中著名的水流冲击平板原理,本节利用该原理确定操舵力在舵板的作用位置。首先介绍一下水流冲击平板原理[9]。

水流冲击平板原理:在大气中,当一束宽为 b_0,高度为1的二元水束冲击到倾斜放置的平板上,平板和流束的夹角为 α,水流会沿着平板分成两个方向,见图7.30。

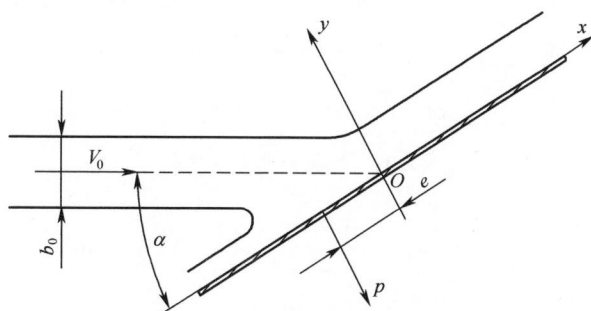

图7.30　流体冲击平板受力示意图

水流对平板的冲击力 P 方向垂直于平板,

$$P = \rho v_0^2 b_0 \sin\alpha \tag{7.38}$$

冲击力 P 在平板上偏离坐标原点 O 的距离,

$$e = -\frac{b_0}{2}\cot\alpha \tag{7.39}$$

在计算之前需要作以下假设:由于水流冲击平板理论中假设的水流是宽为 b_0,高度为1的矩形截面,而实际中的推进泵喷口是直径 D_j 的圆形喷口。故假定:

$$b_0 \times 1 = \frac{\pi D_0}{4} \cdot D_j \tag{7.40}$$

后续计算中,假设喷射水流是宽度为 $\dfrac{\pi D_j}{4}$,高度为 D_j 的二维平面流束。

将式(7.40)代入式(7.38),可得从圆形喷口喷出水流冲击到倾斜平板的力 P,其中 $v_0 = U_{SU}$。

$$P = \frac{1}{4}\rho U_{su}^2 \pi D_j^2 \sin\alpha \qquad (7.41)$$

下面结合图 7.31 讨论操舵力臂 L 的确定。当操舵机构旋转 α 角时,取水流作用合力中心线偏移距离 e 就是水流冲击到舵板作用力 P 的位置。

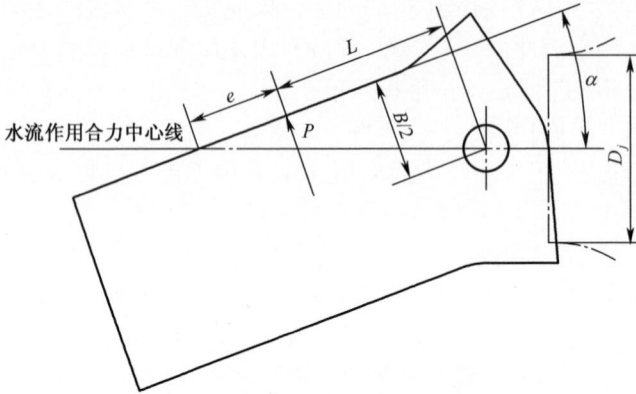

图 7.31 操舵力臂 L 示意图

$$e = -\frac{b_0}{2}\cot\alpha = -\frac{\pi D_{j/4}}{2}\cdot\cot\alpha = -\frac{\pi D_j}{8}\cot\alpha \qquad (7.42)$$

假设方向舵内宽为 B,由图 7.31 可知:

$$L + e = \frac{B}{2}\cot\alpha$$

$$L = \frac{B}{2}\cot\alpha - |e| = \frac{B}{2}\cot\alpha - \frac{\pi D_j}{8}\cot\alpha = \left(\frac{B}{2} - \frac{\pi D_j}{8}\right)\cot\alpha \qquad (7.43)$$

由式(7.43)和(7.41)可计算出操舵力矩 M_s:

$$M_s = P\cdot L = \frac{1}{4}\rho U_{Su}^2 \pi D_0^2 \left(\frac{B}{2} - \frac{\pi D_j}{8}\right)\cot\alpha\sin\alpha = \frac{1}{4}\rho U_{Su}^2 \pi D_0^2 \left(\frac{B}{2} - \frac{\pi D_j}{8}\right)\cos\alpha$$

$$(7.44)$$

3) 倒航力

当倒航机构从关闭位置逐渐打开时,倒航斗下颚与倒航斗上颚逐渐张开,越来越多的水流通过倒航机构在垂直平面中转折,从而使其喷射方向由向船尾转为向前斜下喷射。当倒航机构开始动作时,倒航角 δ 不复为零,初始给劈开的微少量水流几乎转折 180°。当 δ 增加时,越来越多的水流被劈开,δ 缓慢稳定的增

270

加,直至达到最大 $\delta=30°$ 时,这些水流被转折 $150°$(水平向下 $30°$,朝前)。

将水流向下倾斜偏折是为了避免全速倒航时喷射水流冲击到船舶方尾,这会减少预期的倒航力并产生大量喷溅水流,造成能量损失。倒航喷射水流朝下倾斜对舰船会造成一垂向力,损耗了一些倒航力。在倒航机构进口处形成的喷溅水流向前运动并冲击到方尾上,并由此横向偏折,在这过程中产生一个向前的作用力,降低倒航力。

船舶从直航到完全倒航状态时,根据动量定理,倒航机构所产生的纵向倒航力 F_D 如下:

$$F_D = \rho Q_{NO2} U_{NO2}(1 + \cos\delta) \tag{7.45}$$

式(7.45)表征的是操舵倒航机构在全倒航状态下的倒航力,此时倒航力最大。

4) 倒航力矩

倒航机构在全倒航状态下,倒航力沿倒航机构的旋转中心暗销处形成倒航力矩。倒航斗由倒航斗上颚和倒航斗下颚组成倒航流道,流道的上部是倾斜 $45°$ 的平板,下部为一弧形倒流板,将倒航流道分两部分分别求解倒航力矩然后求和。平板部分采用水流冲击平板原理求解倒航力矩,弧形倒流板处运用动量定理求解倒航力矩,见图 7.32。

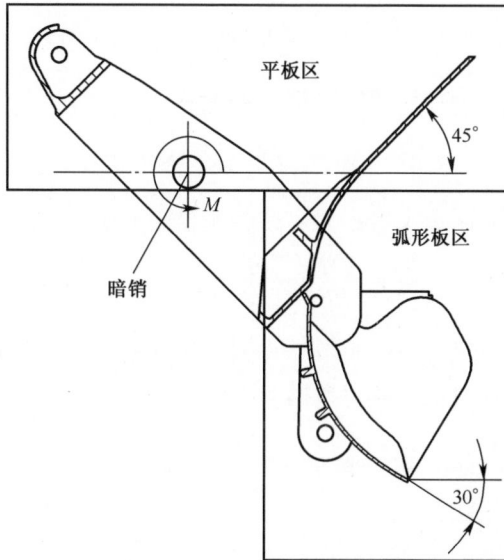

图 7.32 操舵倒航机构倒车计算图

由图 7.32 可得，$$M = M_1 + M_2 \tag{7.46}$$
式中：M_1 为平板受力对暗销的力矩；

M_2 为弧形板受力对暗销的力矩。

高速水流从直径 D_j 的喷口以 U_{NOZ} 的速度喷出，冲击到倒航斗上颚的倒流板后对其形成垂直于板的冲力 P_1（见图 7.33）。

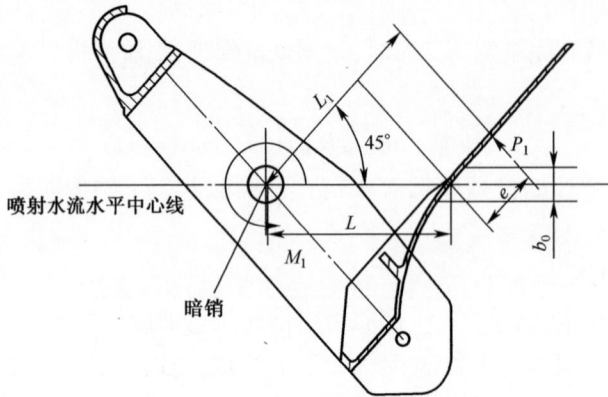

图 7.33　上颚平板受力示意图

据式(7.40)，$b_0 = \dfrac{\pi D_j}{4}$

$$P_1 = \frac{\pi}{4}\rho v_0^2 D_j \sin\alpha \tag{7.47}$$

式中 $v_0 = U_{NO_2}$，$\alpha = 45°$，代入式(7.47)得

$$P_1 = \frac{\sqrt{2\pi}}{8}\rho U_{NO_2}^2 D_j \tag{7.48}$$

P_1 的作用点距离喷射水流中心线的距离 e 表达为

$$e = -\frac{b_0}{2}\cot b = -\frac{\pi D_j}{8}\cot 45° = -\frac{\pi D_j}{8} \tag{7.49}$$

喷射水流的中心线过暗销的中心与倒流板交于一点，该点至暗销中心的水平距离为 L，L 可以通过测量获得数据。则：

$$L_1 = L \cdot \cos 45° + |e| = \frac{\sqrt{2}}{2}L + \frac{\pi D_j}{8} \tag{7.50}$$

P_1 对暗销处的力矩 M_1 为

$$M_1 = P_1 \cdot L_1 = \frac{\sqrt{2}\pi}{8}\rho U_{NO_2}^2 D_j\left(\frac{\sqrt{2}}{2}L + \frac{\pi D_j}{8}\right) \tag{7.51}$$

下面再来分析下颚弧形板的受力情况,见图 7.34。

喷射水流经倒航斗上颚偏折后垂直向下进入倒航斗下颚,经过下颚偏折后,以水平偏下 30°的方向喷出。由于倒航斗下颚的底板是弧形弯板,为了能够应用水流冲击平板原理计算倒航力和倒航力矩,对倒航斗底板做了近似处理。将倒航斗下底板假设成一平板,倾斜角度同倒航斗出口角度,如图 7.34 所示。

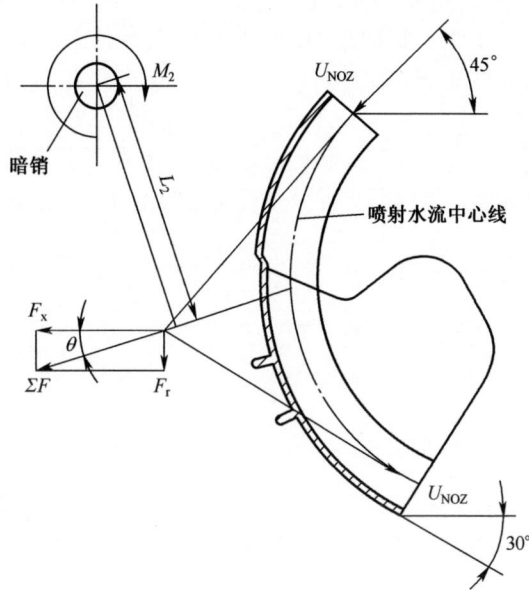

图 7.34 弧形板受力示意图

假定进入倒航斗下颚的水流能量没有损失,速度仍为 U_{NO2},根据动量定理,对水流对下颚的冲击力可列动量方程:

$$F_x = \left(\frac{\sqrt{3}}{2} + \frac{\sqrt{2}}{2}\right)\rho Q U_{\mathrm{NO2}} \qquad (7.52)$$

$$F_y = \left(\frac{\sqrt{2} - 1}{2}\right)\rho Q U_{\mathrm{NO2}} \qquad (7.53)$$

根据矢量三角形定理,由式(7.52)和式(7.53)可得

$$\sum F = \sqrt{F_x^2 + F_y^2} = \left(2 + \frac{\sqrt{6} - \sqrt{2}}{2}\right)\rho Q U_{\mathrm{NO2}}$$

$$= \left(2 + \frac{\sqrt{6} - \sqrt{2}}{2}\right)\rho \frac{\pi}{4}D_0^2 U_{\mathrm{NO2}}^2 = \left(\frac{1}{2} + \frac{\sqrt{6} - \sqrt{2}}{2}\right)\pi\rho D_0^2 U_{\mathrm{NO2}}^2 \qquad (7.54)$$

$$\tan\theta = \frac{F_y}{F_x} = \frac{\left(\dfrac{\sqrt{2}-1}{2}\right)\rho Q U_{NO2}}{\left(\dfrac{\sqrt{3}}{2}+\dfrac{\sqrt{2}}{2}\right)\rho Q U_{NO2}} = 0.1316 \tag{7.55}$$

由式(7.55)可得

$$\theta = 7.5°$$

根据合力的矢量三角形,延长进口速度与出口速度方向相交于一点,该点即为合力 ΣF 的作用点,通过作图法可以测量 L_2 的大小。

ΣF 对暗销处的力矩 M_2 为

$$M_2 = \sum F \cdot L_2 = \left(\frac{1}{2}+\frac{\sqrt{6}-\sqrt{2}}{8}\right)\pi\rho D_0^2 U_{NO2}^2 L_2 \tag{7.56}$$

将式(7.51)和式(7.52)代入式(7.56),可求得倒航力绕暗销的总倒航力矩:

$$M = M_1 + M_2 = \frac{\sqrt{2}\pi}{8}\rho U_{NO2}^2 D_0^2\left(\frac{\sqrt{2}}{2}L+\frac{\pi D_0}{8}\right) + \left(\frac{1}{2}+\frac{\sqrt{6}-\sqrt{2}}{8}\right)\pi\rho D_0^2 U_{NO2}^2 L_2$$

$$= \pi\rho D_0^2 U_{NO2}^2 D_0^2\left(\frac{L}{8}+\frac{\sqrt{2}\pi D_0}{64}+\frac{4+\sqrt{6}-\sqrt{2}}{2}L_2\right) \tag{7.57}$$

7.4.2　方向舵结构设计

方向舵主要分为两种:箱型舵和球形舵,这在 7.3.2 中已经详细阐述过了,这里不再重复叙述。关于方向舵的结构设计方法是建立在水动力设计之后的,本小节以箱型舵为例建立方向舵结构设计方法。

1) 材料选择

根据喷水推进装置的使用环境,方向舵常用材料见表 7.6,表中还列出了材料的力学性能指标。

表 7.6　常用材料表

使用环境	材质	拉伸强度 σ_b/MPa	屈服强度 σ_s/MPa
海水	022Cr22Ni5Mo3N	600	400
淡水	06Cr19Ni10	520	205
轻质材料	ZL115	315	

2) 舵板厚度计算

以相同载荷加载在方向舵上为例,如果方向舵采用双相不锈钢 022Cr22Ni-5Mo3N,设定舵板的厚度为 a,那么采用 06Cr19Ni10 材料的舵板厚度为 600/520 ×a = 1.15a。同理采用铸铝 ZL115 作为方向舵材料,舵板厚度为 600/315 × a = 1.9a。

274

以双相不锈钢为方向舵材料为例,经过大量的计算和统计,列出 MARICJet — HL 系列喷水推进装置型号与舵板厚度的关系,见表 7.7,其他材料舵板的厚度按上面的关系式推导。

表 7.7　HL 系列喷水推进装置舵板厚度表

型　号	舵板厚度(mm)±1mm		
	022Cr22Ni5Mo3N	06Cr19Ni10	ZL115
HL253	3	3	6
HL500	5	6	10
HL710	8	9	
HL910	10	12	
HL1150	12	14	

注:1. 表中列出的舵板厚度为参考值,具体数据要结合载荷的大小来具体确定,

　2. HL500 以上型号不建议使用 ZL 材料

3) 方向舵加强筋布置

方向舵的结构布置成图 7.35 所示较为合理,共分为四个加强筋。

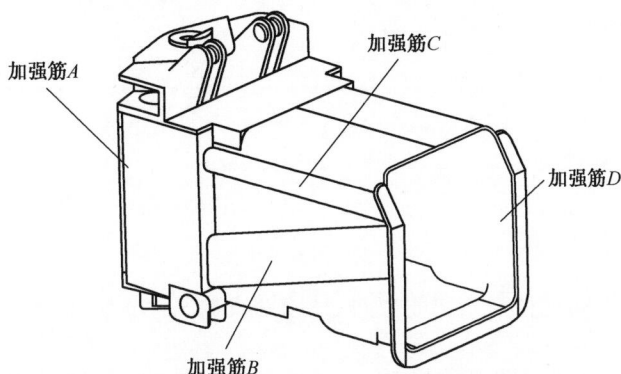

图 7.35　方向舵加强筋布置图

加强筋 A 为入口加强筋。由于考虑到方向舵在大舵角时(通常为 30°),从推进泵喷出的水流能够全部进入方向舵参与操舵,所以方向舵的入口要设置成喇叭口,在入口处设置加强筋 A,主要是增加方向舵入口处的结构刚度。

加强筋 B 与 C 是侧板加强筋,主要加强舵侧板的结构刚度。方向舵的两个舵板是操舵的关键部件,工作时要承受巨大的水压,故此处需要额外加强。此外,加强筋 A、B 和 C 构成一个三角形,根据几何学知识,三角形是最稳固的,故

较原先的设计是合理的。

加强筋 D 是喷口加强筋，主要增加舵出口处的结构刚度。另外，有此加强筋，加强筋 B 和 C 可以连接在加强筋 A 和 D 之间，形成框架结构，使方向舵的结构刚度和强度更好。

加强筋的板厚同方向舵的舵板厚，加强筋的大小根据实际载荷分布的状况设计。加强筋 B 应该是主加强筋，其余三个为辅助筋。

7.4.3 倒航机构结构设计

倒航机构由倒航斗上颚、倒航斗下颚和连杆组成，见图 7.36。本小节分别研究各自的结构设计方法。

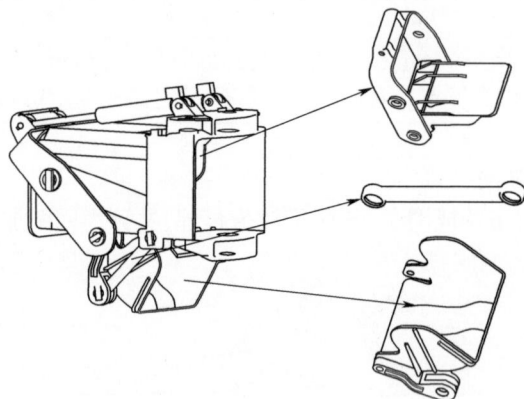

图 7.36　倒航机构爆炸图

1）倒航斗上颚

（1）材料选择。

倒航斗上颚的材料与方向舵相同，具体见表 7.8。

（2）板厚计算。

与方向舵舵板厚度定义相同，根据统计出 HL 系列喷水推进装置倒航斗上颚板厚度值，供工程师设计时参考。

表 7.8　HL 系列喷水推进装置上颚板厚度表

型　号	上颚板厚度(mm) ±1mm		
	022Cr22Ni5Mo3N	06Cr19Ni10	ZL115
HL253	4	4	8
HL500	6	7	11
HL710	10	11	

型 号	上颚板厚度(mm) ±1mm		
	022Cr22Ni5Mo3N	06Cr19Ni10	ZL115
HL910	12	14	
HL1150	15	17	
注 1. 表中列出的厚度为参考值,具体数据要结合载荷的大小来具体确定,			
2. HL500 以上型号不建议使用 ZL 材料			

（3）加强筋布置。

倒航斗上颚通常在上颚板上面布置两道加强筋,在背面布置两道加强筋,以加强倒航斗上颚的结构刚度(见图 7.37)。

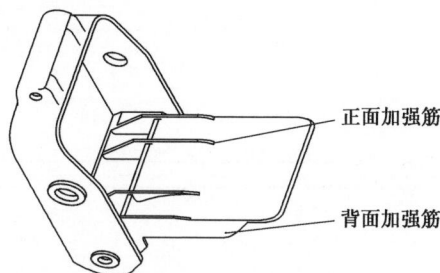

图 7.37　倒航斗上颚加强筋布置图

2）倒航斗下颚

（1）材料选择。倒航斗下颚的材料与方向舵相同,具体见表 7.8。

（2）板厚计算。

根据等强度设计的准则,倒航斗下颚板的厚度与上颚板的厚度取值相同,见表 7.8。

3）连杆

连杆是倒航机构中不可或缺的一个关键部件,它连接着方向舵和倒航斗下颚。本着等强度设计的宗旨,可以推导式(7.58)：

$$(D - d) \times H = W \times T \tag{7.58}$$

表征连杆的几何特征主要有以下参数:D:连杆连接端外圆直径;d:连杆连接端内孔直径;W:连杆臂的宽度;T: 连杆臂的厚度。表 7.9 提供了连杆的设计参考表。

表 7.9　HL 系列喷水推进装置连杆尺寸表

型　号	$W \times T$(mm×mm)		
	022Cr22Ni5Mo3N	06Cr19Ni10	ZL115
HL253	30×5	30×5	65×20
HL500	50×15	50×15	95×30
HL710	70×20	70×20	
HL910	80×25	80×25	
HL1150	90×30	90×30	

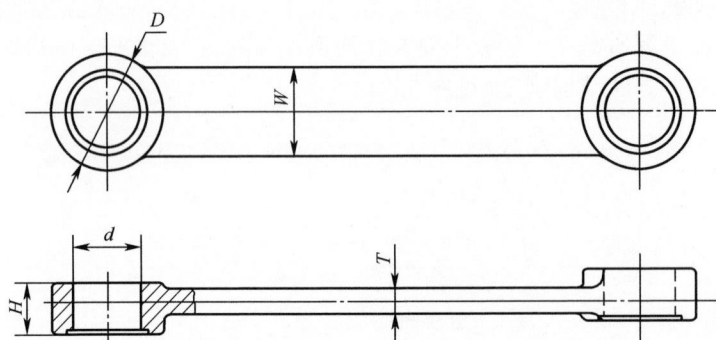

7.5　本　章　结　语

本章讨论了喷水推进船舶或载体的操纵系统。与螺旋桨推进不同,喷水推进是靠改变喷流方向达到改变船舶航向的目的。方向舵、倒航斗的结构和水动力性能设计,使之让船舶有极佳的操纵性。本章在讨论喷水推进操纵原理的基础上,对其操纵特性如应舵性能、回转性能、倒航性能、横移和斜移性能、无级调速性能和动力定位性能等都作了详细的分析,同时对不同型式方向舵和倒航斗的结构特点、受力分析、操舵力、操舵力矩、倒航力、倒航力矩的设计计算方法作了详尽介绍,对指导工程设计十分有用。

参 考 文 献

［1］王国强,盛振邦．船舶推进［M］．北京:国防工业出版社,1985.

［2］金平仲．船舶喷水推进［M］．北京:国防工业出版社,1986.

［3］Zhai Z H , Zhang Y , Zhang Q , et al. 20th International Conference on High Performance Marine Vessels & China International Forum on Yacht Design and Construction Technology［C］. Shanghai , China:2015.

［4］KAMEWA. 产品样本资料．http://www. rolls-royce. com/marine/products /propulsor/waterjets.

［5］MJP. 产品样本资料..http://www. marinejetpower. com.

［6］Hamilton. 产品样本资料. http://www. hamiltonjet. com

［7］王立祥,王泽群．喷水推进组合体——一种新颖的船舶节能推进操纵装置［J］．船舶,1994(2):11 16.

［8］SNAME. Nomenclature for treating the motion of a submerged body through a fluid［R］. NewYork , USA: SNAME , 1950.

［9］Altosole M , Benvenuto G , Camporaet U. International Conference of Waterjet Propulsion 4, The Royal Institution of Naval Architects , 2004［C］. London , UK: 2004.

［10］孙寒冰．单泵喷水推进式船舶的操纵性能研究［D］．哈尔滨:哈尔滨工程大学,2010.

［11］LIPS. 产品样本资料．http://www. wartsila. com/en/propulsors /wartsila-waterjets /waterjet.

［12］高双．喷水推进船舶的航向/航速控制研究［D］．哈尔滨:哈尔滨工程大学,2008.

［13］田乃东．高速两栖车辆用喷水推进操舵倒航机构的研究［D］．上海:上海交通大学硕士论文,2009

第8章 喷水推进控制系统

8.1 控制系统概述

喷水推进控制系统是喷水推进装置的重要组成部分,它通过控制方向舵转动角度、倒航斗(或中舵叶)位置以及主机转速来分别实现舰船航向、正倒航以及航速的控制,属于喷水推进舰船动力系统的核心控制设备。

8.1.1 控制特性

与螺旋桨等传统推进方式相比,喷水推进装置在控制原理、结构形式等方面均独具特性,这就决定了喷水推进舰船的动态控制与螺旋桨舰船有较大的差异[1]。了解并掌握这些特性,对于设计喷水推进控制系统非常重要。

1) 控制对象

常规螺旋桨推进装置主要控制对象为柴油机和齿轮箱[2]。

喷水推进装置的主要控制对象除柴油机、齿轮箱外增加了方向舵和倒航斗,并且柴油机与倒航斗还存在联合控制关系。

2) 船舶推力大小控制

装备常规螺旋桨推进装置的舰船推力由螺旋桨提供,推力的大小通过控制螺旋桨转速实现。

装备喷水推进装置的舰船推力由喷水推进装置提供,推力的大小可通过控制主机转速即喷水流量实现,同时可通过调节倒航斗的位置(倒航斗偏折角度)来实现。

3) 舰船前进与后退控制

常规螺旋桨舰船前进或倒退通过控制齿轮箱离合器的正向接排或反向接排实现。舰船从前进到后退的控制过程是:柴油机降速,转速降至一定值(由齿轮箱有关参数确定)后,齿轮箱离合器脱排,空车等待3s,轴系转速降至一定值,齿轮箱离合器反向接排,最后柴油机加速到所需转速。舰船从后退到前进的控制过程则相反,换向控制整个过程时间较长,一般要15s左右,在此期间推力小,舰船的机动性差。

喷水推进舰船前进或后退通过控制倒航斗的位置实现:在通常情况下,倒航斗依据斗—主机联合控制曲线,在柴油机低速工况下进行倒航斗动作,但在紧急情况下,即使柴油机高速运行,也可控制倒航斗位置使舰船实现从前进到后退(或从后退到前进)的换向控制。因为整个换向过程中,不需要离合器接脱排操作,因此整个换向控制过程很短(尤其是紧急情况下的手动倒航斗控制)。当然具体的换向实际时间要根据主机升降速率来决定。反向制动力(倒车力)只为正车力的 0.35~0.50 左右,但倒斗的受力很大,约为净向前推力的 2~3 倍。

4) 舰船航向控制

常规螺旋桨舰船航向由一套独立的操舵控制装置进行控制,与动力装置控制系统无耦合[3]。

喷水推进舰船航向则由喷水推进装置控制系统通过改变喷射方向(即喷流方向)来实现,喷流方向可在左舵 30°到右舵 30°范围内任意改变,为了提高机动性,喷流方向从左舵 30°到右舵 30°或反向运动时间一般要求小于 12s。并且需设置与自动操舵仪的接口,接收来自自动操舵仪的航向或航迹控制信号,从而可以实现舰船的自动驾驶[4]。

常规螺旋桨舰船与喷水推进舰船航向控制最大差异之一在于后者船速为零时也可改变航向,即可原地回转,而前者是不可能的。

5) 控制模式和操舵模式

常规螺旋桨控制系统操纵手柄只能控制舰船前进和后退,不能控制舰船航向,且一个手柄只能控制一套动力装置。

喷水推进控制系统操纵手柄在控制舰船前进和后退的同时还可控制舰船航向。另外,一个手柄能同时控制一套、二套或多套推进装置。控制模式和操舵模式选择灵活多样,可适应不同海况下的控制需要。

6) 防碰撞保护

对螺旋桨舰船而言,由于螺旋桨是并行安装,不同螺旋桨之间距离是固定的,因此螺旋桨之间不可能碰撞。

喷水推进舰船的同片体两套喷水推进装置的方向舵和倒航斗由于可以左右转向运动,且距离很近,三体船尤为如此,因此转动过程中可能产生碰撞问题。对控制系统的防碰撞保护提出了特殊要求。

8.1.2　控制功能

典型的喷水推进控制系统通常要具备以下七项功能:

(1) 手动控制。

通常包含驾驶室手动和机旁手动,主要指在驾驶室以及机旁手动控制方向舵、倒航斗和主机转速的功能。

（2）随动控制（包括自动舵控制）。

指随动或自动情况下，同步或异步控制方向舵以及倒航斗的功能，同时能发出与倒航斗联合控制所对应的转速信号的功能。

（3）矢量控制。

指通过矢量手柄进行多个方向舵、倒航斗及主机转速的组合控制来实现船体平台的矢量运动控制。通常，矢量手柄可实现 360°平面范围内的航向控制，横移控制是矢量控制的特例，它主要指船体平台左右平行运动，通常用于船体平台的离、靠码头。

（4）方向舵及倒航斗指示。

指方向舵舵角度和倒航斗位置的指示功能。

（5）故障报警。

喷水推进装置设备运行发生故障时，报警单元能提供声光报警。

（6）电源自动转换。

主控箱等一些重要设备采取主、备两路供电，且当主电源失电时，自动切换到备用电源的功能。

（7）数据库功能。

指对一些重要数据及故障信息的分析、判断、处理、存储、显示及查询功能。

以上七种功能中，"矢量控制"以及"数据库功能"在以往的舰船设计中没有做强制性的要求，但近年来随着舰船信息化、智能化水平的提升，已成为喷水推进控制系统的必备功能，其他功能是喷水推进控制系统的基本功能，国内外众多喷水推进控制系统中都基本包含。

8.1.3　主要组成

图 8.1 是国内 MARIC 为某高速搜救艇设计的控制系统主要设备的实物照片，属于一套双喷水推进控制系统的典型配置。

为了实现喷水推进控制系统的主要功能，控制系统组成通常包括人机交互、运算控制以及反馈测量三类设备。

人机交互设备通常包括操作手柄、手动单元、控制选择单元、报警单元、指示仪表以及信息显示终端等设备，其作用主要是进行控制参数、控制模式等的设定，并通过指示仪表或终端显示器进行系统信息显示。其中复合手柄即矢量手柄，可根据用户需求实现控制操舵角、操斗位置及主机转速等功能，有的智能手柄还有矢量控制功能。信息显示终端通常为触摸显示器，具备数据显示、存储、查询等多种功能,在一些智能化程度比较高的舰船中已得到了越来越多的应用[5]。

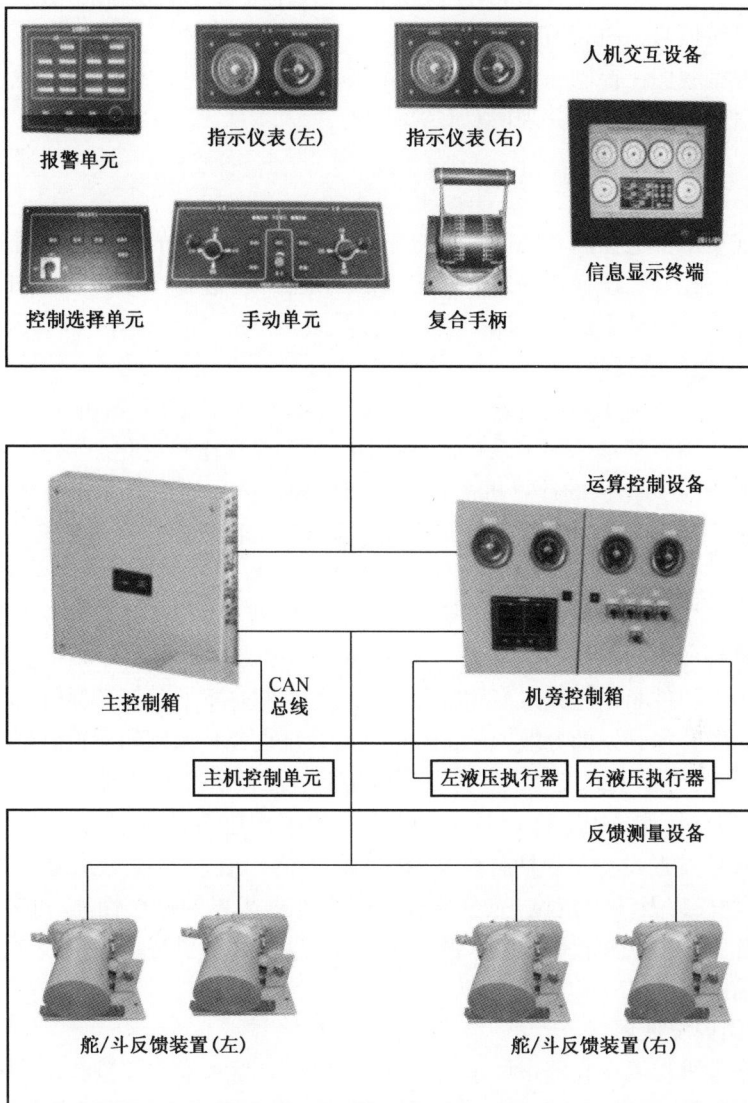

图 8.1 某高速搜救艇主要设备方框图

运算控制设备通常包括主控制箱、机旁控制箱等,其作用是通过采集或总线获取控制输入信号,并对各种控制信号进行处理,生成控制指令以对舵角、斗角及转速实施控制。其中主控制箱中配有控制器,通常是单片机、PLC 等微型计算机,对于一些大型舰船平台,控制器通常还需配备如 PC104 等高级别计算机作为上位机,机旁控制箱内控制器常用单片机配置。

反馈测量设备通常包括舵、斗反馈装置,其作用是测量方向舵角度、倒航斗位置等机械信号,并将其转换成电信号。

对大型舰船主控制箱与机旁控制箱之间的信息传输采用 CAN 总线完成,为了提高信息传输可靠性并采用双 CAN 总线。

8.1.4　发展现状及趋势

纵观喷水推进控制系统的发展史不难发现:每一代新的控制系统推出都是针对老一代控制系统存在的缺陷而给出的解决方案,最终在用户需求和市场竞争两大外因的推动下成为主流控制系统。

1) 国外发展现状

国外由于对喷水推进装置的研究较早,对喷水推进控制系统的研究也较深,且在实际应用中基本达到了系列化、模块化、数字化以至智能化。

由 MJP 公司提供的计算机遥控系统(R-MC)被称为喷水推进控制领域第一台数字控制设备,1987 年产品样机被应用于 Cinderalla 号单体渡轮上。1999年 Hamilton 公司发布了一种控制大功率喷水推进装置的模块化电子控制方案,它不仅能操控变流装置和倒车导管,还留有主机、齿轮箱、自动驾驶仪和独立的监视系统等各方面的接口。新西兰 Hamilton 公司为满足某些船东的特殊要求还提供了由软件驱动的先进专用控制模块,进一步提高了舰船操纵性和控制精度。罗·罗公司开发的分散式 CanMan 控制系统也在多型舰船上得到了应用。

近年来,以单手柄矢量控制为典型应用的智能控制技术得到大力发展,国外多家知名公司(如 MJP,VOLVO 等)推出了喷水推进智能矢量控制系统 JOY-STICK,该系统通过一个手柄就能实现舰船的航向和航速控制,还能根据需要实现横移、回转以及动力定位,充分体现了喷水推进优越的操控性能。JOYSTICK控制系统已在多款搜救船或豪华游艇上得到应用,展现了智能矢量控制广阔的市场应用空间[6]。

2) 国内发展现状

喷水推进技术在我国正处于快速发展时期,但喷水推进控制技术尚有待突破。上世纪七、八十年代,MARIC 为我国建造了喷水推进油田勘探多功能舰船,这类舰船的喷水推进控制核心是 PLC,控制简单但操作繁琐,显示仪表以模拟量组合单元仪表为主,属于典型的第一代控制系统即模拟仪表控制系统;至本世纪初,MARIC 为某海军舰艇喷水推进装置国产化项目上引进了 KAMEWA 喷水推进控制系统,该控制系统以嵌入式计算机为控制核心,以 CAN 总线为信息传输总线,通过单片机对执行机构进行控制,属于第二代控制系统(计算机集中式数字控制系统),并具备第三代控制系统(集散式控制系统 DCS)的部分特征。该控制系统在操控方式、信息显示及集成等方面存在改进的空间。对此,MARIC在引进技术消化吸收的基础上自主开发了采用上、下位机分散控制模式的喷水推进控制系统,上位机是 PC104 计算机,用于对喷水推进控制的信息管理,如驾驶信息的采集、传输、反馈、显示等,而下位机由单片机组成,它根据上位机的指令对执行机构进行实时控制,并及时将执行信息反馈给上位机。该系统还配备上位机触摸屏等终端显示单元,可以对整个喷水推进控制系统的信息进行及时显示、报警以及管理,有利于降低操作强度和维护时间。该控制系统已经成功应用于多艘民船以及海军高速搜救艇,均取得了很好的效果。

国内开展喷水推进矢量控制技术研究起步较晚,作为最大的喷水推进技术研究生产单位,MARIC 利用国内首个喷水推进自动控制试验室等试验设施,研究了各种喷水推进控制技术原理、数学模型以及以智能化为特征的新型控制技术。从 2012 年开始,MARIC 开始研究单手柄横移智能控制技术,且已完成原理样机样艇试验等验证。2015 年 MARIC 在国内率先研发了横移控制手柄,并成功装载在巡逻艇上,为该艇进出港口的操纵提供了便利,但该手柄只具有横移功能,与具有 360°任意方向控制的 JOYSTICK 矢量手柄还存在较大差距。近期,MARIC 正在横移手柄的基础上进行矢量手柄的研发工作[7]。

3) 发展趋势

喷水推进控制系统是一个集电子、控制、通信、液压等多学科于一体的复杂系统。近年来,随着计算机、通信等相关技术的飞速发展,喷水推进控制系统的发展呈智能化和集成化发展趋势。

智能化是我国舰艇未来发展的趋势,主要体现在操纵智能化。随着现代海战作战模式的变革,无论是远海防卫,还是近海机动,不管是战斗舰艇,还是辅助舰船,对操纵性的要求已越来越高,一些特殊操纵模式如原地回转、矢量控制、无人自主控制等得到越来越广泛的应用,这些特殊功能的实现都离不开智能化控制系统。

舰船平台不断向大型化、智能化、信息化发展,单一和封闭式喷水推进控制系统在复杂的、开放的控制体系中已不能满足这些要求,需研究控制集成技术,提高综合竞争力。运用标准化、模块化、网络化以及系列化的开放性设计思路与手段,以中央管理层、部门监控层和现场采集层组成的结构模式,通过系统一体化的公共高速通信网络,在计算机平台上实现信息、资源和任务共享,完成集中与分布相结合的管理、控制和监视[8]。

8.2 控制系统控制原理

根据喷水推进控制系统主要功能，控制系统的控制方式主要包括手动控制、随动控制以及矢量控制。下面主要针对以上三种控制方式进行控制原理介绍。

8.2.1 手动控制

手动控制方式就是由操作者完全通过人力，或者借助机械机构助力操纵方向舵角度、倒航斗（简称舵斗）位置。手动控制的特点是控制对象的目标位置完全由人依靠经验来确定，由于缺少精确反馈，其控制效果只能达到一个大概的位置。

早期的手动控制方式依靠钢丝绳和滑轮组成传动系，操作者在驾驶室操纵手轮，通过钢丝绳带动舵、斗的动作。

在液压系统引入喷水推进控制技术后，操作者可以通过控制阀的通断，即液压力驱动舵、斗的运动。

手动液压控制系统框图见图8.2，它使用独立的自复位开关控制电磁阀通电，使油缸动作，带动舵、斗和角度传感器转动，角度传感器产生的信号经放大后传输至角度指示表显示，当操作者看到显示角度值达到要求值时，切断电磁阀控制信号，使电磁阀失电并关闭油缸油路，舵、斗停止动作并保持在调定的角度。

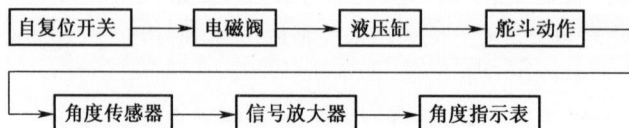

图 8.2 手动液压控制系统流程框图

8.2.2 随动控制

喷水推进控制系统随动控制属于典型的带反馈的自动控制系统。

一般的自动控制系统至少包括被控对象、测量变送器、控制器、执行器等基本组件，其基本原理框图如图8.3所示[9]，其中 r 是被控变量设定值，对于喷水推进控制系统它可以是操舵角、倒航斗位置或主机转速设定值，y 是被控变量，z 是被控变量的测量值，f 是干扰信号，e 是偏差。

喷水推进控制系统被控变量主要包含方向舵角度、倒航斗位置以及主机转速等；执行器通常为电动液压系统（即液压泵、溢流阀、比例阀、滤油器、单向阀、

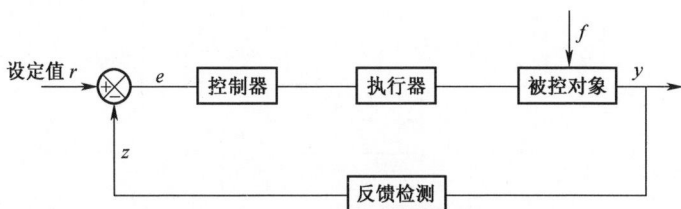

图 8.3 自动控制系统基本

梭阀和液压缸等液压元件)或电控模块;控制器是控制系统的核心,它主要包括人机交互设备和控制算法;检测仪表和变送器位于反馈通道,用于测量变送角度、位置或转速[10]。

随动控制以操纵手柄、手轮发出控制系统输入信号,经过控制器(计算机)的信号采集、数据处理与运算,得到目标控制信号,并与舵、斗角度传感器产生的反馈信号进行比较,并根据比较结果,输出控制信号,控制执行机构(液压系统)电磁阀及油缸驱动操舵倒航机构运动。到达目标角度位置后,关闭输出控制,通过执行机构的自锁功能对舵、斗位置进行定位[11]。

图 8.4 是随动控制流程框图。

图 8.5 是典型的双机双喷喷水推进控制系统原理框图。

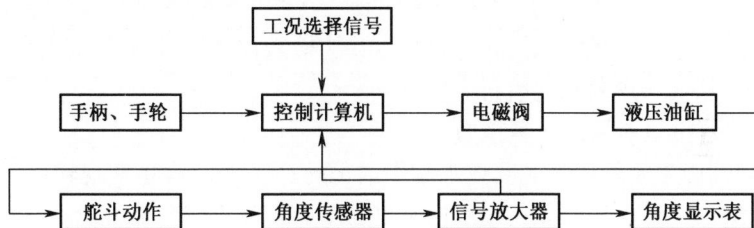

图 8.4 随动控制流程框图

8.2.3 矢量控制

同随动控制一样,矢量控制也属于典型的带反馈的自动控制系统,两者具有相同的基本原理框图,主要差别在于控制器的控制策略不同。

结合总体性能研究成果,现代喷水推进控制系统可以设置矢量操纵手柄,通过该手柄向控制系统发送矢量控制输入信号,经过控制器的运算,向多台喷水推进装置发送控制指令,同时发送主机控制指令,通过喷水推进装置舵、斗角度与主机转速的联合控制,驱动船体实现所需的运动控制[12]。

将自动导航设备接入喷水推进控制网络,可以通过自动导航设备发送操舵

287

左手柄
右手柄
手　轮

角度显示单元

特殊功能手柄

左信号放大　　矢量升降速(DI)　　右信号放大

左控计算机　　　　　　　　　右控计算机

左功率放大　　　CAN总线　　　右功率放大

左主机电控　　　　　　　　　　右主机电控

手动转换控制

左舵斗比例阀　　手动自动转换　　右舵斗比例阀

左舵斗角传感器　　手动控阀开关　　右舵斗角传感器

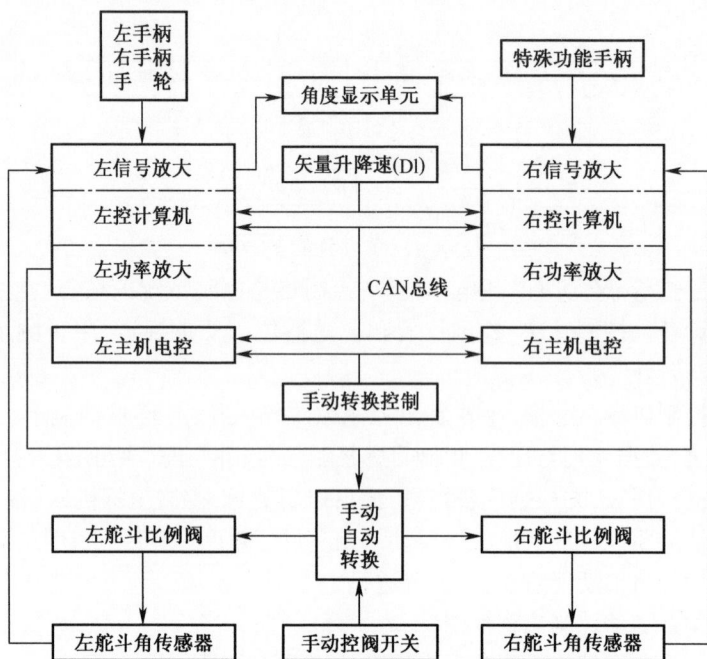

图 8.5　典型双机双喷喷水推进控制系统原理框图

控制指令,喷水推进控制系统接收该指令作为输入控制信号,并据此对舵斗进行自动控制,从而实现自动舵航行。

1）喷水推进装置的矢量推力

常规螺旋桨舰船通过舵叶在水流中的偏转产生偏转力矩实现转向,如果要实现船体横移操纵,则必须使用侧向推进器对船体产生侧向推力,实现横移运动操纵。

喷水推进装置通过喷射水流产生反作用力并对船体产生推力,只要偏转喷口角度,即可实现推力的方向控制。而对倒航斗的角度控制,可以对喷口向前和向后喷射的水流进行分配,从而可以对推进装置产生的推力进行分配[13]。

2）矢量操纵与控制

通过两台喷水推进装置的异步转动控制,可形成多种满足不同运动要求的矢量合力。

对于装用两套喷水推进装置的船舶平台,通过对两台推进装置的操舵倒航机构进行各自独立的异步操纵,就可以对其所产生的推力进行矢量化的合成与控制,从而操纵船体实现矢量运动控制。

以左侧喷水推进装置为例,分析其推力与转速和船速间的关系以及喷水角

288

度(操舵角、倒航斗位置)对作用于船体的力和力矩的影响。

无干扰环境下的船体受力分析如图8.6所示,T表示船体所受推力不经过重心而产生的推力矩,X_H表示船体所受纵向水动力,Y_H表示船体所受横向水动力,N_H表示船体所受水动力矩,下标Pl,Pr表示左右推进装置所产生的力及力矩。

喷水推进装置产生的有效推力T与喷口水流速度V_j及船速V_s相关:

$$T = \rho A_j v_j (v_j - \alpha v_s) \tag{8.1}$$

式中,ρ是水的密度;A_j是喷口截面积;α是进流影响系数;V_j可由泵的流量Q和喷口直径得到。

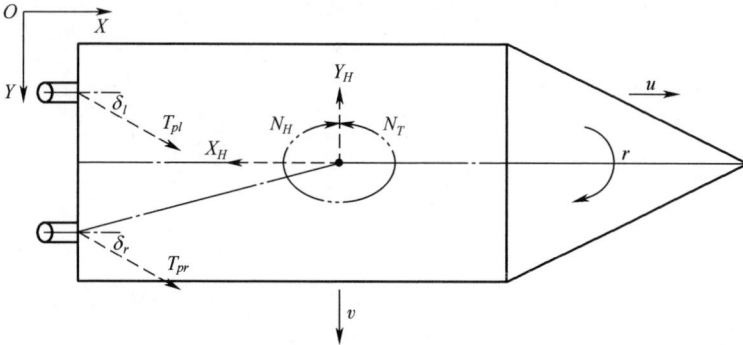

图8.6　船体受力分析图

左推进装置操舵角δ_l(与船纵向中心剖面的夹角)和倒航斗装置放下的角度r_l(与水平面的夹角)会产生作用于船体的推力及转向力矩N_{pl}。其中推力分为纵向推力分量X_{pl}和横向推力分量Y_{pl}

$$X_{pl} = \rho A_j v_j (v_j \cos\delta_l - \alpha u) \cos\gamma_l \tag{8.2}$$

$$Y_{pl} = \rho A_j v_j (v_j \sin\delta_l - \alpha v) \cos\gamma_l \tag{8.3}$$

$$N_{pl} = Y_{pl} L_G - X_{pl} W_G \tag{8.4}$$

式(8.4)中:L_G是推进装置距离重心的纵向距离,W_G是推进装置距离重心的横向距离。

右推进装置对船体作用力的分析与左推进装置类似,不再赘述。

为了弥补倒航机构正、倒车状态的效率不平衡,矢量控制技术还要加上主机转速的控制[14]。实际上,喷水推进装置的智能化矢量控制策略的实现,主要就是操控舵角、倒航角、主机转速三个控制变量的协调决策技术。

矢量控制系统框图见图8.7,根据所处功能任务层次,矢量控制可以划分为航迹规划层、矢量控制层和基础控制层。通过航迹规划层输入运动指令,矢量控制层进行控制决策,即实时发出基础层控制系统的设定值,由基础控制层的执行机构完成相应控制动作,实现船艇的矢量操纵[15]。

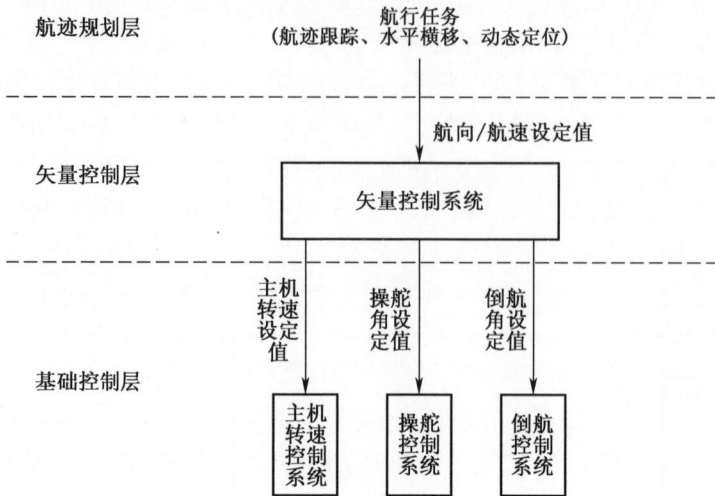

图 8.7　矢量控制系统框图

8.3　控制系统设计

8.3.1　设计原则

在喷水推进控制系统设计过程中,无论是从控制系统本身(含硬件和软件)性能,还是从控制系统的发展趋势来说,都应遵循以下几条原则。

1) 可靠性

可靠是控制系统最重要的设计原则,也是考核控制系统性能的主要指标。

舰船存在冲击、振动、摇摆以及各种电气设备的电磁干扰,泵舱和机舱内环境恶劣,舱内潮湿,有油雾及有腐蚀性盐雾,这对喷水推进控制系统的可靠性提出了极高的要求。

要提高控制系统可靠性,除了加强元器件质量把关外,一些重要功能单元或器件的冗余设计也是有效手段之一[16]。在喷水推进控制系统设计中,通常进行以下几个方面的冗余设计:

(1) 推进装置冗余:通常选用两套或两套以上的喷水推进装置作为整条船的推进装置配置方案,且每套喷水推进装置的动力源、执行机构和控制回路都是互相独立的,如果某一套喷水推进装置出现故障,不影响其它喷水推进装置的正

290

常工作。

（2）控制模式冗余：通常一套喷水推进装置有自动、随动和手动这几种控制模式，自动和随动模式都是计算机控制，手动模式是操作者通过硬件线路直接控制执行机构。在设计过程中，这几种控制模式各自独立、互为备用。

（3）总线冗余：为了增强控制系统的可靠性，舰船上的总线采用双总线模式，即两条总线同时传输数据，当一条总线出现故障时，自动切换到另一条总线上。

另外，一些可靠性设计还体现在系统两路电源的自动转换以及系统采用双上位机型式上。

2）先进性

随着舰船操纵性能的不断提升，要求控制系统的功能越来越全面，性能越来越强大，这就需要不断引进新的设备和技术。例如，当前很多舰船对动力定位和矢量控制都有要求，用一个手柄控制整个舰船的航向和航速。要实现这些智能控制，必须依靠一套先进的控制系统。

另外，在国内外喷水推进控制系统中，已引入了更多的人工智能技术，用于控制过程的故障诊断、报警分析等，同时还可通过数据库进行控制过程的统计分析、智能决策，从而使控制对象管理、调度运行最佳化[17]。

3）互换性

为提高控制系统的互换性，要求设计过程中尽量采用模块化、标准化的设计思想，这样不仅可以缩短控制系统的研制周期，而且还可提高控制系统的可维护性。

对于硬件来说，设计控制箱或控制单元应尽量根据功能或性质来划分，如数据通讯单元、控制算法单元、报警单元等；选择元器件应尽量选用标准的元器件，如继电器、电阻、电容等。

对于软件来说，编写应用程序要尽量按功能划分若干子程序模块，提高程序的可调用性和可移植性。

4）扩展性

计算机技术、传感器技术、网络技术与测量、测控技术的结合，使网络化、分布式控制系统的组建更为方便。以 Internet 为代表的计算机网络技术的迅猛发展及相关技术的不断完善，使得计算机网络的规模更大，应用更广。

未来的控制将是一个开放系统。以 PC 和工作站为基础，通过总线技术组建网络构建成的控制系统，将使控制系统在不改变原有结构的情况下，便捷地扩展外部设备，从而提高控制效率、共享信息资源。

在国内外众多喷水推进装置控制系统中，双 CAN 总线是较为常用的总线技术,这是因为通过 CAN 总线进行控制指令、信息反馈的传输,不仅易于扩展成多套(大于两套)喷水推进的控制系统,而且可以在不影响本系统的情况下,通过制订相关协议,实现自动舵、主机遥控等单元的控制组态,组成一整套功能齐全的喷水推进装置系统[18]。

8.3.2　设计流程

8.3.2.1　主要参数的确定

控制系统设计需要满足的主要设计性能指标包括:静态指标(即稳态误差)和动态指标(包括超调量、调整时间、振荡次数等)。

控制系统单位阶跃响应如图 8.8 所示[2]。

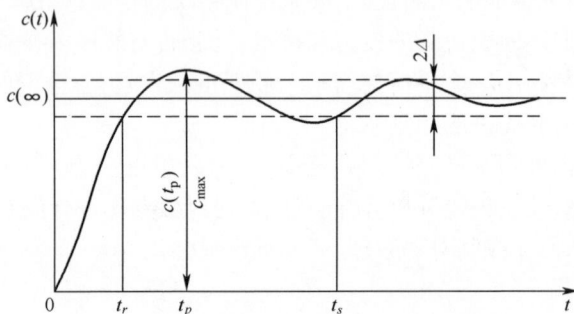

图 8.8　控制系统单位阶跃响应示意图

注:1. $c(t)$ 为系统被控量, $c(\infty)$ 为控制系统达到新平衡状态时被控量的稳态值;

2. 控制系统的被控量主要包括操舵倒航机构的舵角和倒斗角。

(1) 稳态误差。

稳态误差是反映控制系统静态性能的基本指标,一般取控制系统的控制精度要求作为稳态误差[19]。对于喷水推进控制系统设计,一般取给定微量 $\triangle = 0.02 \sim 0.03$,取 $\triangle c(\infty) = 1.0° \sim 1.5°$ 。

(2) 超调量。

当控制系统在阶跃响应过程中出现 $|c(t)| > |c(\infty)|$,则系统出现超调,其严重程度用超调量表述。

$$\sigma p = \frac{C_{max} - |c(\infty)|}{|c(\infty)|} \times 100\%$$

式中: $C_{max} = Sup|c(t)|, 0 \leqslant t < \infty$ 。 $Sup|c(t)|$ 为单位阶跃响应在 $0 \leqslant t < \infty$ 区间的上确界。

控制系统设计一般取超调量 $\sigma p \leqslant 1.05$ 。

（3）调整时间。

当 $t \geq t_s$ 时,若 $|c(t)-c(\infty)| \leq \Delta c(\infty)$,则称 t_s 为系统调整时间。

调整时间 t_s 反映了控制系统的响应速度,由控制系统执行机构的性能决定,执行机构的设计应保证调整时间 t_s 能够满足总体性能对于控制系统的最低要求。

超调量和调整时间作为描述控制系统性能的两个重要参数,具有一定的矛盾性。在控制系统设计过程中,需要根据实际情况进行适当的均衡与确定,以保证控制系统能够较好地满足总体性能指标要求。

（4）振荡次数。

当 $c(t)$ 围绕 $c(\infty)$ 完成一个波峰、一个波谷的循环周期,则称系统振荡一次。

控制系统设计一般要求对于舵角、倒斗角的控制在 t_s 范围内振荡次数应不大于一次。

8.3.2.2 控制系统模型

1）喷水推进控制系统基本结构

典型的喷水推进控制系统硬件结构图如图 8.9 所示。

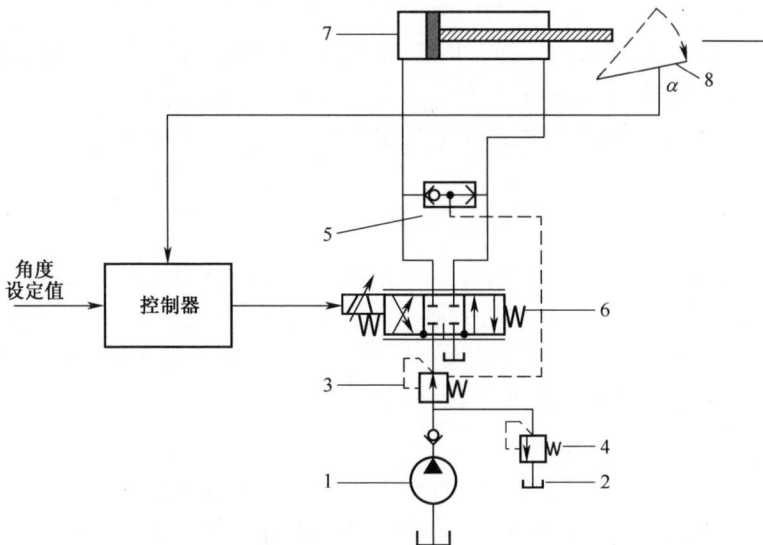

图 8.9 喷水推进控制系统结构图

1—液压泵;2—油箱;3—压力补偿器;4—定压溢流阀;5—梭阀;6—比例换向阀;
7—液压缸;8—操舵倒航机构及角度传感器。

控制器对手柄/手轮产生的角度设定值进行采样后,根据操舵倒航机构舵、斗角度设定值与角度反馈值之差,按照设定的控制算法输出控制量,进而改变比例换向阀的流通面积(即改变流量),使液压缸带动操舵或者倒斗机构转动,从而实现操舵倒航机构的闭环控制[20]。

对操舵和倒航控制的一般要求是,确保控制的稳定性、精确性、快速性。对于采用两套或者以上喷水推进装置的,还要求操作的同步性。

2) 比例换向阀电 — 液模型

比例换向阀是采用液压系统作为执行机构的喷水推进控制系统的常用执行元件。图 8.10 为比例换向阀的电液原理图。

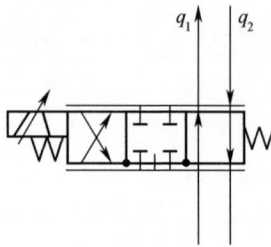

图 8.10 比例换向阀电液原理图

以比例换向阀输入信号为正电压为例,q_1 为进油流量,输入信号为负电压时,q_2 为进油流量,图 8.10 中所标方向为各流量的正方向。

进油流量 q_1 与阀的流通面积呈线性关系,故:

$$q_1 = \begin{cases} 0 & ,u < u_0 \\ K_{qu}(|u| - u_0) & ,u > u_0 \end{cases}$$

式中:K_{qu} 为输入电信号与阀出口流量的增益系数,m^3/V;u_0 为输入电信号的死区电压值,V;约占量程的 0.5%;u,输入电信号,V。

阀的流通能力通常大于泵的最大流量 q,由于受到泵最大流量的限制,所以应该在上式的基础上加上流量限幅,即:

$$q_1 = \begin{cases} 0 & ,u < u_0 \\ \min\{K_{qu}(u - u_0), q\} & ,u > u_0 \end{cases}$$

根据使用需求,也可以将比例阀换成开关阀,通过输出开关序列控制阀的打开和关闭。与比例阀不同的是,开关阀的流量只有两种状态,全关为零流量状态,全开为最大流量状态,即:

$$q_1 = \begin{cases} 0, & u < u_0 \\ q, & u > u_0 \end{cases}$$

294

当比例换向阀输入控制信号为负时,类似地有:

$$q_2 = \begin{cases} 0 & ,u > -u_0 \\ -\min\{K_{qu}(|u| - u_0), q\} & ,u < -u_0 \end{cases}$$

记 q_L 为进油流量,则有:

$$q_L = \begin{cases} 0 & ,|u| < u_0 \\ \mathrm{sgn}(u) \cdot \min\{K_{qu}(|u| - u_0), q\} & ,|u| > u_0 \end{cases}$$

3) 喷水推进闭环控制系统的性能表征

常用的动态性能指标比如超调量、上升时间、调节时间等都是以系统零初始条件下的阶跃响应曲线来定义。控制系统典型的阶跃响应如图 8.11 所示。其中 R 是设定值,即输入阶跃信号的幅值;$c(t)$ 是系统输出;$c(\infty)$ 是当时间 t 趋于无穷大时输出信号的幅值;S 是系统响应中第一个也是最大的峰值;$e(t)$ 动态调节偏差,定义为 $c(t) - R$。

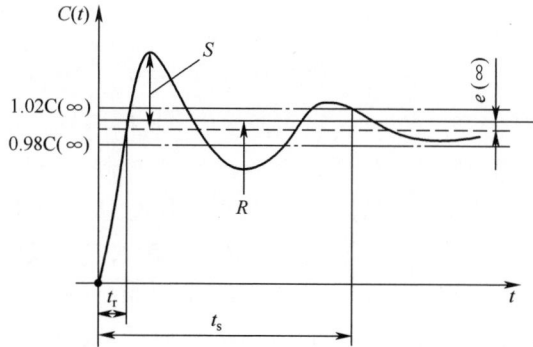

图 8.11 控制系统的典型阶跃响应

超调量 σ:定义为 S 与新稳态值 $c(\infty)$ 的百分比,见下式所示:

$$\sigma = \frac{S}{c(\infty)} \times 100\%$$

上升时间 t_r:上升时间是指系统输出从 0 首次达到 $c(\infty)$ 所需的时间。调节时间 t_s:系统输出进入 $c(\infty) \pm \Delta$ 范围内所需要的时间。常用的 Δ 值有 5% 和 2% 两种,本文默认 Δ 为 5%。

定义误差积分 J:系统从 0 时刻到 t_s 这段时间内偏差绝对值的积分,即:

$$J = \int_0^{t_s} |e(t)| dt$$

图 8.12 是典型的操舵倒航机构控制回路,当操舵或者倒航机构的角度反馈值 α 与手柄设定值 r_α 有偏差时,控制器根据偏差输出相应的控制量,进而控制

执行机构操作控制对象动作,实现闭环控制,直到完成控制任务。

对于喷水推进控制系统中操舵或者倒航的单独控制,可以采用的控制算法如下:

(1)偏差绝对值小于0.1°时,输出信号为0,关断比例阀。

(2)偏差绝对值大于0.1°小于1°时,输出信号与偏差成线性关系,且不超过最大值 u_{max}。

(3)当偏差大于1°时,输出为最大值 u_{max}。

当操舵机构刚开始转动时,偏差较大,输出为最大值 u_{max},可以使操舵或倒航机构以最快速度转动。随着转角不断接近设定值,偏差减小,设计的控制策略能够逐渐关闭比例阀,从而保证系统的平稳性。

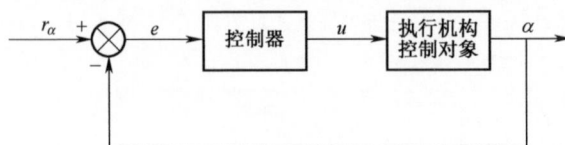

图 8.12　舵倒航机构控制回路

容易看出,在低于指定偏差时,控制器变成了比例控制。

液压泵的流量和控制器比例系数为影响舵、斗控制系统稳定性的二个关键因素。如果改变泵的流量,将会改变液压缸的动作能力,从而对控制系统产生影响。控制器比例系数 Kp 取值越高,系统的超调量越大,过渡过程越长。

现有控制算法中输出值上限的存在使得 Kp 对系统响应的快速性几乎没有影响;此外 J 随着 Kp 的变化而变化,Kp 过大会使得系统在稳态值附近发生振荡,且 Kp 越大振荡越明显。因此 Kp 在系统稳定性设计中是敏感参数。

增大液压泵的流量 q,J 值变小,提高了系统响应的快速性,能够提高系统响应的快速性,这是因为当控制器的输出信号达到最大时,较大的流量对应较大的活塞运动速度;但是与此同时,增加液压泵的流量会使得超调量增加。

8.3.3　主要单元设计

8.3.3.1　执行机构设计

执行机构是喷水推进装置控制系统的重要环节,它以液压、电能等为动力,在控制器的驱动信号作用下,输出与控制信号相对应的运动,带动操舵倒航机构转动,并同步地带动位移传感器运动,产生控制系统反馈信号的变化。

执行机构设计步骤主要包括:

(1)根据操舵倒航机构所需要的驱动功率,确定控制系统执行机构的额定

输出功率,根据舵、倒斗动作速度的要求确定执行机构的动作速度(调整时间 t_s);

(2)根据执行机构输出功率与系统稳态误差(控制精度)的要求,设计执行机构(一般采用电液驱动或者电动执行机构);

(3)根据执行机构设计方案,设计执行元件,使执行机构能够按照控制信号的变化规律,驱动舵、斗的运动。

目前,市场主流的喷水推进装置生产商的产品,以及投入使用的喷水推进舰船配置的喷水推进装置,主要还是采用液压系统作为执行机构。

8.3.3.2 控制器设计

控制器作为喷水推进控制系统的数据处理与运算核心,承担包括数字量输入信号采集、模拟量输入信号采集、电磁阀控制信号输出、控制网络数据交互等任务。

控制器设计步骤主要包括:

(1)根据控制系统功能和性能要求,确定控制器的组成与架构形式(一般采用专用计算机或类似设备实现);

(2)设计对被控量进行负反馈的比较器(一般可以通过传感器和控制器实现);

(3)根据执行元件驱动功率要求,设计或选用控制器输出控制信号的放大器和功率驱动器。

(4)根据总体对控制系统功能和性能的要求,进行控制算法设计。

常用的控制器有很多种类,根据其运算能力和硬件架构的不同,可分为:

嵌入式系统:从应用广泛的 MCS-51 系列 8 位单片机到新兴的 32 位 ARM 处理器系列,在工业控制、消费电子、船舶、交通等多领域有着广泛的应用,其特点是系统简单、成本较低,各种外部接口可以灵活配置。但是其应用需要设计者对系统软、硬件都有比较系统完整的了解与掌握,因而对应用开发能力要求较高;

PLC:具有完整的工业化标准,外部接口种类多,硬件采用标准化配置,设计工作主要是主机及输入、输出等配置和用户程序开发,不需要过多关心硬件设计;

工控计算机:具有丰富的外部接口和较强的数据处理能力,能够完成复杂的图形、运算、数据存储功能,一般作为集散控制系统的上位机使用,在喷水推进控制系统的设计工作中还需要配置下位机(一般采用嵌入式计算机实现),组成分布式的控制网络,适合于实现远程控制的需求。

数字量输入信号接口设计:主要用于对控制系统的工况输入信号进行采集,

以决定控制器的运行工况,还要对一些以开关量信号形式输出的信号,比如液压系统故障报警信号等,进行采集,并针对信号内容作出相应的响应;

数字量输出信号接口设计:输出数字量控制信号,主要用于驱动报警指示灯、通过相关电路驱动电磁阀等功率器件;

模拟量输入信号接口设计:主要用于采集手柄、手轮输入控制信号以及角度传感器反馈信号,经过控制器的数据采集、处理与比较,得到方向舵、倒航斗的运动控制信号;

模拟量输出信号接口设计:主要用于输出模拟量信号,通过比例阀放大器控制比例电磁阀的开度,驱动舵斗油缸动作,实现舵、斗角度的控制。

8.3.3.3 传感器设计

传感器作为控制系统的检测设备,用于将系统输入信号和反馈信号从位移物理量转换为电量,并经转换变送为标准信号供控制器采集处理。必须根据控制系统稳态误差(控制精度)的要求开展传感器和相应测量线路的设计,包括输入信号(一般指操纵手轮、手柄位置信号)和反馈信号(即舵角、倒斗角反馈信号)传感器。

喷水推进控制系统的传感器包括输入信号传感器和反馈信号传感器,输入传感器即控制系统的操作手柄手轮,用于产生控制舵、斗动作的输入信号,反馈传感器即操舵倒航机构的角度传感器,用于实时检测舵、斗角度位置。

传感器的作用是在工作电源的作用下,将规定的测量物理量按一定规律转换成可用电信号的器件或装置。传感器种类繁多,其工作原理、性能特点和应用领域各不相同,所以结构、组成差异很大。但总的来说,传感器通常由敏感器件、转换器件及测量电路组成,有时还加上电源电路[21],如图 8.13 所示。

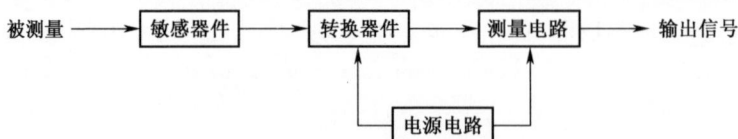

图 8.13 传感器组成框图

角度传感器将被测的角位移量转换为电量信号输出,供控制计算机采集处理,喷水推进控制系统常用的传感器有模拟式和数字式,模拟式传感器包括电位计式、霍尔式、电容式等,数字式传感器有编码器式。

电位计式传感器的工作原理,是利用电位计的滑臂相对固定端的电阻与滑臂位移成正比,如果在电位计两端加上固定电压,则滑臂端与一固定端可以输出与角位移成正比的电压。

该信号经过放大器转换为与控制器模拟量输入范围相符合的电压范围。

图 8.14 所示为传感器与放大器的原理图。

如图所示,S_1 为电位计式角度传感器,假设舵角变化范围为 ±30°(左满舵 30°~右满舵 30°)。

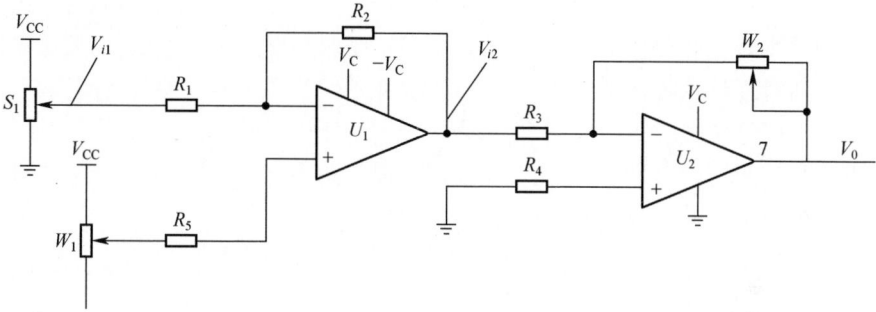

图 8.14 传感器与放大器的原理图

放大器主要功能包括两方面内容:

(1)由于产品性能的离散性,传感器的初始安装位置不能保证输出电压为零,因此需要设计电压调零环节(W_1),保证传感器位于初始位置时,放大器的输出电压为零;

(2)传感器输出电压范围一般小于其工作电压,并且不是标准值,为了提高控制器 AD 采样精度,设计放大器的放大环节,将此电压转换为与控制器 AD 采样接口输入电压范围相一致的标准值电压,即为放大环节(W_2)。

设传感器 S_1 接受液压油缸的驱动,角位移变化量转换为滑臂的电压变化量为 $\triangle V_{i1}$,经过放大器 U_1 的转换变化为 V_{i2},为了将 V_{i2} 转换为能够被控制器采样使用的电压信号,经过放大器 U_2 转换为 V_o。

设 $R_1 = R_2$,则有

$$V_{i2} = -DV_{i1}$$
$$V_0 = -kc \cdot V_{i2}$$

其中,kc 为放大器的放大倍数,且有:

$$kc = \frac{W_2}{R_3}$$

通过选择合适的电阻值和电位器值,可以将传感器的输出电压信号统一转换为与控制器模拟量信号输入接口相匹配的标准信号。

8.3.3.4 网络设计

为了保护设备安全,以及更好地发挥喷水推进装置和主机的配合性能,喷水

299

推进控制系统需要对主机和倒航斗进行联合控制,当需要对多台喷水推进进行控制时,这些都需要建立控制网络来实现。

综合网络传输的实时性、可靠性等多种性能,在喷水推进控制系统中比较合适的是 CAN(控制器局域网)网络。

CAN 网络采用非破坏性总线仲裁技术[22],当多个节点同时向总线发送数据出现冲突时,拥有最高优先级的节点可以不受影响继续传输数据,而低优先级的节点通过硬件总线仲裁自动退出发送,这样不但节省了总线仲裁时间,而且可以保证在网络负载较重的情况下,不会出现网络瘫痪的情况;且当总线上某一节点发生故障时,该节点可以自动关闭输出并退出总线,保证总线上其他节点可以不受影响地继续通信,大大提高了网络的可靠性。

为了保证 CAN 控制网络的使用可靠性,在喷水推进控制网络中多采用双CAN 总线冗余控制网络。

双 CAN 网络在物理上是完全独立并互为备用的,通过控制器软件的调度同步发送/接收控制指令与反馈数据,控制器使用默认的一路 CAN 总线实现数据交互,当控制器判断当前 CAN 网络出现故障时,立即切换到备用通道,继续数据交互功能。

图 8.15 是典型的喷水推进双 CAN 控制网络结构图。

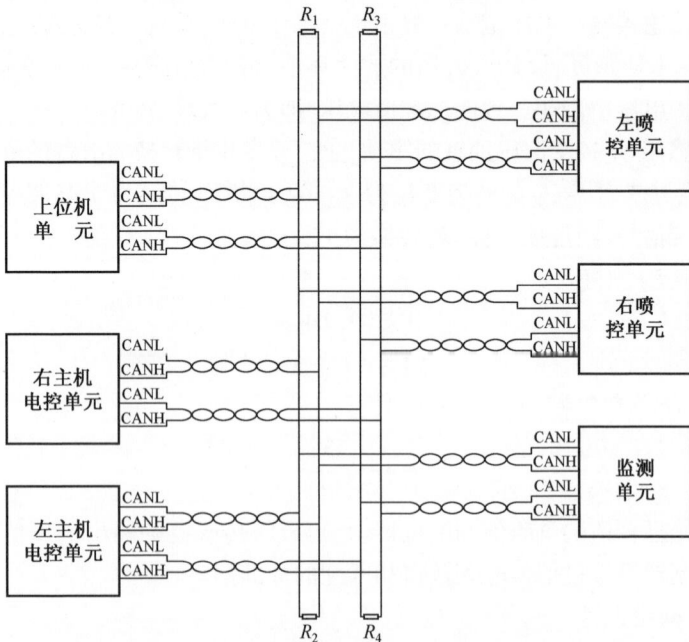

图 8.15 喷水推进双 CAN 控制网络结构图

如图所示,左、右控制单元(控制器)通过 CAN 网络进行控制数据(包括手柄、手轮控制信号以及舵斗角度信号)的交互,用于实现单手柄对两套以上喷水推进装置的控制。

同时,左、右控制单元通过 CAN 网络与主机电控单元进行数据交互。喷水推进控制单元通过 CAN 网络向主机电控单元发送主机转速控制指令,同时,主机电控单元向喷水推进控制系统反馈主机实时转速数据以实现倒航斗角与主机转速的联合控制。

8.3.3.5　故障诊断与报警设计

喷水推进控制系统作为典型的船用推进控制系统,故障诊断与报警的设计是必不可少的。

喷水推进控制系统的故障诊断与报警主要包括:系统故障报警、控制网络报警、硬件系统报警等。

根据数据采集与运算结果,若发现数据内容不符合预期的数值范围,则判断系统故障发生。

系统故障的内容包括:控制器输入工况信号出现异常,比如同时多个工况信号有效,或者某一时间所有工况信号都无效,控制系统判断工况故障;当控制器发出电磁阀驱动信号,而控制器采样发现角度传感器反馈信号没有变化,则判断执行机构或者信号反馈回路故障,需要进一步排查;

网络故障报警:当控制器判断控制网络的数据交互出现异常,比如在固定连续时间段内,没有收到通信数据;或者虽收到数据,但是数据内容明显不符合正确性判断准则,则判断网络通信故障;

执行机构故障:对于液压执行机构,直接利用液压系统的信号传感器,包括油位、油温、压力、滤器堵塞等故障传感器,可以直接产生开关量信号,表征液压系统的工作状态是否出现故障。

8.4　本　章　结　语

喷水推进船舶的操纵性由方向舵和倒航斗来实现。本章对喷水推进控制系统的控制原理、控制特性和控制功能作了全面讨论。在此基础上具体介绍了手动控制、自动控制和随动控制,多台喷水推进装置的单独控制、联合控制,并对各种控制功能的转换作了详细分析,最后还讨论了矢量控制的发展趋势。

喷水推进控制系统这一章只是对国内外目前实船应用的情况作了粗略介

绍,该系统在通用化、模块化、集成化、小型化及智能化等方面尚存在提高的空间。智能控制是当今国家重点支持的项目,也是科技创新的前缘领域。喷水推进控制系统必须跟踪智能控制的科研成果,结合舰船智能控制,开发创新出一条新路,使其在新的高度与舰船智能化控制乃至无人控制实现无缝对接。

参 考 文 献

[1] 金平仲. 船舶喷水推进[M]. 北京:国防工业出版社,1986.

[2] 郭江华,陆锦辉,侯馨光. 基于小波神经网络的船舶动力装置模型的建立. 武汉理工大学学报(交通科学与工程版),2008,32(5):929-932.

[3] 钮友伦. 船舶操纵,大连:大连海运学院出版社出版,1989.

[4] 关佳兴,袁景淇,熊文,龚征华,李刚强,陈建平. 基于模型的喷水推进柴油机调速控制系统研究[J]. 自动化仪表,2017,38(4):1-4.

[5] 王晓初,徐亮,龚征华,陈建平,袁景淇. 喷水推进上位机监控系统 ARM 设计与实现[J]. 自动化仪表,2016,37(3):42-46.

[6] 王立祥,施丹. 具有巨大潜在市场的喷水推进技术[J]. 上海造船,2000.

[7] 龚征华,李刚强,李俊舟,熊文,等. 喷水推进船舶操舵控制系统建模及同步控制[J]. 中国造船,2016,57(2):175-181.

[8] 何瑞广. MJP 系列喷水推进系统的故障检修[J]. 中国水运,2015,15(8):149-150.

[9] 夏德津,翁贻方. 自动控制理论. 北京:机械工业出版社,2004.

[10] 龚征华,田震,熊文,等. 全局滑模控制方法在喷水推进操舵系统中的应用[J],上海交通大学学报,2017,51(6):693-697.

[11] 王晓初,龚征华,田震,于云潇,李刚强,袁景淇. 喷水推进倒航控制系统模型化及仿真[J],控制工程,2016,23(S0):56-60.

[12] 吴恭兴,邹劲,万磊,孙寒冰. 喷水推进无人艇的基础运动控制系统设计(英文)[J]. 控制理论与应用,2010:27(02):257-262.

[13] 龚征华,李刚强,熊文,李俊舟,于云潇,袁景淇. 喷水推进操舵控制系统干扰观测器设计[J]. 上海交通大学学报,2016,50(7):1114-1118.

[14] 王雨凡,熊文,汝福兴,李俊舟,龚征华,李刚强,袁景淇. 含前馈的喷水推进船舶操舵复合控制器设计[C]. 第 28 届中国过程控制会议(CPCC 2017)暨纪念中国过程控制会议 30 周年摘要集,2017.

[15] 胡彬彬,程涛,程哲,杜文国,吴少龙,韩海辉,李健. 船体与喷水推进装置相互作用的仿真分析[J]. 海洋工程,2015,44(1):60-63.

[16] 奚炜,吴小平,杨松林,郭小东. 基于 MATLAB 的船喷水推进装置设计分析系统[J]. 造船技术,2004,258(02):41-44.

[17] 李江柏,段向阳,黄本润,周平. 基于 LabVIEW 的喷水推进泵空化在线监测系统[J]. 舰船科学技术,2013,35(1):73-76.

[18] 袁木,陈天平,曹士杰. 喷水推进自动化监控系统故障自诊断技术研究[J]. 船舶与海洋工程,2012,92(4):46-59.

[19] 李友善. 自动控制原理. 北京:国防工业出版社[M],北京:1989.

[20] 曾博文,朱齐丹, 宋洋. 基于自适应滑模的喷水推进船舶航向控制,计算机仿真, 2011,28(1): 226-229.

[21] 夏银桥,吴亮,李莫. 传感器技术与应用[M]. 武汉:华中科技大学出版社. 2011.

[22] 饶运涛,邹继军,郑勇芸. 现场总线 CAN 原理与应用技术[M],北京:北京航空航天大学出版社,2007.

第9章 喷水推进的噪声及其控制

概　述：

随着现代航运工业的迅速发展,船舶噪声污染严重影响了河道附近居民和舰船工作人员的工作、生活和身心健康,同时也对河道、海洋生物的生存和繁衍带来了危害。从军事国防方面来讲,舰船的声隐身性能已成为提高各国海军综合突防能力、生存能力和作战效能,并取得战略、战术优势的重要途径和核心举措。降低主要噪声源——推进器水下辐射噪声,是实现舰船声隐身的主要措施。自从国际拖曳水池会议(ITTC)于1993年起成立喷水推进专家委员会以来,至2005年共进行了四届历时12年的专项研究,探索船舶喷水推进技术[1]。从70年代开始,喷水推进技术在英国、美国及法国多艘核潜艇上的成功应用,使得喷水推进器作为最新一代潜艇低噪声推进方式受到国内外广泛的关注和研究。同样,水面舰艇对推进器噪声控制也提出了相应的设计要求。

本章主要分为4部分内容,首先,给出了水下噪声的基本概念及定量;其次,介绍了两种重要的水动力噪声理论;然后,针对喷水推进不同结构部位的声源产生机理和频谱特征做了阐述;最后,对喷水推进器噪声控制技术进行了论述。

9.1　噪声的基本概念及定量

9.1.1　声波的概述

声是一种在弹性介质中经由介质密度变化且以一定特征速度传播的压力波,通常称之为声波。它是运动能量的分子传递,引起声波的物体称为声源,传播声波的物质称为介质。声波能在空气、液体及固体等介质中传播,但不能在真空中传播,弹性介质的存在是声波传播的必要条件。

声波在介质中每秒钟内传播的距离称为声速,用符号 c_0 表示,单位为 m/s。声速与介质的密度、弹性等因素有关,而与声波的频率、强度无关。当温度改变时,由于介质特性的变化,声速也会发生变化。声波在一个周期内传播的距离称为波长,用符号 λ 表示,单位为 m。声波在每秒钟内周期性振动的次数称为频率,用符号 f 表示,单位为 Hz。声速、波长和频率之间的关系为:$c_0 = \lambda \cdot f$。可见,声速一定时,声波的频率越高其波长越短。

9.1.2 声压与声压级

在介质中存在声波时,局部空间产生压缩或膨胀,在压缩的地方压力增加,在膨胀的地方,压力减小,于是就在原来的静态气压上附加了一个压力的起伏变化。这个由声波引起的交变压强称为声压 p。

声压的大小表示声波的强弱。在一定时间间隔 T 内,瞬时声压对时间取均方根值称为有效声压 p_e。

$$p_e = \sqrt{\frac{1}{T} \int_0^T p^2 \mathrm{d}t} \tag{9.1}$$

用电子仪表测量得到的通常是有效声压,人们习惯上讲的声压实际上也是有效声压。声压的国际单位是 Pa(帕),$1\mathrm{Pa} = 1\mathrm{N/m}^2$。

在实际生活中,声压变化范围相差以百万倍计。而且人耳对声刺激的响应接近于对数关系。因此,在水下工程中,人们习惯沿用空气声学中的计量方式——采用分贝的形式来表征声学参数,例如声压级表示为:

$$SL = 10 \cdot \lg \frac{\tilde{p}^2}{p_0^2} \tag{9.2}$$

式中:$\tilde{p}$ 是脉动声压,通常取有效值;p_0 为参考声压,在水中参考声压取 $p_0 = 10^{-6}$ Pa。

9.1.3 声功率、声强与声强级

声场中质点随着声波的传播而振动,同时,介质的密度也发生变化,因此在声波传播过程中,介质中各点的能量也发生变化。振动引起动能变化,形变引起位能变化。这种由于声波传播而引起的介质能量的增量称为声能。因此可以说声波传播过程实质上就是声振动能量的传播过程。

设想在声场中取一足够小的体积元,其原先的体积为 V_0,压强为 P_0,密度为 ρ_0,由于声扰动使该体积元得到的动能 ΔE_k 为:

$$\Delta E_k = \frac{1}{2}(\rho_0 V_0)v^2 \tag{9.3}$$

式中:v 为声扰动速度。此外,由于声扰动,该体积元压强从 P_0 升高为 $P_0 + p$,于是该体积元里具有了位能:

306

$$\Delta E_p = -\int_0^{V_0} p\mathrm{d}V \tag{9.4}$$

理想流体介质中有声扰动时的物态方程为：

$$\mathrm{d}p = c_0^2\mathrm{d}\rho \tag{9.5}$$

它描述声场中压强 P 的微小变化与密度 ρ 的微小变化之间的关系。其中 c_0 代表了声传播的速度：

$$c_0 = \sqrt{\frac{\mathrm{d}P}{\mathrm{d}\rho}} \tag{9.6}$$

一般情况下 c_0 并非常数，其值决定于具体介质情况下 P 对密度 ρ 的依赖关系。

考虑到对于小振幅声波，式中压强的微分即声压 p，密度的微分即密度增量 ρ'。

因而介质物态方程可简化为：

$$p = c_0^2\rho' \tag{9.7}$$

上式两边微分得：

$$\mathrm{d}p = c_0^2\mathrm{d}\rho' \tag{9.8}$$

考虑到体积元在压缩和膨胀的过程中质量保持一定，则体积元体积的变化和密度的变化之间存在着关系 $\dfrac{\mathrm{d}\rho}{\rho} = -\dfrac{\mathrm{d}V}{V}$，即 $\dfrac{\mathrm{d}\rho'}{\rho} = -\dfrac{\mathrm{d}V}{V}$。对小振幅声波，则可简化成 $\dfrac{\mathrm{d}\rho'}{\rho_0} = -\dfrac{\mathrm{d}V}{V_0}$。

将它代入式(9.8)可得：

$$\mathrm{d}p = -\frac{\rho_0 c_0^2}{V_0}\mathrm{d}V \tag{9.9}$$

因此：

$$\Delta E_p = \frac{V_0}{\rho_0 c_0^2}\int_0^p p\mathrm{d}p = \frac{V_0}{\rho_0 c_0^2}p^2 \tag{9.10}$$

体积元里总的声能量为动能与位能之和，即：

$$\Delta E = \Delta E_k + \Delta E_p = \frac{\rho_0 V_0}{2}\left(v^2 + \frac{p^2}{\rho_0^2 c_0^2}\right) \tag{9.11}$$

单位体积里的声能量称为声能量密度 ε，即：

$$\varepsilon = \frac{\Delta E}{V_0} = \frac{1}{2}\rho_0\left(v^2 + \frac{1}{\rho_0^2 c_0^2}p^2\right) \tag{9.12}$$

均匀理想介质中一维小振幅声波的声压和声速以复数形式表示，得单位体

积元内声能量的瞬时值,将瞬时值对一个周期取平均,得声能量的时间平均值:

$$\overline{\Delta E} = \frac{1}{T} \int_0^T \Delta E \mathrm{d}t = \frac{1}{2} V_0 \frac{p^2}{\rho_0 c_0^2} \tag{9.13}$$

则单位体积里的平均声能量称为平均声能量密度,即:

$$\bar{\varepsilon} = \frac{\overline{\Delta E}}{V_0} = \frac{p^2}{2\rho_0 c_0^2} = \frac{p_\varepsilon^2}{\rho_0 c_0^2} \tag{9.14}$$

式中: $p_\varepsilon = \frac{p^2}{\sqrt{2}}$ 为有效声压。

单位时间内通过垂直于声传播方向面积 S 的平均声能量就称为平均声能量流或称为平均声功率。因为声能量是以声速 c_0 传播的,因此平均声能量流应等于声场中面积 S、高度为 c_0 的柱体内所包括的平均声能量,即:

$$\bar{W} = \bar{\varepsilon} c_0 S \tag{9.15}$$

式中:平均声能量流的单位为 W,1W = 1J/s。

通过垂直于声传播方向的单位面积上的平均声能量流就称为平均声能量流密度或称为声强,即:

$$I = \frac{\bar{W}}{S} = \bar{\varepsilon} c_0 \tag{9.16}$$

声强级用符号 SIL 表示,其定义为

$$\mathrm{SIL} = 10 \lg \frac{I}{I_r} (\mathrm{dB}) \tag{9.17}$$

式中: I 为待测声强; I_r 为参考声强。

在水声学中,通常将均方根声压为 $1\mu\mathrm{Pa}$ 的平面波的声强取作参考声强 I_r。

9.1.4 水下噪声计量参数

水下噪声测量和分析时,实际噪声信号中包含多频率分量,通常采用频域变化来计量。根据信号频谱曲线的形状,可将它分为线谱和连续谱两类[2]。一个信号若能用傅氏级数表示,这信号的频谱就是线谱。水声中经常遇到的周期信号或准周期信号就是线谱信号。另一类信号,它们的频谱分析是用傅氏变换来表示的,其频谱称为连续谱。实际中的瞬态非周期信号的频谱就是连续谱。一般噪声是多种噪声源的综合效应,每种噪声源的噪声机理不尽相同,因而实际的噪声可能是线谱,也可能是连续谱,甚至是两种谱的迭加。为了评估水下航行器的声源声功率,声场信息,通常采用以下噪声计量方式。

（1）声源级 SL_s 。

在水声学中,通常将声源级作为度量噪声源强度[3,4]。在水声测量时,有时虽然直接给出测量值,但更多的是给出在实际测量的基础上,再加上某些假设条件推导出来的数值。如果能直接测出一个声源辐射出去的全部功率的话,那自然是非常方便的。

声源级定义离开理想点源 1m 的参考距离处测得的声压级,而该理想点源和实际被测声源辐射同样数量的声能。因为大多数声源的辐射都具有方向性,因此声源级肯定是方向的函数。声源级从未直接测出过,而是从较远距离的测量结果推定的。

在噪声计量中,假定声源以球面波的形式向远场进行辐射,且忽略水对噪声的衰减,并在距离 r 处测得声源的声压级 SL。可根据下式获得声源的声源级 SL_s :

$$SL_s = SL + 20 \times \lg r \tag{9.18}$$

（2）频带声压级 $L_{\Delta f}$ 。

指一定频带内的水下噪声的声压级,单位为 dB。频带声级可用下式表示:

$$L_{\Delta f} = 10 \times \lg(\sum 10 L_i/10) \tag{9.19}$$

式中: L_i 表示带内宽线谱幅值, Δf 表示带宽, $L_{\Delta f}$ 表示带宽内的总声压级,它是频带内所有线谱能量之和。当频带为总的频谱分析带宽,频带声级即为频谱总声级 SL;当频带为 1/3 倍频程带宽时,频带声压级即为 1/3 倍频声压级 $L_{1/3 \text{oct}}$ 。

（3）1/3 倍频声压级 $L_{1/3 \text{oct}}$ （见表 9.1）。

在噪声分析中,除了关注噪声谱中的最大线谱 $L_{\max(i)}$ 和噪声总能量 SL 、 SL_s ,通过一定滤波方式获得的频段声级也是重要噪声计量参数。常用于工程的频段带宽划分方式有:倍频程、1/3 倍频程。其中 1/3 倍频程是沿用空气声学中人耳对噪声频段感知能力来进行划分的,其应用较广。下面只介绍 1/3 倍频程的划分方式和 1/3 倍频声压级 $L_{1/3 \text{oct}}$ 。

1/3 倍频程是从 1000Hz 开始(人耳感知最强频率之一),通过下式向高频和低频扩展划分频段:

$$f_H = 2^{\frac{1}{3}} f_L, f_c = \sqrt{f_H f_L}$$

式中 f_H 为频段上限, f_L 为频段下限, f_C 是根据频率范围内上下两极限频率的几何平均值获得的频段中心频率。工程中的 1/3 倍频频段是在上式基础上做一定的修正,见表 9.1。

表 9.1　1/3 倍频程的中心频率及其频率范围

中心频率	频率范围	中心频率	频率范围	中心频率	频率范围
25	22.4~28	250	>224~280	2500	>2240~2800
31.5	>28~35.5	310	>280~355	3150	>2800~3550
40	>35.5~45	400	>355~450	4000	>3550~4500
50	>45~56	500	>450~560	5000	>4500~5600
63	>56~71	630	>560~710	6300	>5600~7100
80	>71~90	800	>710~900	8000	>7100~9000
100	>90~112	1000	>900~1120	10000	>9000~11200
125	>112~140	1250	>1120~1400	12500	>11200~14000
160	>140~180	1600	>1400~1800	16000	>14000~18000
200	>180~224	2000	>1800~2240	20000	>18000~22400

1/3 倍频声压级 $L_{1/3oct}$ 定义为在 1/3 倍频程频段内各线谱能量的总和：

$$L_{1/3oct} = 10 \times \lg\left(\sum 10L_i/10\right) \qquad (9.20)$$

此时式(9.20)与式(9.19)相同。

除了倍频程和 1/3 倍频程的滤波方式外,还有等频程滤波,其中以 1Hz 带宽的等频程声压谱级最为常见。

(4) 声压谱级(密度级)。

在噪声测量中,由于不同的测量工作采用不同的采样频率,使得分析频谱的频率分辨率不同,所以它们的结果不能直接比较。为了对不同测量结果进行比较和平均,需采用等效频谱级的概念。它的定义相当于用带宽 1Hz 的理想滤波器测得的声级。若在整个测量频段上能量的分布均匀,测得的频谱就可直接转换为频谱级,即:

$$L_s = L_{\Delta f} - 10 \times \lg\Delta f \qquad (9.21)$$

式中, L_s 为谱级(Spectrum Sound Level)。通常,上式可作为等效频谱级的定义,所以算出的等效谱级是一个带宽内的平均声级。当带宽 Δf 为 1/3 倍频程频段时, L_s 为 1/3 倍频谱级。

(5) 声指向性函数。

当计算或测量任何大声源的远场辐射声压场时,习惯上用主极大方向上的声压乘以归一的声压图来表示。归一的声压图也叫做指向性函数 $D(\theta)$,它定义为

$$D(\theta) = \frac{p(\theta)}{p(\theta_0)}$$

式中，$p(\theta)$ 表示某一方向的均方根声压，$p(\theta_0)$ 表示主极大方向的均方根声压。通常，指向性函数也是用 20 乘以上式压力比对数的分贝数表示：

$$D(\theta) = 20 \times \lg\left[\frac{p(\theta)}{p(\theta_0)}\right] \tag{9.22}$$

（6）背景噪声与信噪比。

在水下噪声测量前，首先需要对声源的背景噪声的来源和背景噪声对声源信号的影响有一定的了解。水下航行体背景噪声通常是指海洋噪声，其包含海洋环境中的风、浪等自然噪声，水下生物生存所产生的生物噪声以及航运、海洋开发勘探等海上作业产生的人为噪声。在研究推进器噪声时，将除推进器外包含水下航行体其他结构部件在内的其余噪声源都称为背景噪声。背景噪声对需要测量的推进器噪声的影响程度通过信噪比参数 ΔL 进行度量，其计算公式为：

$$\Delta L = L_f - L_{f_0} \tag{9.23}$$

式中，L_f 为含背景噪声的实测频带声压级，L_{f_0} 为背景噪声频带声压级。根据《水下噪声测量》（GB 5265–85），当 $\Delta L < 3\text{dB}$，则该频段测量无效，当 $\Delta L > 10\text{dB}$ 时可忽略背景噪声的影响。在工程水下噪声测量中，通常信噪比达到 $\Delta L > 6\text{dB}$ 便可认为信噪比足够、测量数值有效，需要适当的对测量结果进行修正。

需要特别提及的是：在水下近场声测量时，结构表面的紊流边界层紊流压力脉动通常区分为声压和伪声两部分[5]。脉动边界层声压起因于湍流中的起伏 Reynolds 应力产生的密度起伏，它服从波动方程，能传播至远场；伪声起因于湍流速度起伏的动量起伏，它直接平衡与动量起伏，满足泊松方程，远离声源其快速衰减。对比边界层中的声压成分可以发现：伪声压力脉动要比声压脉动大多个量级。因此，在结构表面测量噪声时，需要剔除伪声压力脉动的影响。

9.2 水动力噪声原理[6]

在经典声学中，我们通常不考虑流体介质本身的有规或无规运动，认为声波是由某个物体的表面做机械振动引起介质的密度变化而产生的。然而在实际情况下，流体运动本身也可能产生声，例如沟渠的水流声，风的呼啸声，喷管喷水声，飞机、汽车以及舰船等高速运动物体产生的各种噪声。这些伴随着流体运动而产生的声，通常被称为流体动力噪声或简称为流噪声[7]。

安装喷水推进装置的水面舰船或者水下航行器（比如鱼雷）在航行时，通常马赫数不超 0.05。在这样低马赫数的流动中,通常认为流体是等熵的,且不需要考虑流体运动对声的散射影响。适合这样情形的水动力噪声理论最具代表性的有两种:声类比理论和涡声理论(也有文献中将涡声理论称为声类比理论的一种)。

9.2.1 声类比理论

流动辐射声的研究可能起始于 1936 年所建立的古廷螺旋桨噪声理论。然而,流噪声的基本方程是 1952 年由 Lighthill[8,9]从流体连续性方程和动量方程出发进行推导获得的。Lighthill 提出的声类比理论第一次将声场计算与流场计算结合在一起,通过求解流场信息进而求解流噪声,为流噪声的研究奠定了基础。Lighthill 所考虑的模型假定无限大得均匀、静态声介质中包含有一个有限的湍流运动区,与流动有关的声源都集中在该区域。由这一区域中的非定常流动所产生的声源,通过波动力学的规律传播到其余的空间中去。Lighthill 给出的经典非齐次波动方程如式 9.24 所示:

$$\nabla^2 p - \frac{1}{c_0^2}\frac{\partial^2 p}{\partial t^2} = -\frac{\partial^2 T_{ij}}{\partial x_i \partial x_j} \tag{9.24}$$

其中,Lighthill 应力张量 T_{ij} 由两个张量组成:雷诺应力瞬时(没有按时间取平均值)张量 $\rho u_i u_j$ 和粘性应力张量:

$$T_{ij} = \rho u_i u_j - \tau'_{ij} = \rho u_i u_j \left[\left(\frac{\partial u_i}{\partial x_j} + \frac{\partial u_j}{\partial x_i} \right) - \frac{2}{3}\delta_{ij}\frac{\partial u_i}{\partial x_i} \right] \tag{9.25}$$

上述各式中:p 为流体受到的压强;c_0 为声速;u 为速度;t 为时间;x 为空间坐标;下标 $i,j = 1,2,3$ 表示坐标轴方向分量,遵从张量中的求和约定。

对于在固体边界不起主要作用的情形,如喷气噪声问题,Lighthill 基本理论是适用的。然而试验表明在很多情况下,固体边界对声的产生与传播的影响有着重要的实际意义。1955 年,Curle[10]用基尔霍夫方法首先将 Lighthill 理论推广到半均流速为零的湍流区中存在一个静止的固体刚性边界的情形。结果表明,固体边界的作用相当于在整个固体边界上分布偶极子,且每点偶极子的强度等于固体表面该点作用在流体上的脉动力的大小。Curle 理论成功地解决了诸如风吹电线的嘶嘶声等问题。1969 年,Ffowcs-Williams 和 Hawkings[11]应用广义函数法将 Curle 的结果扩展到考虑运动固体边界对声音的影响,即物体在流体中运动的发声问题,得到了航空声学中著名的 FW-H(Ffowcs-Williams and Hawkings)方程。为了区分流体压力波动成分中的伪声,FW-H 方程采用密度进行表示,如式 9.26 所示。

$$c_0^2 \Delta^2 \rho' - \frac{\partial^2 \rho'}{\partial t^2} = -\frac{\partial}{\partial t}[\rho_0 u_n | \nabla f | \delta(f)] + \frac{\partial}{\partial x_i}\left[p'_{ij}\frac{\partial f}{\partial x_j}\delta(f)\right] - \frac{\partial^2 T_{ij}}{\partial x_i \partial x_j}$$

$$(9.26)$$

式中：ρ' 为密度变化量；f 为固体边界函数；p'_{ij} 为流体受到的压强变化量；T_{ij} 是 Lighthill 应力张量。

1983 年，Farassat F.[12]采用 FW-H 声类比成功地解决了直升机旋转机翼的噪声问题。1996 年，Frances Antonio 结合 Kirchhoff 公式和 FW-H 方程，推广得到了使用范围更广的 K-FWH 方程，即广义 FW-H 方程。商业软件 Fluent 中的声类比方程近似于 K-FWH 方程。

9.2.2 涡声理论

传统气动声学研究主要采用近场 CFD 确定声源强度和远场求解非齐次波动方程相结合的声类比混合方法进行求解，难以回答诸如流场和声场相互作用机理、声波能量在流体介质中的产生、传递等基本问题。从 60 年代以来，Powell[13]，Howe[14]等人从涡动力学角度出发，对于流体发声的内部机理、声波与湍流的相互作用等基础问题进行了研究，建立了涡声理论，对低速等熵条件下流动发声机理具有较好适用性。

紊流按定义是有涡度的流，并且通常用不同尺度的涡流之间的相互作用的总和来表示紊流度。在相互作用的过程中，涡流会变形，将自己的一部分能量传递给其他的涡流，分解为更小的结构或结合成更大的涡流。同时产生介质元素的局部拉伸和压缩，导致介质的密度产生弹性扰动，然后这些扰动以声波的形式传播。经常称紊流的涡流组织的非定常运动形成的声场为涡流噪声。显然涡流噪声和紊流噪声这两个词是指同一个意思。然而，Lighthill 方程（式 9.24）右边项没有以明显的方式指出紊流噪声的涡流性质，因为 Lighthill 应力张量 T_{ij} 中不包含带有涡流 Ω 的流场 u（$\Omega = \mathrm{rot}\boldsymbol{u}$）的项。Powell 首先指出了流的涡流运动与声辐射之间的解析关系。他推导的方程按其内容完全等价于 Lighthill 方程，差别在于右边部分表示的形式不同。

用下列方法变化 Lighthill 方程右边的第一项：

$$\frac{\partial^2 (\rho u_i u_j)}{\partial_{xi} \partial x_j} = \frac{\partial}{\partial x_i}\left[\rho u_j \frac{\partial u_i}{\partial x_j} + u_i \frac{\partial(\rho u_j)}{\partial x_j}\right] = \frac{\partial}{\partial x_i}\left[\rho(\mathrm{rot}\boldsymbol{u} \times \boldsymbol{u})_i + \rho \frac{\partial}{\partial x_i}\left(\frac{u^2}{2}\right) - u_i \frac{\partial \rho}{\partial t}\right]$$

$$= \mathrm{div}\left[\rho(\Omega \times \boldsymbol{u}) + \rho\,\mathrm{grad}\left(\frac{u^2}{2}\right) - \boldsymbol{u}\,\frac{\partial \rho}{\partial t}\right] \qquad (9.27)$$

式中：$u^2 = u_1^2 + u_2^2 + u_3^2$、$\Omega = \mathrm{rot}\boldsymbol{u}$、$(\mathrm{rot}\boldsymbol{u}) + \frac{\partial}{\partial x_i}\left(\frac{u^2}{2}\right) = u_j \frac{\partial u_i}{\partial x_j}$ 和连续性方程 $-\frac{\partial \rho}{\partial t} =$

$\dfrac{\partial(\rho u_j)}{\partial x_j}$。Lighthill 方程右边的第二项(黏性项)可以采用向量规则变化成以下形式:

$$\frac{4}{3}\mu\,\nabla^2 divu = \frac{4}{3}\mu\mathrm{divgrad}\,(\mathrm{rot}\boldsymbol{u})$$，将其代入 Lighthill 方程,便能导出 Powell 方程:

$$\nabla^2 p - \frac{1}{c_0^2}\frac{\partial^2\rho}{\partial t^2} = -\,\mathrm{div}\left[\rho(\Omega\times\boldsymbol{u}) + \rho\mathrm{grad}\left(\frac{u^2}{2}\right) - \boldsymbol{u}\frac{\partial\rho}{\partial t} - \frac{4}{3}\mu\mathrm{divgrad}(\mathrm{div}\boldsymbol{u})\right] \tag{9.28}$$

Powell 方程同 Lighthill 原始方程相同,对于小的绝热波动是正确的。上式右边最后一项正比于黏性,在 Powell 的理论中认为在大雷诺数时该项为一小量,这时主要由惯性力而不是黏性决定紊流运动。由于这一原因,通常舍弃黏性项。在水下小马赫数($M\ll1$)时,在流体运动源附近区域认为流体是不可压缩的,假定 $\rho\approx\rho_0=\mathrm{const}$,所以也可以忽略 $-\,\boldsymbol{u}\dfrac{\partial\rho}{\partial t}$ 项。Powell 也证明了右边第一项对声场的贡献远大于第二项,因此 Powell 方程的简化形式为

$$\nabla^2 p - \frac{1}{c_0^2}\frac{\partial^2\rho}{\partial t^2} = -\,\rho\mathrm{div}(\Omega\times\boldsymbol{u}) \tag{9.29}$$

等式左边的微分式描述了声波在非均匀流体中的传播,等式右边即为涡声源。对于等熵低速流动,流体受到的哥氏加速度的散度是导致流动发声的基本因素,其物理意义为涡线在速度场中的被拉伸变形所产生的声,即气动噪声来源于涡的拉伸和破裂。对比 Powell 方程与 Lighthill 方程区别在于:Powell 方程通过流的涡流运动参数表示了流体的动力声源。Powell 方程方便利用涡环、涡束等类型的不复杂的涡系解声辐射的典型问题,可以由流体力学的方程式以可以接受的简易和准确性确定这些涡系在空间和时间中的性状。对于定常无旋流动,总熵为常数,表明流场中无声波产生。可见,涡声理论将气流辐射噪声与涡量的大小联系起来,只要明确了流场中涡量的大小、变化和运动情况,即可对辐射声场进行分析。

9.2.3 声源特征及辐射特性

经过式(9.27)~(9.29)的推导,我们知道涡声理论与声类比是等价的,只是非齐次波动方程右边声源项的表达方式不同而已。在工程问题中,声类比理论由于声源项所描述的物理特征而被广泛使用。常用于工程问题的 FW-H 声类比方程(式 9.26)具有非齐次波动方程的形式,右边各项可以看成是声源项。

由于流动与声本质上不能分开,流动引起声,声又被流动散射,这两个过程相互作用或耦合,方程右边的源项不能简单地由流动直接确定,该方程并不是封闭方程。为了解决具体问题,必须对源项作一些合理的近似。

FW-H声类比方程右边的噪声源主要分为三种:单极子源(Monopole)、偶极子源(Dipole)、四极子源(Quadrupole),如图9.1所示。

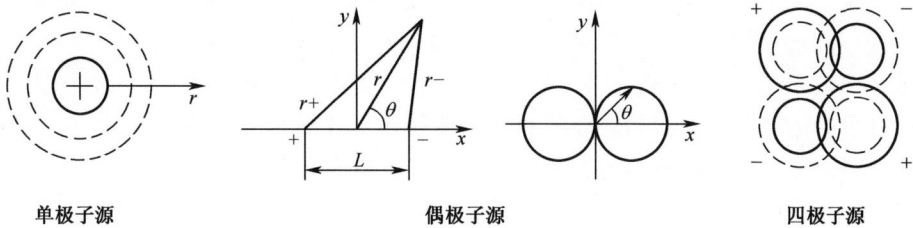

单极子源　　　　　　　　　　　偶极子源　　　　　　　　　　　四极子源

图9.1　水动力声学中的典型声

(1) FW-H声类比方程右边第一项表示流体介质中的体积(或质量)脉动,是典型的单极子声源,水中空化气泡在脉动(尤其是溃灭)时产生的空化噪声,水滴泼溅后形成气泡在脉动时的辐射噪声等均属于单极子声源。单极子源项直接由结构表面法向运动产生的噪声,其辐射声功率正比于马赫数的四次方,辐射无指向性,通常被称为厚度噪声,这种声源的辐射效率最高。

(2) FW-H声类比方程右边第二项表示界面脉动力使得流体介质发生振荡所产生的噪声,属于偶极子声源,例如,螺旋桨桨叶振荡推力引起的噪声,尾流中旋涡引起的桨叶鸣声,以及湍流边界层辐射声等均属于偶极子声源。偶极子源是由结构表面分布力源产生的噪声,其辐射声功率正比于马赫数的6次方,辐射具有两瓣类8字型指向性,通常被称为负荷噪声,其辐射效率仅次于单极子。

(3) FW-H声类比方程右边第三项表示应力声源,存在于湍流涡旋中,是一种四极子声源。这种声源包括发生在流体边界上的动量通量脉动(雷诺应力)和粘性应力,也包括可以发生在流体内部的热传导和非线性效应产生的应力。四极子源是由流体中动量流动率起伏产生的噪声,其辐射声功率正比于马赫数的八次方,辐射具有四瓣指向性,通常被称为涡旋噪声。水中四极子的声辐射通常是微弱的,除非涡旋中包含空化气泡或涡旋运动马赫数很高。对于在水中的情况,马赫数被定义为流体速度与声速的比值,其值通常较小。

由于流体非定常流动与结构界面的相互作用,使得这三种声源并不是孤立存在的,在一定条件下可以互相转化。例如,流体涡流四级子源经过边界层作用到结构表面形成界面偶极子源,界面的偶极子源激发弹性边界的挠曲振从而导致单极子型声辐射。虽然这三个声源项能相互转化且无法直接求解,但根据工程实际中声源的物理特征做一些合理的简化是可行的,并不影响噪声计算精度。

在流致噪声计算过程中,若固体边界和湍流声源区域尺度小于需要分析频率的声波波长,可以将声源视为紧致声源;对于一般水下航行器的水下运动问题,由于流速远小于声速,可以认为流场和声场之间互不影响,即介质的运动对声音的传播影响可以忽略不计;当结构表面法向运动速度为零或者不随时间改变时,单极子源不产生噪声,并且由于四极子源在低马赫数流速下辐射效率最低,可以将这两种声源项忽略,因此水下航行器流致噪声通常只需要考虑绕流结构表面的脉动压力引起的偶极子源项。按照声类比理论得到声源项之后,绕流发声问题可以采用已成熟的古典声学计算办法来进行求解。

9.3 喷水推进噪声机理研究

喷水推进泵作为喷水推进装置的核心部件,一般采用轴流泵或混流泵,两者均属于旋转叶片泵。根据旋转流体机械的工作状态,在声学理论方面一般将喷水推进器的噪声源分为机械噪声和流致噪声(水动力噪声)两大类。其中,机械噪声通常是指推进系统机械设备由于旋转机械引起的振动噪声,由轴承、密封或叶轮运行引起的噪声或者由于航行工况改变时操纵系统产生的噪声。机械噪声涉及的推进系统结构,本章节将不做讨论。

当直接由流体移动产生压力波动时,噪声源是相应的流体脉动。可能的流体脉动源包括湍流、液流分离(涡流状态)、空泡、水锤、闪蒸和叶片与来流的互相作用。流体流动或者物体与流体相互作用引起流体的脉动产生辐射的噪声,称为水动力噪声(亦称为流动诱导噪声),其主要激发机理是固体与流体相对运动以及流体自身的非定常流动所引起的流体内部应力及压力脉动在介质中的传播。从旋转流体机械角度分析喷水推进泵内部流动可知,在喷水推进泵内既有周期运转的部件及各部件间的扰动,也有随机变化的空泡、漩涡、湍动等现象,因此它既辐射离散谱噪声,又辐射宽频连续谱噪声。整理国内外喷水推进器水动力噪声实验资料,声辐射频谱示意图如图 9.2 所示。喷水推进器噪声频谱主要包含两部分:低频宽带和叶频线谱噪声,高频空化噪声。

在上 9.2 小节中,我们对水动力噪声的两种重要原理做了简单的阐述,介绍了流制噪声声源项的物理特征和辐射特性,这些通用性原理不但适用于水介质也适用于空气。将水动力原理用于实际喷水推进器的噪声计算和分析,需要了解喷水推进器声辐射机理和频谱特性。下面采用常用的水面混流泵推进器简图

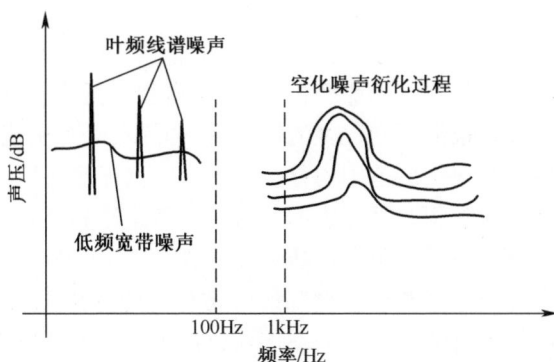

图 9.2　喷水推进器声辐射频谱示意图

来说明推进器的主要结构、固定边界和噪声产生机理。喷水推进器的核心为推进泵,由叶轮、导叶、轮毂、喷口、外壳和转轴组成,通过法兰固定在船体上。推进泵轴线高度静态时略低于水线。舰船运行时,水流从船底板的推进器入水口流入进水流道,再经过推进泵从喷口向船艉板后方排出。水流流经喷水推进器时,除了紊流边界层压力脉动产生的直发噪声之外,还有流体载荷激励起的喷水推进器结构振动辐射噪声以及流体从喷口喷出时的喷射噪声和击水噪声。其中,流场紊流直发声因推进泵导叶与叶轮、叶轮与外壳结构间的复杂流场而产生,其发声机理复杂;流激振动辐射声因推进器结构除了与管道内液体耦合还与船体板、法兰、船艉板、轴系等边界耦合使推进器流固耦合振动的声计算存在不小的难度;喷水噪声和击水噪声更是因为水平面的存在使得流场和声场的精确求解几乎不可能。在这一小节中,我们将对喷水推进装置不同部位的声源特征和声辐射机理逐一探讨,介绍相关水动力噪声的研究成果,见图 9.3。

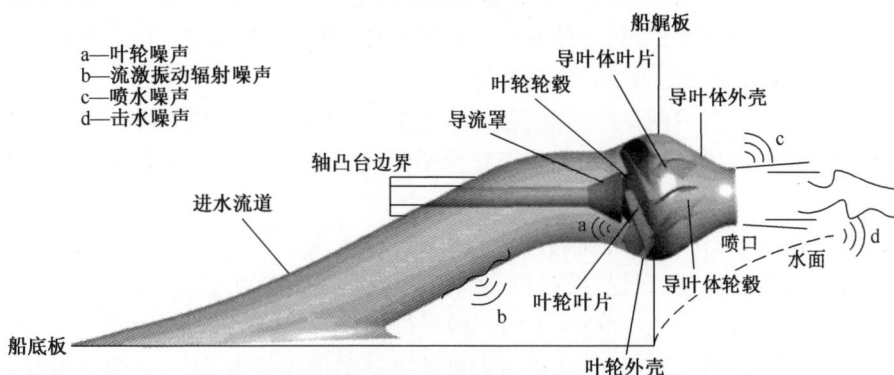

图 9.3　水面船舶航行时喷水推进器噪声辐射示意图

9.3.1 紊流直发声

喷水推进舰船航行时在它的船底板、进水流道和泵壳体形成边界层,这是流体强烈涡流化的区域。根据不同位置的雷诺数,边界层分为层流、紊流以及过度区域。层流边界层只在很小的范围内存在,可以认为,船底板以及喷水推进器的全部表面都处在紊流状态中。因此表面力激励也就是边界层紊流压力。

脉动边界层紊流压力脉动包含声压和伪声两部分,其中将密度变化的声压部分称为的水动力绕流噪声源。这种辐射常常称为边界层的直接噪声辐射,以强调这里的辐射仅仅来自流动本身的噪声生成过程。紊流直发声只要在没有气泡且低马赫数的情况下,流体中的流制噪声(包括尾流噪声、涡旋噪声等)都是次要的,噪声主要产生于结构表面(包括转子、定子和泵壳流道)的压力脉动,类似于偶极子辐射性质,其频谱特征表现成叶频线谱和低频宽带的组合形式。

伪声将在流体激励中作介绍。

1) 涡旋噪声

涡旋噪声是流体动力噪声中最常见的一类噪声。喷水推进器流道入口、定子和转子等各种突出物的后缘都能产生涡旋噪声。特别严重的情形就是当脱出涡的频率与物体的某个固定频率相同且两者的空间波数吻合时将激励物体共振,结果产生特别强烈的噪声,转子的唱音就属于这种情形。当然,处在实际工作条件下的转子所产生的涡旋噪声并不具有明显的单频特征而往往占据一个相当宽的频带。这是因为,第一,转子叶片具有复杂的几何形状,具有旋转速度,应当看做是三维翼型。处在不同半径处的叶剖面承受的来流也不同,因此脱出涡的频率也不同。可以设想,从叶根到叶梢将形成一个频率分布。第二,叶片之间的相互作用(叶栅效应)会破坏脱出涡的频率周期性,使它更接近于宽带噪声。现在已弄清涡旋噪声是风扇和螺旋桨(非空化螺旋桨)的宽带噪声的主要噪声源之一。另外还应该指出,即使对规则的圆柱体,当雷诺数超过 10^5 后涡旋的周期性消失,辐射噪声也由单频声变为宽带噪声。

涡旋噪声主要由两部分组成:流场中的脱落涡四级子源和后缘受到脱落涡的非定常激励偶极子源,其中以非定常激励偶极子源为主,并符合声强随马赫数六次方增加的规律。

2) 古廷(Gutin)噪声(旋转噪声)

非空化的螺旋桨、风扇、鼓风机、涡轮机以及泵的叶片单频声辐射是一种重要的噪声源。Gutin(1936)对这个问题做了最初分析,涉及到一个旋转的静力分布所产生的声辐射,即均匀来流中有限叶片推进器的声辐射,而这种推进器的推力和转矩都是固定不变的。Gutin 发现辐射的声波主要取决于叶片数和叶梢马

318

赫数,他将这种声辐射称为旋转噪声,以此来强调与不导致辐射的匀速平移运动的区别。

这种性质的辐射,对于在高压缩性介质中以大马赫数运转的空气螺旋桨来说是重要的,但对于在水中运转的喷水推进器转子,它的强度很小,通常被船底板边界层和前置定子的尾不均匀伴流场引起的非定常力声辐射所掩盖。旋转噪声的意义在于揭示了实际条件下辐射可能降低到的物理极限。

3) 负荷噪声

由于喷水推进器转子叶轮的旋转及叶轮与周围物体的相互干涉(主要是转子叶轮叶片与定子导叶间),会产生周期性变化的脉动力,从而引发离散谱噪声,线谱频率为叶频和其倍频,借用螺旋桨推进领域说法,称为负荷噪声。舰船推进系统总是工作在不均匀的伴流场中,来流不均匀使得这种噪声将大大增强,是低频线谱噪声的主要原因。

来流不均匀速度场可以展开成流动的不均匀性(空间不均匀)和不定常性(时间不均匀)。而这两种不均匀性通常是可以分开来进行研究的。当转子处于来流空间不均匀时,转子按不变的转速进行旋转时在转子叶片上形成周期性变化的力。当转子转过一个等于相邻桨叶间夹角的角度时,转子又处于同初始状态没有区别的位置,于是流动的空间不均匀性按叶频无限的重复着,叶频公式为:$f = m\beta\Omega$,其中,m 为阶数、β 为叶片数,Ω 为转动角频率。转动时流线谱重复的周期性导致叶片表面的非定常力出现周期性的变化特征,也就意味着它可用傅里叶级数来表示,傅里叶级数的幅值平方谱是这些力的能量谱,在谱图上非定常力由无数个离散在叶频倍频上的谐调分量所组成。

另一方面,由于紊流非定常流动的随机特性,在转子速度场的瞬态分布中,当叶片转过一个等于相邻叶片夹角的角度时,实际上已不同于其初始状态,这种情形在每一次这样的旋转中都会出现。流动状态周期性和重复性遭到破坏使得叶片非定常力的严格周期性丧失,表现成在周期性分量外出现了非周期性的分量。这一分量已经不能用级数来表达,而只能用傅里叶积分来表示,这一分量的幅值平方谱是叶片上非定常力随机分量的连续能量谱。

实际上,喷水推进器在工作时,转子的转速从来不是严格固定不变的,而且舰船在水平面摇摆和垂直平面的沉浮,使得转子的来流不均匀性更加严重。总体而言,转子的旋转噪声由非定常力的周期分量和随机分量共同作用而成,其声辐射性质为偶极子源辐射。

9.3.2 流激振动辐射声

舰船运行时,喷水推进器管道壁、叶轮受到水流运动相互作用,推进器结构在流体载荷作用下会产生变形或振动,而变形或振动反过来又影响流场的流动,从而改变流体载荷的分布和大小。因此,喷水推进器在运行过程中结构受到流体激励引起振动辐射噪声问题涉及流体域和固体域,未知量既有流体变量又有固体变量,流体域或固体域无法单独求解。

水流边界层紊流脉动力作用在喷水推进器结构表面上,结构表面弹性振动引起周围流体的耦合作用并发辐射噪声———一般将此称为二次辐射噪声。通常情况下,喷水推进器运行于低马赫数绕流且结构为小振幅振动,可认为结构振动对流场的影响以及流场对声散射的影响忽略不计,于是结构流固耦合振动与声辐射分析可分离开来研究。本节对流固耦合动力系统、非定常激励力和流激振动声辐射三部分进行探讨。

1) 流固耦合动力系统

在流固耦合系统中,固体域方程通常以位移作为基本未知量,而流体域的方程通常采用流场压力作为基本未知量。假设流体为无粘、可压缩和小扰动,固体域和流体域不考虑阻尼的影响,采用伽辽金法建立喷水推进器流固耦合动力系统有限元方程[15]如下式所示:

$$
\begin{bmatrix} M_s & 0 \\ -Q^T & M_f \end{bmatrix} \begin{pmatrix} \ddot{a} \\ \ddot{p} \end{pmatrix} + \begin{bmatrix} K_s & -\dfrac{1}{\rho_f}Q \\ 0 & K_f \end{bmatrix} \begin{pmatrix} a \\ p \end{pmatrix} = \begin{pmatrix} F_s \\ 0 \end{pmatrix} \tag{9.30}
$$

式中:p 为流体结点压力向量;a 为固体结点位移向量;Q 为流固耦合矩阵,M_f 和 K_f 分别为流体质量矩阵和流体刚度矩阵;M_s 和 K_s 分别为固体质量矩阵和固体刚度矩阵;F_s 为固体外载荷向量。

假如不考虑流体的压缩性,即 $M_f = 0$。上式方程可简化成:

$$
(M_s + M_s')\ddot{a} + K_s a = F_s \tag{9.31}
$$

式中:$M_s' = -\dfrac{1}{\rho_f}QK_f^{-1}Q^T$,$M_s'$ 代表流体对固体的作用,现以固体的附加质量形式出现,称为附加质量矩阵。这时流固耦合问题退化为考虑附加质量的固体动力学问题,从而大大简化了流固耦合系统的分析。

在探讨湍流脉动压力激励辐射二次声时,当结构振动为低振幅振动时,忽略结构振动对流场的影响,只需考虑结构以及周围附连水的弱流固耦合影响——也就是通常意义下的流固耦合。此时,利用式 9.31 的齐次方程,模态分析获得喷水推进器结构表面的湿模态频率和振型,对应于流激振动声辐射频谱峰值,这是噪声分析和控制重要前提。

2) 流体激励

在喷水推进器结构表面紊流边界层内,伪声压力脉动能量占绝大部分,它是二次辐射噪声的激励源。流体激励源不同于作用在结构上的惯性力,结构受到绕流激励的强度不仅取决于绕流表面指定点的自功率谱,还取决于压力脉动沿空间的随机关联性(相关性)的程度。在给定频率处这一脉动相关性的程度恰好表征互谱[16],随机压力脉动在空间的关联性越强,结构的振动激励也就越有效。采用互谱矩阵的方式来加载激励力是随机振动的最直接有效的方法。

根据激励力的功率谱来求解响应的功率谱,如下式9.32~3.2.3。其中 X 为激励力频谱、Y 为响应频谱、H 为系统响应传递矩阵、S_{XX} 和 S_{YY} 分别是激励力和响应的功率谱。采用主特征分析(PCA)将随机激励谱 S_{XX} 进行特征值分解,如式9.35所示,其中 $\tilde{X}$ 为特征向量矩阵、$S_{\sigma\sigma}$ 为特征值矩阵。分别计算不同特征向量的响应 $\tilde{X}^T \cdot H^T$,当 $H = H_s \cdot H_a$ 中包含结构振动传递矩阵 H_s 和声辐射传递矩阵 H_a 时,利用式9.36可获得喷水推进器流激振动辐射声。

$$Y = H \cdot X \tag{9.32}$$

$$S_{xx} = X^* \cdot X^T \tag{9.33}$$

$$S_{yy} = Y^* \cdot Y^T = H^* \cdot S_{xx} \cdot H^T \tag{9.34}$$

$$S_{xx} = \tilde{X}^* \cdot S_{\sigma\sigma} \cdot \tilde{X}^T \tag{9.35}$$

$$S_{yy} = H^* \cdot \tilde{X}^* \cdot S_{\sigma\sigma} \cdot \tilde{X}^T \cdot H^T \tag{9.36}$$

关于流体激励的功率谱,Strawderman W A[17]推导了简支矩形板受湍流脉动压力激励的响应的互功率谱密度表达式,并进行了数值计算。Durant C[18]基于边界积分方法和渐进线扩展的方法计算了薄壁圆管受内部湍流激励下的振动和声辐射,并与试验结果进行了对比。魏建辉等[19]利用经典的 corcos 模型给出了湍流脉动压力的功率谱密度表达式作为激励输入,通过结构有限元和声学边界元建立了结构振动与声场的传递函数,并根据随机理论计算出了湍流激励下的圆柱壳的振动声辐射。以上学者所采用激励力解析或半解析模型只能用于较简单平板或圆柱壳体结构,而对于喷水推进器激励力模型只能采用数值算法获得。其主要原因在于复杂结构的湍流脉动压力分布特别复杂,无法采用湍流边界层脉动压力的频率——波数谱模型显示表示。

喷水推进器流激振动声辐射计算通常采用数值方法:将流体压力脉动映射转移到结构表面网格上,计算脉动压力的功率谱密度(PSD);为了提高流固耦合计算速率,先将脉动压力激励做 PCA 计算;将推进器结构表面的湿模态映射到声边界网格上,采用随机振动声辐射计算方法获得流激振动辐射声。

3) 流激振动声辐射

喷水推进器结构表面振动向外辐射噪声,辐射面就如同很多个细小且存在一定相位的活塞辐射,辐射特性为单极子源辐射。虽然单级子声源辐射效率较高,但在相对小振幅的情况下,流激振动二次声辐射要远比紊流直发声小。但当推进器结构域振动特性与声场特性或流场特性吻合时,可能发生强烈的噪声辐射。

推进器管道流体域是一个两端开口的管道,通过表9.2可以大致获得该管道声驻波模态频率。推进器声模态频率一般在1kHz以上,该频率的推进器结构振动幅值极小,因此推进器结构弹性振动与管道内流场的声驻波相互耦合增强声辐射作用有限,可以忽略此因素的影响。

当喷水推进器的旋转结构——叶轮的振动频率(湿模态频率)与流场涡发放频率吻合时,将产生强烈的声辐射,通常称之为叶轮唱音[20]。在正常工作条件下,叶轮的叶片每个截面都有尾涡流,因为相对流速和随边厚度都有径向变化,所以不同截面的尾涡频率是不同的,可通过斯特鲁哈数式9.37获得。

$$S_{tr} = \frac{f_n D}{U}, (n = 1,2,3\cdots) \tag{9.37}$$

式中:S_{tr}为斯特鲁哈数,通常取$S_{tr} \approx 0.20 \pm 0.01$;$f_n$为尾涡脱落频率;$U$为绕流速度;$n$为模态阶数,$D$为水力直径。

此半经验公式通常被用于估算脱落涡频率。由于叶轮不同截面厚度不同,涡发放频率将覆盖二分之一倍频程到一倍频程的带宽。叶轮每个叶片都有多个共振频率,在其中部分频率上至少有四分之一叶片随边发生同相振动。正是这些振动方式,最容易受沿着随边方向所加的力的激励。如果有一个易受激励的振动方式(振型)的频率位于漩涡散发频率的频带内,则随边就会开始振动。因而,最邻近的那些涡旋也将按该频率散发,从而振动幅值和激励力都增加。这样的叶片振动与流场涡发放相互增强,直至叶片的大部分都参与进去,叶片振动剧烈足以造成疲劳损坏,所产生的声辐射也极易被声纳捕捉。叶轮唱音是喷水推进器低噪声设计中需要避免的。

表9.2 管道声模态解析解

几何形状	固有频率/Hz
两端封闭管道 l	$f_n = \dfrac{nc_0}{2l}, n = 1,2,3\cdots$

322

几何形状	固有频率/Hz
两端开口管道 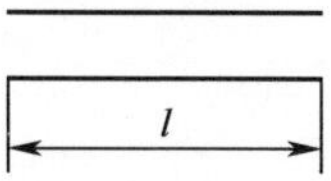 l	$f_n = \dfrac{nc_0}{2l}, n = 1,2,3\cdots$
一端封闭的管道 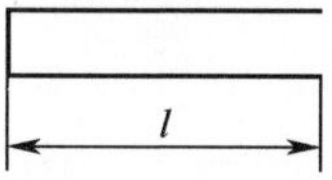 l	$f_n = \dfrac{nc_0}{4l}, n = 1,3,5\cdots$

9.3.3 空泡噪声

空泡是指液体中,由于压力降低至所述液体在当时温度下的汽化压力或者液体所含气体核中气体的分离压力时,产生汽泡穴(或气泡穴),这些汽泡穴(或气泡穴)到高压区,迅速凝缩,汽泡穴(或气泡穴)破灭,这时产生高压高温脉冲,对局部金属表面来说,是一种水锤的锤击,其压力高达 10000kgf/cm²① 至 114000kgf/cm²,由于上述的过程很快,频率可达 1MHz,同时伴随着产生噪声、振动、闪光等现象。这整个现象称为空泡。空泡噪声是喷水推进泵非正常运转时的噪声,但是由于喷水推进泵流量系数都很高,泵内流速高,因此即使在正常工况下,也有可能出现空泡噪声。

空泡噪声与空泡工况有密切关连,当空泡初生时,噪声频率较低,噪声功率也低,当空泡充分发展时,噪声频率和声功率都增大。通常在推进器的噪声设计时,将空泡纳入噪声预报与控制的范畴。

1) 空泡数(见图 9.4)

根据空化产生机理[1],空化的发生取决于环境压力和液体蒸汽压之差及流动引起的压力下降。流体力学中引入无因次量 K ,称为空泡数:

$$K = \frac{p_0 - p_v}{\dfrac{1}{2}\rho_0 U^2} \tag{9.38}$$

式中:p_0 是环境压力,p_v 是液体在给定温度下的蒸汽压;U 是来流速度。为了描

---

① 1kgf=9.8N。

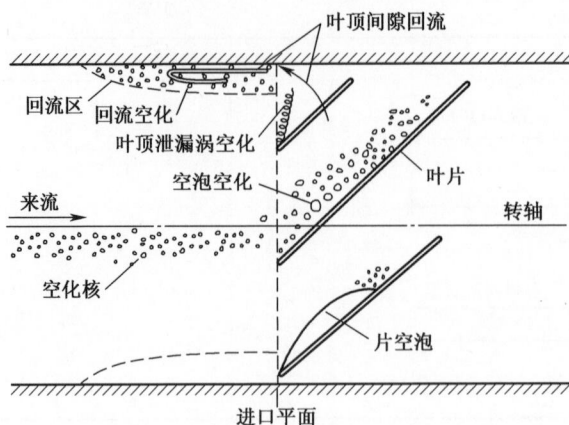

图 9.4 旋转机械中水泵的空化形式

述转子的空泡特性,通常采用进速空泡数和梢速空泡数。进速空泡数的来流速度选取转子或船舶的前进速度 U_a,公式为

$$K_a = \frac{p_0 - p_v}{\frac{1}{2}\rho_0 U_a^2} \tag{9.39}$$

梢速空泡数是以转子叶梢速度 U_t 定义的空泡数,公式为

$$K_t = \frac{p_0 - p_v}{\frac{1}{2}\rho_0 U_t^2} = \frac{p_0 - p_v}{\frac{1}{2}\rho_0 [U_a^2 + (\pi n D)^2]} = \frac{p_0 - p_v}{\frac{1}{2}\rho_0 (\pi n D)^2 [1 + (J/\pi)^2]}$$

$$\tag{9.40}$$

式中,$J = U_a/(nD)$。于是可以建立两种空泡数的关系式为:$K_a = [1 + (\pi/J)^2] K_t$。对于大多数实际推进器的进速系数 J,由于前进速度比旋转分量小得多,所以进速空泡数常比梢速空泡数大得多。对于一个给定的临界叶梢空泡数,采用较高的进速系数,也就是选用小直径的转子,就能降低前进速度的临界空泡数。也就是说,选用小直径转子对抑制空化是有利的,但这通常与水动力性能的结论相矛盾。

2) 空泡类型

与螺旋桨空泡类似,喷水推进器的转子空泡主要有三种类型:①转子梢涡空泡;②转子片状、泡状空泡;③转子毂涡空泡。

(1) 梢涡空泡。转子旋转时,叶梢处线速度最大,它所划过的轨迹形成螺旋形涡线,涡线所经过的地方流体速度最大、压力最小,因此最容易空化。这类空泡的特点是它不会马上溃灭,而是保留在空泡轨迹中。当空泡观测时,螺旋形涡线一旦出现就表明已经发生梢涡空化。鉴于结构及流动特性的不同,与螺旋桨相比,喷水推进器转子梢涡空泡有其自身的特点。转子叶梢与泵壳内壁的相对运动以及叶梢压力面与吸力面的压差作用驱动了叶梢间隙流动,其与叶片吸力面的主流相互作用形成泄漏涡(Tips Leakage Vortex,TLV),泄漏涡进一步干扰主流运动,形成间隙二次流。间隙流动及泄涡是诱导梢涡空化的主要因素。通常认为转子的梢涡存在以下类型:

① 间隙空泡,由叶梢间隙内的流动分离产生;

② 叶尖刮起的涡空泡;

③ 泄漏涡空泡,由间隙流与主流的相互作用产生。

(2) 片状、泡状空泡。随着负荷的增加,转子吸力面的压力下降产生空泡称为叶表面空泡。这类空泡的特点是形成迅速,当空泡一离开叶片就遇到高压区,很快溃灭,所以产生特别强烈的噪声。转子片状、泡状空泡产生机理与螺旋桨基本类似,不同之处在于定子与转子的流场匹配优化及泵壳的约束。定子的整流作用使得转子的进流随航速变化较小,但定子产生的预旋、脱落涡及角区分离等使得转子运行时攻角发生变化,进而诱导空化;同时转子的抽吸作用,对定子的整流和出流产生影响。转定子流场的相互影响与转子的各空化类型均具有一定的相关性。

(3) 毂涡空泡。在叶根处承受的推力较大时就有可能产生毂涡空泡。此时沿毂涡的涡线(类似于梢涡的涡线,只是半径小得多;在水下毂涡观测中,也可能表现成将军帽尾端单根摆动的涡线)充满可见空泡。毂涡空泡的形成机理与梢涡空泡非常相似。

3) 噪声频谱特征

在水声学中,空化是特别重要的噪声源。空泡在产生、发展和溃灭过程中,伴随着强烈的体积变化,属于单极子噪声源辐射性质。当潜艇和鱼雷在很深的水下航行时,往往较容易避免空化;但是水面舰船在较高航速时控制空化较困难。推进器一旦发生空化,空化噪声将在整个噪声频谱上占优,是其主要噪声源。

Morozov[21]、Lyamshev[22] 和 Boguslavskii[23] 等人都把空化当做一个随机过程来处理,并用统计方法推导其频率特性。由于单个气泡崩溃的脉冲性质和出现次序是随机的,所以得到的频率很宽。谱级以 9dB/倍频程上升至峰值频率后,又以 6dB/倍频程下降。峰值频率可采用下式表示:

$$f_m = \frac{1}{2a_0}\sqrt{\frac{P}{\rho_0}} \qquad (9.41)$$

式中，a_0 为空泡直径；P 为崩溃压力。在空泡观测中，通常采用环境压力 P_0 代替崩溃压力，结合观察得到空泡的平均尺寸大小来估算对应的空泡噪声峰值频率。

从图 9.2 示意图中可以看出空泡频谱随着转速变化的全过程：转速增加，空泡逐渐发展，空泡直径变大使得峰值向低频移动，并最终空泡完全发展，峰值稳定。在这个过程中，基本可以分为三个阶段：

（1）空泡起始。这个阶段的谱特点是高频成分上升快而低频分量基本不变。可以解释为，这时的空泡类型基本上是泡状空泡，单个小空泡的闭合主要参数高频分量。随转速的升高，空泡的数目和尺寸增加，因此总声级持续上升。

（2）空泡发展。这个阶段的总声级增加逐渐变慢，在 1kHz 以上范围内有明显的峰值，且峰值位置随转速增加逐渐向低频移动。主要是因为流场中存在某种涡旋结构使得空泡的平均尺寸比较集中，结果产生明显的峰值。当转速增加时空泡的特征尺寸变大，所以峰值频率下降。

（3）空泡充分发展。这个阶段总声级持续增加，频谱峰值稳定，低频分量明显增加。这个阶段空泡接近充分发展，单个的小空泡被合并成大空泡，出现体积很大的片空泡或者形成覆盖整个叶片空泡薄膜。这种大尺度片空泡脉动时产生较强的低频成分。由于转子来流不均匀，空泡噪声谱必定包含轴频、叶频以及其倍频分量，这也就是在实际噪声测量时听到空泡噪声被轴频调制的主要原因。

4）空泡临界转速

根据螺旋桨空泡噪声实验结果显示，螺旋桨发生空化和非空化时在中高频段总声级相差 20dB 左右。在喷水推进器设计阶段，估算转子的空泡噪声通常是非常困难的，设计人员更关注的是如何推迟空化发生。载体以某一足够大的速度航行时，螺旋桨上出现空泡，其噪声随螺旋桨转速的加快而剧烈增长，我们将这一刚刚开始空泡对应的转速称为临界转速。喷水推进器的临界转速概念与螺旋桨相同，同样取决于推进器距离水面的高度、转子的结构和转子盘面的流动结构。通常将出现空泡瞬间的临界空泡数 σ 的平方根命名为噪声形成参数：

$$\sqrt{\sigma_{ni}} = \frac{1}{\pi n D} \sqrt{\frac{2(p_{kp} - p_v)}{\rho_0}} \tag{9.42}$$

式中：p_{kp} 为开始空泡时的静水压力，p_v 是水的饱和蒸汽压力。

21st ITTC Cavitation committee 报告指出，涡空泡存在尺度效应修正的特征，而片空泡无需修正，以下推导了从模型到实尺度的转子梢涡空泡临界转速的换算公式。

螺旋桨或叶轮初生空泡数通常假定与最小压力系数的关系为 $\sigma_i = -C_{pmin}$，

326

前人对空化初生尺度效应的研究大多数基于上述假定。

根据 McCormick 建立的不同尺度流场最小压力系数的关系式：

$$\frac{\sigma_{ni,s}}{\sigma_{ni,M}} = \frac{C_{pmin,s}}{C_{pmin,M}} = \left(\frac{\mathrm{Re}_s}{\mathrm{Re}_M}\right)^m \tag{9.43}$$

式中：下标 s——实尺度；M——模型；m 为尺度效应修正系数。

以此为基础开展公式推导。

叶梢雷诺数：
$$Re = \frac{UL}{v} \tag{9.44}$$

叶梢线速度用 U 表示，
$$U = \pi nD \tag{9.45}$$

取 L 为直径 D，v 为运动粘性系数：

定义
$$C_{pmin,s} = \frac{p_0 + \rho g h_s - p_v}{0.5\rho_s (\pi N_s D_s)^2}$$

式中：P_0 为大气压；P_v 为饱和蒸汽压，h_s 为叶梢淹没水深。

上式可简化为
$$C_{pmin,s} = \frac{(h_s + 10) \times 10000}{0.5\rho_s (\pi N_s D_s)^2} \tag{9.46}$$

联立以上公式，推导可得临界转速公式：

$$N_s = \left(\frac{\left(\frac{v_s}{v_M}\right)^m \times 10000}{0.5\rho_s \pi^2}\right)^{\frac{1}{2+m}} \cdot \left(\frac{D_M}{D_s}\right)^{\frac{2+2m}{2+m}} \cdot \frac{(h_s + 10)^{\frac{1}{2+m}} \cdot N_M^{\frac{m}{2+m}}}{\left[(\sqrt{\sigma_{ni}})_M \cdot D_M\right]^{\frac{2}{2+m}}} \tag{9.47}$$

式中：N_s 为实尺度空泡临界转速(r/s)；

N_M 为模型空泡试验转速(r/s)；

v_s、v_M 分别为实尺度运行时和模型试验时介质运动粘性系数；

ρ_s 为实尺度运行时介质密度($\mathrm{kg/m^3}$)；

D_s、D_M 分别为实尺度和模型转子直径(m)；

$(\sqrt{\sigma_{ni}})_M$ 为模型试验获得的各转速空泡数的平方根；

尺度效应修正系数 m 的具体取值需根据大量的模型和实船试验数据相关获得，国际上各大试验水池均回归出了适应自身试验条件的 m 值，并持续动态调整，通常取为 0.3~0.5。

9.3.4 喷流噪声与拍击液面辐射声

喷水推进器是通过向船体后部喷射水流来推进船舶前进。水面舰船的喷水推进器和水下潜艇的泵喷都是水流经过喷口向外喷射，喷流区域根据离开喷口远近可分为三部分：混合区、过渡区和充分发展区。喷流水速在混合区内不变，在过渡区内迅速降低,在充分发展区内则与到喷口距离成反比。湍流强度(即轴向速度起伏与喷口速度之比)的大小和速度梯度有关,在充分发展区,速度梯度最小,湍流强度也最小。在噪声测量中也发现,喷流噪声大部分是由混合区和过渡区内的湍流所产生。

流体喷流噪声的一般波动方程[5]为

$$c_0^2 \nabla^2 \rho' - \frac{\partial^2 \rho'}{\partial t^2} = \frac{\partial Q}{\partial t} + \nabla \cdot \mathbf{F} - \frac{\partial^2 T_{ij}}{\partial x_i \partial x_j} \qquad (9.48)$$

其中 Lighthill 应力张量 T_{ij} 见公式 9.26,公式右边三个声源项同样对应于9.2.3 节中的单极子、偶极子和四极子声源特性及发声特性。从物理上来看,三个源项分别反映了喷流的质量起伏、动量起伏和动量流动率起伏。

在喷水推进稳定喷流中,公式 9.43 右边第一项(单极子)和第二项(偶极子)都忽略不计,只有第三项(四极子)才是有效辐射声源。由于喷水推进器喷流处于极低的马赫数范围,喷流四极子源的辐射声能要远小于其他噪声机理,通常被忽略,这可能便是喷水推进器喷流噪声研究较少的原因。然而,当喷水推进器非正常运行时,比如旋转叶轮出现不对中现象时,喷流将出现轴频的质量脉动,此时喷流噪声将以第一项(单极子)为主,并将大大增强喷流拍击液面能量,导致喷流噪声显著增强。

水面舰船喷水推进器的喷出水流受重力影响拍击液面,水流与液面非弹性碰撞引发飞溅声。水滴碰撞海面而产生的飞溅声,是一个主要的水下噪声源。水滴通常是由碎浪产生的,也可由雨水或水面舰船船艏波的破裂造成。虽然已经有了大量的飞溅照片,但在文献中对这种水下噪声讨论极少。下面主要介绍一下 Franz[24] 的研究成果。

Franz 测量了由单个水滴以及水滴群的碰撞所产生的水下噪声。他发现了两种不同的噪声机理:

(1) 水滴在水面直接碰撞辐射出尖脉冲;

(2) 以及随之而来的气泡体积脉动发出的声音。他还发现了两者的辐射都有典型的近表面声源的余弦指向性,碰撞声正比于冲击体的动能和马赫数的三次方,而气泡声是完全无规则的,并不完全随水滴大小或速度而变化。

飞溅水滴碰撞阶段辐射的声频谱,有很宽的频带,并且始终随水滴大小和碰撞速度而变化。根据 Franz 对这类声音的测量结果,在高频按每倍频程约 5dB的速率下降,对于给定尺寸的水滴,碰撞速度增加两倍,辐射声增加 13 ~ 17dB。有研究发现气泡脉动的声音更接近正弦,其频谱一般在 500Hz 到 10000Hz 之间有比较尖锐的峰值。Franz 发现,在气泡声最强的倍频程上,它们通常是占优势的,而在其他频率上,则由碰撞声控制频谱。

9.4 喷水推进器噪声控制[25、26]

根据前一小节的声辐射机理研究,喷水推进器的噪声频谱特征主要分为:来源于叶轮前几阶脉动力的低频线谱噪声、推进器各部件间的涡旋产生的低频宽带噪声、可能被流激励起的叶轮唱音和空泡噪声。本节通过流场和结构两个方面对喷水推进泵噪声控制方法进行探讨。

9.4.1 流场设计

将结构视为刚性,只探讨喷水推进器内流场特性分布变化对声辐射的影响,讨论叶轮前几阶脉动力引起的低频线谱噪声和推进器各部件间的涡旋产生的低频宽带噪声的控制措施,以及空泡噪声的抑制措施。

1) 低频线谱噪声

类似于螺旋桨,喷水推进器转子在运转时,转子表面脉动力出现以叶频和叶频倍频峰值的频谱特性,脉动力以偶极子源辐射噪声中仍包含这些峰值特征,它是推进器低频线谱噪声的主要来源。另外,低频非定常力除直接辐射低频段噪声外,还可作为激励源通过轴系传递到船体结构以及通过流体激励喷水推进器泵壳(导管脉动压力),引起船体结构低频振动声辐射,因此喷水推进器设计时,需要对转子非定常力加以控制。

喷水推进器转子非定常力主要与转子参数如:直径、叶数和侧斜角密切相关,也与转子前面来流经过的结构流场如:来流通道和定子结构有关,见表9.3。总体看来侧斜对非定常力影响比较显著,叶片数显著影响峰值频率,控制转子非定常力有利于降低低频线谱噪声。喷水推进器的非定常力可以通过增加转子叶数、增加侧斜和减小转子直径的措施加以控制,然而并不一定是加强某一个参数的控制就能达到减噪的效果,需要综合考虑其他诸多因素的影响。

表9.3 喷水推进器主要参数与转子非定常力的影响

	转子非定常力
直 径	●
叶 数	●
盘面比	○
泵壳(导管)类型	
负荷分布	●

（续）

	转子非定常力
侧　斜	●
剖面形式	
厚度分布	
叶梢几何	
前置定子	○
流　道	○

注："●"表示影响显著，"○"表示有一定影响不是很显著，空白表示还有待深入研究

2) 低频宽带噪声

喷水推进器内回流或者涡旋,应该说是影响水力效率的重要因素,回流和漩旋涡产生的水力摩擦和水力撞击要消耗功率,变成热能,同时也要产生噪声;回流速度高时,在回流的中心,压力降低到液体常温下的汽化压力时,产生空化,特别在低压区的回流,更容易诱发空化。回流与过流部件几何形状的设计有很大的关系,几何形状设计不好的,即使在设计工况下,也要产生回流。此外叶轮和导叶的相互作用,还可能产生耦合频率及其谐频的线谱噪声,故对转定子的匹配需要加以关注。

喷水推进器在正常运转工况下,存在涡旋噪声的区域主要有:

(1) 在进入泵的导叶或叶轮前存在回流,轴流式诱导轮前流场的研究说明了回流的存在,存在回流就会产生回流噪声;

(2) 导叶与叶轮之间,由于叶轮出流角与导叶进口角(或导叶出流角与叶轮叶片进口角)不可能完全一致,因而形成干扰或者撞击,形成涡旋和回流;

(3) 出口导叶或叶轮后的尾流也形成涡旋和回流;

(4) 推进泵喷口后的尾流与船艉部的环境流场产生干扰,水流之间互相撞击产生噪声(喷流噪声);

(5) 推进泵叶轮叶片梢部与泵壳之间的间隙,存在有间隙泄漏流,会产生间隙回流而形成噪声。

这些涡旋是一种四极子声源。这种声源包括发生在流体边界上的动量通量脉动(雷诺应力)和粘性应力,也包括可以发生在流体内部的热传导和非线性效应产生的应力。水中四极子的声辐射通常是微弱的,除非涡旋中包含空化气泡和涡旋运动马赫数很高。通常只需要考虑这些涡旋在结构表面形成的非定常力的声源,这些声源与涡旋强度直接相关,主要分布于结构后缘,如通道入口、定子、转子和喷口处。低频宽带噪声的控制措施主要就是降低涡旋的湍流强度:比

330

如降低湍流度、降低转速和船速,以及优化关键部位的流线结构等。

3) 空化噪声

喷水推进器发生空化时不仅仅会降低推进效率,腐蚀结构,更重要的是会大大提高辐射噪声。

喷水推进器(包含水下的泵喷)可能发生空化的部位有:通道入口的唇部、转子和喷口,至于水流喷出水面形成的气泡不在这里讨论。对比而言,转子叶梢是最容易空化的部位。喷水推进器设计中,通常用临界转速来衡量其空泡性能,主要控制空泡噪声的措施不是如何降低空泡噪声,而是如何避免发生空化。

转子的片状、泡状空泡产生机理与螺旋桨基本类似,不同之处在于定子与转子的流场匹配优化及导管的约束。定子的整流作用使得转子的进流随航速变化较小,但定子产生的预旋、脱落涡及角区分离等使得转子运行时攻角发生变化,进而诱导空化;同时转子的抽吸作用,对定子的整流和出流产生影响。转、定子流场的相互影响与转子的各空化类型均具有一定的相关性。

转子的三种空化类型中,梢涡空泡最容易发生,其次是片状、泡状空泡,而毂涡空泡通常最不易发生。针对梢涡和背片片状、泡状空泡抑制采取的控制措施是不同的,且采取的措施可能相互制约。需要针对转子模型的梢涡和背片空泡性能进行综合考虑,适当进行权衡设计。

对于转子的梢涡空化。鉴于结构及流动特性的不同,与螺旋桨相比,转子梢涡空泡有其自身的特点。转子叶梢与泵壳内壁的相对运动以及叶梢压力面与吸力面的压差作用驱动了叶梢间隙流动,其与叶片吸力面的主流相互作用形成泄漏涡(Tips Leakage Vortex,TLV),泄漏涡进一步干扰主流运动,形成间隙二次流。间隙流动及泄漏涡是诱导梢涡空化的主要因素。通常认为转子的梢涡存在以下类型:

① 间隙空泡,由叶梢间隙内的流动分离产生;

② 叶尖刮起的涡空泡;

③ 泄漏涡空泡,由间隙流与主流的相互作用产生。

参照国际上相关推进器梢部空泡性能改进研究成果,转子梢部局部几何参数对梢涡空泡性能有很大影响。泵喷转子梢部的侧斜变化可以改变转子梢部的压力分布的形态,采用梢部局部反侧斜后泵喷转子梢部压力分布更加均匀,不同程度的纵倾对梢部局部区域的压力分布的影响也不一样。提高梢涡空泡性能的具体措施包括:

① 梢部卸载,减小间隙二次流驱动压力;

② 减小叶梢线速度,适当增大盘面比;

③ 优化侧斜和纵斜分布,协调转子叶梢局部几何参数。

9.4.2 结构设计

将结构视为弹性,探讨喷水推进器内流体激励结构振动辐射噪声,主要讨论叶轮唱音的控制措施。

1) 结构流激振动辐射宽带噪声

流激励力除了转子转动形成的周期分量外还包括紊流边界层内的不同尺度涡旋形成的随机分量。这些分量与喷水推进器中不同结构部件的某些振动形式(固有振型和频率)相吻合时,会激发不同程度的共振,体现在推进器噪声频谱中的宽带噪声。当这些流激振动与机械振动相结合时,甚至出现某些频率的窄带噪声。

此类宽带噪声的控制措施主要包括两个方面:

(1) 激励源。与低频宽带噪声的控制措施相同:主要就是降低涡旋的湍流强度:比如降低湍流度、降低转速和船速,以及优化关键部位的流线结构等。对泵喷推进器的导管脉动压力可以通过增加间隙比、增加转子叶数、增加侧斜、减小梢部负荷的措施加以控制;而泵喷推进器的非定常力可以通过增加转子叶数、增加侧斜和减小转子直径的措施加以控制。

(2) 结构系统。主要的控制措施有:增强系统刚度和阻尼。通过适当的加强筋方法改善流道和导管振动形式,使之避开转子叶频激励;转子采用复合材料或阻尼材料来降低振动幅值。综合设计包括喷水推进器的通道边界、直径、厚度分布、转定子叶数、侧斜、剖面等诸多结构系统参数,对系列喷水推进结构系统进行优化设计,从而提高低频乃至中高频宽带噪声。

2) 叶轮唱音

叶轮唱音是当转子的振动频率(湿模态频率)与流场涡发放频率吻合时,发生强烈的声辐射的现象。然而,在工程实际中,同一张图纸生产的一批螺旋桨,只有一个有唱音,其余的都没有唱音的现象并不少见。事实上,最常见的只是螺旋桨的一个叶片有唱音,并且唱音发生在它旋转过程的一部分时间内,偶尔也有两个叶片同时有唱音,但频率稍有不同。因为桨叶是否有唱音取决于物理上的一些很小的差异,所以在有关文献中,出现互相矛盾的解决方法是不足为奇的。因而,已报道过把导边削尖、把随边削尖和把随边削钝等可以消除唱音的实例。

发生唱音并不仅仅是涡发放频率与转子频率吻合就行,它还需要另外两个条件满足才行:

① 产生唱音需要激励力分布与转子某些振动形式(模态振型)相切合。叶片振动方式只有一小部分能容易地为随边激励所激发。其中的一个还必须和漩涡散发频率一致。所以,叶片的任何一点变化,或者使固有频率变化或者使漩涡

332

散发频率变化,都有可能消除唱音。叶片具有较直的导边比弯曲导边更容易产生唱音。

② 产生唱音要有相当的振动幅度。因此,避免唱音的方法是采用高阻尼合金材料来制造桨叶,用振动阻尼处理来减小共振影响。可以采用 Van de Voorde[27] 和 Eagleson 等[28] 描述的那些反唱音随边,或者对叶片加阻尼的方法来解决唱音。

9.5 本 章 结 语

喷水推进的噪声和控制是一个全新的课题。近 30 年来国内外对喷水推进技术的研究均以水动力性能为主,但近十余年随着喷水推进技术在军用舰船上的广泛应用,对喷水推进的噪声提出了控制要求,因而才引起科研人员的重视。

本章从介绍噪声的基本概念出发,对水动力噪声的原理,喷水推进噪声的机理研究,如紊流直发声、流激振动辐射声、空泡噪声、喷流噪声与拍击液面的辐射声一一作了介绍。针对喷水推进噪声的控制,从流场设计、推进泵结构设计方面进行了讨论,即流场优化设计可避免空化、降低非定常激励力;结构优化设计能避免共振,降低振动幅值。

鉴于对喷水推进的噪声机理目前尚没真正研究透,随着国家对该项目的重视和科研人员的努力,新的研究成果会逐渐出现,我们将在适当的时机对喷水推进的噪声和控制编著专著进行更深入的讨论。

参 考 文 献

［1］ The International Towing Tank Conference. The specialist committee on validation waterjet test procedures［R］. 21stITTC－24th ITTC,1996－2005.

［2］ 刘伯胜,雷家煜. 水声学原理［M］. 哈尔滨:哈尔滨工程大学出版社,2009.

［3］ 陈克安. 有源噪声控制［M］. 北京:国防工业出版社,2003.

［4］ 杨士莪. 有源噪声控制［M］. 哈尔滨:哈尔滨工程大学出版社,2007.

［5］ 汤渭霖.水下噪声学原理［M］.上海:上海交通大学,2004.

［6］ 孙超. 水声学原理及应用. 西安:西北工业大学,2006.

［7］ 孙晓峰,周盛.气动声学［M］.北京:国防工业出版社,1994.

［8］ Lighthill M J.Proceedings of the Royal Society of London,Series A 1952［C］.London:1952.

［9］ Lighthill M J.Proceedings of the Royal Society of London,Series A 1952［C］.London:1954.

［10］ Curle N T. Proceedings of the Royal Society of London,A 231［C］,1955. London:1955.

［11］ Ffowcs Williams J E,Hawkings D L.Sound generation by turbulence and surface in arbitrary motion［J］. Phil. Trans. Roy. Soc. ,1969,264A:321－342

［12］ Farassat F,Succi G P.The prediction of helicopter discrete frequency noise［J］.Vertica,1983,7(4): 309－320

［13］ Powell A. Theory of Vortex Sound［J］. Acoust. Soc. Am. , 1964,36:177－195

［14］ Howe M S, Theory of Vortex Sound［M］. New York: Cambridge University Press, 2002.

［15］ 王勖成. 有限单元法［M］.北京:清华大学出版社:2012.

［16］ 王春旭,曾革委,许建.湍流边界层脉动压力波数—频率谱模型对比研究［J］.中国舰船研究,2011,1: 35－40.

［17］ Strawderman W A.Turbulence induced Plate vibration:some effets of fluid loading on finite and infinite Plates［J］.J. Acoust. Soe. Am. ,1972,52(2):1537－1552.

［18］ Durant C.Vibroaeoustic response of a thin cylindrical shell exeited by a turbulent internal flow: Comparison between numerical prediction and experimentation［J］.Sound and Vibration,1999,229(5):1115－1155.

［19］ 魏建辉,陈美霞,乔志.湍流激励下单层加筋圆柱壳振动声辐射特性研究［R］.船舶水下噪声学术讨论会,2011

［20］ Ross D. Mechanics of underwater noise［M］.Pergamon Press, Oxford:1976.

［21］ Boguslavskii, Yu Ya, et al. Sound radiation by a cavitation zone［J］. Sov. Phys. －Acoustics, 1970, 16: 17－20.

［22］ Lyamshev L M. On the theory of hydrodynamic cavitation noise［J］. Sov. Phys. －Acoustics, 1969, 15: 494－498.

［23］ Morozov V P. Cavitation noise as a train of sound pulses generated at random times［J］. Sov. Phys. －Acoustics, 1968, 14: 361－365.

[24] Franz G J. Splashes as sources of sound in liquids[J]. J. A. S. A. , 1959, 31: 1080-1096.

[25] 方丹群,张斌,孙家麒,卢伟健. 噪声控制工程学[M]. 北京:科学出版社,2013.

[26] 盛美萍,王敏庆,孙进才. 噪声与振动控制技术基础[M]. 北京:科学出版社,2007.

[27] Van de Voorde CB. The singing of ship propellers[J]. Int. Shipbuilding Progress. 1960, 7: 451-455.

[28] Eagleson P S, Noutsopoulos,G. K. , et al. The nature of self-excitation in the flow-induced vibration of flat plates[J]. J. Basic Engin, 1964, 86D: 599-601.

第 10 章 喷水推进器性能的数值预报技术

10.1 喷水推进计算流体力学基础

10.1.1 基本概念

流体力学研究主要有三种方法,即实验研究、理论分析和流场数值模拟 (CFD,Computational Fluid Dynamics)。实验研究结果真实可靠,是发现流动规律、检验理论和为流体机械设计提供数据的基本手段。但实验也有其局限性,对于大尺度的研究对象(比如飞机、船舶),必须制作缩尺模型。严格来说,模型流场所有无量纲参数应与真实流动相同,实际上这很难办到,通常只能满足主要而忽略次要。实验还要受测量技术的制约,而且实验周期长、费用高。理论分析方法则利用简化流动模型假设,给出所研究问题的解析解,这种方法只能对一些非常简单的流动问题进行求解。理论工作者在研究流体运动规律的基础上建立了各种类型的控制方程,奠定了计算流体力学基础。

1946 年第一台电子计算机问世以来,计算机技术迅速发展。计算流体力学作为流体力学研究的另一分支应运而生,并借助于计算机技术而快速发展。20世纪 70 年代~80 年代,由于受计算机内存和速度的限制,仅能对无粘流场和一些简单的二维粘性流场进行数值计算。80 年代后,随着数值模拟实用价值在工程实际中的展示以及计算机技术的进一步发展,吸引了大批研究人员投身于此项工作,构造出很多适合于各种流动情况的数值计算方法。现在工程中的大部分流动问题都可以用计算机进行数值模拟。对于船舶的流场,比如船舶阻力(外流问题)、推进器三维粘性流场(内流问题)等都可以用数值计算比较准确地模拟。对于复杂而实验测量较困难的流动问题,比如喷水推进泵叶轮叶梢间隙内流动,数值模拟还用来部分代替实验,探索流动规律。

流场数值模拟不但具有耗费小、时间短、省人力等优点,而且还能对实验难以测量的流动进行模拟,因而在工业领域中得到越来越广泛的应用,如航空航天、船舶及海洋工程、核工业、热能工程、天气预报、海浪和风暴溯预报等。

但数值计算所固有的不完善性决定了实验研究和理论分析的不可取代性。

336

首先,数值计算所涉及的流体力学基本方程都是非线性偏微分方程(组),目前尚无成熟的非线性偏微分方程数值计算的数学理论,没有严格的稳定性分析、误差分析和收敛性证明方法。其次方程的离散化引进数值粘性和数值耗散等虚假物理现象,不仅改变了方程的精度而且改变了其性质。

此外,目前的数值模拟还很大程度上受计算机水平(计算机内存和速度)的限制。比如湍流流动,描述其运动的控制方程为经典的 Navier-Stokes 方程(下文简称为 N-S 方程),可直接进行离散求解,即 DNS(Direct Navier-Stokes)方法。但由于流动是三维非定常流,且各种涡的尺度变化较大,如果要数值模拟这种流动,需要足够密的网格节点分布。限于计算机速度,目前这种方法在工程实际中还未能得到应用,但已有人采用这种方法通过对一些简单流动的数值计算,研究该方法对大分离预测精度、湍流附面层流动机理以及对湍流模型进行考核。

目前工程实际中湍流流场计算大都采用雷诺平均 N-S 方程方法,即 RANS(Reynolds-Averaged Navier-Stokes)方法。采用 RANS 方法计算所引入的湍流模型属经验或半经验关系式,因此影响计算精度,特别是大分离流动的计算精度。为此,近几年发展出大涡模拟(Large-Eddy Simulation,LES)和分离涡模拟(Detached-Eddy Simulation,DES)方法。这两种方法可有效提高分离流计算精度,但与 RANS 方法比较,计算时间大幅度增加。

总之,在流体力学领域,数值模拟和实验研究、理论分析三者互相促进,任何一种研究方法都不可偏废。但可以肯定,数值模拟较实验研究和理论分析所占的比例将越来越大,这一趋势是确定的。

流场数值模拟也叫流场计算机模拟,是计算流体力学的核心内容。它是以计算机为手段,通过数值计算以数据和图像显示,再现研究对象及其内在规律。数值模拟也可以理解为用计算机来做实验。比如一个圆柱绕流,通过计算可得到其升力、阻力数值,由图形显示可看到流场的各种细节:绕流流线、微波的位置、强度,流动分离,涡的生成与传播等。实际上作为连续介质的流体运动是一个无限的信息系统,而计算机的内存以及所能表示的数位都是有限的。数值模拟是在流场中按一定规律排列有限个点(这些点叫网格节点),用这些离散点上的信息近似表示整个连续流场。

流场数值模拟可分为以下几个步骤[1]:

① 首先要根据流动特点和所要达到的目的,建立适当的数学模型,即控制方程。此外,给出相应的定解条件(初始和边界条件)。

② 数学模型建立后,接下来是要寻求高效率、高精度的计算方法。所谓高效率指的是计算速度快,所耗费的计算机时间少。计算方法包括微分方程的离散方法及求解方法,同时还包括边界条件的处理方法等。计算方法的选择要依

据于具体所要计算的流场特点。

③ 在确定了计算方法后,开始编制、调试计算机程序和进行计算。这部分工作是整个工作的主体,占绝大部分时间。计算程序通常包括 3 个部分:流场计算网格生成、流场计算和计算结果后处理。一个大型计算程序编制和调试是一个非常严密的过程,要求研制人员有扎实的理论基础,同时还要有一定的经验积累和技巧。一个上万条语句(可能包括超过 10 万个字符)程序,如果其中有一个字符错误,则整个程序无法运行或运行后得不到正确结果。计算结果后处理是根据计算所得各网格节点上的流动参数数值进一步计算出所需的结果。

同时也可采用商用软件(目前应用较广泛的商用软件有美国的 Fluent[2]、比利时的 NUMECA 等)。只有具备计算流体力学的理论基础,才能提高商用软件的应用能力。同样一个流场采用同样一款商用软件进行流场计算,不同人的计算结果会存在差别,甚至有可能得到的结果不合理或得不到计算结果。

10.1.2 基本方程

计算流体力学方法是对流场的控制方程用计算数学的方法将其离散到一系列网格节点或中心上求其数值解的一种方法。流体机械内部流动的控制方程是以质量守恒方程、动量守恒方程以及能量守恒方程为主的方程组,它们是流体流动所遵循的普遍规律。

1) 质量守恒方程

又称连续方程,具体的数学表达形式如下:

$$\frac{\partial \rho}{\partial t} + \frac{\partial(\rho u)}{\partial x} + \frac{\partial(\rho v)}{\partial y} + \frac{\partial(\rho w)}{\partial z} = 0 \qquad (10.1)$$

式中:t 为时间;ρ 为密度。u,v,w 为流体在笛卡尔坐标系中 x,y,z 坐标方向上的速度分量。

2) 动量守恒方程

在连续介质的假设下,流体的动量方程是 N-S 方程。三维非稳态 N-S 方程的数学表达式如下:

$$\frac{\partial(\rho u)}{\partial t} + \mathrm{div}(\rho u U) = \mathrm{div}(\mu \cdot \mathrm{grad}(u)) + S_u - \frac{\partial p}{\partial x}$$

$$\frac{\partial(\rho v)}{\partial t} + \mathrm{div}(\rho v U) = \mathrm{div}(\mu \cdot \mathrm{grad}(v)) + S_v - \frac{\partial p}{\partial y} \qquad (10.2)$$

$$\frac{\partial(\rho w)}{\partial t} + \mathrm{div}(\rho w U) = \mathrm{div}(\mu \cdot \mathrm{grad}(w)) + S_w - \frac{\partial p}{\partial z}$$

式中:U 为流体速度;p 为流体压力;S_u,S_v,S_w 为 3 个动量方程的广义源项,其表

338

达式为

$$S_u = \frac{\partial}{\partial x}\left(\mu\,\frac{\partial \boldsymbol{u}}{\partial x}\right) + \frac{\partial}{\partial y}\left(\mu\,\frac{\partial \boldsymbol{v}}{\partial x}\right) + \frac{\partial}{\partial z}\left(\mu\,\frac{\partial \boldsymbol{w}}{\partial x}\right) + \frac{\partial}{\partial x}(\lambda\,\mathrm{div}U)$$

$$S_v = \frac{\partial}{\partial x}\left(\mu\,\frac{\partial \boldsymbol{u}}{\partial y}\right) + \frac{\partial}{\partial y}\left(\mu\,\frac{\partial \boldsymbol{v}}{\partial y}\right) + \frac{\partial}{\partial z}\left(\mu\,\frac{\partial \boldsymbol{w}}{\partial y}\right) + \frac{\partial}{\partial y}(\lambda\,\mathrm{div}U) \qquad (10.3)$$

$$S_w = \frac{\partial}{\partial x}\left(\mu\,\frac{\partial \boldsymbol{u}}{\partial z}\right) + \frac{\partial}{\partial y}\left(\mu\,\frac{\partial \boldsymbol{v}}{\partial z}\right) + \frac{\partial}{\partial z}\left(\mu\,\frac{\partial \boldsymbol{w}}{\partial z}\right) + \frac{\partial}{\partial z}(\lambda\,\mathrm{div}U)$$

式中, λ 为热导率; μ 为动力粘性系数。

3) 能量守恒方程

$$\frac{\partial(\rho T)}{\partial t} + \mathrm{div}(\rho \boldsymbol{U}T) = \mathrm{div}\left(\frac{\lambda}{c_p}\mathrm{grad}T\right) + S_T \qquad (10.4)$$

式中: c_p 为比定压热容; T 为流体温度、S_T 为源项; 且 $S_T = S_h + \phi$, S_h 为流体的内热源; ϕ 为由于粘性作用机械能转换为热能的部分, 称为耗散系数, 其表达式为

$$\phi = \mu\left\{2\left[\left(\frac{\partial \boldsymbol{u}}{\partial x}\right)^2 + \left(\frac{\partial \boldsymbol{v}}{\partial y}\right)^2 + \left(\frac{\partial \boldsymbol{w}}{\partial z}\right)^2\right] + \left(\frac{\partial \boldsymbol{u}}{\partial y} + \frac{\partial \boldsymbol{v}}{\partial x}\right)^2\right.$$

$$\left. + \left(\frac{\partial \boldsymbol{u}}{\partial z} + \frac{\partial \boldsymbol{w}}{\partial x}\right)^2 + \left(\frac{\partial \boldsymbol{v}}{\partial z} + \frac{\partial \boldsymbol{w}}{\partial y}\right)^2\right\} + \lambda\,\mathrm{div}U \qquad (10.5)$$

10.1.3 初始条件和边界条件

所有 CFD 问题都需要有边界条件, 对于瞬态问题还需要有初始条件。流场的解法不同, 对边界条件和初始条件的处理方式也不一样。

所谓边界条件, 是指在求解域的边界上所求解的变量或其一阶导数随地点及时间变化的规律。只有给定了合理边界条件的问题, 才可能计算得出流场的解。因此, 边界条件是使 CFD 问题有定解的必要条件, 任何一个 CFD 问题都不可能没有边界条件。

在 CFD 模拟时, 基本边界条件包括:

① 流动进口边界;

② 流动出口边界;

③ 给定压力边界;

④ 壁面边界;

⑤ 对称边界;

⑥ 周期性(循环)边界。

不同的 CFD 文献, 对边界条件的分类方式不完全相同。在复杂流动中, 还经常见到内部表面边界, 如喷水推进泵叶轮的叶片等。

流动进口边界,就是在进口边界上指定流动参数的情况。常用的流动进口边界包括速度进口、压力进口和质量进口。例如,速度进口边界表示给定进口边界上各节点的速度值。质量进口边界主要用于可压缩流动。流动出口边界条件是指在指定位置(几何出口)上给定流动参数,包括速度、压力等。流动出口边界条件是与流动进口边界条件联合使用的。

壁面是流动问题中最常用的边界。对于壁面边界条件,除压力修正方程外,各离散方程的源项需要作特殊处理。特别对于湍流计算,因湍流在近壁面区演变为层流,因此,需要针对近壁面区,采用壁面函数法,将壁面上的已知值引入到内节点的离散方程的源项。

在流动分布的详细信息未知,但边界的压力值已知的情况下,使用恒压边界条件。应用该边界条件的典型问题包括:物体外部绕流、自由表面流、自然通风及燃烧等浮力驱动流和有多个出口的内部流动。应用恒压边界条件时,节点的压力修正值为 0。

对称边界条件与周期性边界条件,是工程中经常见到的另外两类边界条件。对称边界条件是指所求解的问题在物理上存在对称性,应用对称边界条件,可避免求解整个计算域,从而求解规模缩减到原来的一半。

周期性边界条件也叫循环边界条件,常常是针对对称问题提出的。例如,在轴流式水轮机或水泵中,叶轮的流动可划分为与叶片数相等数目的子域,在子域的起始(例如 $k=1$)边界和终止(例如 $k=nK$)边界上,就是周期性边界。在这两个边界上的流动完全相同。

使用边界条件,看起来是一件比较简单的事,但在许多情况下,并不是可以很清楚地让用户决定使用哪一类边界条件。一定要保证在合适的位置、选择合适的边界条件,同时让边界条件不要过约束,也不要欠约束。

10.1.4 湍流模型

自 1883 年著名的 Reynolds 试验引出湍流平均方法及湍流封闭问题以来,至今已一百多年,自然科学仍然在这一湍流难题的门前徘徊。对于简单的湍流运动,有可能用解析方法对它们的统计特性进行近似的预测,然而,对于复杂湍流,解析方法几乎是无能为力的,特别是对于不规则的湍流流动,因此实验测量和数值模拟成为研究复杂湍流的必要手段。自从 20 世纪 70 年代以来,随着计算机技术的迅速发展,采用数值模拟方法研究湍流已成为不可或缺的手段。

目前,湍流的数值模拟方法可以分为直接数值模拟(Direct Numerical Simulation,DNS)方法和非直接数值模拟方法。所谓直接数值模拟方法是指直接用数值方法求解 N-S 方程。绝大多数研究者都认为,包括脉动运动在内的湍流瞬时运动也服从 N-S 方程,而 N-S 方程本来就是封闭的,不需要建立模型。直接数值模拟方法就是直接用瞬时的 N-S 方程对湍流进行计算。DNS 的最大好处是无需对湍流流动作任何简化或近似,理论上可以得到相对准确的计算结果。但是湍流的直接数值模拟一直受到计算机硬件条件的限制。为了模拟湍流流动,一方面要求计算区域的尺寸应大到足以包含湍流运动中出现的最大尺度的涡;另一方面要求计算网格的尺度应小到足以分辨最小涡的运动。然而,就目前的计算机能力而言,所允许采用的计算网格的最小尺度仍比最小涡尺度大得多。即使计算网格可以取得足够细小,按目前计算机的运行速度,直接求解湍流 N-S 方程所需的时间也是令人望而生畏的。目前直接数值模拟还无法用于真正意义上的工程计算,但大量的探索性工作正在进行之中。

　　非直接数值模拟基于湍流模式理论,它不直接计算湍流的脉动特性,而是设法对湍流作某种程度的近似和简化处理。依赖于所采用的近似和简化方法不同,非直接数值模拟又分为统计平均法、雷诺平均法(Reynolds-Average Numerical Simulation,RANS)和大涡模拟(Large Eddy Simulation,LES)。统计平均法基于湍流相关函数的统计理论,主要是用相关函数及谱分析的方法来研究湍流结构,统计理论主要涉及小尺度涡的运动,因此这种方法在工程中的应用不是很广泛。这里主要介绍一下大涡模拟 LES 和雷诺平均模拟 RANS 方法。非直接数值模拟方法的分类见图 10.1。

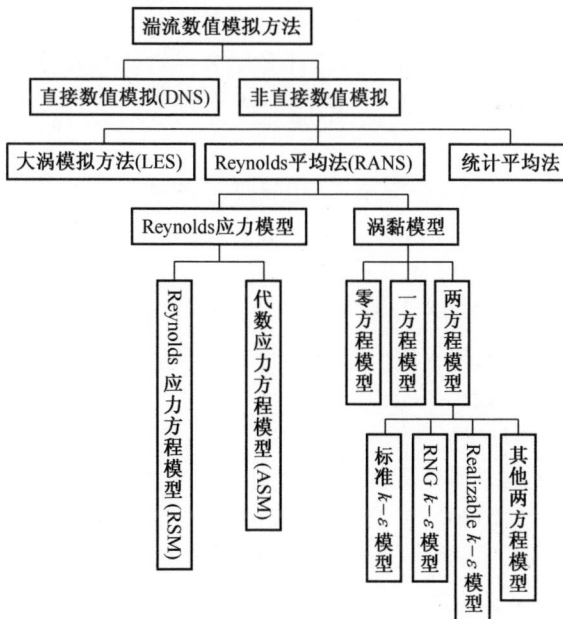

图 10.1　非直接数值模拟方法分类图

10.1.4.1 直接数值模拟

直接数值模拟(Direct Numerical Simulation,DNS)就是直接用瞬时的 Navier-Stokes 方程对湍流进行计算。DNS 的最大好处是无须对湍流流动作任何简化或近似,理论上可以得到相对准确的计算结果。

但是,实验研究表明,在一个 $0.1×0.1m^2$ 大小的流动区域内,在高 Re 数的湍流中包含尺度为 $10～100\mu m$ 的涡,要描述所述尺度的涡,则计算的网格节点数将高达 $10^9～10^{12}$ 个。同时,涡流脉动的频率约为 10kHz,因此,必须将时间的离散步长取为 $100\mu s$ 以下。在如此微小的空间和时间步长下,才能分辨出湍流中详细的空间结构及变化剧烈的时间特性。对于这样的计算要求,现有的计算机能力还是比较困难的。DNS 对内存空间及计算速度的要求非常高,目前还无法用于真正意义上的工程计算。但大量的探索性工作正在进行之中。

随着计算技术,特别是并行计算技术的飞速发展。有可能在不远的将来,将直接数值模拟方法用于实际工程计算。

10.1.4.2 大涡模拟

为了模拟湍流流动,一方面要求计算区域的尺度应大到足以包含湍流运动中出现的最大涡;另一方面要求计算网格的尺度应小到足以分辨最小涡的运动。然而,就目前的计算机能力来讲,能够采用的计算网格的最小尺度仍比最小涡的尺度大许多。因此,目前只能放弃模拟对全尺度范围上涡的运动,而只将比网格尺度大的湍流运动通过 N-S 方程直接计算出来。对于小尺度的涡对大尺度运动的影响则通过建立模型来模拟,从而形成了目前的大涡模拟法(large eddy simulation,LES)。

LES 方法的基本思想可以概括为:用瞬时的 N-S 方程直接模拟湍流中的大尺度涡,不直接模拟小尺度涡,而小涡对大涡的影响通过近似的模型来考虑。

总体而言,LES 方法对计算机内存及 CPU 的速度要求仍比较高,但低于 DNS 方法。目前,在工作站和高档 PC 机上已经可以开展 LES 工作。同时 LES 方法也是目前 CFD 研究和应用的热点之一,相关理论的介绍,请参考计算流体力学专业书籍,这里不再赘述。

10.1.4.3 雷诺平均法

多数观点认为,虽然瞬时的 N-S 方程可以用于描述湍流,但 N-S 方程的非线性使得采用解析法精确描述三维瞬态问题非常困难,即使能真正获得这些细节,对于解决实际问题也没有太大意义。因为从工程应用来看,最为重要的是湍流引起的平均流场的变化,是一个整体的效果。因此,人们很自然地想到求解时均化的 N-S 方程,而将瞬态的脉动量通过某种模型在时均化的方程中体现.由此产生了 Reynolds 平均法。Reynolds 平均法的核心是不直接求解瞬时的 N-S

方程,而是求解时均化的 Reynolds 方程。这样,不仅可以避免 DNS 方法的计算量大的问题,而且对工程实际应用可以取得很好的效果。Reynolds 平均法是目前使用最为广泛的湍流数值模拟方法。

由于时均化的 Reynolds 方程被简称为 RANS,因此,Reynolds 平均法也称为 RANS 方法。

从 Reynolds 方程可以看出,方程中含有与湍流脉动值相关的 Reynolds 应力项,它是新的未知量。因此,要使方程组封闭,必须对 Reynolds 应力作出假设,即建立应力的表达式(或引入新的湍流模型方程),通过这些表达式或湍流模型,把湍流的脉动值与时均值联系起来。

根据对 Reynolds 应力作出的假定或处理方式不同,目前常用的湍流模型可分为两大类:Reynolds 应力模型和涡粘性模型。下面将分别介绍这两类湍流模型。

1) Reynolds 应力模型(代数应力方程模型)

在 Reynolds 应力模型方法中,通常直接构建 Reynolds 应力方程,Reynolds 应力方程模型中的 Reynolds 应力方程为微分形式,如果将 Reynolds 应力方程的微分形式转化为代数方程的形式,则称这种模型为代数应力方程模型。因此,代数应力方程模型也属于 Reynolds 应力模型。

2) 涡粘性模型[3]

在涡粘性模型方法中,通常不直接处理 Reynolds 应力项,而是引入湍流粘度或称涡粘性系数,然后将湍流应力表达成湍流粘度的函数。整个计算的关键在于确定湍流粘度。湍流粘度的提出来源于 Boussinesq 提出的涡粘性的假设,该假设建立了 Reynolds 应力与平均速度梯度的关系。引入 Boussinesq 假设后,湍流数值模拟的关键在于如何确定湍流强度 μ_t。而涡粘性模型,就是将湍流强度 μ_t 湍流时均参数联系起来的一种关系式。根据用来确定湍流粘度 μ_t 的微分方程个数,涡粘性模型可以分为零方程模型、一方程模型和两方程模型。

目前,两方程模型在工程中应用最为广泛,最基本的两方程模型为标准 $k - \varepsilon$ 模型,即分别引入关于湍动能 k 和耗散率 ε 的方程。此外,还有各种改进的 $k - \varepsilon$ 模型,比如 RNG $k - \varepsilon$ 模型和 Realizable $k - \varepsilon$ 模型。下面将具体介绍这几种涡粘性模型。

(1)标准 $k - \varepsilon$ 模型。

标准 $k - \varepsilon$ 模型为典型的两方程模型,它是在一方程模型的基础上,再引入一个关于湍流耗散率 ε 的方程后形成的,是目前应用最为广泛的湍流模型。在模型中,表示湍动耗散率(turbulent dissipation rate)的 ε 被定义为

343

$$\varepsilon = \frac{\mu}{\rho}\left(\frac{\partial \mu_i'}{\partial x_k}\right)\left(\frac{\partial \mu_i'}{\partial x_k}\right) \qquad (10.6)$$

湍动粘度 μ_t 可表示成 k 和 ε 的函数,即:

$$\mu_t = \rho C_\mu \frac{\kappa^2}{\varepsilon} \qquad (10.7)$$

式中: C_μ 为经验常数。

在标准 $k-\varepsilon$ 模型中, k 和 ε 是两个基本未知量,与之相对应的输运方程为:

$$\frac{\partial(\rho k)}{\partial t} + \frac{\partial(\rho k \mu_i)}{\partial x_i} = \frac{\partial}{\partial x_j}\left[\left(\mu + \frac{\mu_t}{\sigma_k}\right)\frac{\partial k}{\partial x_j}\right] + G_k + G_b - \rho\varepsilon - Y_M + S_k$$

$$(10.8)$$

$$\frac{\partial(\rho\varepsilon)}{\partial t} + \frac{\partial(\rho\varepsilon\mu_i)}{\partial x_i} = \frac{\partial}{\partial x_j}\left[\left(\mu + \frac{\mu_t}{\sigma_\varepsilon}\right)\frac{\partial\varepsilon}{\partial x_j}\right] + C_{1\varepsilon}\frac{\varepsilon}{k}(G_k + C_{3\varepsilon}G_b) - C_{2\varepsilon}\rho\frac{\varepsilon^2}{k} + S_\varepsilon$$

$$(10.9)$$

其中,相关符号的物理描述和表达式如下表所示。

表 10.1　相关符号物理描述

符号	描 述	表达式或取值
G_k	由于平均速度梯度引起的湍动能 k 的产生项	$\mu_t\left(\dfrac{\partial u_i}{\partial x_j} + \dfrac{\partial u_j}{\partial x_i}\right)\dfrac{\partial u_i}{\partial x_j}$
G_b	由于浮力引起的湍动能 k 的产生项	不可压流体:0 可压流体: $\beta g_i \dfrac{\mu_t}{\mathrm{Pr}_t}\dfrac{\partial T}{\partial x_i}$
Pr_t	湍动 Prandtl 数	0.85
β	热膨胀系数	$-\dfrac{1}{\rho}\dfrac{\partial\rho}{\partial T}$
Y_M	可压湍流中脉动扩张的贡献	不可压流体:0 可压流体: $2\rho\varepsilon M_t^2$
M_t	马赫数	$\sqrt{\dfrac{k}{a^2}}$
a	声速	γRT

在标准 $k-\varepsilon$ 模型中,根据 Launder 等的推荐值及后来的实验验证,模型常数 $C_{1\varepsilon}$ 、 $C_{2\varepsilon}$ 、 C_μ 、 σ_k 和 σ_ε 的取值为

$C_{1\varepsilon} = 1.44$, $C_{2\varepsilon} = 1.92$, $C_\mu = 0.09$, $\sigma_k = 1.0$, $\sigma_\varepsilon = 1.3$

对于可压流体的流动计算中与浮力相关的系数 $C_{3\varepsilon}$,当主流方向与重力方

向平行时,有 $C_{3\varepsilon} = 1$,当主流方向与重力方向垂直时,有 $C_{3\varepsilon} = 0$。

根据以上分析,当流动为不可压,且不考虑用户自定义的源项时,$C_b = 0$,$Y_M = 0$, $S_k = 0$, $S_\varepsilon = 0$,这时,标准 $k - \varepsilon$ 模型变为

$$\frac{\partial(\rho k)}{\partial t} + \frac{\partial(\rho k \mu_i)}{\partial x_i} = \frac{\partial}{\partial x_j}\left[\left(\mu + \frac{\mu_t}{\sigma_k}\right)\frac{\partial k}{\partial x_j}\right] + G_k - \rho\varepsilon \qquad (10.10)$$

$$\frac{\partial(\rho\varepsilon)}{\partial t} + \frac{\partial(\rho\varepsilon\mu_i)}{\partial x_i} = \frac{\partial}{\partial x_j}\left[\left(\mu + \frac{\mu_t}{\sigma_\varepsilon}\right)\frac{\partial\varepsilon}{\partial x_j}\right] + C_{1\varepsilon}\frac{\varepsilon}{k}G_k - C_{2\varepsilon}\rho\frac{\varepsilon^2}{k} \quad (10.11)$$

用标准 $k - \varepsilon$ 模型求解流动及换热问题时,控制方程包括连续性方程、动量方程、能量方程、k 方程、ε 方程及湍流粘度的定义。如果不考虑热交换,只是单纯的流动问题,则不需要能量方程。如果需要考虑传热或化学反应,则还应增加组分方程。

对于标准 $k - \varepsilon$ 模型的适用性,说明如下。

① 模型中的有关系数的取值,主要根据一些试验结果来确定,针对不同的研究对象,取值可能有出入,但总体来讲,本节所推荐的取值是得到了广泛应用的。虽然系数具有广泛的适用性,但也不能对其适用性估计过高,需要在数值计算过程中针对特定的问题,参考相关文献寻找更为合理的取值。

② 本节所给出的标准 $k - \varepsilon$ 模型,是针对发展非常充分的湍流流动建立的,也就是说,它是一种针对高 Re 数的湍流模型。而当 Re 数较低时,例如,近壁区内的流动,湍流发展并不充分,湍流的脉动影响可能不及分子粘性的影响,而更贴近壁面的底层内,流动可能处于层流状态。因此,针对 Re 数较低的流动采用标准 $k - \varepsilon$ 模型可能会出现问题,而需要进行特殊处理,以解决近壁区内的流动及低 Re 数的流动问题。常用的解决方法有两种,一种为采用壁面函数法,另一种为采用低 Re 数的 $k - \varepsilon$ 模型。

③ 标准 $k - \varepsilon$ 模型比零方程模型和一方程模型有了很大的改进,在科学研究及工程实际中得到了最为广泛的应用,但对于强旋流、弯曲壁面流动或弯曲流线流动时。会产生一定的失真。这是因为在标准 $k - \varepsilon$ 模型中,对于 Reynolds 应力的各个分量,所假定的湍流粘度 μ_t 为各向同性的标量。而对于流线弯曲的情况,湍流为各向异性,湍流粘度 μ_t 应为各向异性的张量。为了弥补标准 $k - \varepsilon$ 模型的不足,许多学者提出了标准 $k - \varepsilon$ 模型的改进方案,其中应用较为广泛的改进方案有 RNG $k - \varepsilon$ 模型和 Realizable $k - \varepsilon$ 模型。

（2）RNG $k - \varepsilon$ 模型和 Realizable $k - \varepsilon$ 模型。

将标准 $k - \varepsilon$ 模型用于强旋流或带有弯曲壁面的流动时,会出现失真。标准 $k - \varepsilon$ 模型的两种改进方案:RNG $k - \varepsilon$ 模型和 Realizable $k - \varepsilon$ 模型。

RNG $k-\varepsilon$ 模型是由 Yakhot 及 Orzag 提出的,该模型中的 RNG 是英文 renormalization group 的缩写,有些中文文献将其译为重整化群。在 RNG $k-\varepsilon$ 模型中,通过在大尺度运动和修正后的粘度项体现小尺度的影响,而使这些小尺度运动有系统的从控制方程中去除。所得到的 k 方程和 ε 方程,与标准 $k-\varepsilon$ 模型非常相似:

$$\frac{\partial(\rho k)}{\partial t} + \frac{\partial(\rho k\mu_i)}{\partial x_i} = \frac{\partial}{\partial x_j}\left[\alpha_k\mu_{eff}\frac{\partial k}{\partial x_j}\right] + G_k - \rho\varepsilon \qquad (10.12)$$

$$\frac{\partial(\rho\varepsilon)}{\partial t} + \frac{\partial(\rho\varepsilon\mu_i)}{\partial x_i} = \frac{\partial}{\partial x_j}\left[\alpha_k\mu_{eff}\frac{\partial\varepsilon}{\partial x_j}\right] + C_{1\varepsilon}^*\frac{\varepsilon}{k}G_k - C_{2\varepsilon}\rho\frac{\varepsilon^2}{k} \qquad (10.13)$$

其中,

$$\mu_{eff} = \mu + \mu_t \ , \ \mu_t = \rho C_\mu\frac{k^2}{\varepsilon} \ , \ C_\mu = 0.0845 \ , \ \alpha_k = \alpha_\varepsilon = 1.39$$

$$C_{1\varepsilon}^* = C_{1\varepsilon} - \frac{\eta(1 - \eta/\eta_0)}{1 + \beta\eta^3} \ , \ C_{1\varepsilon} = 1.42 \ , \ C_{2\varepsilon} = 1.39 \ , \ \eta = (2E_{ij} \cdot E_{ij})^{1/2}\frac{k}{\varepsilon}$$

$$E_{ij} = \frac{1}{2}\left(\frac{\partial u_i}{\partial x_j} + \frac{\partial u_j}{\partial x_i}\right) \ , \ \eta_0 = 4.377 \ , \ \beta = 0.012$$

与标准 $k-\varepsilon$ 模型进行对比,RNG $k-\varepsilon$ 模型的主要改进如下:

① 通过对湍流强度进行修正,考虑了流动中的旋转及旋流流动的影响;

② 在 ε 方程中增加一项 E_{ij} 以反映主流时均应变率,使得 RNG $k-\varepsilon$ 模型中的产生项不仅与流动情况有关,而且还是空间坐标的函数。

以上两点使得 RNG $k-\varepsilon$ 模型可以更好地处理高应变率及流线弯曲程度较大的流动。

另外,需要注意的是 RNG $k-\varepsilon$ 模型仍旧对充分发展的湍流有效,即为高 Re 数的湍流模型,而对近壁区内的流动及 Re 数较低的流动,必须采用壁面函数法或低 Re 数的 $k-\varepsilon$ 模型来处理。

研究表明,标准 $k-\varepsilon$ 模型应用于时均应变率特别大的情况时,有可能导致负的正应力。为使流动符合湍流流动的规律,需要对正应力进行某种数学约束。为保证这种约束的实现,有学者认为湍流粘度计算式中的系数 C_μ 不应为常数,而应与应变率联系起来,从而提出了 Realizable $k-\varepsilon$ 模型中关于 k 和 ε 的输运方程,如下所示:

$$\frac{\partial(\rho k)}{\partial t} + \frac{\partial(\rho k\mu_i)}{\partial x_i} = \frac{\partial}{\partial x_j}\left[\left(\mu + \frac{\mu_t}{\sigma_k}\right)\frac{\partial k}{\partial x_j}\right] + G_k - \rho\varepsilon \qquad (10.14)$$

$$\frac{\partial(\rho\varepsilon)}{\partial t} + \frac{\partial(\rho\varepsilon\mu_i)}{\partial x_i} = \frac{\partial}{\partial x_j}\left[\left(\mu + \frac{\mu_t}{\sigma_\varepsilon}\right)\frac{\partial\varepsilon}{\partial x_j}\right] + \rho C_1 E\varepsilon - \rho C_2 \frac{\varepsilon^2}{k + \sqrt{\nu\varepsilon}}$$

(10.15)

式中：

$$\sigma_k = 1.0, \ \sigma_\varepsilon = 1.2, \ C_2 = 1.9, \ C_1 = \max\left(0.43, \frac{\eta}{\eta+5}\right), \ \eta = (2E_{ij} \cdot E_{ij})^{1/2}\frac{k}{\varepsilon}$$

$$E_{ij} = \frac{1}{2}\left(\frac{\partial u_i}{\partial x_j} + \frac{\partial u_j}{\partial x_i}\right), \ \mu_t = \rho C_\mu \frac{k^2}{\varepsilon}, \ C_\mu = \frac{1}{A_0 + A_S U^* k/\varepsilon}$$

$$A_0 = 4.0, \ A_S = \sqrt{6}\cos\phi, \phi = \frac{1}{3}\cos^{-1}(\sqrt{6}W), \ W = \frac{E_{ij}E_{jk}E_{kj}}{(E_{ij}E_{ij})^{1/2}}$$

$$U^* = \sqrt{E_{ij}E_{ij} + \widetilde{\Omega}_{ij}\widetilde{\Omega}_{ij}}, \ \widetilde{\Omega}_{ij} = \Omega_{ij} - 2\varepsilon_{ijk}\omega_k, \ \Omega_{ij} = \overline{\Omega}_{ij} - \varepsilon_{ijk}\omega_k$$

这里的 $\overline{\Omega}_{ij}$ 是从角速度为 ω_k 的参考系中观察到的时均转动速率张量，显然对无旋转的流场，上式中 U^* 计算式根号中的第二项为零，这一项是专门用以表示旋转的影响的，也是本模型的特点之一。

与标准 $k - \varepsilon$ 模型进行对比，可以发现 Realizable $k - \varepsilon$ 模型的主要改进有：

(1) 湍流粘度计算式发生了变化，引入了与旋转和曲率有关的内容；

(2) ε 方程中的产生项不再含有 k 方程中的产生项 G_k；

(3) ε 方程中的倒数第二项不具有任何奇异性，即使 k 值很小或为零，分母也不会为零，这与标准 $k - \varepsilon$ 模型和 RNG $k - \varepsilon$ 模型存在较大区别。

Realizable $k - \varepsilon$ 模型已经有效应用于各种类型的流动模拟，包括旋转剪切流、含有射流和混合流的自由流、管内流动、边界层流动及带分离流动等。

10.2　喷水推进装置力特性数值计算

ITTC 推进委员会提到，目前用喷水推进系统的数值性能预报方法是很简单的(初步的)且不足以用来估计船体与推进器流动的相互作用[4-6]。而各种试验方法也远未被证实是有效的。但是用有效的先进计算技术可开发喷水推进装置的力和功率性能的预报，用来对试验方法进行相互验证。

10.2.1　进水流道性能数值计算

1) 进水流道与虚拟流管

第 6 章图 6.2 为常见的平进口式喷水推进器流场控制体示意图。喷水推进器工作时,上游来的水流只有部分被推进泵吸入构成内流,其余大部分在船底下方向后流动属于外流。内流与外流之间可认为存在一个假想的分界面,称之为虚拟流管,如图 10.3 所示。流道结构的不同以及喷水推进系统工况的变化都会引起虚拟流管形状和尺寸的变化。在估算喷水推进器的理想推力时,需要知道获流面的位置和大小,得到获流面上的速度。而确定进流面之前首先要确定流管形状,在流管不同的纵向位置取横向截面即可得到不同进流面的形状和尺寸。每一个流道在每一种工况下的流管形状都需要单独确定。流管形状的确定可采用试验和数值模拟 2 种方法。Robert[7]采用了一氧化碳气体跟踪法来试验求取流管形状,如图 10.2 所示。

图 10.2　某型喷水推进器三维流管示意

CDI Marine Company[8]在开发高速补给船喷水推进系统时采用了数值模拟方法通过在喷口反向追踪流线来求取流管形状,进水流道虚拟流管形状如图 10.3 所示。

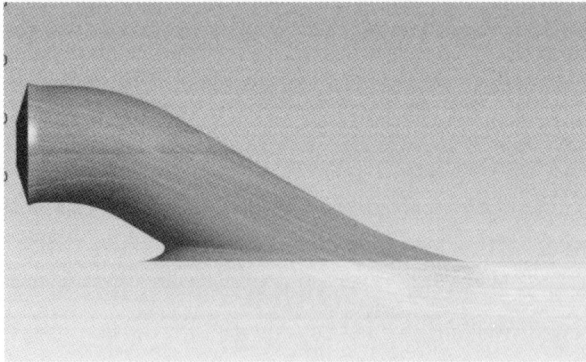

图 10.3　进水流道与虚拟流管形状

该进水口的进流面形状大致呈半椭圆形,进流面的宽度大致为流道直径的

2 倍,如图 10.4 所示。该宽度随 IVR 的变化不明显,见第 5 章图 5.21。

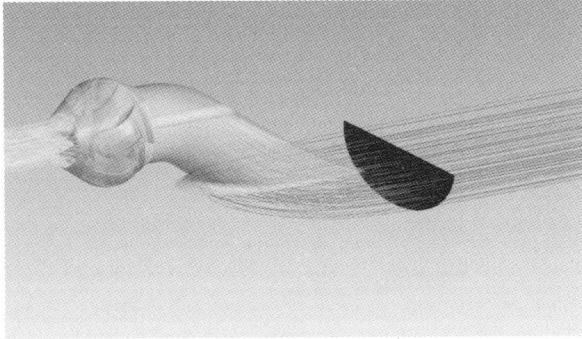

图 10.4　根据反向流线法得到的流管

2) 进水流道性能 CFD 计算方法简介

对于进水流道性能 CFD 计算,需要考虑船体的影响,除此之外,在喷口处延伸一定长度的直管段,并设置压力出口,然后进行 CFD 计算。边界条件设置如图 10.5 所示。

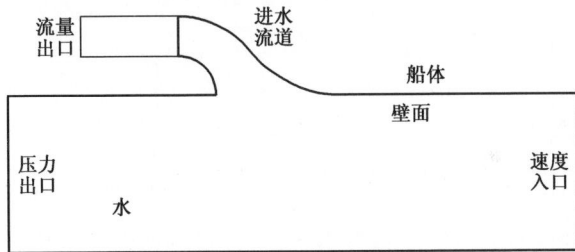

图 10.5　进水流道边界条件设置示意图

根据图 10.5 所示,计算时只需改变速度入口的速度和根据实际情况设置流量出口的流量,就可以得到不同航速下进水流道的性能。同时需要注意的是,由于进水流道的进流流态受船体的边界层影响较大,因此船体壁面的设置需要结合实际船体的型线、长度来定,在简化计算的同时,保证与实际情况相符。在设定好计算域之后,需要对进水流道进行网格划分,图 10.6 为典型进水流道的网格结构图。

对进水流道计算结果的处理主要包括几个方面:中纵剖面的压力场云图(彩图 10.7 所示),通过该结果可以得到流场中的低压点的区域和压力量值,间接评估空化性能。配合速度矢量图(彩图 10.7 所示),可以分析流道中是否有有分离或脱流等现象,间接地评估进水流道的效率等性能。

由于进水流道的出口即为喷水推进泵的入口,因此进水流道出流的均匀度

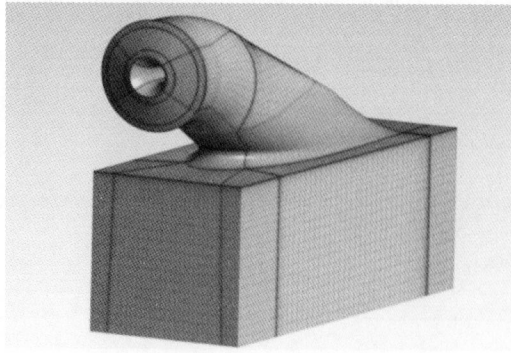

图 10.6　典型进水流道网格结构图

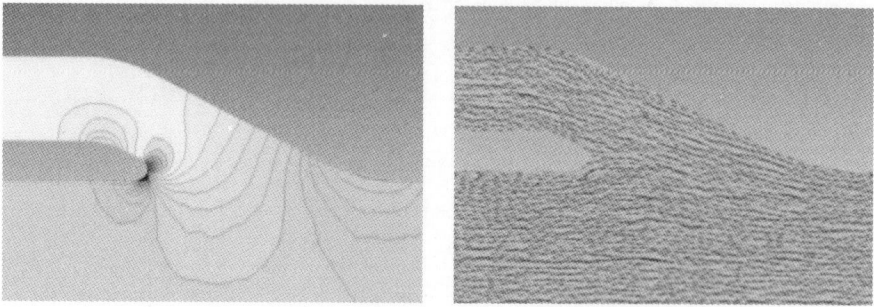

图 10.7　中纵剖面压力云图(左)及速度矢量图(右)

直径影响喷水推进泵的运转。彩图 10.8 为进水流道性能数值评估中常做的喷口速度和压力云图。

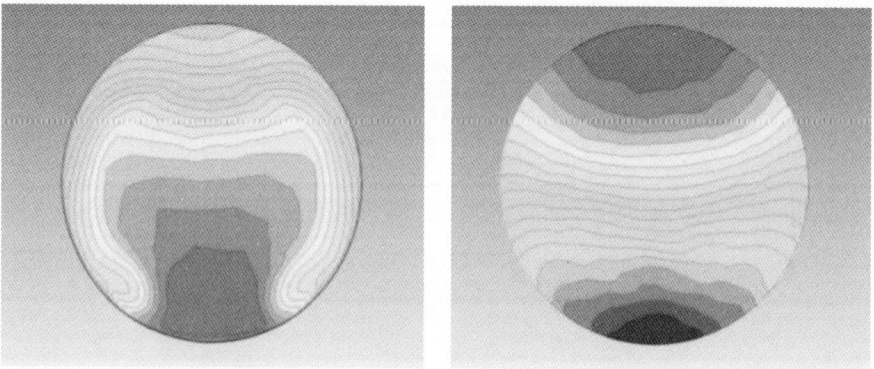

图 10.8　喷口速度云图(左)及压力云图(右)

3) 进水流道的效率

在得到进水流道的流场结构后,除了直观的观察流场中某些部位或剖面的压力和速度分布,定性的分析哪里的流场需要通过更改进水流道来优化,还需要利用一些参数对进水流道的性能进行评估。其中如何评价进水流道的效率是比较重要的问题之一。

进水流道的出口是推进泵的进口,为保证推进泵工作平稳和高效,要求流道出流尽可能均匀。受船体边界层吸入以及流道弯曲的影响,推进泵来流的速度和压力分布是不均匀的。流道出流不均匀引起喷水推进泵负载出现周期性脉动,振动加剧,同时也会影响推进泵效率。流道设计要求其出口满足流速大小均匀分布,流向尽量与流道出口断面的法向保持一致。

定义流速不均匀度系数 ξ 来量化截面处速度大小分布情况。流速不均匀度系数 ξ 定义为

$$\xi = \frac{1}{Q} \int |u - U| \mathrm{d}A \tag{10.16}$$

式中,Q 为截面体积流量;u 为截面上各单元 $\mathrm{d}A$ 上的速度;U 为截面的平均速度。ξ 越大,则所对应截面的速度场就越不均匀;ξ 越小,则所对应截面的速度场就越均匀。

流道的出流方向与出口断面越接近 $90°$,则说明出流越垂直于出口,也就越有利于泵有效利用来流的能量,因而可以提高整个喷水推进系统的效率。流向的垂直度用出口加权平均角 θ 来表征,定义如下:

$$\theta = \frac{1}{\sum u_{ai}} \sum \left| u_{ai} \left[90° - \arctan\left(\frac{u_{ti}}{u_{ai}}\right) \right] \right| \tag{10.17}$$

式中,u_{ai} 为截面第 i 个单元的轴向速度;u_{ti} 为截面第 i 个单元的径向速度和切向速度的合速度。

10.2.2 喷水推进泵性能数值计算

1) 计算方法概述

推进泵模型中既存在着叶轮运动区域(转子区)也存在叶轮静止区域(定子区),当计算区域中同时存在两种及以上的运动时,不能再采用通常的单参考系方法(SRF),这时一般采用多参考系(MRF)模型、混合平面模型、滑移网格模型及动网格模型来求解。对喷水推进泵内部的流场模拟,有两种常见的方式:

① 动静结合的方式,作全流道数值计算;

② 动静非结合的方式,作单流道数值计算。

全流道数值计算,可以充分考虑各部件之间的相互作用。考虑部件之间的相互作用,能获得全面的流场信息。但是不能使用周期性边界条件,必须将360°范围内的整个流道全部取为计算域,因此,这种方法的计算量大。采用单通道方式的主要好处是可以使用周期性边界条件,只取包围部分叶片和导叶的局部区域作为计算域,其中选取的叶轮和导叶的叶片数,一般遵循过流面积比基本等于1的原则。这种方法计算量小,且比较灵活。但缺点是对部件之间的相互作用不能较好的进行模拟。

在本书中,采用第一种方法,即全流道方式研究推进泵内部的流动。为了减小计算时进口及出口位置对叶轮内部流态的影响,适当将计算域的进口边界及出口边界向泵的进口及出口延伸。同时使用转动参考系,流动按稳态对待。

2) 喷水推进泵内部流动模拟

① 计算模型及计算域划分

以某一模型为例子,模型的直径 D 为 300mm,相应地管道直径也取300mm,前方来流区域和出流区域长度可以和试验台保持一致,也可以采取简化的方式去一定长度的直管段。运用 Pro/E 软件建模如图 10.9 所示:根据建模条件,计算区域根据实际情况被分成静止域和旋转域。

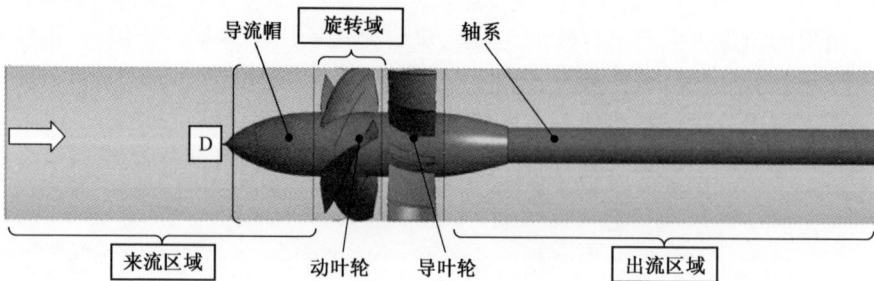

图 10.9 计算域示意图

② 网格划分

旋转域网格划分。旋转域采用全六面体网格划分。为方便网格划分,将旋转域切分 4 个与叶轮叶片对应的流道。对其中一个流道进行网格划分,并根据几何的旋转周期性进行复制得到整个旋转域的网格。最终得到的叶轮流域的网格如图 10.10 所示。

导叶流域网格划分。定子域的网格划分方法与转子域相同,也为从单流道到全流道的划分步骤。最终得到的导叶流域的网格如图 10.11 所示。

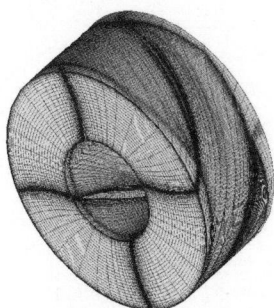

图 10.10　旋转域单流道与全流道网格

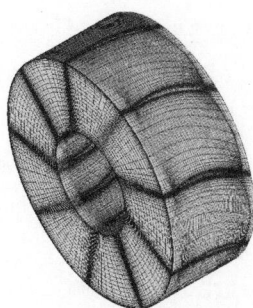

图 10.11　定子域全流道网格

进流段、出流段网格划分图 10.12。进流段对管道表面和导流帽附近网格进行了加密。进流段总网格数约 13 万。

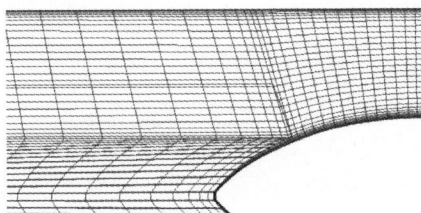

图 10.12　进流段网格剖面

出流段采用 O 型网格结构(图 10.13 左),并对轴附近的网格进行了加密。出流段总网格数约 22 万。

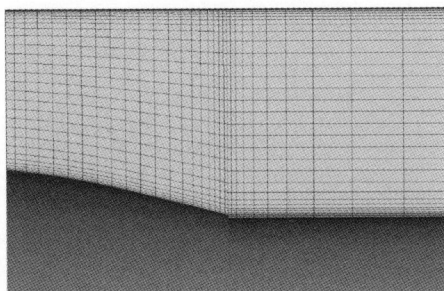

图 10.13　出流段网格拓扑结构及网格剖面

各计算域网格总数汇总在表 10.2 中。

表 10.2　各计算域网格数

	进流段	旋转域	定子域	出流段	总数
网格数/万	13	57	87	22	179

3) 计算设置

本报告采用商用解算器 FLUENT 进行计算。为了对比湍流模型对计算结果的影响,采用了重组化群(RNG)模型和低雷诺数 SST 模型分别进行计算。为了在定常计算中模拟叶轮旋转,采用了多重参考系(multiple reference frame)方法。解算器采用了收敛性能更好的耦合求解器。

① 粘性模型设置。

本文对比了旋转机械 CFD 计算中比较典型的两种湍流模型的计算表现:重组化群(RNG)模型和低雷诺数 SST(low Re SST)模型。同时也计算了标准 $k-\varepsilon$ 作为参照。

RNG 模型在经典的标准 $k-\varepsilon$ 的基础上通过修正湍动粘度考虑了平均流中的旋转和旋流情况;并在耗散率方程(ε 方程)中加入了反映主流时均应变率的项,从而能更好的处理高应变率及流线弯曲的情况。因此,RNG 模型在泵阀仿真中有广泛应用。需要指出的是,RNG 模型只能模拟完全发展湍流,靠近壁面的低雷诺数流动需要靠壁面函数来模拟。目前广泛采用的壁面函数有:标准壁面函数、非平衡壁面函数和增强壁面函数,其中增强壁面函数既可以适应高雷诺数网格也可以适应低雷诺数网格。因此本文分别采用了增强壁面函数来搭配 RNG 模型。

低雷诺数 SST 模型在自由流场应用 $k-\varepsilon$ 方程,在近壁面区应用 $k-\omega$ 方程,因此结合了两者的优点;并且在模型推导过程中即考虑了壁面流动的特点,因此不再需要额外的壁面函数。SST 模型在边界层流动、流线弯曲、逆压梯度的情况下优势明显。其缺点是要求第一层网格放置在粘性底层内,因此通常计算量更大。需要指出的是,由于 $k-\omega$ 方程的特点,第一层网格放置在对数律层该方程仍然是成立的。但出于精度考虑,仍然推荐将第一层网格放置在粘性底层内。

② 体域设置。

为了在定常计算中模拟叶轮旋转,采用了多重参考系(multiple reference frame)方法,即设置旋转域的参考系为旋转坐标系,其他流体域为静止参考系。各计算域采用交界面连接。流体流入或流出旋转域时将相对速度作为源项引入或扣除出方程。

③ 边界条件设置。

入口边界条件:采用压力入口条件。

出口边界条件:采用质量流量出口条件,流量大小按试验值设置。

壁面边界:叶轮区域壁面由于参考系的旋转,需要指定其为"运动壁面",且

354

与其所属计算域的相对速度为 0,即随计算域运动。

④ 解算器设置。

压力 — 速度耦合选用耦合求解器。与以 SIMPLE 方法为代表的分离求解器不同的是,耦合求解器同时解算压力和速度方程,而不是分离求解器先求解速度场再用压力方程修正的方式,因此收敛性好,受初始条件影响较小。

库朗数、压力和速度的亚松弛因子在默认值上适当调低以保证收敛性。ω 方程收敛性好,一般不需要改变湍流量的默认亚松弛因子;而对 $k-\varepsilon$ 模型来说,可以视情况调低湍流量的亚松弛因子。

4) 流场计算结果处理

一般来说,通过在计算过程中监视残差收敛曲线、进出口压力收敛曲线和转子叶片扭矩收敛曲线,可以有效地判断推进泵外特性计算的收敛性。例如,图 10.14 所示的残差收敛曲线显示计算的收敛性良好。

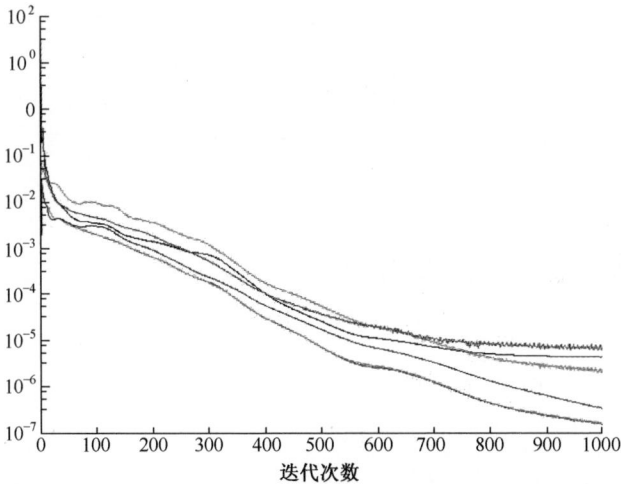

图 10.14 残差收敛曲线

通过提取测压面上的平均总压、叶轮扭矩计算可以得到计算模型的扬程、功率以及效率数据。其中 CFD 计算的测压面相对推进泵模型的位置与试验中测压面的相对位置一致。

泵的扬程采用下式计算:

$$H = \frac{p_3 - p_1}{\rho g} + \frac{\boldsymbol{v}_{vo}^2 - \boldsymbol{v}_{vi}^2}{2g} \qquad (10.18)$$

式中:p_1,p_3 分别为泵进口、出口处水的静压;$\boldsymbol{v}_{ai}$,$\boldsymbol{v}_{ao}$ 分别为泵进口、出口处水的绝对轴向速度。此处假定泵进出口处于同一水平面上。

进口、出口各流动参数积分时均采用质量平均。在整个计算过程中,对进口和出口处的压力和轴向速度面积平均值进行监控,直至收敛,如图 10.15 所示。

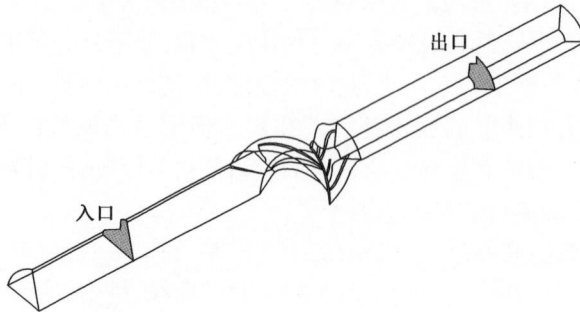

图 10.15　计算域上下游监测面定义示意图

泵的效率采用下式计算:

$$\eta = \frac{\rho g Q H}{N_e} \tag{10.19}$$

式中:ρ 为水的密度;g 为重力加速度;Q 为泵的体积流量;H 为泵的扬程;N_e 为泵的轴功率,通过转子轴和叶片表面的压力积分求得。令:

$$N_e = M_a \omega \tag{10.20}$$

式中:M_a 为转子的扭矩;ω 为角速度。

在计算结果收敛之后,可以在后处理中对叶片表面的压力分布云图、叶轮中的速度流场等进行分析,同时也可以根据这些结果对推进泵进行优化和分析。

10.2.3　喷水推进操控性能数值计算

1) 喷水推进操控性能评价参数

① 操舵力和力矩。

当船舶需要转向操舵时,整套操舵倒航机构都绕一个垂直轴(定位销)旋转,在水平面上偏折喷射水流,产生一侧向推力,该推力即操舵力 F_s。F_s 在定位销轴处形成操舵力矩,如图 10.16 所示。

喷水推进装置方向舵使水流偏转,产生了操舵力和力矩。本节利用 CFD 技术计算喷水推进器所产生的操舵力和操舵力矩,计算坐标系采用随船坐标系。

② 倒航力和力矩。

倒航机构通常安装在方向舵上,由倒航斗上颚、倒航斗下颚、方向舵和连杆组成四连杆机构(见图 10.17)。倒航机构通过倒航液压缸的推拉,倒航斗上下颚同方向舵两侧板组成反射通道,向船艉方向反射喷口喷射的水流,产生使船舶

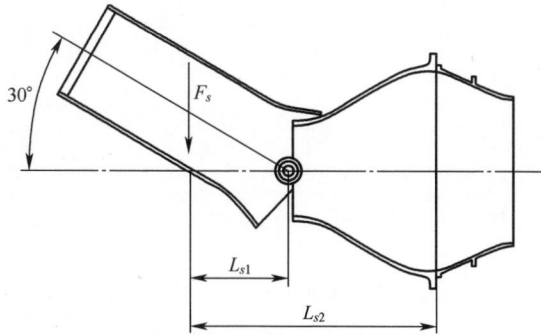

图 10.16　操舵力和力矩示意图

向后的作用力,使船舶减速甚至倒航。

倒航机构从关闭到完全张开实现全速倒航是一个连续的过程。本节主要研究船舶直航时(操舵角度为0°)倒航机构在全速倒航状态下,喷水推进装置产生的倒航力和倒航力矩。

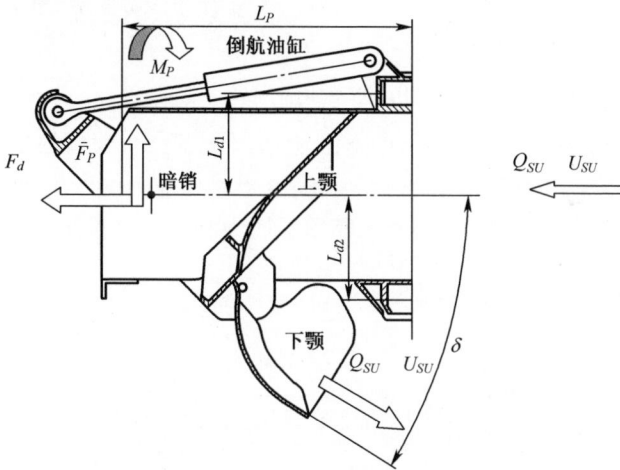

图 10.17　操舵倒航机构力和力矩示意图

2) 操舵倒航机构建模及性能计算

以一型操舵倒航机构为例子,利用数值计算的方法,分析其在不同操舵角下的操舵力,以此分析其舵效。图 10.18 是三个角度下的三维模型。

计算时,为了减少边界条件的设定对内部流场的影响,分别对喷口的进口和操舵倒航机构的出口进行了延长处理,最终的计算域如图 10.19 所示。采取的边界条件如下:

357

10°　　　　　　　　　　23°　　　　　　　　　　35°

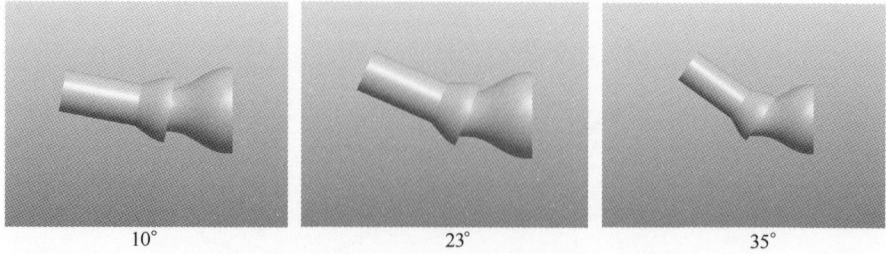

图 10.18　操舵倒航机构不同操舵角三维结构

① 入口边界：流量边界，流量由实际条件决定。

② 出口边界：压力出口，压力为 1atm。

③ 其他边界采用壁面条件。

④ 湍流模型选取 SST $k-\omega$ 模型。

图 10.19　操舵倒航机构计算域

不同操舵角度下的流场结果如下图所示，可以看出，喷口喷出的水流，经过操舵倒航机构之后，水流方向发生了变化，这也是操舵力的产生原因，图 10.20~图 10.22 分布列出了 10°、23°、35°操舵角下压力和速度矢量图。

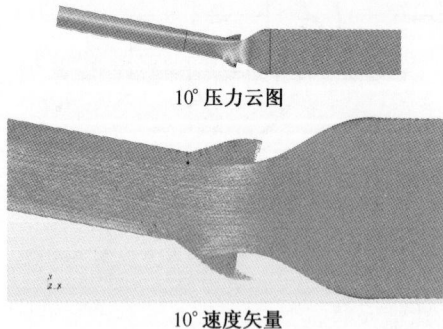

10°压力云图

10°速度矢量

图 10.20　操舵倒航机构 10°操舵角下压力和速度矢量图

最终计算得到的操舵力如表 10.3 所列，可以看出，在 23°时，操舵力最大，因此，可以判断此时操舵效果最佳。除此之外，相关的力矩分析，可以为液压系统的优选和设计提供相关的数据支撑。

358

23°压力云图

23°速度矢量

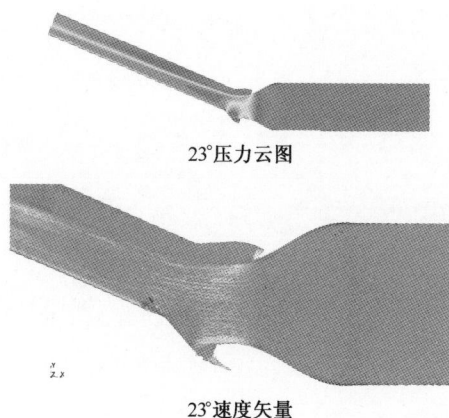

图 10.21　操舵倒航机构 23° 操舵角下压力和速度矢量图

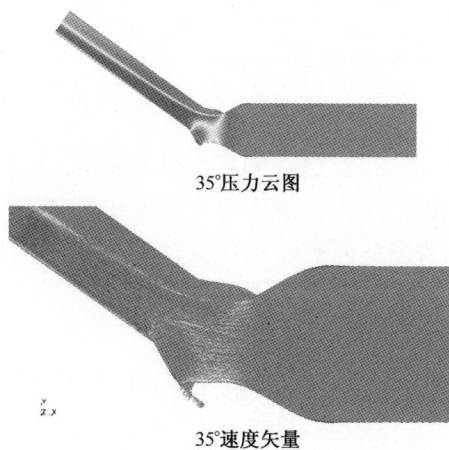

35°压力云图

35°速度矢量

图 10.22　操舵倒航机构 35° 操舵角下压力和速度矢量图

表 10.3　不同操舵角下操舵力对比

角度/(°)	F_s/N
10	2183.92
23	3160.68
35	2550.33

　　倒航性能的分析与操舵类似,两者除了流域的三维结构不同之外,相关的边界条件设置和湍流模型的选取基本相同,这里不再赘述。图 10.23 为倒航机构的三维流体域。

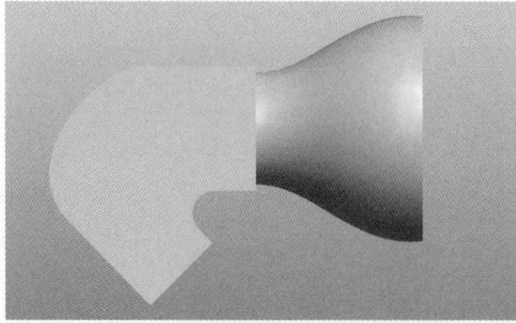

图 10.23　倒航机构的三维流体域

10.3　喷水推进器空泡性能数值计算

10.3.1　空化机理及物理模型

1) 空化机理

空化现象具有强烈的非定常性,其发生机理复杂,往往伴随空蚀破坏效应。因而,在 1970 年代之前,人们的注意力大多集中在如何消除或削弱空化带来的负面效应。发生空化现象的航行体周围流体动力学环境恶劣,给科研工作带来了诸多不利因素,至今为止,空化机理的研究仍是一个广泛性的流体力学难题。

直至 20 世纪 50 年代,前苏联学者利用超空泡现象,使得水中高速航行体始终处于气体环境中运行,导致航行体在水中的阻力大大降低,从而将空化现象的危害转变为有利于航行体的减阻手段,这标志着,对空化现象的研究进入了超空化减阻时代。随后,德国,美国等老牌欧美军事强国相继投入力量,开始研发基于超空泡减阻技术的水中航行体。空化流场中可能出现多泡系统的振荡、游移、破碎、再生等等现象,这是由空化现象强烈的非定常性所导致的。从不同的角度出发,空化流场可以划分为多个类型,例如 Knapp 将空化分为四类,分别为游移空化、固定空化、漩涡空化和振荡空化,而日本造船学会则将螺旋桨上的空化分为泡状空化、云状空化、片状空化和梢涡空化,根据空泡的发生机制,又可分为通气空化和自然空化。正是由于空化现象强烈的非定常性,关于空化流场的分类才如此多。显然无论哪一种分类方式,都是与空化现象自身的非定常性特点分不开的。

关于水中气泡运动特性的研究是较早的。其中,Besant 和 Rayleigh 首先从理论上研究了空化与气泡动力学问题[9-11]。在假设流体是理想不可压缩的基础上，Rayleigh 于 1917 年首先建立了不可压缩流场中单个球形气泡的运动方程，即著名的气泡动力学方程 — Rayleigh 方程。

经过一段较长时间的发展，在 Rayleigh 方程的基础上，人们附加了各种假设，产生了多种针对具体问题的气泡动力学方程。直至 1949 年，在不考虑气泡界面上由于空化等外界因素而产生的多相之间的质量传递的假设下，Plesset 进一步完善了气泡动力学方程，从而形成了 Rayleigh-Plesset 方程，简称为 R-P 方程。借助于进一步完善的气泡动力学方程，人们进行了大量的有关气泡行为的研究。

当流道中局部压力下降至临界压力(对普通水而言，其临界值大体上等于相应温度下的汽化压力)时，水开始汽化，形成汽泡(亦称为空泡或空穴)，汽泡随着液体流动同时不断发育、长大、相互聚集，当进入压力较高的区域时，又发生分裂和溃灭。这个汽泡产生、发育、聚集、分裂和溃灭的过程以及与之相伴随的许多现象称为空化。当空泡的溃灭发生在固体表面附近的时候，还会引起材料的破坏，称为空蚀。

虽然工程上常常采用液体的汽化压力作为空化产生的临界条件，但实际上临界压力与许多因素有关，准确确定临界压力是一个极为复杂的问题[12]。因为汽化压力是指液体的自由表面上蒸发与凝结达到平衡的压力，但空化发生在液体内部，液体内部的空泡产生和发育都会受到液体的抗拉强度的影响。

尽管在流体力学中采用液体不能抵抗拉应力的作用，但实验和分子运动的理论都证实纯净的液体是有一定的抗拉强度的，有些研究者得出的数值还相当大。

设液体内部有一个充满蒸汽的汽泡，其内部压力为汽化压力 p_{va}，其外部压力为液体压力 p。在平衡状态下，考虑到液体的表面张力作用，内外压力并不相等：

$$p = p_{va} - \frac{2\sigma}{r} \qquad (10.21)$$

式中，σ 为表面张力系数。对于常温清水，可取 $\sigma = 0.074\text{N/m}$，如果汽泡半径为 $1\mu\text{m}$，则有 $p = p_{va} - 148\text{kPa}$。可见，在这样的条件下，为使汽泡继续增大，液体的压力必须大大低于汽化压力。

造成这种理论与实际不符的原因在于，工程实践中各种液体介质并不是十分纯净的，多多少少含有杂质(包括未溶解的气体和非浸润性的固体颗粒)，这些杂质形成了空泡的初始尺寸，称为空化核。由于空化核的存在，使得式(10.13)中的空泡半径增大，从而降低了液体内部压力与气化压力之间的差值。依据式(10.13)，如果空化核的半径达到 $100\mu\text{m}$，则从工程的观点来看，就可以认为液体压力降低到汽化压力时即开始空化。

空化核理论很好地解释了工程实际中临界压力通常与汽化压力非常接近的事实，同时也说明，当条件发生变化时，临界压力可能与汽化压力有明显的差别。如果说从工程实际的观点来看，临界压力即为汽化压力的假定已经被普遍认可的话，那么定量计算空化的发展程度则仍然是非常困难的。因为空化是在高速流动的液体中发生的，液体质点所承受的压力在快速变化的过程中，空泡的产生与发展伴随着蒸发与凝结的相变过程，这需要两相之间进行质量与热量的交换。显然，交换的速度受到各种因素的影响，不仅仅与压力有关，还与空化核的数量及尺寸、液体的热力学性质、压力场的性质、空泡的尺寸及形状、甚至流场的湍流特性等等因素有关。空化的研究进展缓慢，根本原因即在于这个过程太复杂。

2) 空蚀机理

空蚀机理是个十分复杂的问题，空蚀很可能是多种因素综合作用的结果。事实表明，任何固体材料（包括化学惰性的、非导电的、甚至高强度的），在任何液体（包括海水、淡水、化学惰性液体、甚至金属性液体如汞、钠等）的一定动力条件作用下，都能引起空蚀破坏[13、14]。

对于空蚀破坏的机理，目前比较一致的看法是，空泡溃灭的机械作用是造成空蚀破坏的主要原因。在分析具体的空蚀破坏时，又有不同的观点，目前主要有两种解释较为合理并为试验所证实：

一种解释认为空蚀破坏基本上是由于从小空泡溃灭中心辐射出来的冲击压力波而产生的，称为冲击压力波模式。它认为如在固体边界附近有一孤立的溃灭汽泡，其溃灭压力冲击波将从汽泡中心传到边界上，使边壁形成一个球面凹形蚀坑（图 10.24）[15]。根据凹坑的直径和深度可以计算出形成这个凹坑所消耗的功，从而可推算出单个空泡溃灭时产生的冲击强度、初始空泡的直径及其溃灭中心的位置等。

美国柯乃普在试验中，根据高速摄影记录发现，每厘米圆周表面的试件上约有 0.71×10^6 个空泡进入滞点区，而在试件上只出现了约 24 个左右的麻点，这意味着 3 万个游移空穴中只有一个产生破坏性冲击。图 10.24 解释了这个现象。图示为游移空穴在固定空穴下游溃灭的情况，当主流接近驻点时，压力越来越高，游移汽泡在某一点（其压力超过汽化压力）溃灭时，压力冲击波从溃灭中心作球状辐射传播，由图 10.24 可知，液流是沿着滞点线趋近边界的。汽泡越大，其溃灭时间越长，即汽泡被液流带到边界的时间也越长，故溃灭点与边界的距离将是汽泡初始尺寸的函数。显然越大的汽泡其溃灭点越接近固体边界。同时，较大汽泡的溃灭能及溃灭压力也较大，导致边界空蚀的可能性也较大。在图面上观察到的一般的游移空泡明显地在远离表面处就溃灭，不足以产生破坏性冲

362

击。仅仅是极个别的空泡能流动到离表面足够近的距离溃灭,才能造成空蚀麻点。由此可见,对于固定空穴后的液流,虽然有大量的迁移性空泡发生溃灭,但其中只有几万分之一的较大汽泡溃灭时,才能导致边界的空蚀。

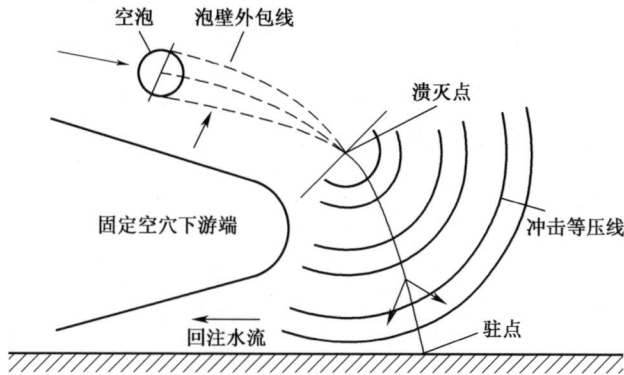

图 10.24　游移空泡溃灭示意图

另一种解释认为空蚀是由较大的空泡溃灭时形成微射流所造成的。静水中正在溃灭的空泡照片表明溃灭时空泡发生变形,这些变形随压力梯度的增加及距边界面的距离的减小而增大。该理论认为这种变形促成了流速很大的微型液体射流,射流在溃灭结束前的瞬间穿透空泡的内部。如果溃灭离边界相当近,则该射流会射向固体边界造成空蚀。图 10.25 所示的微型射流模式的示意图就是依据空泡溃灭时的观察而给出的。根据实验观测,空泡溃灭、射流形成有三种不同类型。图 10.25(a)表示附着在壁面上的空泡,其溃灭过程先是在顶部逐渐拉平,进而中间微向下凹陷,最后形成射流从中间穿透。图 10.25(b)表示流场中的空泡,先在高压侧变扁,继而凹陷,最后射流从高压侧向低压侧穿透泡体。图 10.25(c)表示临近壁面的空泡,先是在远离壁面的一侧拉平,继而凹陷,最后有微射流形成并穿透泡体射向壁面。

从图 10.25 看到,不管那一种类型,空泡在临近全部溃灭前的瞬间,在泡的中心形成一股微射流,射流速度可以很高,经常达到 100m/s,甚至 300m/s。因射流速度很大,故其所产生的冲击压力可用水锤压力公式来估算,即 $p = \rho c_a c$,其中 ρ 为液体密度,c_a 为液体中的声速,c 则为微射流的速度,设 c 为 100m/s,则所产生的压力就要接近 200MPa,F. G. Hammitt 曾估计,这种压力高达 7.05×10^8Pa,微射流的直径约为 $2 \sim 3\mu m$,冲抗直径约为 $2 \sim 20\mu m$,边壁受到的冲击次数约为每平方厘米每秒 100 ~ 1000 次。压力脉冲作用的时间每次只有几个微秒,这样形成的大冲击力可直接形成壁面上的蚀坑,重复作用的小冲击力也会引起材料的疲劳破坏。

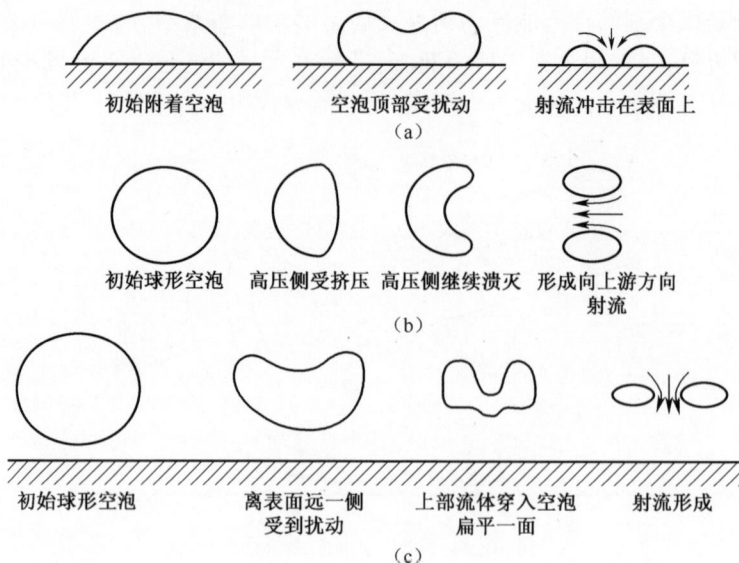

图 10.25　射流—溃灭模式

(a)附差壁面的半球形空泡;(b)空泡移入压力梯度区;(c)空泡近边壁溃灭

3) 空化模型

（1）Singhal 完全空化模型[16]。

完全空化模型综合考虑了湍动能以及水中存在的气核的影响,且最早被嵌入商业软件 FLUENT 中,因此使用非常广泛。模型的控制方程为

$$\frac{\partial}{\partial t}(f_v \rho) + \nabla \cdot (f_v \rho \, \overline{V}_v) = \nabla \cdot (\Gamma \, \nabla f_v) + R_e - R_c \tag{10.22}$$

式中:f_v 为汽相质量分数;Γ 为扩散系数;$\overline{V}_v$ 为汽相速度,汽相和液相间的质量转换源项 R_e 和 R_c 如下:

$$若\ P \leqslant P_v\ ,\ R_e = F_{\text{vap}} \frac{\max(1.0, \sqrt{k})\,(1 - f_v - f_g)}{\sigma} \rho_l \rho_v \left[\frac{2}{3} \left(\frac{P_v - P}{\rho_l} \right) \right]^{\frac{1}{2}} \tag{10.23}$$

$$若\ P \geqslant P_v\ ,\ R_c = F_{\text{cond}} \frac{\max(1.0, \sqrt{k})\,f_v}{\sigma} \rho_l \rho_l \left[\frac{2}{3} \left(\frac{P_v - P}{\rho_l} \right) \right]^{\frac{1}{2}} \tag{10.24}$$

式中,ρ_l 和 ρ_v 分别为液相和汽相密度。考虑到流场湍流强度的影响,用湍动能对饱和蒸汽压的值进行了修正,结果见下式:

$$P_v = P_{\text{sat}} + \frac{1}{2}(0.39k) \tag{10.25}$$

364

该模型中凝结系数 $F_{cond} = 0.01$；蒸发系数 $F_{vap} = 0.02$。该模型的缺点是收敛性能较差，且该模型不与 LES 模型兼容。

（2）Zwart-Gerber-Belamri 空化模型[17]。

该模型也是基于输运方程的基础提出的，可以和所有的湍流模型兼容。关键参数有四个：气泡直径，气核点体积分数，蒸发系数及凝结系数。该模型假设所有的气泡大小均相同。每单位体积的相间质量转化率用气泡数密度计算。该模型已被嵌入商业软件 CFX 及 FLUENT 中，使用也非常广泛。模型的蒸发及凝结项为

$$\text{若 } P \leqslant P_v, R_e = F_{vap} \frac{3\alpha_{nuc}(1-\alpha_v)\rho_v}{\Re_B} \left[\frac{2}{3} \left(\frac{P_v - P}{\rho_l} \right) \right]^{\frac{1}{2}} \quad (10.26)$$

$$\text{若 } P \geqslant P_v, R_e = F_{cond} \frac{3\alpha_v\rho_v}{\Re_B} \left[\frac{2}{3} \left(\frac{P - P_v}{\rho_l} \right) \right]^{\frac{1}{2}} \quad (10.27)$$

式中，α_v 为气体体积分数；气泡直径 $\Re_B = 10^{-6} \text{m}$；气核点体积分数 $\alpha_{nuc} = 5 \times 10^{-4}$；蒸发系数 $F_{vap} = 50$；凝结系数 $F_{cond} = 0.01$。

10.3.2　喷水推进泵空化初生性能数值计算

空化初生虽然不影响泵的水力性能，但是会对泵的噪声性能不利。不仅是因为空化会导致振动，而且噪声表明空化的存在以及空化破坏的可能性。为了便于对问题进行说明，假设当流动中最低压力刚刚达到气化压力，及 $\sigma_i = - C_{pmin}$ 时就会发生空化，随着这种方法在工程中常用来粗略评估泵的空化初生性能，但是如果情况果真如此，空化初生的预测将是一件简单的事情。其实实际情况与该假设差别很大。

由于空化会引起流体物理特性的变化，因此空化现象非常复杂。空化发生后的流体混合物具有可压缩特性，其流动结构变化是包括质量和动量连续界面变化的两相流动。两相流动中的两相具有不同的物理特性和流场，两者之间没有明确的边界。与主流特性相比，相变的时间特质很小，而且流体的湍流特性随空化的出现而发生变化。因此这种流动的两相结构既无条理也不稳定。

空化现象的复杂性使其建模非常困难：一方面，试验研究需要适应多相环境的专用仪器；另一方面，其建模策略要基于一些经验假说。尽管如此，为了分析和理解空化现象，从 1917 年 Rayleigh 的研究工作开始至今，研究人员在试验和理论领域进行了大量的工作[18-21]。基于 N-S 方程的计算开始于 1990 年，至今仅仅 20 余年的时间。空化的数值计算和数值分析也只有约 10 年的历史。现在还不能比较全面的模拟各种各样的空化或者空化流场提供细节描述。本章将在

基于 N-S 方程的泵内空化模拟的几种物理模型,并展示一些计算结果。

喷水推进泵为一型轴流泵,设计点流量为 $0.47m^3/s$,转速为 1450rad/s,直径为 0.3m。叶轮叶片数为 4 叶,导叶体叶片数为 5 叶。

进口绝对压力为 1atm 是的叶轮空泡形态图如图 10.26 所示,在此压力下,叶轮没有出现面空泡现象,空泡主要由导边靠近梢部部位拖出,同时,在叶梢间隙中叶存在空化现象。

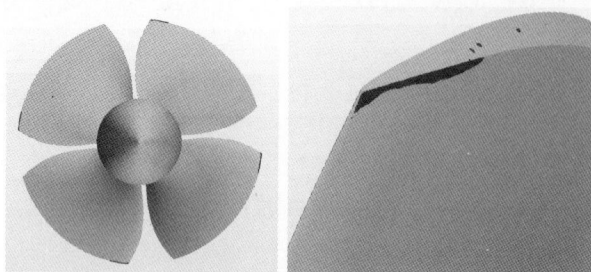

图 10.26　叶轮空化计算结果

当进口绝对压力进一步升高时,叶轮空泡范围大幅缩小,只在导边靠近梢部的较小区域出现,如图 10.27 所示,此时可以认为是叶轮空化初生所对应的时刻。

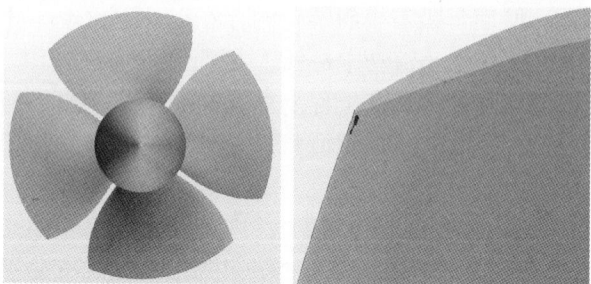

图 10.27　叶轮空化初生计算结果

同时对比空泡形态图与压力云图(图 10.28),可以发现两者具有很好的对应关系,因此在进行叶轮空化性能评估时,可以利用叶轮的低压区定性判别其空化的发生部位。

10.3.3　喷水推进泵汽蚀性能数值计算

汽蚀性能是各种叶片式水泵的重要水力性能之一,严重的汽蚀不但影响水泵的水力性能,而且会产生噪声和振动,对水泵系统造成破坏,通常对水泵汽蚀

图 10.28 空化初生时,叶轮梢部压力分布云图

性能的描述都是以一定转速下的汽蚀余量 NPSH 来描述。试验过程中,通过调节进出口阀门使流量保持不变,以扬程下降为判断准则。因此,对喷水推进泵的汽蚀性能进行数值计算时,也按照与试验测量相同的方法和评价准则。其中相关的计算设置可以参考 10.2.2 及 10.3.2 节中相关计算的设置,这里不再赘述。图 10.29 是计算得到的推进泵汽蚀性能曲线,不同工况下对应的叶轮叶片空化范围示意图。图中可以看出,随着空泡区域的不断增加,推进泵扬程也逐渐降低。

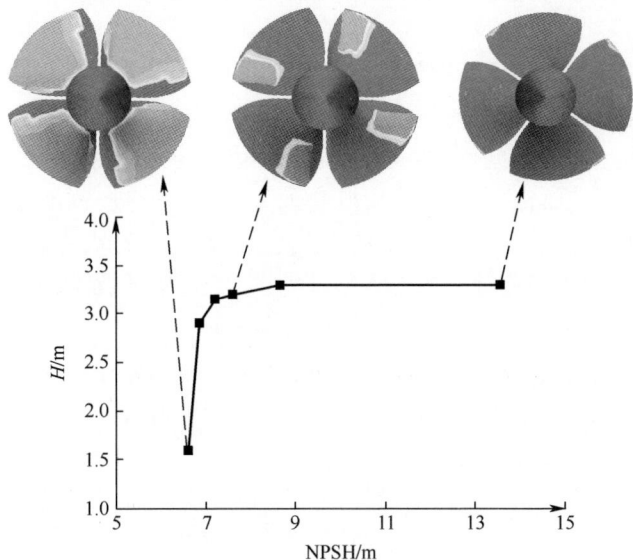

图 10.29 汽蚀性能曲线及对应的叶轮空泡范围(红色区域)示意图

10.4 喷水推进装置结构强度的数值预报

喷水推进器叶轮叶片作为转换能量的水下旋转部件,是最容易因设计不当或运行不合理等原因而遭到破坏的部件之一。同时随着喷水推进器功率和尺寸的不断增大,材料强度提高,刚度相对降低,叶轮叶片振动问题受到广泛的重视。引起叶片振动的原因是多方面的,它既受推进泵设计、制造、安装、维护质量的影响,也与推进器的运行工况、进出水流条件等有关。正常运行时,喷水推进泵叶片承受着较大的静应力和相对较小的动应力。但在某些不利的条件下运行工作时(如水流受到干扰、叶片表面脱流、叶片尾部出现卡门涡列或空化等),其动应力将明显增加,叶片振动幅值也随之增大,甚至会引起破坏性事故。当叶片自振频率与干扰力频率接近或相等时,叶片将产生共振,这种状态对喷水推进泵的安全运行最为不利。

对于叶片裂纹问题产生的原因,有如下几种不同的观点和看法:

(1)叶片材料选择问题。

(2)叶片铸造质量问题,如气孔、砂眼、疏松和缩孔等铸造缺陷。

(3)叶片焊接工艺,焊条的选取,以及焊后去应力热处理等会引起叶片裂纹。

(4)由于转轮尺寸不断增加,转轮的固有频率不断降低。目前,大型混流式转轮的固有频率接近转频,易发生共振,产生疲劳裂纹。

(5)叶片型线加工问题,造成叶片局部强度不足或应力集中。

(6)借助于三维流体计算软件,叶片的型线不断改进,厚度逐渐减薄,转轮的水力性能明显提高,效率已达到94%以上。但水力设计尚不能提供转轮承受的动载荷谱,无法进行有效的疲劳强度计算,一些新型高效率转轮的叶片强度,特别是抗动载荷的能力不足,叶片易发生疲劳破坏。

喷水推进装置结构强度的校核可以借助众多的相关标准规范和设计手册,例如《钢质海船入级与建造规范》《船舶实用设计手册》《叶片泵设计手册》,以及不同船级社中相关标准规范等等。虽然借助相关标准规范或者设计手册可以比较方便地对装置中不同部件的结构强度进行快速评估,但是该方法存在几点不足,包括:基本为定常评估,不能评估装置在非定常载荷下的结构强度;不同规范得到的结果有时相差较大,对方案的确定带来不确定性风险;有时候会影响相关部件的优化设计等等。本节旨在简要介绍利用数值计算的方法,如何对喷水推进装置的结构强度进行评估。

流固耦合动力学是流体力学与固体力学交叉形成的一个动力学分支,它是研究变形固体在流场作用下的各种行为以及固体变形对流场影响这二者相互作用的一门科学。流固耦合力学的重要特征是两相介质之间的相互作用(Fluid-structure interaction),即在流体动载荷作用下固体产生变形和动力学响应,而结构的变形和动力学响应反过来又会影响流场,从而改变流体载荷的分布和大小,正是这种相互作用将在不同条件下产生各种各样的流固耦合现象,比如航海工程、生物医学、航天航空、土木工程等。流固耦合问题可由其耦合方程定义,这组方程的定义域同时有流体域和固体域。而未知变量含有描述流体现象的变量和含有描述固体现象的变量,一般来说具有以下两个典型特征。

(1) 流体域与固体域均不可单独地求解;

(2) 无法消去描述流体运动的独立变量及描述固体现象的独立变量。

从总体来看,流固耦合问题按其耦合机理可分为两大类:第一大类问题的特征是两相域部分或全部重叠在一起,难以明显地区分开,使描述物理现象的方程,特别是本构方程需要针对具体的物理现象来建立,其耦合效应通过描述问题的微分方程来体现,其中渗流问题是此类问题的典型实例;第二大类问题的特征是耦合作用仅仅发生在两相交界面上,其方程上的耦合是由两相耦合面的平衡及协调关系引入,如流体与叶轮的耦合振动、气动弹性问题等。实际上流固耦合问题是场(流场与固体变形场)间的相互作用:若场间不相互重叠与渗透,其耦合作用通过界面力(包括多相流的相互作用力等)起作用;若场间相互重叠与渗透,其耦合作用通过建立不同与单相介质的本构方程等微分方程来实现。求解时有两种方式。

(1) 两场交叉迭代。即建立耦合条件,在流场、结构上分别求解,在各个时间步长之间耦合迭代,收敛后再向前推进,该方法称作弱耦合方法。这类方法保持了流体和结构求解的灵活性,较容易实现,可以采用较成熟的商业软件实现,缺点是收敛速度较慢,准确程度难以保证。

(2) 直接全部同时求解。将流体和结构的控制方程置于同一个封闭的方程组系统中,同时离散,在一个时间步长内同时求解,流体方程和结构方程各自的迭代过程称为同一时间步长内的子迭代,该方法称作强耦合方法。对于涉及可压缩流体的高度瞬态的流固耦合问题,采用强耦合方法比较有效,其优点是物理概念比较清晰,计算准确程度和收敛性较高。但是对于定常的或者不可压缩流体的流固耦合问题,则需要求解大型的非线性代数方程系统,对计算机资源要求较高。

在现阶段利用有限元分析软件进行数值计算时,流固耦合分析方法大体上分为单向耦合和双向耦合两种,当结构变形很小,对流体的影响不大时,适合单相耦合方法。在某些实际工程中,结构变形对流体产生的影响不可忽略,这就需要采用双向流固耦合技术。

对喷水推进器而言,在推进泵内部流场中,叶轮与水体发生流固耦合作用的区域,流体对叶轮叶片表面的压力改变了部件的振动模态,而某些工况下后者反过来又影响流场的分布。在流固交界处流体和结构体具有相同的速度和压力,这是进行流固耦合的物理条件。在进行喷水推进器结构强度数值计算时,可以采用图 10.30 给出的流程。

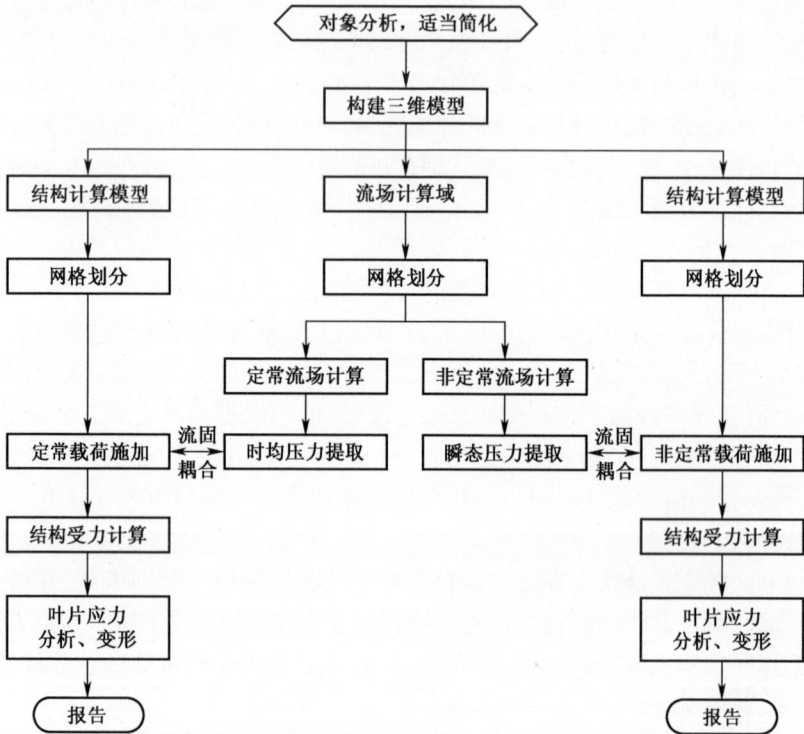

图 10.30 基于流固耦合的喷水推进器结构强度数值计算流程

10.5 喷水推进舰船航行特性数值计算

10.5.1 喷水推进器推力数值计算

喷水推进器推力的得到通常利用两种方法:动量通量方法[22]和直接测量推力方法。由第 21 届 ITTC 喷水推进专家委员会提出了对喷水推进船用动量通量测量来预报功率的方法的步骤和术语[23]。在动量通量方法实施的细节中还存在一些争议。例如对拖力、获流区域、流量测量以及较好选择1站位置(即测获流区域的位置)的估算仍未作出推荐。因此第21届ITTC喷水推进专家委员会提出将直接测量推力方法作为动量通量方法的一个替代方法,并认为直接测量由喷水推进系统传递给船体的力和力矩可对相互干扰这一现象作深入洞察。因此,推荐直接测量喷水推进力作为构成"标准化试验"所必要的一部分。

鉴于以上原因,对于喷水推进器推力的数值计算结果,通常也利用这两种方法得到推力值。数值计算时不可能将计算域取的与试验相同,因此常常需要做一些适当的简化,下面两幅图给出了常用的两种计算推力的计算域和边界条件的设置示意图。对于图10.31,计算时没有考虑自由液面,推进器喷口向外延伸一定长度的直管段,并设置流量出口,最终经过计算,利用动量通量法或直接推力法得到某一流量下喷水推进器的推力。对于图10.32,考虑了自由液面,比较全面的模拟了试验环境,只是计算域作了适当的简化,大小与试验室存在差别。这种情况下,推进器的流量不是人为设定的,而是由推进泵提供。同时计算量比图10.31中示意的方法大许多。

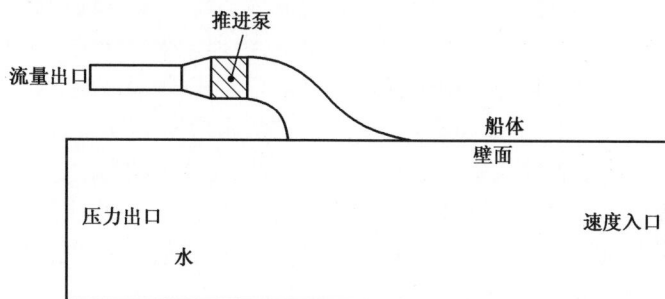

图 10.31　不考虑自由液面时推进器推力计算边界条件设置

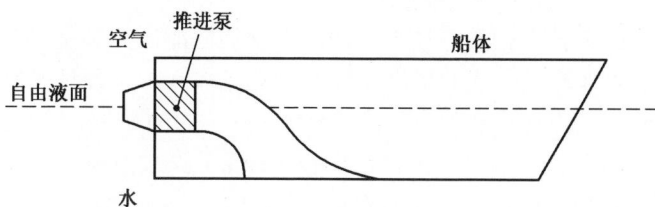

图 10.32　考虑自由液面时推进器推力计算边界条件设置

综上所述,在进行喷水推进器推力计算时,可以根据实际情况,选择图10.31或10.32中的边界条件设置进行推力计算,其它条件的设置可参考本章前几节相关论述,这里不再展开讨论。

10.5.2 喷水推进舰船模型的阻力数值计算

快速性是研究舰船尽可能消耗较小的机器功率以维持一定航行速度的能力的科学。舰船快速性的优劣,既影响民用舰船的使用性和经济性,又与军用舰船的作战性能密切相关。在决定舰船快速性优劣的因素中,舰船阻力性能是起关键作用的主要因素之一。舰船阻力性能研究主要包括:

(1) 舰船以一定航速在水中航行时受到的各种阻力的成因及其性质;

(2) 航速、船型和外界条件等因素变化时舰船阻力相应的变化规律;

(3) 研究减小舰船阻力的方法,寻求设计低阻力的优良船型;

(4) 如何较准确地估算舰船阻力,为确定主机功率、设计推进器提供依据等。

研究船型阻力等水动力性能的方法包括有半理论半经验公式的计算方法、试验方法以及基于 CFD 技术的数值计算方法[24、25]。

(1) 半理论半经验公式的计算方法是传统的舰船水动力性能研究方法,它将观察到的实际现象进行力学抽象,再利用流体力学的基本理论和数学工具来分析、研究和计算舰船水动力性能。迄今为止,半理论半经验公式的计算方法取得了很大的进展,已成功地应用于舰船兴波阻力计算、舰船波浪载荷计算及运动预报等研究。这种方法的缺点在于:采用该方法求解时必须引进一些简化和假设,使得该种方法准确性较差,从而影响了船体性能预报的精度;

(2) 试验方法包括船模试验和实船试验。船模试验按照一定比例制成船模和桨模,然后在拖曳水池中进行试验,再通过分析试验结果来研究舰船性能。船模拖曳试验在国内外应用较为广泛,很多优良船型几乎都是经过大量船模试验才得到的,这种方法的缺点在于:试验费用昂贵、周期长;船模和实船的雷诺数不相等,存在所谓的"尺度效应"问题;

(3) 基于 CFD 技术的数值模拟方法用于舰船性能研究则是兴起于 20 世纪 70 年代末。随着计算机性能的提高和舰船计算流体动力学理论及技术的发展,CFD 技术越来越广泛地用于舰船阻力等水动力性能的研究。其低成本、短周期,并且能体现流动细节,在舰船性能研究中展现了强大的流场模拟优势,已经成为舰船阻力、推进、操纵等性能研究的有效手段。该种研究方法的缺点是受限于各种因素的制约而存在精度的问题。各种误差及不确定度源的存在降低了数值计算结果的可靠性及可信度。

舰船阻力的分类如图 10.33 所示,由于黏压阻力一般所占比重不大,且实际上亦难以同兴波阻力分开,故通常把黏压阻力与兴波阻力合并在一起称为剩余阻力。

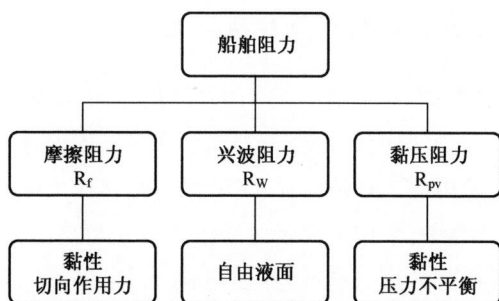

图 10.33　阻力的分类

　　基于 CFD 的舰船阻力计算流程如图 10.34 所示。图中对于不同步骤中的注意事项进行了简要的说明。

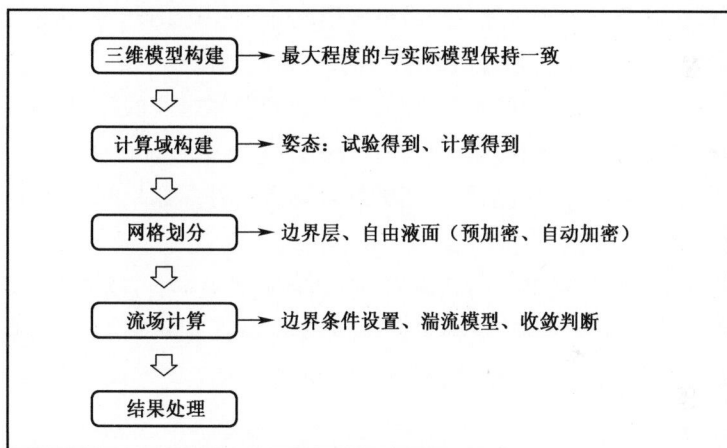

图 10.34　船舶阻力数值计算流程

　　各种阻力成分在总阻力中所占比重在不同航速的船中不相同,因此在进行数值计算时,相应的网格划分策略也将不同,如图 10.35 所示。

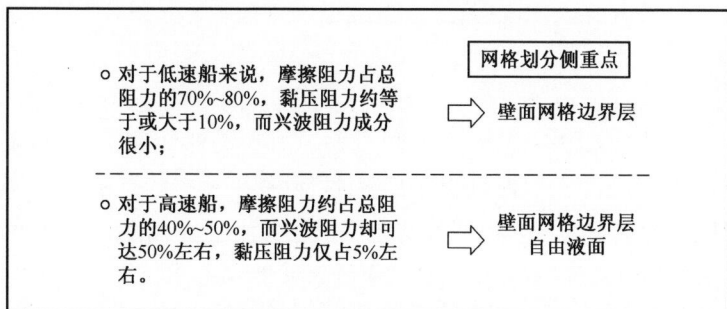

图 10.35　阻力计算注意事项

10.5.3 喷水推进舰船模型自航数值计算

对于给定的舰船来说,通过有效马力的计算,各种推进效率成分如动量系数、推力减额分数等因子的估算,可以根据经验和母型库设计出比较满意的喷水推进器,同时对于船舶可以达到的航速、主机马力及转速之间的关系也已大体确定。但在上述设计计算中,采用了许多经验公式或经验数据,由此得到的结果是否正确可靠,传统的校验方法是进行专门的船模自航试验,以便比较可靠地评估该船的性能。同阻力评估相似,随着计算机性能的快速提高,以及 CFD 技术越来越多的应用于船舶性能评估,对于船模自航性能,同样可以借助数值计算的方式来进行评估。

船模自航试验是分析研究各种推进效率成分的重要手段。对于给定的船舶来说(产品设计任务),通过自航试验应解决两个问题[26]:

(1) 预估实船性能,即给出主机马力、转速和船速之间的关系,从而给出实船的预估航速,验证设计的船舶是否满足任务书中所要求的航速。

(2) 判断推进器、主机、船体之间的配合是否良好。如果配合不佳,则需考虑重新设计推进器。

此外,根据实船试航结果与相应的船模自航试验数据,可以进行船模及实船的相关分析,积累资料以便改进换算办法,使船模试验预报实船的性能更正确可靠。图 10.36 给出了船模自航试验的布置示意图。

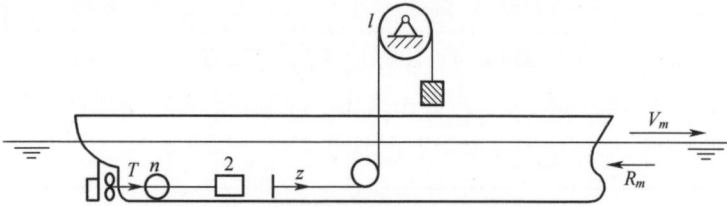

图 10.36　船模自航试验的布置示意图

对于船模自航试验的详细介绍,可以参考有关的船舶类书籍,这里不再赘述。利用数值计算的方式评估船模的自航性能,得到相关的自航因子,其基本流程可以参照试验室中进行船模试验的流程及相关处理方式,图 10.37 给出简要的船模自航数值计算流程,其中计算结果的后处理方式,也可以参考试验室船模试验的相关处理方法。

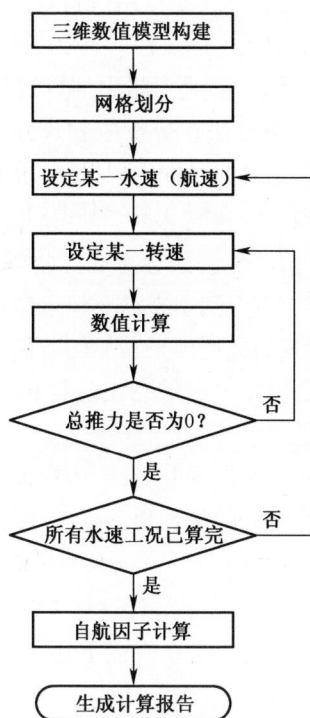

图 10.37　船模自航数值计算流程图示意图

10.5.4　基于数值计算的喷水推进船舶实船快速性预报

第 6 章"喷水推进主要参数的优化与航行特性计算"中详细给出了目前工程上常用的喷水推进舰船航行特性评估方法,借助试验、推进泵模型库及工程经验,该方法可以满足工程应用的需求。但是随着船型的不断创新、应用范围的不断拓展,该法中相关经验系数(例如边界层影响系数、推力减额系数等)的适用范围可能不能覆盖喷水推进舰船以后的发展。因此本章旨在探索如何借助数值计算的手段,预报喷水推进舰船的实船快速性。

目前对于实船快速性的预报,常用的方法是根据船模自航试验结果给出实船航速、螺旋桨转速及收到马力之间的关系。这其中涉及到很多根据理论或者工程经验所做的一些修正。

在 20 世纪 50 年代前,常用模型自航试验结果按相似定律和缩尺比 λ 直接算出实船的有关数据,由于忽略了所有的尺度作用,不可能得到正确的预报结果。自 50 年代末开始,各国水池十分重视实船性能的预估问题,同时实船试航的资料积累也日渐增多,有可能对尺度作用进行经验统计的修正。例如英国水池会议 BTTC 于 1965 年采用的 $(1+x)K_2$ 法,1966 年 ITTC 也曾给以推荐,$(1+x)K_2$ 统称实船模相关因子,前者是对阻力估算的相关因子,后者是照顾伴流尺度作用的相关因子。由于该方法在分析中物理意义不清晰,后被废弃不用。以后又发展出实船性能预估的 ΔC_t、$\Delta\omega$ 法以及 1978 ITTC 的标准方法。相关方法的介绍在许多船舶类教科书多有涉及[26-28],这里不再赘述。基于数值计算的实船快速性预报,目前常用的方法是参考实际物理试验的步骤,利用 CFD 技术替代相关试验,通过数值计算得到本来需要经过试验才能得到的物理量,再以这些物理量为基础,借助传统的模型预报实船的方法,评估实船的快速性。这种方法的数值计算对象依然是模型尺度的船模。且相关换算方法,依然存在修正的问题。

目前有研究已经开始针对实尺度舰船,利用数值计算的方法,评估船舶各项性能的优劣。但由于实尺度舰船的尺度通常很大,因此在进行数值计算时,所需要的网格数量也非常庞大,基本均在千万或者上亿的量级。虽然目前的计算机硬件水平和 CFD 商业软件的水平可以处理这样体量的网格数量,但计算结果的精度还不能与模型尺度相当。这里主要有以下几方面的原因:

(1) 尺度不同导致物理现象不同;

(2) 商业 CFD 软件相关算法的优化没有考虑这种类型的工程问题;

(3) 实尺度舰船相关性能的实船测量数据很少,或者公开的很少;

(4) 影响实尺度舰船性能的物理因素众多,不能在数值计算过程中全部考虑。

虽然实尺度计算的精度目前还不能很好的满足工程应用的需求,但是这肯定是以后发展的趋势之一。

10.6　本　章　结　语

喷水推进器性能的数值预报技术,简单而言是 CFD 数值计算。流体力学研究主要有三种方法:即理论分析、流场数值模拟(CFD)和物理模型实验。流场数值模拟是计算流体力学的核心内容,它是以计算机为手段,通过数值计算以及数据和图像显示,再现研究对象及其内在规律,因而数值模拟也可理解为用计算机来做实验。但是数值计算所固有的不完善性确定了理论分析和实验研究的不可取代性,这三种方法是相辅相承的,不能偏废。但可肯定,数值模拟较理论分析和实验研究所占的比例会越来越大。

　　本章对喷水推进器的 CFD 计算作了介绍,结合工程设计对喷水推进的力特性、空泡性能、装置的结构强度、喷水推进舰船的航行特性等进行了计算讨论。限于篇幅限制,没有全面展开,往后我们将出专著进行研讨。

参 考 文 献

［1］周正贵，计算流体力学基础理论与实际应用［M］. 南京：东南大学出版社，2008.

［2］王福军. 计算流体力学分析——CFD 软件原理与应用［M］. 北京：清华大学出版社，2004.

［3］李万平，计算流体力学. 武汉：华中科技大学出版社，2004.

［4］The International Towing Tank Conference. The Specialist Committee on Validation Waterjet Thest Procedures ［R］,23th ITTC,2002.

［5］Terwisga V. Final report and recommendations of the specialist committee on validation of waterjet test procedures to the 23rd ITTC［R］. 23rd ITTC.

［6］Terwisga V. Final report and recommendations of the specialist committee on validation ofwaterjet test procedures to the 24th ITTC［R］. 24th ITTC 2005.

［7］Robert J L, Walker G J, Davis M. Proceeding of 4th International Conference on Fast Sea Transportation ［C］. Sydney,Australia:1997.

［8］CDI Marine Company. Waterjet propulsor design［R］. Maryland：CDI Marine Company,2003.

［9］倪汉根，气核—空化—空蚀［M］. 成都：成都科技大学出版社,1993.

［10］黄继汤,空化与空蚀的原理与应用［M］. 北京：清华大学出版社,1991.

［11］柯乃普 R T,戴利 J W,哈密脱 F G. 空化与空蚀［M］. 水利水电科学研究院译. 北京：中国水利出版社,1981.

［12］潘中永,袁寿其. 泵空化基础［M］. 镇江：江苏大学出版社，2013.

［13］聂荣昇. 水轮机中的空化与空蚀［M］. 北京：中国水利电力出版社，1985.

［14］裴拉也夫 H N,艾捷利. 水轮机汽蚀（华中工学院译）. 北京：机械工业出版社.

［15］占梁梁. 水力机械空化数值计算与试验研究［D］. 武汉：华中科技大学,2006.

［16］Singhal A K, Athavale M M, Li H Y,et al. Mathematical basis and validation of the full cavitation model ［J］. ASME Journal of Fluids Engineering,2002, 124：617-624.

［17］Zwart P J, Gerber A G, Belamri T. Proceedings of the 5th International Conference on Multiphase Flow ［C］. Yokohama, Japan:2004.

［18］Lindau J W, Pena C, et al. Second International Symposium on Marine Propulsion［C］. Hamburg, Germany:2011.

［19］Spyros A. Kinnas, Hanseong Lee, Thad J. Michael, Hong Sun. P. The 9th International Conference on Numerical Ship Hydrodynamics, August 5-8, 2007 August ［C］. Ann Arbor, Michigan, USA：2007.

［20］Il-Sung Moon, Ki-Sup Kim Chang-Sup Lee. International Association for Boundary Element Methods, May 28-30, 2002［C］. UT Austin, TX, USA：2002.

［21］Wu H X, Soranna F, et al. Proceedings of FEDSM2008, 2008 ASME Fluids Engineering Conference, August 10-14, 2008 ［C］. Jacksonville, Florida, USA：2008.

［22］蔡佑林,沈兴荣,孙群. 喷水推进船航速预报的动量通量试验技术发展现状［J］. 中国造船,2015,56

（2）：131-141.

[23] The International Towing Tank Conference. The Specialist Committee on Validation Waterjet Thest Procedures [R],22nd ITTC,1999.

[24] 陈康,影响船舶 CFD 模拟的因素分析与三体船阻力计算改进探讨[D]. 哈尔滨:哈尔滨工程大学, 2008.

[25] 兰亮. 船舶兴波阻力计算及型线优化[D]. 哈尔滨:哈尔滨工程大学, 2012.

[26] 盛振邦,刘应中. 船舶原理[M]. 上海:上海交通大学出版社, 2004.

[27] 李云波. 船舶阻力[M]. 哈尔滨:哈尔滨工程大学出版社, 2005.

[28] 于大伟. 喷水推进三体船流场及阻力预报[D]. 哈尔滨:哈尔滨工程大学硕士论文,2011.

第 11 章 喷水推进试验技术

11.1 喷水推进试验技术的重要性

11.1.1 我国喷水推进试验技术的发展史

20 世纪 50 年代，我国借鉴前苏联内河喷水船的设计，不断探索自主的喷水推进技术，相应的试验技术也从无到有逐步成长。最初的试验基本通过实船试验进行验证。如 1957 年，在天津塘沽新港船厂，一批单喷管喷水拖船进行了一系列系泊拖力、航速的实船试验。当时既无专门用于喷水推进的设计方法，也没有专门用于喷水推进的试验方法，通过参考螺旋桨相关设计及试验技术，在实船试验中验证设计数据。

伴随着国内喷水推进技术发展，在喷水推进理论和性能研究方面有了长足进步，其应用从低速内河喷水船逐步发展到高性能船舶，此时，喷水推进水力模型性能试验和汽蚀试验成为设计研究中重要的试验手段。如 1974 年，MARIC 设计研究院设计的国内第一艘喷水推进高速边防巡逻艇，曾在浙江省机械科学研究所进行了大量的模型泵性能和汽蚀试验，作为实泵设计的依据。喷水推进在试验技术上引入了水泵的概念和方法，并根据喷水推进的技术特点进行改进，通过试验证明，该方法切实有效，成为今后喷水推进试验的核心部分，并在长期的研发应用过程中不断优化发展[1]。

1990 年，国内第一个喷水推进泵水力模型试验台在 MARIC 建成。该试验台在检验喷水推进水力模型泵性能的同时，也为设计理论的完善提供了关键性的技术数据。2002 年，亚洲最大的喷水推进泵综合性能试验台在 MARIC 投入运行，该试验台可进行喷水推进泵的性能试验、内流场测试、汽蚀试验和汽蚀发展过程观察记录，能对进口流道水力性能进行测试，也能对 1000kW 功率范围内的喷水推进泵实泵进行外特性试验，这是国内唯一能进行喷水推进泵综合性能试验的实验室[2]。

为了进一步提高我国喷水推进技术水平，MARIC 组建了"流场及力特性综合性能试验室"。该试验室系统有开式和闭式两种工作状态，分别完成不同的测试任务。开式状态为:具有自由液面的立式循环水槽,能进行喷水推进流场及力特性综合性能测试和喷水推进技术全方位的综合研究与试验,包括:喷水推进泵的性能研究与试验、喷水推进进流系统的水力性能研究与试验、喷水推进装置试验、喷水推进力特性的测试和喷水推进进口与尾流场相互影响的测试。开式状态也可进行船模阻力测试,与拖曳水池不同的是船模处具有不同稳定流速的水槽中,即水动船模不动,这样使测量更为方便与准确。闭式状态为封闭式立式循环水槽,升降式活动声舱可从底部升起与水槽测试段对接,具备常规循环水槽的测试功能,包括水下噪声的测量。该项目组建已于 2017 年完成。通过以上的喷水推进试验设施建设,可以实现 ITTC 喷水推进技术试验程序专家委员会的相关试验方法,整个试验研究方法与国际主流发展趋势一致。

国内还有各种规格的拖曳水池、空泡水筒,如 MARIC 的 280m 造波水池,中国船舶科学研究中心的 474m 水池,上海交通大学、哈尔滨工程大学、武汉理工大学、上海船舶运输研究所等科研院所的拖曳水池、空泡水筒等(表 11.1),其中部分可进行喷水推进船体、车体的模型试验,用于研究减阻技术,进行尾流场研究,可开展喷水推进水面平台综合性能研究。

表 11.1　国内主要试验设备表

序号	名　称	功　能	所在单位	年代
1	空泡水筒	螺旋桨敞水、空泡、噪声试验	上海交通大学	1979 年
2	空泡水筒	螺旋桨敞水、空泡、噪声试验	中国船舶科学研究中心	1973 年
3	空泡水筒	螺旋桨敞水、空泡、噪声试验	海军工程大学	1990 年
4	空泡水筒	螺旋桨敞水、空泡、噪声试验	上海船舶运输研究所	1985 年
5	水力模型试验台	喷水推进水力模型全性能试验	MARIC	1992 年
6	推进泵综合性能试验台	①喷水推进水力模型全性能试验 ②1000kW 级实泵试验、内流场测试、汽蚀研究	MARIC	2002 年
7	大型拖曳水池	喷水推进平台水动力试验	上海交通大学、中国船舶科学研究中心、MARIC、上海船舶运输研究所等	上世纪中期到本世纪
8	喷水推进自动控制系统试验室	喷水推进智能控制试验	MARIC	2013 年
9	循环水槽	螺旋桨空泡、噪声试验	中国船舶科学研究中心	21 世纪初

序号	名　称	功　能	所在单位	年　代
10	带自由液面超高速循环水槽	①螺旋桨敞水、空泡、噪声试验 ②喷水推进系统试验与噪声试验 ③混合推进试验	MARIC	2017 年
11	喷水推进声学性能试验条件	喷水推进辐射噪声测量、平台噪声测量(首期)	MARIC	2017 年

风洞试验也是喷水推进部件试验的有效手段之一。

2013 年,国内唯一一个喷水推进自动控制系统试验室建成,可开展各种喷水推进控制技术的原理、数学模型以及智能化控制等新型技术试验。

进入 20 世纪,CFD 技术在喷水推进试验技术中逐步成为重要的分支,成为喷水推进水动力仿真、预报的重要工具,CFD 计算必须与物理试验互为支撑,才能获得最佳的效果。

喷水推进技术发展至今已不仅仅是水动力性能研究,而是涉及水动力、噪声、机械、液压、控制技术的多学科技术,相应的试验技术也涵盖了多个领域,逐步形成喷水推进试验技术体系,见图 11.1。

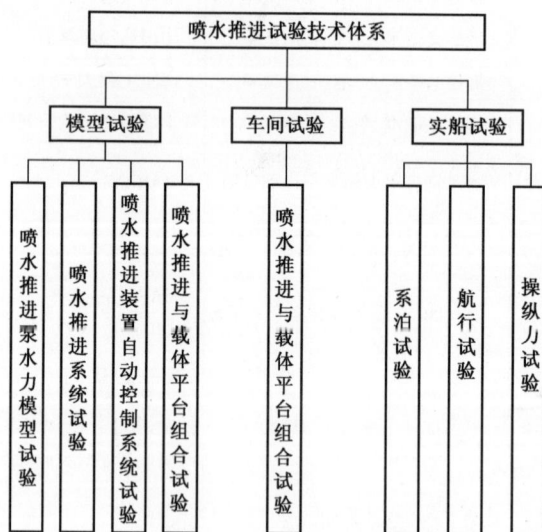

图 11.1　喷水推进试验技术体系

11.1.2 试验技术对喷水推进发展的推动作用

喷水推进技术的快速发展与专业试验验证能力的发展密不可分。如前所述,模型试验、车间试验、实船试验共同组成了喷水推进技术的试验体系。

模型试验中,推进泵水动力性能试验推动了喷水推进泵水动力设计方法的建立,与设计出高效、高抗汽蚀性能的水力模型相辅相成。推进泵的水动力性能是最终实现的推进效率以及装置竞争力的主要影响因素,通过泵的水动力性能试验,准确测量泵的转速、流量、扬程、功率、汽蚀余量,间接得到效率,形成性能曲线后,分析评估设计值与试验值的差别以及工况点的准确把握问题,进而对设计方法进行修正完善,全面提升推进泵的设计水平[2,3]。

喷水推进系统试验为优化进口流道、提高系统效率、精确航速预报提供基础支撑。喷水推进系统试验是对喷水推进系统内流场(包括泵、进口流道及喷口)与推力进行测量。内流场精确测量通过 LDV 或者 PIV 进行,一方面可以明确进口流道与喷口线型优化方向,提高系统效率,并准确评估损失,验证进口流道和推进泵试验的结果,评估非均匀进流条件对泵性能参数的影响,泵对管道系统损失的影响,提高进口流道和推进泵之间相互干扰情况下的性能预报精度;另一方面根据测量流场积分求出进出口动量差,实现推力的动量通量法测量。在具有自由液面的立式循环槽上通过力特性试验台架,可以实现推力的直接测量。完成推力测量后,对比推力与船体阻力即可实现航速精确预报。

喷水推进装置噪声试验在前面章节有相关叙述。通过在自由液面循环水槽中,利用声舱内声学测试系统进行喷水推进装置模型的噪声测试,开展喷水推进噪声机理研究与识别分析,为低噪声喷水推进装置的研制提供理论支撑。

喷水推进装置自动控制系统试验,通过智能控制策略与仿真、控制系统性能实时评估和智能控制集成技术模拟试验,为喷水推进载体平台的操纵智能化和高速化性能研究提供试验平台。

喷水推进与载体平台的模型试验愈来愈受到关注,喷水推进模型自航试验、推进泵与喷水推进系统水动力试验可作为研究快速性的试验手段[4]。在自由液面循环水槽中,模型不动而水流动,能有效模拟喷水推进真实的内外流场情况与船、机、泵匹配情况,研究航速与功率的变化关系从而验证快速性。为喷水推进装置的实船应用提供系统匹配检测和演示验证,是喷水推进装置成功应用的基础。

分析比较国内外的喷水推进技术发展与试验验证能力,可见喷水推进技术的发展紧紧依赖试验验证能力的提高。国外主要专业公司或机构经过几十年设计、试验与应用的交互验证,形成了较高精度的喷水推进试验能力,建立了相对健全完善的专业试验设施。

20 世纪喷水推进器的推进性能评估主要采用基于模型试验数据的传统方法。近年来随着高速摄像技术、LDV 和 PIV 测速技术、现代数据采集和分析系统等高技术测量仪器的投入使用,试验测量的精度日益提高,测量范围和功能也不断增加,形成了喷水推进空化性能、湍流流动、瞬态特性、噪声性能等测试技术。

以 Rolls-Royce 公司旗下的 KAMEWA 公司的水动力中心为例,其专业配套的试验验证设施对喷水推进核心问题的有效突破,造就了其在喷水推进技术与市场的领导地位,其用于试验研究的主要设施包括了一个空泡水筒和一个带自由液面的循环水槽。空泡水筒容量 117m³,不带自由液面,用于推进泵循环试验,测量扬程、效率等外特性;带自由液面的循环水槽容量 400m³,可以对带进口与操舵倒航机构的推进装置进行整体试验,测量推进效率、空泡性能以及水动力噪声[5]。喷水推进水动力核心试验包括推进泵的水力性能试验(见图 11.2),喷水推进系统试验[6]、喷水推进装置噪声试验、喷水推进模型自航试验,对推进泵与喷水推进装置基础理论和应用研制中的核心问题进行试验验证。KAMEWA 的低噪声喷水推进技术已应用于"自由"级濒海战斗舰,其与美海军水面战中心正共同研制的新型低噪声喷水推进装置,见图 11.2。

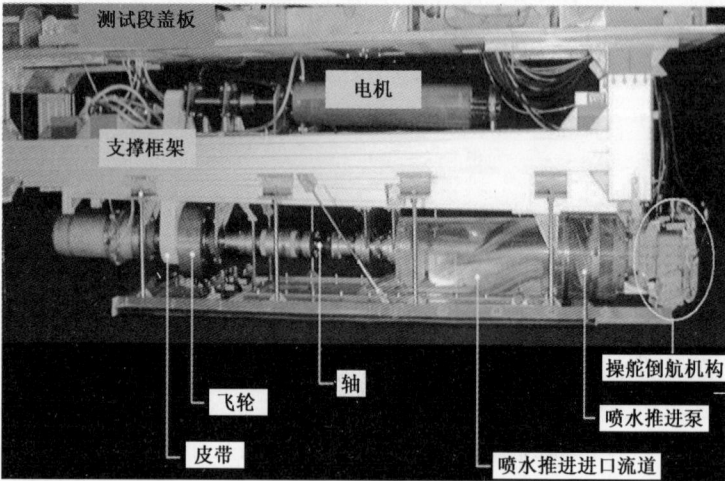

图 11.2　KAMEWA 推力测量装置

美国海军在喷水推进方面的主要研究机构是海军研究局和水面战中心。中心的 Carderock 船舶系统和工程站集中了海军与船舶推进相关的主要试验设施,是美国海军最先进的舰船和舰上系统的研究与试验中心,核心研究领域包括:船体和推进的相互影响、设计和集成技术、环境质量系统、结构和材料、水动力噪声和船体集成推进器的设计开发,拥有包括拖曳水池、大型模型、各类水筒、操作性和耐波性测试水池和声学消音试验室等大批科研设施。承担过海军先进电力演示舰及其喷水推进器 AWJ-21 性能评估等喷水推进项目,在美国海军研究署的资助下,联合高速补给舰(JHSS)、濒海战斗舰等型号开展了低噪声喷水推进泵的设计与性能计算、喷水推进船模性能试验、喷水推进船动力特性与运动数值模拟、船泵相互作用等方面的深入研究。

为了喷水推进的关键技术的研究和突破,开展相应的试验验证是必备和必须的手段。在理论研究和工程应用中,通常所说试验验证一般是指物理模型验证,随着计算流体力学的发展和计算机技术的提升,数值模拟验证也已成为开展流体力学研究的三驾马车之一,因而我们说试验验证包括了物理模型验证和数值模拟验证。

开展喷水推进技术研究要先从理论分析入手,结合实际应用或工况建立数学模型,在理论分析优化的基础上开展物理模型的试验验证,从而修正理论分析的结果,必要时进行优化并再次试验验证,从而逐步逼近目标。当今数值模拟计算方法已接近成熟,可首先开展数值模拟的优化,再进行物理模型试验验证,从而可以节约物理模型试验的人力和物力耗费。

11.2 试验技术的分类

喷水推进试验有多种分类方法,可以根据学科分类:如流体力学类试验、机械类试验、控制类试验;也可以根据实验对象分类:如模型试验、中间试验、实船试验等;还可以根据喷水推进部件分类:如进口流道试验、推进泵试验、控制系统试验等;还有根据试验目的分类:如功能试验、环境试验、系泊试验、航行试验等。

在本书中,以图 11.1 试验技术体系为主线,考虑工程化因素,着重对重要部件试验、重要性能试验、重要功能试验进行叙述和说明。本章着重于物理试验,数值试验(CFD 技术)已在第 10 章中进行了专门论述。

11.2.1 模型试验

模型试验内容繁多,在本书中着重介绍推进泵水力模型试验、力特性试验等重要试验内容及方法。

11.2.1.1 喷水推进泵水力模型试验

推进泵水力模型试验通常也称为推进泵外特性试验[7,8],包括性能试验和汽蚀试验。通过试验得到喷水推进泵的主要参数和性能曲线。模型试验[9]一般在闭式循环试验台上进行(见图 11.3),闭式台既可进行性能试验又可以进行汽蚀试验。推进泵的主要参数有:

① 转速 n:r/min;

② 流量 Q:m³/s;

③ 扬程(水头)H:m;

④ 输入功率 P:kW;

⑤ 输出功率 P_U:也称有效功率,kW;

⑥ 泵的效率 η_0:(%);

⑦ 泵的汽蚀余量 NPSH:m。

1) 性能试验

所谓推进泵性能试验,就是要测得推进泵的主要性能参数值,如流量 Q、扬程 H、推进泵的输入功率 P、转速 n 和通过计算得到的推进泵的输出功率 P_U 和效率 η_0 等值,以及它们之间的相互关系曲线,即 Q—H 曲线、Q—P 曲线、Q—η_0 曲线等[10-12]。

在进行性能试验过程中,转速变化对性能参数试验有一定要求。在试验精度为 1 级和 2 级时,可以在额定转速的 50%~120% 范围内选取试验转速;当试验精度为精密级时,可以在额定转速的 80%~120% 范围内选取试验转速;而进行输入功率测量,无论试验精度为 1 级、2 级还是精密级,转速应在 80%~120% 额定转速范围内,否则泵的效率可能会受到影响。

图 11.3　MARIC 喷水推进泵水力模型试验台

试验的具体步骤按 CB 3401—91、GB 3216—2005 进行。

喷水推进泵性能试验的先决条件是在无汽蚀状态下进行,否则将直接影响参数测试的准确性。

2) 汽蚀试验

汽蚀试验是推进泵水力模型试验的重要部分,可通过试验结果分析水力模型性的汽蚀性能[13-18],也就是抗空泡能力,是推进泵性能的主要指标,也是选型的重要依据。

通常可以根据给定流量下扬程或效率的下降量,或给定扬程下流量或效率的下降量来测定汽蚀的发生。多采用给定流量下抽真空,以扬程的下降量达到3%作为汽蚀点这一准则。

通常取额定工况点及其前后各两个流量点为试验工况,每个工况点进行一次汽蚀条件下的性能试验,最终得到一条汽蚀性能曲线,并计算得到汽蚀比转速。

进行喷水推进泵水力模型试验需要一套特定的试验装置。试验装置又称试验回路、试验台或试验系统。它是保证获得满意的性能特性测量所需的必需条件,是完成泵试验的主要手段之一。试验的具体步骤按 CB3401—91、GB3216—2005 进行。

11.2.1.2 喷水推进系统试验

喷水推进系统试验包括了系统内流场(包括泵、进口流道及喷口)、力特性、操纵力试验[18-20]。下面对进口流道、力特性、操纵力试验分别进行简要介绍。

1) 进口流道试验

进口流道的内流场情况复杂,早期通常将流道作为管道进行简化,并不关注该部分流场情况,随着试验技术不断发展,测试仪器和手段已能对进口流道进行观测和试验,加之 CFD 技术在进口流道的流场分析中得到广泛应用,通过物理试验与数值试验的结合,进口流道试验逐渐成为喷水推进系统试验不可缺少的部分。

这项试验的目标是优化进水流道关于空泡、效率和速度分布,也就是进口伴流的特性。最佳的进水流道设计就是要损失最小,尽量避免流体分离和空泡的发生,到达泵叶轮前的水流均匀而稳定。

进口流道主要测试内容有:

① 进口流道获流区域的速度和压力分布;

② 进口流道唇部流动分离和压力分布;

③ 沿进口流道内壁的压力分布;

④ 进口流道出口(动叶轮入口)速度分布;

⑤ 进口流道在减压状态下的空泡特性；

⑥ 动叶轮诱导速度对进口流道出口区域速度分布的影响；

⑦ 进口流道附件(轴包套、抗鸣音片等)对流场的影响；

⑧ 进口流道的能量损失。

进口流道试验通常在循环水槽或空泡水筒中进行，但泵试验台经适当改造也可以进行(见图11.4)。进水流道模型通常采用有机玻璃制造，它被安装在空泡水筒的顶部。依靠独立的泵装置，使水被吸入，泵装置通过软管和进水流道相连。但对试验装置和测试系统的要求较高，一般需要水下观测和测试仪器。如在自由液面循环水槽上进行试验，测试难度会相对降低。将进口流道试验装置安装于自由液面循环水槽工作段中，并提供动力驱动和传动，预留测试接口，与测试仪器配合完成喷水推进进口流道试验，记录试验数据，并进行分析。

图 11.4　MARIC 进口流道试验现场

2) 推进力特性试验

喷水推进装置的推力特性是评价喷水推进装置整体性能的主要指标，其推力性能的预报是进行推进装置力特性试验的目的，所以各大研究机构和喷水推进生产商都在喷水推进装置推力测量方面投入了很大的精力。

目前国际上较为常用的两种测量推进力的方法是动量通量法和直接推力测量方法。

动量通量法较为简单，只需采用一定的方法测定流量即可，至于获流截面的形状加入一个影响因子就可以，况且获流截面的形状并没有对动量通量法有决定性的影响，所以这种方法应用广泛，发展的较为成熟，一般说来若采用别的方法进行推力测量，也以这种方法作为理论基础，通常作为推力预报的验证手段。

直接推力测量方法要在具有自由液面的试验台来做，仅这个试验台就需要投入巨大的人力、物力及财力,目前采用直接测量法进行推力测量的只有KAMEWA公司,该公司拥有自己的水动力研究中心,并设有具有自由液面的循环水槽。在这个循环水槽中利用力特性试验台架进行直接推力测量(见图11.5),这个水槽还可以较为准确的测量喷水推进装置控制体的流量、流速,也就是运用动量通量法进行推力预报,但是由于商业竞争、技术保密等原因,KAMEWA没有公布任何有价值的参考资料,目前直接推力测量法的测量效果不得而知。

图 11.5　KAMEWA 直接推力测量试验台架

值得一提的是,因为 KAMEWA 拥有这种设备,所以其开发的大型喷水推进装置占国际市场销售量的 80%,在喷水推进装置开发设计方面占绝对的领导地位。可见具有自己独立的喷水推进装置试验台是何等重要。

国内 MARIC 也自行设计建造了带自由液面超高速循环水槽,该设施具有 $10m \times 2.5m \times 1.8m$ 的自由液面工作段,自由液面最高流速可达 14m/s,比 KAMEWA 的装置更为先进,在喷水推进试验技术上前进一大步(见图 11.6)。

3) 操纵力试验

操纵力与力特性息息相关,喷水推进喷口喷流形成的推力,通过操舵倒航机构形成操纵力,操纵力主要研究操舵倒航机构的受力情况,以及力的分布,在测试方法上也分为间接测量和直接测量两种方法[21]。

KAMEWA 公司进行操纵力测量如图 11.7 所示。

从装置可以看出,通过压力传感器将操舵力或倒航力传递到测量仪上,可以从测量仪上直接读出推进装置的操舵力或倒航力。

操纵力测量试验并不需要考虑空泡、自由液面等前提条件,所以只要实验设施得当,无论是拖曳水池、空泡水筒还是循环水槽都可以进行操纵力的测量试验。

水流冲击在操纵倒航机构方向舵上,产生操舵力,此力通过与操舵倒航

图 11.6　MARIC 力特性试验台

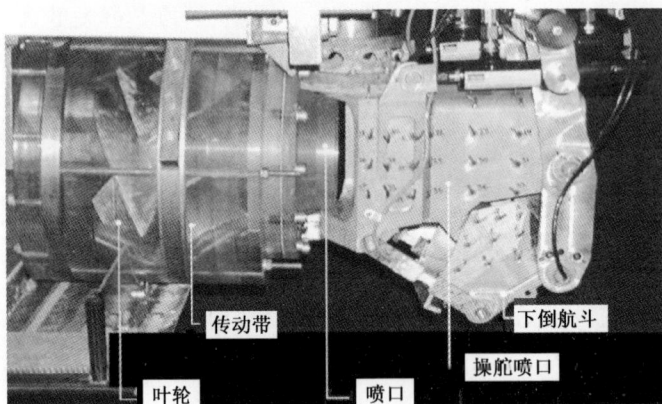

　　传动带　　　　　　　下倒航斗

　　叶轮　　　　喷口　　操舵喷口

图 11.7　操纵力测量装置放大图

机构相连接的定位销和操舵液压油缸将力传递到喷口,进而通过艉板法兰
将力传递到船体操纵船舶转动。倒航时,水流冲击在机构的上颚和下颚,将
力同样经定位销传递到喷口进而到船体实现船舶倒航。根据力的传递方
式,课题组首先总结出一种通过测量油缸中的力来测量操舵力的方法,称之

为间接测量法。

11.2.1.3 喷水推进与载体平台组合试验

1) 喷水推进与船体相互影响的试验

喷水推进和船体的相互影响,是指这两个系统中一方的运作会改变另一方的运行特性。这和螺旋桨与船体之间的相互作用相似,是喷水推进船舶快速性研究的重要内容之一。从国外已有的研究成果看,两者配合得好能够互相促进,会使推进效率提高,特别是已发现喷水推进船高速时的推力减额为负值的现象;若配合不好,不但会影响船舶的快速性能,还可能带来其他不利的影响(如振动等)[22]。

对于采用喷水推进和螺旋桨混合推进方式的船舶(如在研的轻型护卫舰),由于其尾部布置空间有限,喷水推进装置进口与螺旋桨盘面往往布置得很靠近,喷水推进装置的进流"流管"与螺旋桨桨前轴向诱导速度影响区可能会发生"抢水"等进流干扰的情况,使两种推进装置的推力降低,进而影响全船的推进效率。

上述研究的试验内容在常规拖曳水池中较难实现,主要由于在拖曳水池中水是静止的,而船模在运动,模型在水池中拖曳是间断性的,很难稳定地测量喷水推进装置、螺旋桨进口区域的速度场、喷水推进装置的流量以及喷口速度场等参数,在定点观测和连续测试方面无法与带自由液面的循环水槽相比;在该类型的试验测试段上,模型是静止的,可用 LDV、PIV 等设备连续稳定地采集上述数据。

主要测量的参数包括船体阻力、纵倾角、升沉,喷水推进装置和螺旋桨的转速、扭矩和轴向力,螺旋桨进口区速度场,喷水推进装置的流量以及其进口、出口速度场等。

试验装置的基本结构和组成见图 11.8,试验装置顶部框架通过水循环系统工作段两侧的支撑架连接固定,使顶部框架横跨于工作段之上;试验船模置于工作段自由液面循环水流中,从顶部框架伸出刚性杆通过阻力仪在拖点与船模连接[23]。

仅螺旋桨运行自航试验:船模的喷水推进装置进口和喷口封闭,流道内充满水并与装有喷水推进装置自航时的模型具有相同的重量和重心位置,以自由来流模拟各船速,船模通过阻力仪与试验装置顶部框架相连,仅螺旋桨运行进行自航试验。阻力仪采集拖力和船模姿态的相关参数,动力仪采集螺旋桨的功率特性和推力特性,进口区速度场由 LDV/PIV/五孔毕托排采集。试验设备和采集的数据见表 11.2。

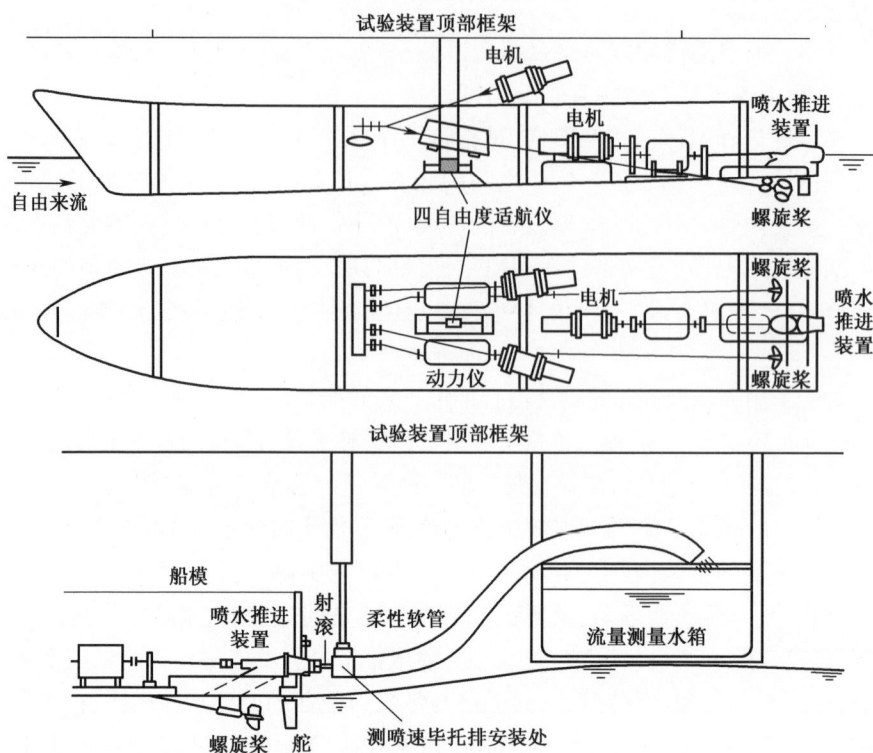

图 11.8 试验装置布置示意图

表 11.2 试验用设备一

序号	项　目	采集数据	试验用设备
1	船模阻力与姿态	阻　力	阻力仪
		纵倾角	
		升　沉	
2	伴流场	进口区速度场	*LDV/PIV/*五孔毕托排

仅喷水推进运行自航试验:拆下螺旋桨,仅喷水推进装置运行,以自由来流模拟各船速,船模通过阻力仪与试验装置顶部框架相连。阻力仪采集拖力 R_m 和船模姿态的相关参数,动力仪采集喷水推进装置的功率特性和叶轮轴向力,进口区速度和喷口速度场由 LDV/PIV/五孔毕托排采集,喷水推进装置的流量用柔性管路收集并引入外置水箱后称重获得,或五孔毕托排或 LDV 测量速度场后计算得到。试验设备和采集数据见表 11.3。

392

表 11.3 试验用设备二

序号	项 目	采集数据	试验用设备
1	船模拖力与姿态	阻 力	阻力仪
		纵倾角	
		升 沉	
2	速度场	进口区速度场	LDV/PIV/五孔毕托排
3	螺旋桨功率和推力特性	转速	动力仪
		扭矩	
		推力	

喷水推进与螺旋桨同时运行自航试验:喷水推进与螺旋桨同时运行,以自由来流模拟各船速,船模通过阻力仪与试验装置顶部框架相连。阻力仪采集拖力和船模姿态的相关参数,两套动力仪分别采集喷水推进装置和螺旋桨的功率特性、螺旋桨推力和叶轮轴向力,进口区速度场和喷口速度场由 LDV/PIV/五孔毕托排采集,喷水推进装置的流量用柔性管路收集并引入外置水箱后称重获得,或用五孔毕托排或 LDV 测量速度场后计算得到。试验设备和采集数据见表 11.4。

表 11.4 试验用设备三

序号	项 目	采集数据	试验用设备
1	船模拖力与姿态	拖 力	阻力仪
		纵倾角	
		升 沉	
2	速度场	进口区速度场	LDV/PIV/五孔毕托排
		喷口速度场	
3	喷水推进装置功率特性和轴向力	转 速	动力仪
		扭 矩	
		叶轮轴向力	
4	流 量	流 量	流量测量水箱/五孔毕托排

自航试验中,螺旋桨的推力可以采用动力仪直接测得,动力仪测得的是叶轮的轴向力。而喷水推进装置的推力则不能,喷水推进装置的推力 T 采用动量通量法获得,即测量并计算喷水推进装置的进出口动量差;装置进口和喷口的流速

393

分布采用 LDV／PIV/五孔毕托排进行测量;总的流量可以对固定时间内喷口喷出水流进行称重来得到,并可与测得的流速计算的流量进行印证。

喷水推进装置的转速和扭矩通过动力仪测量,并导出其功率特性;船体姿态、船尾速度场在阻力试验和自航试验时应分别进行测量,以获得对比数据,分析喷水推进装置对船尾流场和船体姿态的影响、分析喷水推进装置与螺旋桨的相互影响。

有了上述三种自航试验的尾流场数据,就可以分析在混合推进情况下螺旋桨对推进泵以及推进泵对螺旋桨相互影响的状态。这种影响与布置位置的变化有密切关系。可改变桨和泵的布置位置,包括轴向,横向和深度的变化,逐一进行对比试验,最终可找到相对最佳的布置位置。

2) 喷水推进船模自航试验

参考 ITTC 的建议,喷水推进船自航试验时测量的内容为:

除了航行时的纵倾和下沉以外,在自航试验时将要测定以下量值:

—— 体积流量 Q_j;

—— 扭矩 M_h 和转速 n;

参见图 5.20,用放在 1 站处的普朗特管的总压和静压之差测量进口处的速度分布 $u1(Z)$(注意到普朗特管对斜流相当不敏感,使测量到的是总速度 $u1(Z)$ 而不是速度分量 $u1x(Z)$);

静压系数 $CP1(Z)$,是从第 1 站静压 P_1 和未被扰动的静压 P_0 之间的差别求得,而 P_0 是在第 0 站,即位于船体前方用第 2 支普朗特管测得的;

当地的能量速度 $VE1(Z)$ 从以上定义的 $u1(Z)$ 和 $CP1(Z)$ 计算而得;

X 方向的速度分量 $u_1x(Z)$,在多数情况下可假定等于 $u_1(Z)$;

假如喷射流速度分布是不规则的话(计算静压系数)喷射流的速度分布 $u_7x(A_7)$ 和 $u_7\emptyset(A_7)$ 可在第 7 站用毕托管或多孔探头测量。

11.2.2　车间试验

车间试验主要用于产品检验验收,在本书中也列入试验技术一章。包含了机械系统、控制系统、液压系统的专项试验,以及最终的陆上联调试验。

11.2.2.1　机械系统检验

喷水推进装置机械系统出厂验收时,需要提供重要项检验报告。

① 接口尺寸及关键尺寸检验;导叶体毂内油压试验;泵密封安装到位轴向尺寸检测;泵总成轴向游隙检测;叶轮和导叶体之间迷宫间隙检测;叶轮和叶轮壳体直径叶梢间隙检测;方向舵极限位置检测;倒航斗极限位置检测;操舵和倒航油缸行程检测;反馈软轴行程确认;极限位置油缸油压试验。

② 重量检验。

11.2.2.2 控制系统试验

喷水推进控制系统试验依据以遵循的标准、规范为准。以入级 CCS 船级社为例,需遵循的试验规范有:"电气电子产品型式认可试验指南""CCS 钢质海船入级规范""CCS 海上高速船入级与建造规范"等。

① 外观检查。

② 性能试验。

验证设备的性能,确认其运行能满足规定的要求。对产品进行通电检查与试验。

③ 绝缘电阻测量。

④ 耐压试验。

验证控制系统各独立电路之间和所有电路相对于机壳之间的绝缘特性。

⑤ 电源波动试验。

验证当供电电源发生波动时,控制系统能正常工作的能力。

⑥ 电源故障试验。

在试验期间和试验后,检验控制系统在断电和恢复供电时,检查控制系统的功能。使供电电源满足控制系统的额定工作要求,控制系统上电正常工作。

⑦ 振动试验。

验证控制系统在模拟船舶振动条件下能正常工作。

控制系统按实际使用状态安装在振动台上,按一定振幅和频率模拟实船振动条件,试验期间在额定电源条件下通电正常工作。

⑧ 高温试验。

验证控制系统在高温条件影响下能正常工作。

⑨ 低温试验。

⑩ 外壳防护试验。

验证控制系统的外壳防护是否达到相应防护等级的要求。系统按需要的 IP 防护等级要求进行外壳防护试验,试验前后,测量控制系统绝缘电阻。

⑪ 交变湿热试验。

验证控制系统在湿热条件影响下能正常工作。试验前进行控制系统绝缘电阻的测量。

11.2.2.3 液压系统试验

液压系统的车间试验主要是在陆上联调试验前进行自身的功能检查。

1) 液压缸检验

① 泄漏量检查。

② 耐压强度试验。

③ 密封性检查。

④ 最低启动压力试验。

⑤ 最低稳定速度试验。

2）液压系统出厂试验。

① 油箱的密性试验。

② 耐压试验。

③ 性能试验。

检查各点的报警和显示及液压阀的设定值是否符合要求(可以模拟进行)，如液压油低压报警、液压油低压转换、油液低液位报警、滑油低流量报警、滑油低压报警、油液高温报警、滤油器堵塞报警、溢流阀、平衡阀、保压阀等设定值。

④ 动作试验。

⑤ 清洁度检验。

⑥ 连续运转试验。

11.2.2.4 陆上联调试验

通过对喷水推进装置机械、液压和控制三个分系统的陆上联调试验,检验各分系统之间的接口、功能匹配、双机组合操作等功能及有关参数,并进一步验证各分系统在单独出厂考核试验中的部分内容。最终确认装船机(首船)的制造质量、设备完整性和正确性及部分技术性能指标,为出厂验收和交付作好准备。

1）陆上联调试验准备

首先需要准备陆上联调试验用文件,包括:各分系统出厂试验报告、陆上联调试验大纲、喷水推进装置有关布置图、喷水推进装置有关原理图、喷水推进装置有关接线图等。

准备试验用主要仪表仪器,如温度表、流量表、压力表、秒表、万用表、游标卡尺、卷尺、百分表等。

对于场地设施也有相应要求:试验车间光线明亮、地面坚实平整,车间需配置行车以及必要的起吊高度、配置有支撑喷水推进装置完成操舵倒航机构运动的支架、电源:380V 交流电,24V 直流电、液压油、水源、气源等。

已完成了机械系统、控制系统、液压系统的出厂检验或相关试验。

2）陆上联调试验项目和程序

把喷水推进装置的机械、液压和控制三个分系统组装在一起,进行以下项目试验:

动作试验

主要考核机械系统和液压系统的配合性能,采用喷推舱(机旁)手动控制模式。

① 液压系统。

② 控制系统。

③ 指示及控制曲线试验。

如有备用工况或其他增加的设备,系统还要补充相应的试验内容,在此不再赘述。

11.2.3 喷水推进舰船实船试验(包括中间试验艇在内)

11.2.3.1 系泊拖力试验

除常规船舶的系泊试验内容外,对喷水推进船尚需增加以下试验内容。

(1) 液压系统试验。

① 投油试验;

② 绝缘电阻测量;

③ 液压泵和润滑泵运转试验。

(2) 控制系统试验[24]。

① 绝缘电阻与接地电阻测量;

② 指示、调光和自检功能;

③ C 故障报警功能;

④ D 控制部位转换试验;

⑤ E 操舵功能及精度;

⑥ F 正、倒航功能及精度;

⑦ G 电源自动转换功能。

(3) 喷水推进装置工作稳定性运转试验。

系泊状态下,结合主机运转试验,若离合器接排,为防止喷水推进泵出现空泡,本装置转速应限制在怠速以下。此时应先进行零推力倒斗角的校核测定试验。在倒航斗不在零推力位置时,要注意系缆安全,确保能承受相应受力。

在稳定性运转试验中,检查喷水推进泵连续运转应稳定可靠,无异常振动和响声。

(4) 控制曲线试验。

按提供的操舵曲线、主机转速—倒航斗联合控制曲线做试验。

11.2.3.2 航行试验

(1) 工作稳定性运转试验。

结合主机运转试验,检查推进泵连续运转工作应稳定可靠,无异常振动和响声。液压系统所有管系和阀件不应有渗漏现象。

（2）控制及功能性试验。

a. 手动控制：手动单元的操纵杆和按钮；

b. 随动控制：控制手柄（测定自一舷 30°转至另一舷 30°，所需时间应少于 13s；收倒航斗的时间少于 11s，放倒航斗的时间少于 13s）；

c. 自动控制：自动操舵仪。

（3）显示和报警试验。

在航行试验中，检查系统显示和报警情况，如发现显示不正确或误报警，应及时查明原因，并做记录。

（4）控制曲线试验。

按提供的操舵曲线、主机转速—倒航斗联合控制曲线做控制试验。

（5）电源自动转换功能。

通过人为造成一路 380V 失电，检查电源分配箱的电源自动转换功能；通过人为造成两路 380V 失电，检查电源分配箱 24V 电源给各控制箱和角度指示装置供电功能。

（6）航行性能。

结合全船的快速性与操纵性试验，验证喷水推进装置的性能。

11.2.3.3 操纵性试验

（1）方向舵试验；

（2）倒航斗试验；

（3）方向舵倒航斗联合动作试验。

11.3 试验设施与设备

喷水推进装置可在多种试验设施上进行不同需求的试验，在此对于常规船舶试验所用的拖曳水池、空泡水筒等不做介绍，可参见有关船舶试验类书籍。本节主要介绍喷水推进专用的几个试验设施设备。

11.3.1 水力模型综合性能试验台

MARIC 于 2003 年建成的喷水推进泵综合性能试验台占地约 2000m², 总容积量 400m³, 是半立式封闭循环试验台。试验台目前由两个台位整合而成：实泵试验台和水力模型试验台。喷水推进泵综合性能试验台主要分为 4 个部分：水力系统、电力系统、测量系统及控制系统。

图 11.9 MARIC 喷水推进泵综合性能试验台

1) 水力系统

水力系统由汽蚀筒、不同规格的稳流筒和管路组成。如上所述,水力系统分为两个台位,实泵试验台和水力模型台,这两个台位既相互独立又相互统一。两个台位分别独立完成不同的试验任务,但同时又通过公共的水力管路连接在一起,形成一个完整的试验台。水力系统的筒及管路均采用不锈钢材料(0Cr18Ni9),可以保证系统水的清洁。在不同管段之间安装了电动蝶阀,可以实现不同试验系统之间的转换,并可以在试验台不同部位放水。另外,各管路中加装了软接头和波纹管,以方便拆卸。

公共水力管路由立式稳流筒甲、立式稳流筒乙、立式汽蚀筒、卧式稳流筒、接口筒,以及控制管路和测流管路组成。

实泵试验系统由专门的实泵试验管路与公共水力管路组合而成。该系统主要完成实泵的台架试验。

水力模型试验系统包括水力模型进流管路和模型试验段和公共水力管路。

该系统主要进行喷水推进泵模型的能量试验及汽蚀试验,得到流量、扬程、功率、转速、进出口压力、汽蚀余量等物理量。同时配备了与模型泵相同的辅助泵,可以称之模型泵的姊妹泵,这样辅助泵与模型泵的流量匹配,不会影响试验结果。在这里图中标示的立式汽蚀筒又在汽蚀试验中起到汽蚀筒的作用。

2) 电力系统

根据实泵试验和水力模型试验的要求,配置了不同规格的试验电机和相应的变频器。

集控台是动力设备启动控制的主要部件,集控台可对试验泵、电动蝶阀、流量调节阀、真空泵等设备实现控制和调节。

实泵试验目前最大的功率为约 500kW,故配备了 630kW 电机一台,另配 250kW 电机,110kW 电机,这样基本上可以覆盖实泵试验中的各种不同要求的功率。同时,配备了相应的变频器。

水力模型试验配备了 90kW 电机,同时上面的 110kW 电机也可用做水力模型试验电机,辅助泵配备 90kW 电机。

3)测量系统

流量测量采用精确度高的电磁流量计。配备了各种不同量程范围的压力变送器。

选用固定连接的扭矩仪及相应的二次仪表。

4)控制系统

控制系统是针对喷水推进泵综合性能试验台自行开发的数据自动采集处理系统,可以对各主要变量进行手动或自动采样,并对数据自动处理,输出试验结果及相关曲线。

11.3.2 带自由液面超高速循环水槽

11.3.2.1 循环水槽的简介

由 MARIC 自主研制的带自由液面超高速循环水槽(见图 11.10),是我国为喷水推进技术的研究专门建造的大型试验设备,除能进行喷水推进和螺旋桨推进的水动力性能试验外,还能进行推进器的水下噪声综合性能的试验和测量。该水槽在自由液面段加装封闭盖后,也具有闭式循环水槽试验功能。

图 11.10 MARIC 带自由液面超高速循环水槽

该水槽主要由试验平台水力循环系统、动力驱动系统、声舱量测系统和数据采集处理系统组成。

1) 试验平台水力循环系统

本系统是一个通用试验平台,由中心线为 32m×15m 的大型立式环状循环管道组成,上部有 $L×B×H=8m×1.5m×1.2m$ 的试验工作段,工作段具有自由液面。各个试验装置可分别置于该试验工作段进行相应的试验。为保证得到所需流速和流场,由底部功率为 2000kW 左右的循环泵完成水的循环,并有相应的整流装置和水槽自由液面控制系统。整个循环系统水容量约为 1200m³,测试段截面最大稳定流速可达 14m/s 左右,通过变频调速驱动电机来调整工作段的水速。可进行最大推进泵叶轮直径为 300mm 的喷水推进装置模型和 6m 长的船模的试验。试验工作段尺度是根据喷水推进各类试验装置的基本要求综合考虑后确定的。整个水力循环系统采用 304 不锈钢材料建成,水力循环系统的主要技术参数见表 11.5。

表 11.5 水力循环系统主要技术参数

主 要 特 点	开式自由液面
水容量	~1200m³
测量段尺寸:长×宽×高	8m×1.5m×1.2m
测量段最高流速	14m/s
主电机功率	2000kW
最大模型尺寸	推进泵直径 300mm 船模长 6000mm
最低绝对静压	0.10bar[①]
最高绝对静压	3.5bar

2) 动力驱动系统

在循环水槽底部,设置有一台由 MARIC 自行研制,直径为 2.8m 的卧式轴流泵,实现循环水槽内水体的循环流动,为试验工作段提供 0.5~14m/s 稳定流速所需的流量和克服沿程损失相对应的扬程。该循环水泵由一台 2000kW 低噪声电机驱动,通过变频和齿轮箱实现无级调速,以达到调节试验流速的目的。

3) 声舱量测系统

循环水槽声学测试系统的消声声舱处于循环水槽试验工作段下方,其与试验工作段的连接采用分体结构形式,其主要特点是消声声舱与试验工作段为两

---

① 1 巴(bar)= 100kPa。

个独立的结构体,声舱可通过升降机构运动。当进行噪声测试时,声舱升至试验工作段底部,并与其连接,通过舱内布置的声学测试系统实现试验工作段内模型水中辐射噪声测量;当无需进行噪声测试时,声舱与试验工作段分离,通过试验工作段底部观测窗实现模型流场的观察和测量。

升降式声舱是试验室声学测量系统的主要硬件设施,其包围空间用于构建测试水体环境,是测试系统运行的基础。声舱的位置如图 11.11 所示。升降式声舱为外部敷设加强筋的 304 不锈钢结构箱体,箱体外形尺寸约为 10.3m×3.8m×2.6m,其内部尺寸为 9.7m×2.5m×2.0m,顶部法兰口尺寸为 9.0m×1.8m,可实现与工作段底部法兰的连接,通过布置吸声圆锥来构建声学测试的消声环境。

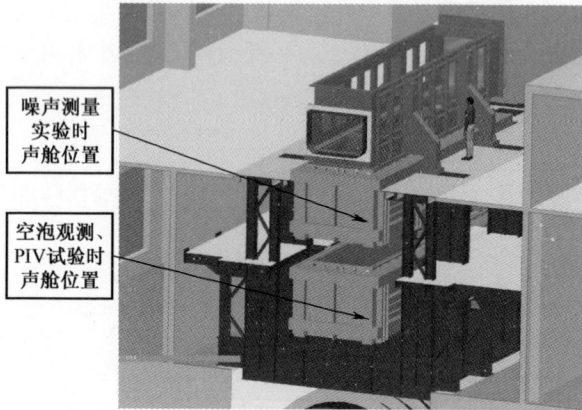

图 11.11　声舱本体的位置布局

水槽的声学测试与分析由布置在升降式声舱内的声学测试传感器(水听器阵列)及舱外的信号采集和分析系统完成(见图 11.12)。

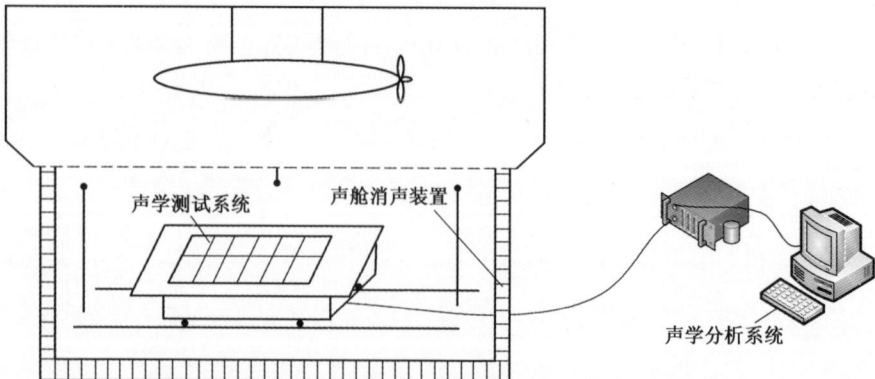

图 11.12　噪声测试布局示意简图

402

在升降式声舱内部空间通过布置吸声圆锥,模拟近自由声场的噪声测试环境;利用布置在高精度水下二维定位机构上的水听器阵列等测试传感器测量声场的分布及声压级等声场特性;通过分析软件,对单个水听器的测量数据进行傅里叶变换、倍频程分析、功率谱和声场声压级计算等分析,获得噪声场特性(见图 11.13)。

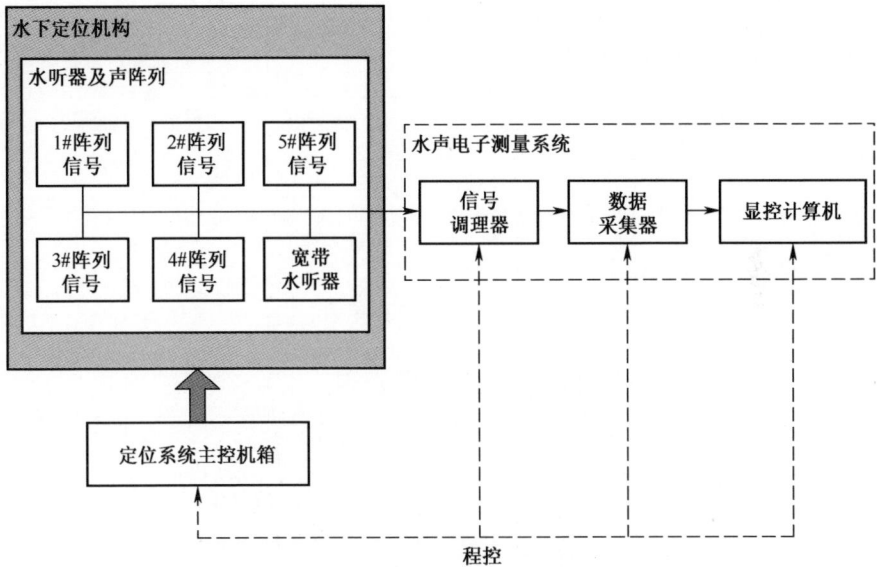

图 11.13 声学测试系统连接图

4) 数据采集和处理系统

带自由液面超高速循环水槽既具有开式循环水槽的测试功能,也具有封闭循环水槽的试验功能,还具有拖曳水池的试验功能。由于它带有可升降的声舱,因而还能进行相应的噪声测试。这样要求它的测试系统和数据采集处理系统应十分完善和先进。它涉及到水动力性能方面的流场和受力,更涉及到噪声方面的流场和声场的相互影响,空泡、振动和非定常力等等。所以测试系统和数据采集处理系统复杂,测试精度要求十分高。这方面可出专著进行论述,本书不作全面展开。不过结合有关试验专项,会做相应的简单介绍。

测量系统和数据采集处理既有对各个试验装置的测试数据分别进行处理,又有各试验之间的数据交互处理,还有数据分析、结构分析、模拟优化等。

测量系统包括各种压力传感器、各种测力仪、三分力仪、推进器动力仪、各种测速仪(包括 LDV 和 PIV)、应力应变传感器、电磁流量计、高速摄影机、闪频仪及计算机数据和图像采集系统等,其中测试仪器都要求具有高的精密度。

11.3.2.2 本循环水槽的试验功能

本循环水槽除能进行船模阻力试验外,针对喷水推进技术,还能进行系统和装置的多方面试验,详见表11.6。

表 11.6 试验功能一览表

编号	试验名称	完 成 内 容	试验装置
1	喷水推进装置力特性模型试验	装置的总推力测试	喷水推进装置力特性试验装置
		轴功率测试	
		进、出口的动量流测试	
		流场分析及系统内容影响	
2	进口及流道系统试验	进口唇部流动分离及空泡测试;进口流道的流场测试及空泡测试	进口流道试验装置
		进口流道的压力分布测试	
		推进泵叶轮前进流的不均匀度测试	
		喷口及喷流收缩段的速度和压力测试	
		测试进口流道损失	
3	喷水推进装置、螺旋桨与船尾流场的相互作用试验	流场测试、边界层、伴流及流线和吸入流管测试分析以及与船型匹配及优化等试验。(混合推进时可测试桨的力特性)	喷水推进和船体相互作用试验装置
4	操舵倒航试验	方向舵及倒航斗的水力性能、倒车力、机构的测量	操舵倒航机构试验装置

这些试验在 11.2.1.2 喷水推进系统试验和 11.2.1.3 喷水推进与平台组合试验中已有专门介绍,在此不再重复,值得指出的,这些试验只能在带自由液面的循环水槽中进行。

11.3.3 自动控制系统试验台

喷水推进自动控制系统是喷水推进装置的重要组成部分,连接船舶驾驶人员的操作指令和喷水推进装置动作。先进可靠的喷水推进装置可以大大提高船舶的可操纵性,降低操船人员的劳动强度,避免人为失误。

喷水推进自动控制技术的发展与现代控制理论、电子、计算机等技术的发展密切相关。舰船喷水推进自动控制关键技术及难点包括:

① 舰船总体性能和喷水推进水动力性能的关系及相互影响分析;

② 喷水推进装置的自动控制系统物理试验研究;

③ 喷水推进装置的自动控制系统数值模拟试验研究。

喷水推进装置的自动控制试验研究包括物理试验和数值模拟试验两个方面,完成这两种试验必须具备的试验条件如下:

① 具备完成喷水推进装置操纵自动控制系统试验的能力;

② 具备完成喷水推进船舶运动仿真试验的能力;

③ 具备完成喷水推进装置负载模拟试验的能力。

图 11.14 为 MARIC 自动控制试验台

图 11.14　MARIC 自动控制试验台

11.4　试验数据处理与分析

11.4.1　相似理论在试验中的应用

喷水推进技术的发展和所有自然学科一样,都要靠理论分析、实验研究和数值计算三个方面的工作来推进。其中尤以实验研究是促进当今喷水推进技术发展最活跃的因素。它可以帮助我们发现未曾觉察到的现象,启发我们去探索新的问题;它可以验证现有理论的正确性,提出修改理论的根据,使理论分析更加完善;它可以为数值解算的模型(如 CFD)提供可靠的边界条件;它最终为修改设计和处理生产制造中发生的实际问题提供必要的资料和数据。

喷水推进装置的研究试验也和其他学科一样,可分为实型试验(真机试验)

和模型试验。由于实型尺寸大,特别是大型高功率装置,实型试验工作将非常复杂和困难。所以,除特殊情况外,一般都不进行实型试验。而以较小尺寸的模型试验结果,通过相似换算得到真机状态下的性能。

11.4.1.1　模型试验要解决的问题

为了在实验室能再现喷水推进器实际运行时发生的物理现象,并通过对这一过程的观察测量揭示物理现象的本质,我们进行模型试验时就要思考和解决以下三个问题:

① 怎样做到使实型和模型这两种规模尺寸不同但性质相同的两个物理过程的相似?相似准则是什么?为确定物理过程的相似准则数,必须测量哪些物理量?

② 为了尽量准确地得到要测量的物理量,应采用怎样的量测手段(包括测试装置、量测仪器、试验步骤、数据处理等)?

③ 进行试验误差分析,对试验结果的相对不确定度做出评价。

11.4.1.2　模型试验的相似准则

关于相似准则已在第四章喷水推进泵系统中有详细论述,这里不再重复。

11.4.2　误差分析与处理

在试验测试中需要对变量做不确定度分析。不确定度主要由系统不确定度和随机不确定度组成。

11.4.2.1　定义及计算方法

对于试验台的泵试验,采用95%置信概率的误差限。

(1) 系统误差。

系统误差(e_s)是指在同一条件下多次测量同一量时,误差的绝对值和符号保持恒定,在改变条件时按某一确定规律变化的误差。

系统误差主要是由于仪表固有的和结构上的局限性以及仪表校准的局限性和测量方法的不完善产生的。它表现为仪表读数的平均值与被测量值的绝对平均值之间的差异。

基本量的系统误差根据测试仪表的误差得出。

导出量的系统误差由他们的各个分被测量的系统误差按平方规律传播进行总合计算求得。

(2) 随机误差。

随机误差(e_r)是指在实际相同的条件下多次测量同一量时,误差的绝对值和符号的变化时大时小,时正时负,没有确定的规律也不可预定,但具有低偿性的误差。

通过多次重复测量并利用概率统计方法处理数据可以减小随机误差。

随机误差的计算可以通过研究测量量的算术平均值和标准偏差来进行。

对于同一量的一组 n 次重复观测 $x_i(i=1,2,3,\cdots,n)$，其中误差承正态分布，则算术平均值为

$$\bar{x} = \frac{1}{n}\sum_{i=1}^{n}x_i \tag{11.1}$$

这些观测值的标准偏差 s 为

$$s = \sqrt{\frac{1}{n-1}\sum_{i=1}^{n}(x_i-\bar{x})^2} \tag{11.2}$$

则系于 n 次读数平均值 95 置信概率的误差限为

$$平均真值 \pm \frac{Xs}{\sqrt{n}}$$

其中 X 是 n 的函数，见表 11.7。

表 11.7　X 和 n 的取值数

n	3	5	7	9	30	∞
X	4.3	2.8	2.5	2.3	2	1.96

（3）误差的总合。

任何一个量的总误差（e）应使用误差按平方规律传播方法求得

$$e = \sqrt{e_s^2 + e_r^2} \tag{11.3}$$

11.4.2.2　算例:水力模型综合性能试验室误差分析

以水力模型综合性能试验室为例,试验中主要测量的基本量是:流量、压力、转矩和转速。根据基本量计算的导出量是:扬程、轴功率和效率[25、26]。

要满足或者高于标准要求的系统不确定度,唯一的方法就是采用高精度的设备仪表。

（1）试验仪表精度,见表 11.8。

表 11.8　试验仪表精度

测量量	仪表名称	精度/(%)
流量 Q	电磁流量计	0.2
压力	压力传感器	0.2
扭矩	扭矩传感器	0.1 及 0.2
转速	转速传感器	0.18

（2）试验台系统误差。

① 流量测量的系统误差 e_{sQ}；　　　　　　　　　　　　　　　　　　　　　　(11.4)

流量为基本量,由电磁流量计直接测量得到,其误差为测量仪表的精度:

$$e_{sQ} = \pm 0.2\%$$

② 扬程的系统误差 e_{sH};

扬程是一个导出量,公式如下:

$$H = \frac{p_2 - p_1}{\rho g} + (Z_2 - Z_1) + \frac{v_2^2 - v_1^2}{2g}$$

$$= \frac{p_2 - p_1}{\rho g} + (Z_2 - Z_1) + \frac{Q^2(1/A_2^2 - \dfrac{1}{A_1^2})}{2g} \tag{11.5}$$

式中: p_1, p_2——进出口压力,由压力传感器直接测量;

$\quad Z_1, Z_2$——进出口液位差,为定值;

$\quad \rho$——水的密度,定值;

$\quad g$——重力加速度,定值;

$\quad A_1, A_2$——进出口测压处管道过流面积,定值;

$\quad Q$——流量,由电磁流量计测量。

则,扬程的系统误差为:

$$e_{sH} = \pm \sqrt{e_{sp_1}^2 + e_{sp_2}^2 + e_{sQ}^2} = \pm \sqrt{(0.2\%)^2 + (0.2\%)^2 + (0.2\%)^2} = \pm 0.35\%$$

$$\tag{11.6}$$

③ 转速测量的系统误差 e_{sn};

转速为基本量,由转速传感器直接测量得到,其误差为测量仪表的精度:

$$e_{sn} = \pm 0.18\%$$

④ 功率的系统误差 e_{sP}。

功率是一个导出量,公式如下:

$$P = M \cdot \omega = M \cdot \frac{2\pi n}{60} \tag{11.7}$$

式中, M——扭矩,由扭矩传感器测量;

$\quad n$——转速,由转速传感器测量。

则,当扭矩传感器的精度为 0.1 级时,功率的系统误差为

$$e_{sP} = \pm \sqrt{e_{sM}^2 + e_{sn}^2} = \pm \sqrt{(0.1\%)^2 + (0.18\%)^2} = \pm 0.21\% \tag{11.8}$$

当扭矩传感器的精度为 0.2 级时,功率的系统误差为:

$$e_{sP} = \pm \sqrt{e_{sM}^2 + e_{sn}^2} = \pm \sqrt{(0.2\%)^2 + (0.18\%)^2} = \pm 0.27\% \tag{11.9}$$

⑤ E 效率的系统误差 $e_{s\eta}$;

效率是一个导出量,公式如下:

$$\eta = \frac{\rho g Q H}{P} \qquad (11.10)$$

则,当扭矩传感器的精度为 0.1 级时,效率的系统误差为

$$e_{s\eta} = \pm\sqrt{e_{sQ}^2 + e_{sH}^2 + e_{sP}^2} = \pm\sqrt{(0.2\%)^2 + (0.35\%)^2 + (0.21\%)^2} = \pm 0.455\%$$
$$(11.11)$$

当扭矩传感器的精度为 0.2 级时,效率的系统误差为

$$e_{s\eta} = \pm\sqrt{e_{sQ}^2 + e_{sH}^2 + e_{sP}^2} = \pm\sqrt{(0.2\%)^2 + (0.35\%)^2 + (0.27\%)^2} = \pm 0.485\%$$
$$(11.12)$$

11.5　试验规范与标准

喷水推进技术的快速发展始于 20 世纪五六十年代左右,其最新的研究成果往往最先应用于军用项目,民品则采用成熟的技术成果,便于形成产品型号,批量生产,以降低成本,减少研发、单项设计费用。在数十年的研究开发、市场应用经验的积累中,国外喷水推进技术先进、成熟的企业已基本形成企业标准,但也没有形成全面的国家和行业标准。

目前世界上最著名的喷水推进公司分别如瑞典的 KAMEWA、MJP 公司,荷兰的 LIPS jet 公司;它们都形成了自已的企业标准和规范,但处于行业竞争、商业保密等原因,这些标准和规范企业都各自收藏,没有公开。

我国在喷水推进技术方面的研究也有近四十年的历史。

MARIC 是 CB 3404—91 的起草单位,是国内最早进行系统研究喷水推进泵的单位,也是喷水推进泵工程实践经验最丰富的单位。完成了喷水推进装置技术条件标准修订的工作,主持或参与编制了有关喷水推进的许多标准或规范。其中有代表性的是舰船通用规范 2 组推进系统(GJB4000-2000),船舶喷水推进混流泵、轴流泵技术条件(CB 3404-91)

11.6　试验技术的发展

11.6.1　CFD 计算分析预报技术

CFD 的数值模拟试验方法恰恰满足了喷水推进泵研制优化的需要。在计算机运行一次对喷水推进泵的数值模拟计算,就像是在计算机上作了一次物理性能试验;通过计算并将其结果显示在屏幕上,可以看到流场的各种细节,如流

动的分离,压力分布,涡的生成与传播等等。数值模拟能够想象地再现物理试验的流场变化,实现了试验台的大部分功能。但是 CFD 计算分析预报技术,必须有物理模型试验验证,不断完善其计算方法,逐步成熟,否则难作定量分析。详见第 10 章。

11.6.2 其他相关试验技术

随着喷水推进技术研究涉及的学科和内容愈来愈多,需要更多新型的试验技术来支持,喷水推进与外延设备、中间试验的需求日渐增加。

(1)动力系统匹配试验技术。

喷水推进与动力系统匹配试验主要研究喷水推进系统与动力系统的适配性能,包括喷水推进与动力系统匹配及混合推进与动力匹配。

(2)喷水推进操纵性能试验技术。

喷水推进操纵性能试验技术主要包括了操舵倒航机构优化及矢量喷射载荷效能的试验,在前述的操纵力试验上延伸到与载体平台的结合。

(3)喷水推进自动控制系统试验技术。

喷水推进自动控制系统试验主要测试喷水推进器控制系统及其控制策略在载体平台上的有效性。随着喷水推进无人艇的问世,喷水推进自动控制技术将向智能控制方向发展。

船舶喷水推进自动控制未来发展需要进一步发展新的试验技术。

(4)喷水推进平台动力定位试验技术。

喷水推进平台动力定位试验技术主要是喷水推进器的载体平台在动力定位系统控制下,使平台在规定作业范围和环境条件下保持其船位和艏向姿态的试验技术。

(5)喷水推进与平台噪声测试试验技术。

喷水推进与平台噪声测试试验主要开展喷水推进平台不同航行状态下辐射噪声测量,实现目标航行状态下辐射声场测试与评估。

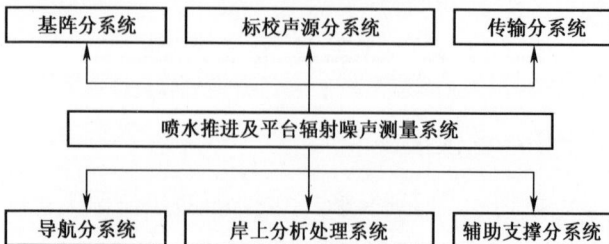

图 11.15　辐射噪声测量系统组成结构图

410

辐射噪声测量系统主要包括基阵分系统、传输分系统、标校声源分系统、导航分系统、岸上分析处理分系统和辅助支撑分系统组成。如图 11.15、图 11.6 所示。

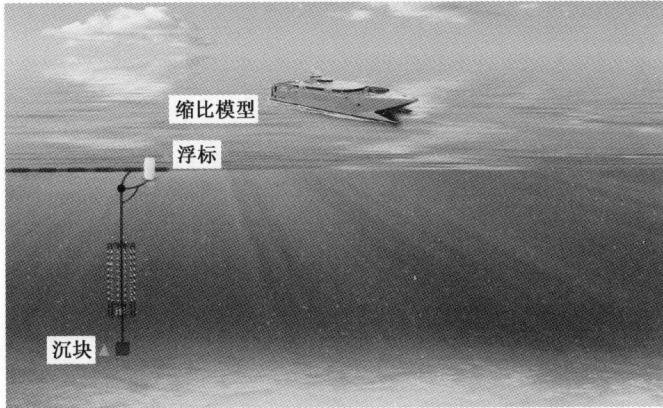

图 11.16　缩比模型辐射噪声测量系统组成结构图

11.7　本 章 结 语

喷水推进的试验技术也是一个全新的课题,国内外基本很少有资料进行介绍。本章是结合 MARIC 对四十余年来在喷水推进泵、喷水推进系统、喷水推进中间试验船艇、喷水推进实船试验的总结。随着部队对装备需求的要求越来越高,预先研究实验的投入也越来越大,结合水动力性能和流噪声性能的测试要求,本章对带自由液面的循环水槽作了专门介绍,包括噪声测量的声舱系统,这在国际上也少见。喷水推进的试验技术涉及内容较广,我们将会有专著进行更全面和深入的讨论。

参 考 文 献

［1］金平仲,王立祥.船舶喷水推进［M］.北京:国防工业出版社,1986.

［2］斯捷潘诺夫 AJ. 著,徐行健译.离心泵和轴流泵理论、设计和应用［M］.北京:机械工业出版社,1980.

［3］关醒凡,现代泵理论与设计［M］.北京:中国宇航出版社,2011.

［4］Moon-Chan Kim,Ho-Hwan Chun,Hyun Yul Kim, et al. Comparison of waterjet performance in tracked vehicles by impeller diameter［J］. Ocean Engineering, 2009,36:1438-1445.

［5］Nobuyuki Fujisawa. Measurements of Basic Performances for Waterjet Propulsion Systems in Water Tunnel ［J］. International Journal of Rotating Machinery 1995, 2(1): 43-50.

［6］Vanesa Duran-Grados ,Javier Mejias ,Liliya Musina, et al. The Influence of the Waterjet Propulsion System on the Ship's Energy Consumption and Emissions Inventories［J］. Science of the Total Enbironment, 2018, 631-632:496-509.

［7］GB/T13008—2010《混流泵、轴流泵技术条件》.

［8］GB/3216—2005《离心泵、混流泵、轴流泵和旋涡泵试验方法技术条件》.

［9］关醒凡,轴流泵和斜流泵水力模型设计试验及工程应用［M］.北京:中国宇航出版社,2009.

［10］江腊涛,徐砚,颜文军.离心泵叶轮切割定律的试验研究［J］.水泵技术,2002(2):27-29.

［11］关醒凡,等,轴流泵系列水力模型试验研究报告［J］.水泵技术,2004(3):3-7.

［12］郑建华.混流泵水力模型的试验研究.水泵技术,1993,(3):8-10.

［13］David Tan,Yuanchao Li,Wilkes I. ,et,al. Experimental Investigation of the Role of Large Scale Cavitating Vortical Structures in Performance Breakdown of an Axial Waterjet Pump ［J］. Journal of Fluids Engineering, 2015,137(11):317-320.

［14］Farid T, Arka K, Miura T ,et,al. The 13th Asian International Conference on Fluid Machinery, September 7-10,2015［C］. Tokyo, Japan:2015.

［15］David Y Tan, Rinaldo L Miorini,et al. Proceedings of the ASME 2012 Fluids Engineering Summer Meeting July 8-12,2012［C］. Rio Grande, Puerto Rico:2012.

［16］Wu H,Miorini R L,Katz J. Measurements of the tip leakage vortex structures and turbulence in the meridional plane of an axial water-jet pump［J］. Experiments in Fluids,2011,50(4):989-1003.

［17］Wu H X, Soranna F, Micheal T, et al. 27th Symposium on Naval Hydrodynamics, October

5-10,2008[C]. Seoul, Korea:2008.

[18] Miorini R L, Wu H X, Katz J. Proceedings of ASME Turbo Expo 2010: Power for Land, Sea and Air GT, June 14-18, 2010[C]. Glasgow, UK:2010.

[19] Jie Dang, Runwen Liu,et al. T Third International Symposium on Marine Propulsors, May 2013[C]. Tasmania, Australia: 2013.

[20] Murrin D C, Bose N. International Conference of Waterjet Propulsion 4, The Royal Institution of Naval Architects ,2004[C]. London, UK: 2004.

[21] Dong Jin Kim, Sun Young Kim. Turning Characteristics of Waterjet Propelled Planing Boat at Semi-Planing Speeds[J]. Ocean Engineering, 2017,143:24-33.

[22] Arash Eslamdoost, LarsLarsson, Rickard Bensow. A pressure jump method for modeling waterjet/hull interaction[J]. Ocean Engineering 2014,88:120-130.

[23] Yi-Chih Chow, Oguz Uzol, Joseph Katz, et al. The 9th of International Symposium on Transport Phenomena and Dynamics of Rotating. Machinery [C]. Honolulu,Hawaii:2002.

[24] Zhang Zuti Cao, Shuping Shi, Weijie Luo, et al. High Pressure Waterjet Propulsion with Thrust Vector Control System Applied on Underwater Vechicles[J]. Ocean Engineering, 2018, 156:456-467.

[25] 袁尧,许旭东,王小勇,等. 基于曲线拟合的水泵性能曲线参数化研究[J]. 流体机械 2016,Vol. 44,No. 3:22-24.

[26] Moon-Chan Kim, Ho-Hwan Chun. Experimental Investigation into the Performance of the Axial-Flow-Type Waterjet according to the Variation of Impeller Tip Clearance[J]. Ocean Engineering, 2007 ,34: 275-283.

内 容 简 介

　　本书以喷水推进基本概念和发展历程开篇,重点论述了喷水推进理论、载体喷水推进系统主要参数优化与航行特性预报技术及喷水推进分系统,即从船舶(载体)总体性能出发,以喷水推进与船体、主机的匹配和相互影响为主线,在水动力性能和流噪声等方面进行平衡融合,优化出相对最佳的喷水推进装置。在此基础上循序渐进地阐述了喷水推进装置各分系统的结构、工程设计原理和方法,并介绍和探讨了喷水推进水动力数值模拟、流噪声控制技术及喷水推进专项试验等新技术。

　　本书可作为从事喷水推进工作的科研设计单位、高等院校的师生、科研人员以及相关专家和学者的参考书,也可供船厂、舰船使用部门的工程技术人员阅读。

Beginning with the basic concept and development of weter-jet propulsion, this book focuses on the theory of weter-jet porpulsion, the optimization of main parameters of carrier water-jet propulsion system, the perdiction technology of navigation characteristics and the sub-system of water-jet propulsion. From the overall performance of ships, the matching and interaction of water-jet propulsion with hull and main engine are the main concern, the bydrodynamic performance and flow onise performance is also balanced. thus the optimized waterjet unit is obtained. On the basis, the structure, engineering design principle and method of each sub-system of water-jet unit are described step by step, and new technologies such as numerical simulation technology, flow noise contiol and specil test of water-jet propulsion are introduced and discussed.

This book can be used as a reference book for scientific research and design institute, teachers and students of college and university, scientific researchers and relevant experts and scholars engaged in water-jet propulsion as well as for engineers and technicians of shipyards and ship use departments.

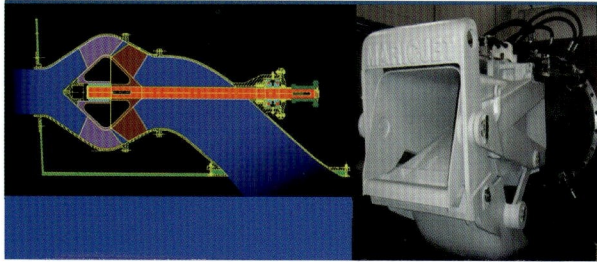

图 1.11　喷水推进导叶式混流泵

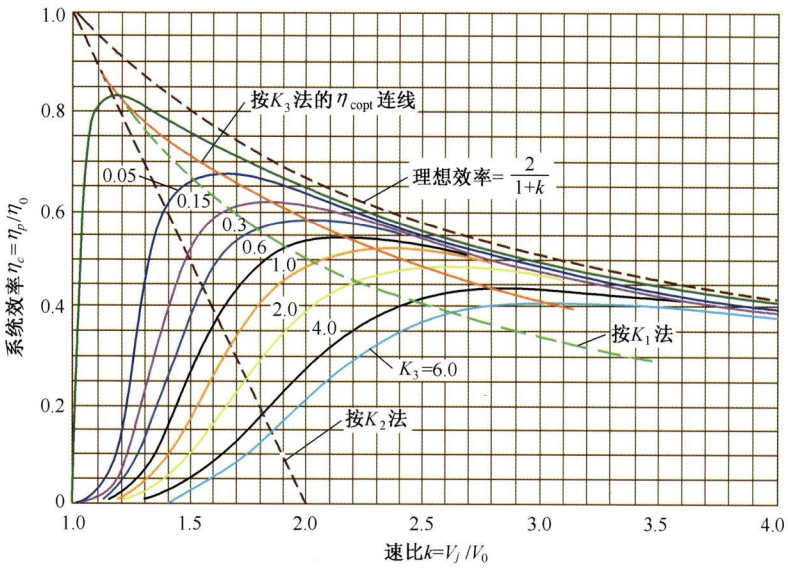

图 3.6　按 K_3 方法推导的 $\eta_c \sim k$ 曲线

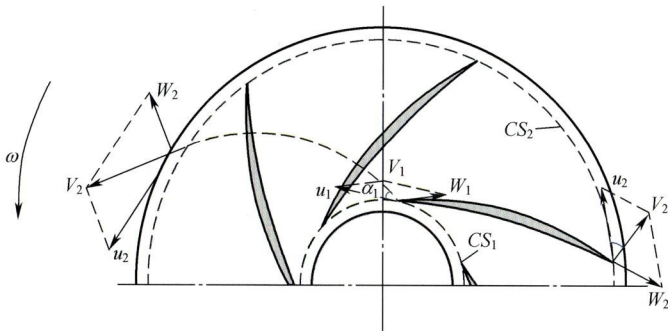

图 4.10　叶轮叶片进出口速度三角形

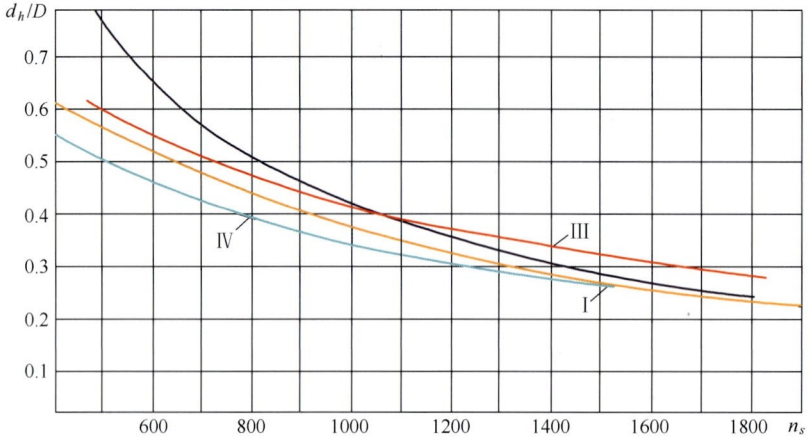

图 4.41　毂径比与比转速关系曲线

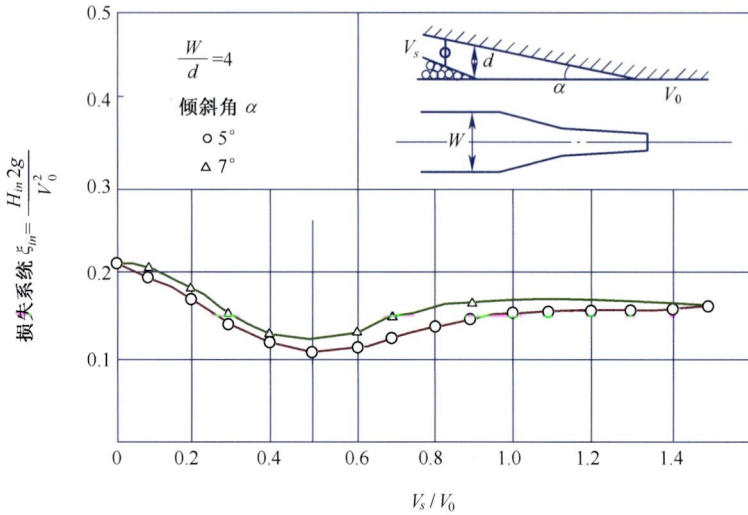

图 5.11　平进口的进口损失系数图

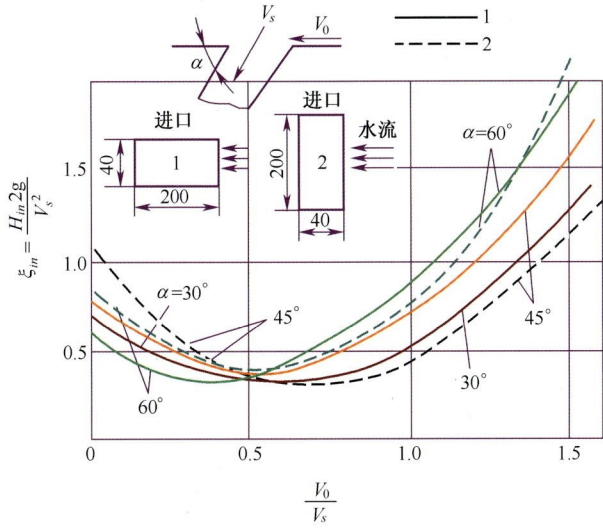

图 5.13 长方形进水口管道水力损失图

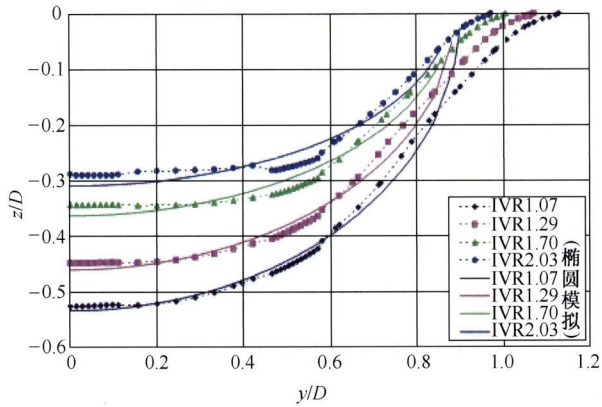

图 5.21 虚拟流管的半横截面

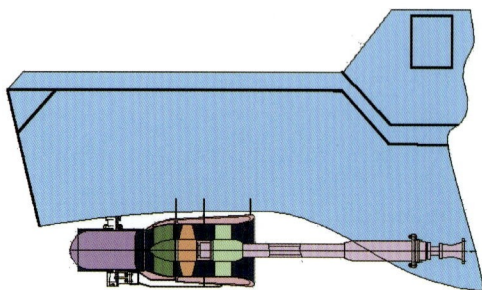

图 5.29　外置式喷水推进装置

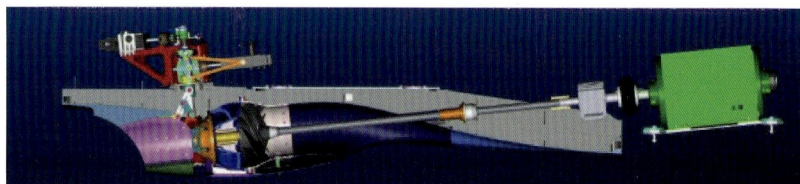

图 5.32　AWJ-21^{TM}外置式推进装置的剖视布置

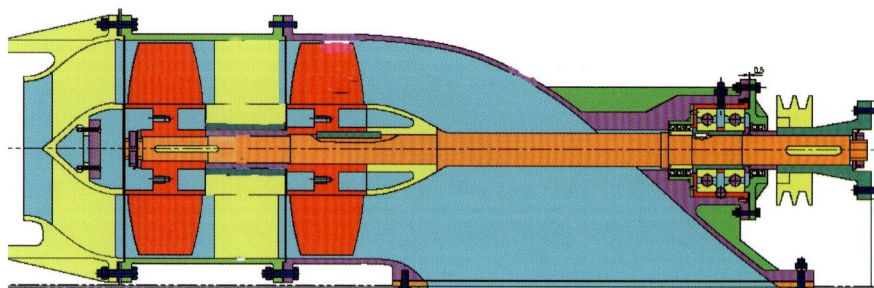

图 6.7　轴流泵示意图

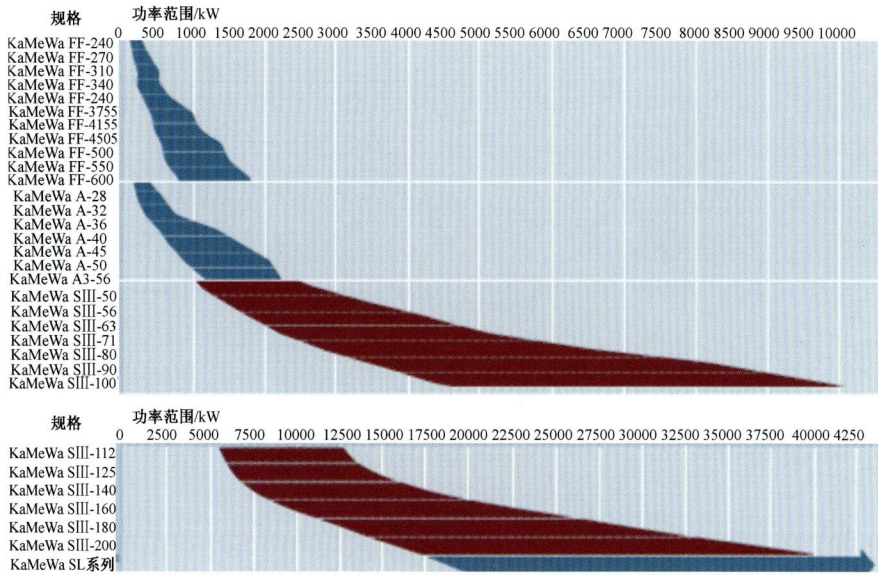

图 6.23　KAMEWA 喷水推进功率划分

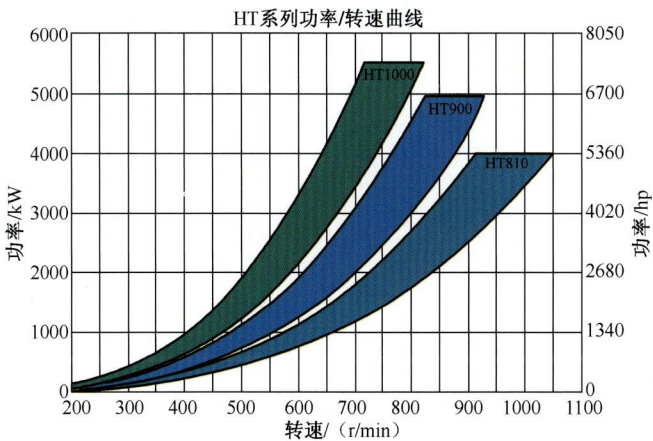

图 6.24　Hamilton 喷水推进功率划分

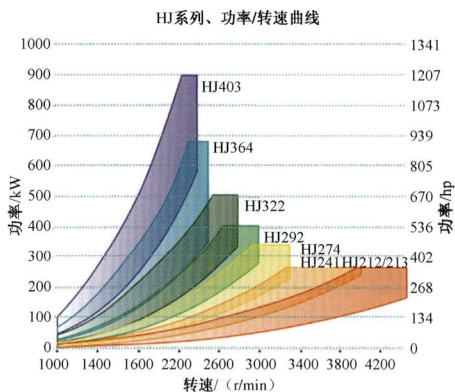

HJ系列、功率/转速曲线

型号	最大功率 （kW/hp）[①]	转速 （最大值）
HJ212/213	260/350	3950/4500
241	260/350	3250/4000
274	330/440	2930/3300
294	400/540	2550/3000
322	500/570	2550/2800
364	570/900	2300/2500
405	900/1200	2240/2400

输入转速受限于空化—在同等输入功率下，
低速较为理想

图 6.25a　Hamilton 喷水推进功率划分

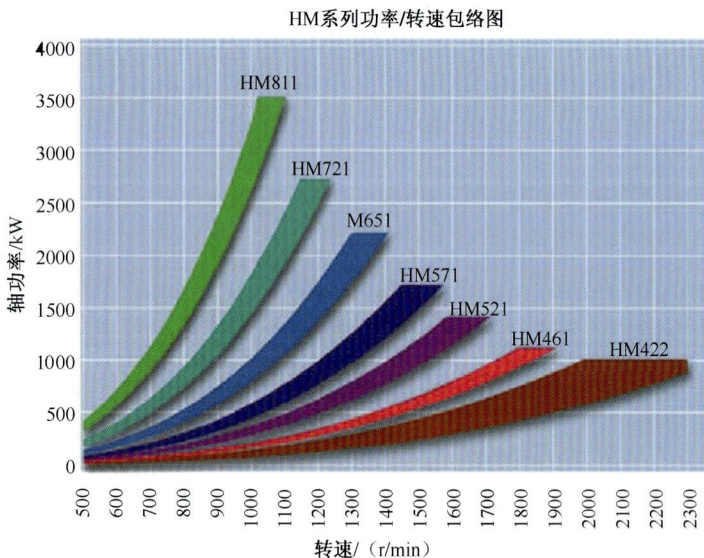

HM系列功率/转速包络图

图 6.25b　Hamilton 喷水推进功率划分

6

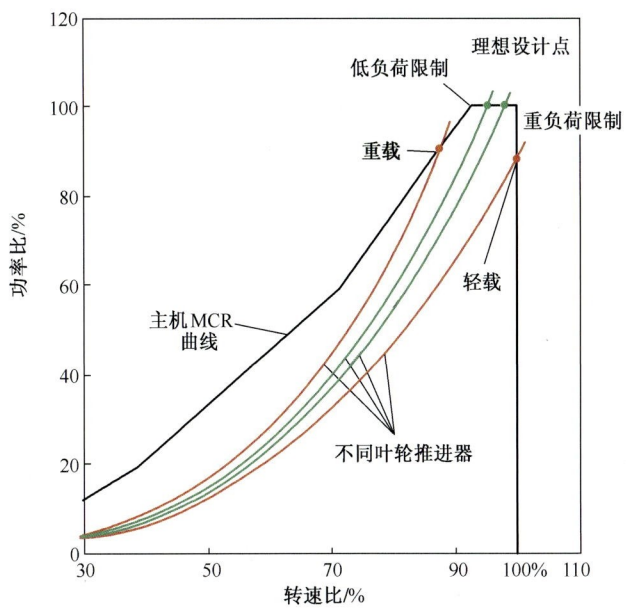

图 6.29 推进与动力匹配

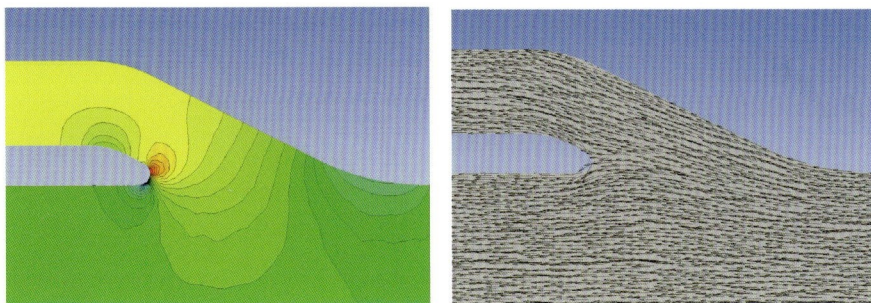

图 10.7 中纵剖面压力云图(左)及速度矢量图(右)

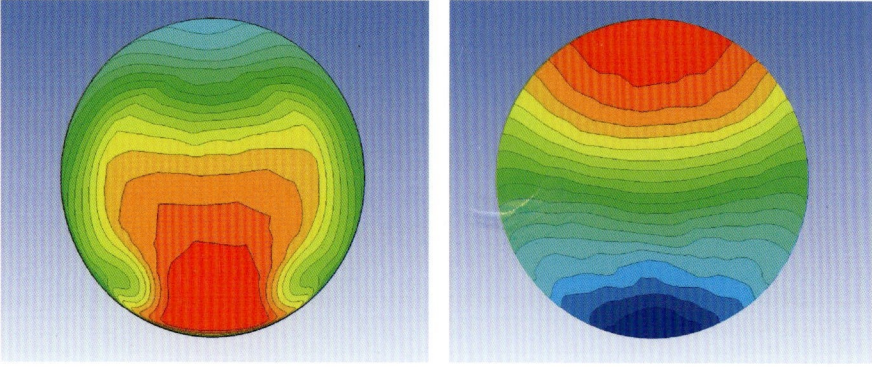

图 10.8 喷口速度云图(左)及压力云图(右)